海盗简史

闻名世界的海上劫掠者传奇

[英] 安格斯・康斯坦（Angus Konstam）—— 著
凌荷 —— 译

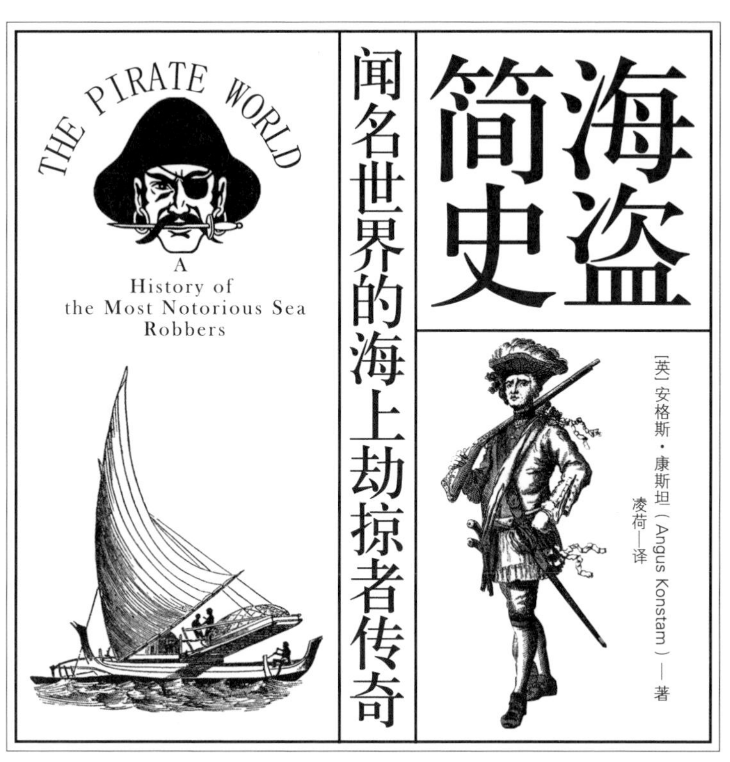

ZHEJIANG UNIVERSITY PRESS
浙江大学出版社
・杭州・

图书在版编目（CIP）数据

海盗简史 / (英) 安格斯·康斯坦 (Angus Konstam) 著 ; 凌荷译. -- 杭州 : 浙江大学出版社, 2022.10

书名原文: The Pirate World: A History of the Most Notorious Sea Robber

ISBN 978-7-308-22237-2

Ⅰ. ①海… Ⅱ. ①安… ②凌… Ⅲ. ①海盗－历史－世界 Ⅳ. ①D59

中国版本图书馆CIP数据核字(2022)第008458号

浙江省版权局著作权合同登记图字：11—2022—005

海盗简史

[英]安格斯·康斯坦 著 凌 荷 译

责任编辑 罗人智
责任校对 陈 欣
责任印制 范洪法
装帧设计 尚书堂·刘青文
出版发行 浙江大学出版社
（杭州市天目山路148号 邮政编码 310007）
（网址：http://www.zjupress.com）
排 版 杭州林智广告有限公司
印 刷 浙江海虹彩色印务有限公司
开 本 710mm×960mm 1/16
印 张 20.5
字 数 336千
版 印 次 2022年10月第1版 2022年10月第1次印刷
书 号 ISBN 978-7-308-22237-2
定 价 128.00元

审图号 GS（2022）3785号

浙江大学出版社市场运营中心联系方式：0571-88925591；http://zjdxcbs.tmall.com

目录

CONTENTS

引 言
PREFACE

犯罪活动与人类文明相伴而生，公众对此话题亦颇感兴趣。因此，当伦敦一家出版商于1724年出版《知名海盗抢劫与谋杀简史》（*A General History of the Robberies and Murders of the Most Notorious Pirates*）一书时，这本骇人听闻的海盗揭秘小说成为畅销书也不足为奇。这本书揭开了公海中暴力犯罪世界的神秘面纱，讲述了反抗社会、以海盗规则行事的男男女女的故事。当然，它也塑造了大部分海盗暴亡的别样结局。三个世纪过去了，人们对海盗的兴趣仍未消减。

对大多数人而言，“海盗”一词令人联想起一个漂泊海上的恶棍形象。他们养着鹦鹉，腿上装着木制义肢，爱用印花手帕，略带喜感。这一形象源自一个多世纪以来《彼得·潘》《金银岛》《加勒比海盗》等作品对海盗的漫画式描绘。如今人们将这些经过美化的海盗标识用于产品销售，从朗姆酒到家庭保险，无所不有。如同海盗自身一样，他们装饰有头骨和交叉腿骨的图像也已成为人们一看便知的标志，其意义早已偏离其黑暗邪恶的起源。

事实上，所有这一切在《金银岛》之前便早已产生，始于1724年那本畅销书的作者查尔斯·约翰逊（Charles Johnson）船长。他对黑胡子（Blackbeard）、“黑男爵”罗伯茨（“Black Bart” Roberts）、“白棉布”杰克·拉克姆（“Calico Jack” Rackam）和查尔斯·韦恩（Charles Vane）等人的描写引人遐想，使这本书在三个世纪后仍然一版再版。

然而，他描写的海盗是真实人物。现今，虚构的海盗通常为浪漫或滑稽的人物形象。甚至历史学家也助长了这种趋势，使用的术语容易令人产生浪漫联想，而不会想到公海抢劫的残酷事实。“海盗的黄金时代”一词的创始人为海盗小说作者，而非亲身经历过海盗事件的人。真实情况与黄金时代或浪漫毫无关联。但这一词语仍然是常用的历史术语，用于指代历史上最为知名的海盗在海洋上环球航行、搜寻猎物的时代。

甚至“海盗”（pirate）一词也随着时间而发生了变化。编剧们不断设法将这一名称与其他名称混淆，如privateer、buccaneer、filibuster、corsair、freebooter和swashbuckler。这些词的意义各不相同。“私掠者”（privateer）是指受政府批准的海盗，他们不攻击本国人民。法国人将这些人称为“海贼”（corsair），尽管这一词后来专指地中海的海盗，而非“私掠者”。“劫掠者”（buccaneer）是17世纪在加勒比海袭击西班牙人的强盗，而“掠夺兵”（filibuster）或“强盗”（freebooter）是用于指“掠夺者”（buccaneer）的法语词。“侠盗”（swashbuckler）是指16世纪的土匪或17世纪的剑客，但在20世纪该词被海盗小说的作者沿用，此后又被好莱坞采用。在海盗肆虐的年代，这些词的大部分用法都与今天不同。最后说到“海盗”（pirate）这个词，字典中的“海盗”一词指在海上抢劫他人、从事违法犯罪活动的人。他们通常对遇到的所有船只进行攻击，而不论国籍。这个词的意义至少足够清晰。

但这些“海盗”自身有时也会跨界。例如，基德（Kidd）船长之前是一名“私掠者”，后来变成了“海盗”。弗朗西斯·德雷克（Francis Drake）是一名“私掠者”，但西班牙人只是将他称为“海盗”。亨利·摩根（Henry Morgan）的情况更加复杂，他是一个以英格兰“私掠者”身份行事的“掠夺者”，但他大部分时间其实是一名“海盗”！尽管所有这一切现在听来令人费解，但事实上过去的航海者完全了解其中之义。我在本书中的任务之一就是解开这些谜团，解释海盗活动的真正含义。

读者可通过本书对过去的海盗活动一探究竟。本书涉及从埃及法老时代至现代的海盗活动的整个历史，但我们主要集中于海盗活动的真正鼎盛时期。这段时期刚好可以一分为二。前半段是 17 世纪引人入胜的“掠夺者”时代，他们掠夺的对象为西班牙大陆——代表人物为亨利·摩根或血腥的弗朗索瓦·罗罗内（François L’Olonnais）。后半段为 18 世纪初期，我们姑且称之为“海盗黄金时代”的短暂鼎盛时期。“黑胡子”“黑男爵”和查尔斯·韦恩等人正是在此时肆虐大海。因此，在概述海盗活动的通史和全貌时，我们也将深入了解这两个关键时期，并解释海盗活动在当时为何如此猖獗。

本书的宗旨是去除这些历史人物身上的迷思和假象，展现野蛮残酷但趣味十足的海盗世界的真实情况。本书讲述的是历史上真实海盗的故事。这些人时刻面临着海难、饥饿、疾病和暴亡的威胁，他们的职业生涯通常以月份而不是年份来衡量。如果说他们的生活有何浪漫可言，他们必定会觉得这种想法荒唐至极。

安格斯·康斯坦（Angus Konstam）

2018 年于爱丁堡

1
第一章
古代世界的海盗

海上民族

海盗活动可能自人类首次出海航行起就存在了。然而，海盗在埃及金字塔建造之前才首次出现在历史记录中。同其他任何时期一样，中古时代的海盗活动在中央政权缺乏控制时变得猖獗，在大国势力范围之外的地区猖獗。首个已知的海盗组织是卢卡人（the Lukkans），这是一个以小亚细亚（今土耳其）东南沿海为基地的海上掠夺组织。据埃及的抄写员的记录，在公元前 14 世纪，卢卡人袭击了塞浦路斯，之后与埃及的对手赫梯人（the Hittites）结盟。一个世纪后，卢卡人从历史记录中消失，这与新出现的海上势力有关。现在人们认为这些海盗后来被同化成名为“海上民族”的海上流浪者联盟。

历史学家们认为是这些海上掠夺者导致了东地中海青铜文明的消亡，导致了迈锡尼希腊文明的终结和赫梯帝国的毁灭。似乎

←这幅色彩丰富的现代壁画记录了年轻的尤利乌斯·恺撒（Julius Caesar）在公元前 75 年被西里西亚海盗俘虏的场景。这些海盗挟持他一个多月，直到双方商定好赎金才将他释放。释放后的尤利乌斯·恺撒集结了一支军队展开报复，在这些海盗藏身的岛上将他们捕获，并将他们钉在十字架上处死（图片来自 DEA PICTURE LIBRARY/Getty Images）

地中海与海上民族[1]

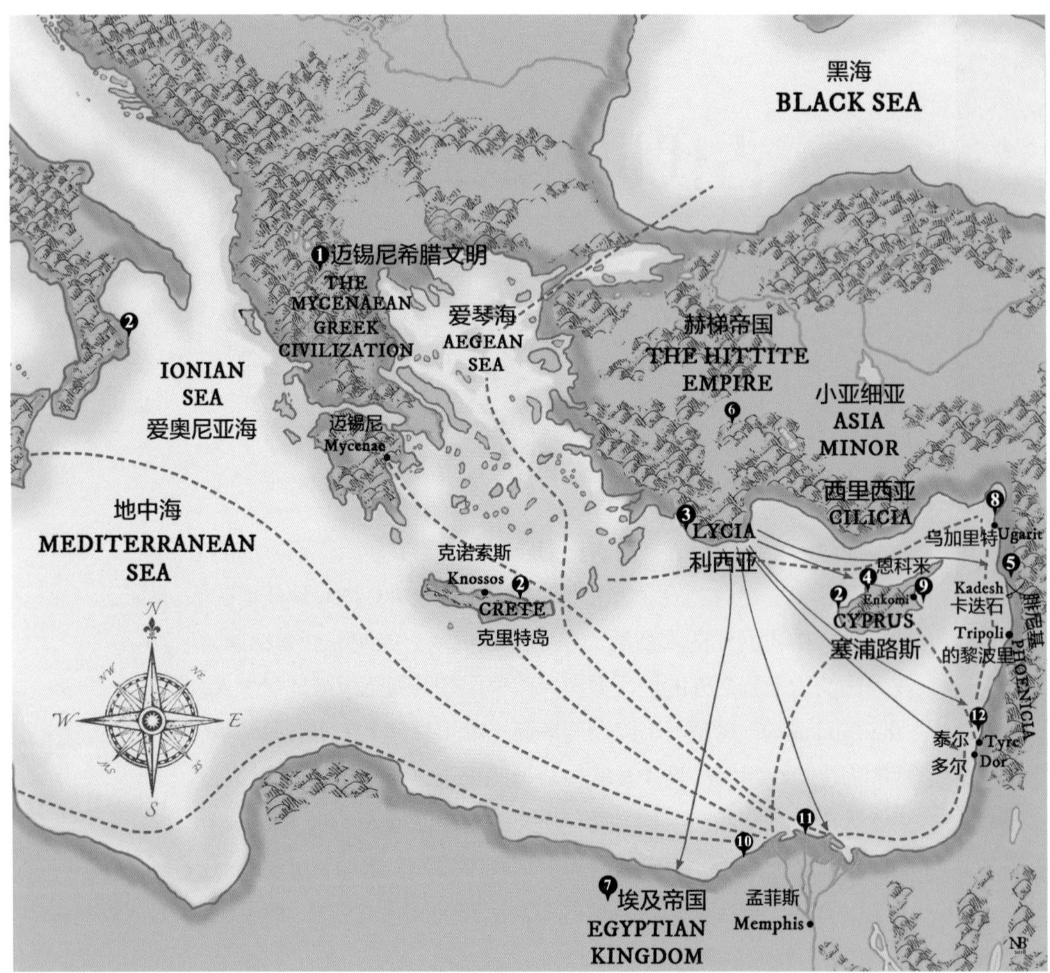

只有埃及幸免于难。埃及编年史作者首次引用了“海上民族”一词，声称这些入侵者是来自爱琴海和亚得里亚海的流浪部落。这些流浪者掠夺征战，但同时也进行贸易活动，并开辟了跨越东地中海的航海路线。埃及编年史作者还提到这些海上民族分为几个部落——施尔登人（the Shardana）、丹雅人（the Denyen）、派莱赛特人（the Peleset）、舍克利斯人（the Shekelesh）、万舍斯人

1 书中地图系原文插附地图加了中文译名。——编者注

图 例

----贸易路线 ◀— 海盗掠夺 ⚔ 战斗

1. 约公元前 1250 年，来自北方的“野蛮人”开始攻击青铜时代的希腊，导致迈锡尼希腊文明的消亡。
2. 当“野蛮人”多利安希腊人最终征服希腊大陆时，迈锡尼希腊人逃难至克里特岛、塞浦路斯和南意大利。
3. 利西亚人（或卢卡人）是首个海上民族，以从事海盗活动而闻名。
4. 公元前 1340 年：利西亚人袭击塞浦路斯。
5. 公元前 1258 年：埃及人在对赫梯人发起的卡迭石战役中取得了重大胜利。
6. 公元前 12 世纪早期：“野蛮人”入侵赫梯帝国西部，赫梯帝国灭亡。
7. 公元前 13 世纪晚期：沙漠民族从西部入侵埃及，但被击退。
8. 公元前 1200 年左右：乌加里特和其他邻近城市受到海上民族攻击，并被摧毁。
9. 公元前 1200 年：塞浦路斯城市恩科米被海上民族摧毁，岛上其他城市亦遭到掠夺。
10. 公元前 12 世纪早期：海上民族开始袭击埃及沿岸。
11. 约公元前 1175 年：海上民族在尼罗河三角洲沿岸的一场决定性海战中被击败。幸存者逃离埃及海岸，此后再未回来。
12. 剩余的海上民族征服了现在的以色列海岸并定居于此。到公元前 6 世纪，该地发展为腓尼基，成为一股强大的海上商业力量。

（the Weshesh）和阐卡尔人（the Tjeker）。历史学家后来又增加了两个部落——图沙人（the Tursha）和吕底亚人（the Lycians，或卢卡人）。施尔登人、舍克利斯人和派莱赛特人可能来自北亚得里亚海，但施尔登人也可能与撒丁岛存在关联。其他部落可能来自安纳托利亚（Anatolia）。无论他们起源于何地，这些海上掠夺者组成了历史上首个已知的海盗联盟。

卡纳克（Karnak）大神庙和哈布（Habu）城的拉美西斯三世法老神庙上的铭文是证明他们存在的最好证据。哈布城的铭文记录了约公元前 1175 年在尼罗河三角洲沿岸发生的一场大海战。在这场海战中，拉美西斯三世领导的舰队全面击败了这一海盗联盟。神庙的浮雕首次描绘了海盗战斗的场景，也是对海战的最早记录。这些铭文同时也提到海上掠夺者后来与埃及的其他敌人结盟，但拉美西斯在这一新生联盟对埃及帝国产生威胁之前，就将其击败。虽然这些海上掠夺者的谋生方式令他们看起来更像是拥有船只的迁徙部落，但他们的行动在很大程度上构成了海盗活动，而埃及人也将他们视为海盗。[1]

---

1 引自 Bass, pp.20–21。

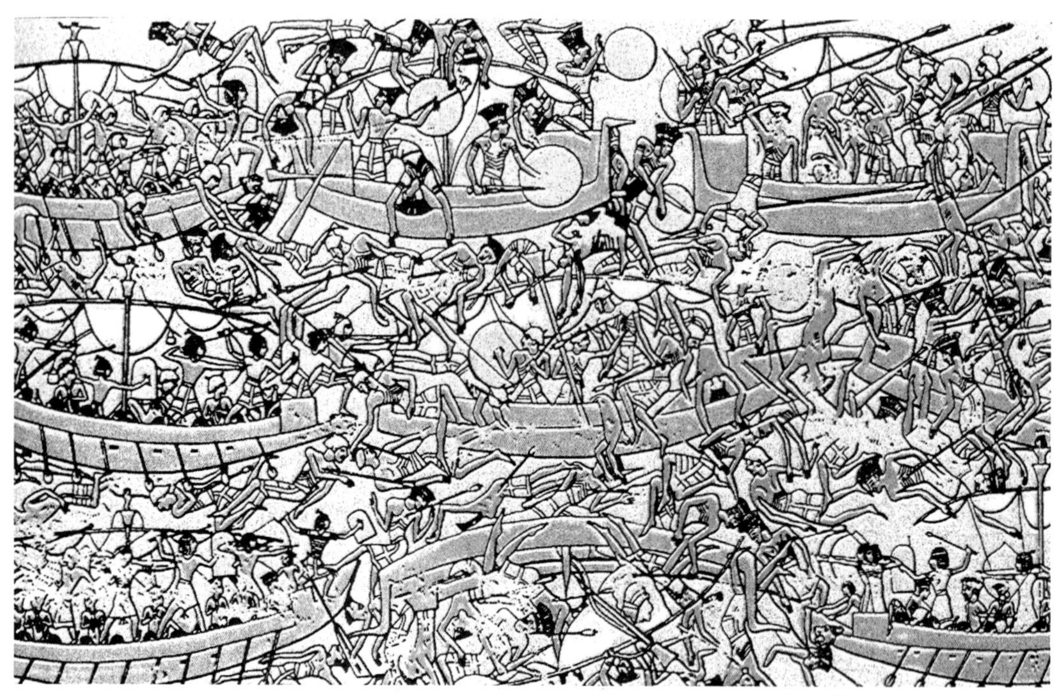

↑约公元前 1175 年，埃及法老拉美西斯三世在尼罗河三角洲沿岸的一场海战中击退了海上民族的大型进攻。哈布城神庙上的浮雕几乎可确定是为庆祝战斗胜利而作，同时也可能是世界上对战斗中的海盗的首次描绘

哈布城的一幅浮雕描绘了这些海盗的战斗场景。浮雕上“海上民族”所使用的船看起来比埃及人的船更小且更不牢固，并且他们似乎缺少盔甲和弓箭。浮雕证明了“海上民族”依赖于轻型袭击船，并且他们的作战风格偏向于以速度和偷袭取胜，而非强力。然而，迈锡尼人的记录仍将这些“海上民族”描述为用长剑和头盔武装的伟大战士和水手。他们似乎击败了所有对手——直到他们遇到埃及人。

与埃及人的战斗在很大程度上标志着“海上民族”开始走向终结。证据表明，从约公元前 1220 年到约公元前 1175 年的这场战斗开始前，“海上民族”基本上完全控制了东部地中海。在这场战斗之后，他们迅速退出了历史舞台，这表明拉美西斯有效消除了海盗的威胁。被击败后，幸存下来的“海上民族”在巴勒斯坦定居。阐卡尔人部落在公元前 9 世纪前继续在该地区开展贸易，并以海盗活动为副业。在以色列多尔附近发现的阐卡尔人定居点遗址因此可能是世界上现存最古老的海盗避风港。贸易最终取代了海盗活动，成为他们的主要收入来源，并且在一个世纪后，阐卡尔人与腓尼基人（古代世界另一股强大的海上力量）融合了。

古希腊的海盗

“海上民族”消亡后，海盗活动在整个地中海东部仍很常见，并在罗马人最终确立其对整个公海（内海）的控制权之前持续发生。虽然古希腊人最为人所熟知的是他们对西方文明的贡献，但古代世界一些最危险的海盗也来自古希腊。事实上，一些古希腊城邦积极鼓励开展海盗活动，将其作为创造财富的一种方式。雅典等其他城邦则组建了抗击海盗的舰队，以维护航线秩序，保证其贸易船只的安全。

克里特岛是最早为人所知的海盗避风港之一，该岛位于古希腊与地中海东部航线的必经之路上。公元前 10 世纪，岛上米诺斯文明的最后遗址遭到多利安希腊人的毁坏。之后入侵者将该岛用作在整个爱琴海开展海盗袭击的基地。克里特岛上的基多尼亚（Cydonia，干尼亚的旧称）和埃莱夫塞纳（Eleutherna）等城市成为交易奴隶和掠夺品的热门地点。在荷马的《奥德赛》中，克里特人被描述成声名狼藉的海盗。在公元前 5 世纪古希腊掌握海上强权之前，克里特人持续开展海盗活动。虽然之后其猖獗的海盗活动遭到雅典人的极大遏止，但直到公元前 2 世纪末他们仍是船员们的心头大患。

普鲁塔克（Plutarch）[1] 还讲述了北方萨摩斯岛人（Samians）的故事。他们被萨摩斯岛的入侵者驱赶，并移居至米卡勒（Mycale），从此以海盗活动为生。雅典人最终镇压了萨摩斯岛海盗，并且在遭到利姆诺斯岛（Lemnos）海盗袭击后，其海军对海盗发起清扫行动，清除了爱琴海的所有海盗。除米卡

←公元前 4 世纪的一个花瓶的装饰画展示了将捕获的海盗缚于海底，施以拖刑的细节：将海盗捆绑，将他们抛入海中，在船底拖行

1 普鲁塔克（约公元 46—120），古希腊作家、哲学家、历史学家，著有《希腊罗马名人传》，开创了西方传记文学的先河。——译者注

→在另一个公元前4世纪花瓶的装饰画中，古希腊的两组重装步兵在海上战斗，桨手在操作战斗中的战舰。这一时期的所有海战或海盗袭击都以这种方式开展

勒和利姆诺斯岛外，基斯诺斯岛（Cithnos）、米科诺斯岛（Mykonos）和斯波拉泽斯群岛（Sporades）上的海盗据点也在公元前5世纪被雅典打击海盗的远征军摧毁。希罗多德（Herodotus）[1]对海盗袭击和雅典这些打击海盗的行动做了生动描述。

在公元前3世纪，埃托利亚同盟（Aetolian League）成为古希腊中部的主导力量。其取得成功的部分原因是通过从事海盗活动来挑起与对手的经济战争。埃托利亚海盗很快主导了爱琴海周围的海域，并长时间肆虐这一海域，直到公元前192年古罗马人被击败。当时许多海盗转移至小亚细亚南岸的西里西亚（Cilicia）活动。西里西亚海盗很快成为古代世界规模最大、臭名昭著的海盗群体。

古希腊亚得里亚海东岸的海盗活动也很盛行。伊利里亚人（Illyrians）和达尔马提亚人（Dalmatians）在袭击希腊和意大利海岸后深入地中海中部。他们的掠劫活动在公元前3世纪达到顶峰。在罗马人征服该地区后，伊利里亚人猖獗的海盗活动在某种程度上得到了控制，但即使在罗马人吞并伊利里亚后，海盗仍在达尔马提亚海岸相对安全的基地以及科孚岛（Corfu）和凯法利尼亚岛（Cephalonia）等岛屿上持续开展袭击活动。

公元前2世纪，古罗马征讨海盗的远征军最终清除了达尔马提亚内陆的大部分海盗，但群岛上仍可见海盗的踪迹，直到公元前1世纪中叶，“伟大的庞培”（Pompey the Great）一举清除了岛上所有海盗。在此期间，古罗马发展成为一个强大帝国，海盗在距离意大利较远一侧的第勒尼安海仍很猖獗。事实上，“第勒尼安”（Tyrrhenian）一词与“海盗”同义。早在公元前5

1 希罗多德（约公元前480—前425），古希腊历史学家，著有《希波战争史》，被称为“西方的历史之父”。——译者注

世纪，修昔底德（Tucydides）[1]记录了这些海域中以厄尔巴岛（Elba）、科西嘉岛（Corsica）和撒丁岛为基地的"野蛮人"发起的几次海盗袭击。在接下来的两个世纪内，这些海盗袭击持续不断发生。其他知名海盗基地包括西西里岛东北角的利帕里（Lipari）群岛、巴利阿里（the Balearic）群岛和现今法国里维埃拉（Riviera）的利古里亚（Ligurian）海岸。很显然，在当时遭遇海盗是件常事。早期的古希腊神话讲述了酒神狄奥尼索斯（Dionysus）被第勒尼安海盗俘虏的故事，这些海盗误以为酒神是富商之子。虽然狄奥尼索斯只把这一经历当成一场滑稽的恶作剧，但他还是将这些海盗变成了海豚，以示对他们鲁莽行为的惩罚。后来在公元前3世纪，古罗马人也对西西里人的海盗行为加以指责，但事实上岛上的古希腊统治者鼓励合法的私掠，而非海盗行为。然而，古罗马在地中海西部霸权的确立最终终结了任何形式的海盗组织。

↓年轻的尤利乌斯·恺撒（公元前100—前44）在爱琴海被海盗俘虏，并被用来索取赎金。他在获释后集结了一支远征军，回到海盗的巢穴，对其展开报复，并把之前俘虏他的海盗钉在了十字架上

制造麻烦的西里西亚海盗

如果有地方可以称为古代世界海盗活动的摇篮，那么这个地方就是西里西亚。西里西亚是小亚细亚的一块狭长土地（今为土耳其东南部），位于巍峨的托罗斯（Taurus）山脉和地中海之间。这一地区环境恶劣，除几个小型海岸城镇外，少有人在此居住。其海岸线被布满岩石的海岬、隐蔽的海湾和保持良好的锚地分割开来。该地也是攻击往来于叙利亚和希腊或意大利之间的船只的理想场所，因为海盗在此可以出其不意地发起攻击，并在被追捕之前迅速回到其藏匿处。事实上，这一布满礁石的海岸是海盗完美的藏身之所。这也是公元前2世纪初期被驱逐出爱琴海的埃托利亚海盗来到这一区域的原因。

埃托利亚海盗来到西里西亚时，叙利亚的塞琉古王朝（Seleucid）国王刚好停止了该国惯常的海军巡逻活动。随着罗马在其与塞琉古王朝的马格尼西亚（Magnesia）战役中取得了决定性胜利，小亚细亚的西部地区也成为罗马的保护国。塞琉古海军撤退后，罗马人却无意在该地维持海军。因此，海盗得

1 修昔底德（约公元前460—前396），古希腊历史学家、文学家，是雅典十将军之一，以其著作《伯罗奔尼撒战争史》在西方史学界享有重要地位。——译者注

→黎巴嫩西顿一具罗马石棺上的浮雕刻画了罗马时代的大部分时期地中海上往来穿梭的罗马商人船只。罗马帝国内战和叛乱不断，导致海盗在这一时期再度出现，而这类船只就是他们掠劫的对象

以在此建立强大的基地，而并未受到军事干扰。他们的群体发展壮大，很快便强大到足以抗衡任何打击他们的海军力量。

起初西里西亚海盗的攻击范围仅限于地中海东部，之后他们便沿着海上航线逐步扩大其影响力，直至克里特岛、巴勒斯坦和埃及海岸。他们也袭击海岸城镇，将俘虏运至克里特的市场进行交易。富有的人质被用来索取赎金，掠夺来的物品则在附近的米利都（Miletus）、以弗所（Ephesus）和士麦那（Smyrna）等城市买卖，这些城市均位于小亚细亚的罗马保护国境内。这种情况持续了数十年，直到古罗马的贸易和势力扩张至地中海东部，古罗马人自己成为海盗袭击的主要受害者。受西里西亚海盗袭击的最知名的受害者是年轻的尤利乌斯·恺撒，他于公元前 75 年被海盗俘虏。

据古希腊历史学家普鲁塔克的记载，当海盗要求支付 20 泰伦[1]的赎金时，恺撒主动提出支付 50 泰伦。他被海盗挟持了 38 天，其间他一直威胁说在被释放后他会将海盗钉在十字架上。在收到来自米利都的赎金后，海盗将其释放。之后恺撒航行至米利都，集结了一支征讨海盗的远征军，并回到海盗的巢穴。

1 英文“talent”，古代某些国家使用的货币或重量单位。——译者注他几乎俘获了所有海盗，将其关押，并将海盗的掠夺品当作战利品缴获。如同之前他沦为阶下囚时威胁海盗的那样，他将所有海盗钉在了十字架上。

在公元前 1 世纪早期，西利西亚海盗在爱琴海和亚得里亚海等古罗马人视为己有的区域活动。他们甚至开始偷袭意大利海岸，抓捕奴隶。为应对海盗活动，古罗马元老院通过了其首部打击海盗的法律。至此，海盗已无法在罗马帝国境内进行交易。当然，他们只是简单将掠夺品转移到其他地方。公元前 86 年，一支海盗舰队在意大利东南部的布林迪西击败了一支古罗马舰队，阻断了古罗马和古希腊之间的通信往来。古罗马人派出战舰来应对海盗威胁，之后古罗马各省的总督也接连派出惩罚性的远征军抗击海盗，但并未完全清除海盗威胁。之后在公元前 74 年，马库斯·安东尼乌斯·克里提库斯（Marcus Antonius Creticus，马克·安东尼[1][Mark Antony]之父）在抗击克里特岛海盗时被击败，之后很快去世了。因此，古罗马人的态度变得更加强硬，尤其是在西里西亚海盗支持斯巴达克斯的奴隶叛变之后（公元前 73—前 71）。[2] 古罗马惩罚性的远征军可以暂时镇压西里西亚海盗，但却不能根除他们带来的威胁。为了给古罗马帝国的贸易提供有效保护，罗马需要展开一场更大规模的应对行动。

←双层桨座战船成为地中海的标准海盗追捕船。这种船不仅快速、灵活，而且运载了一队训练有素的罗马水手。这幅浮雕出自普雷尼斯特（Praeneste）的幸运女神庙

1 古罗马著名政治家和军事家。早期是尤利乌斯·恺撒最重要的军队指挥官和管理人员之一。——译者注
2 引自 Ormerod, pp.190–204。

庞培和海盗

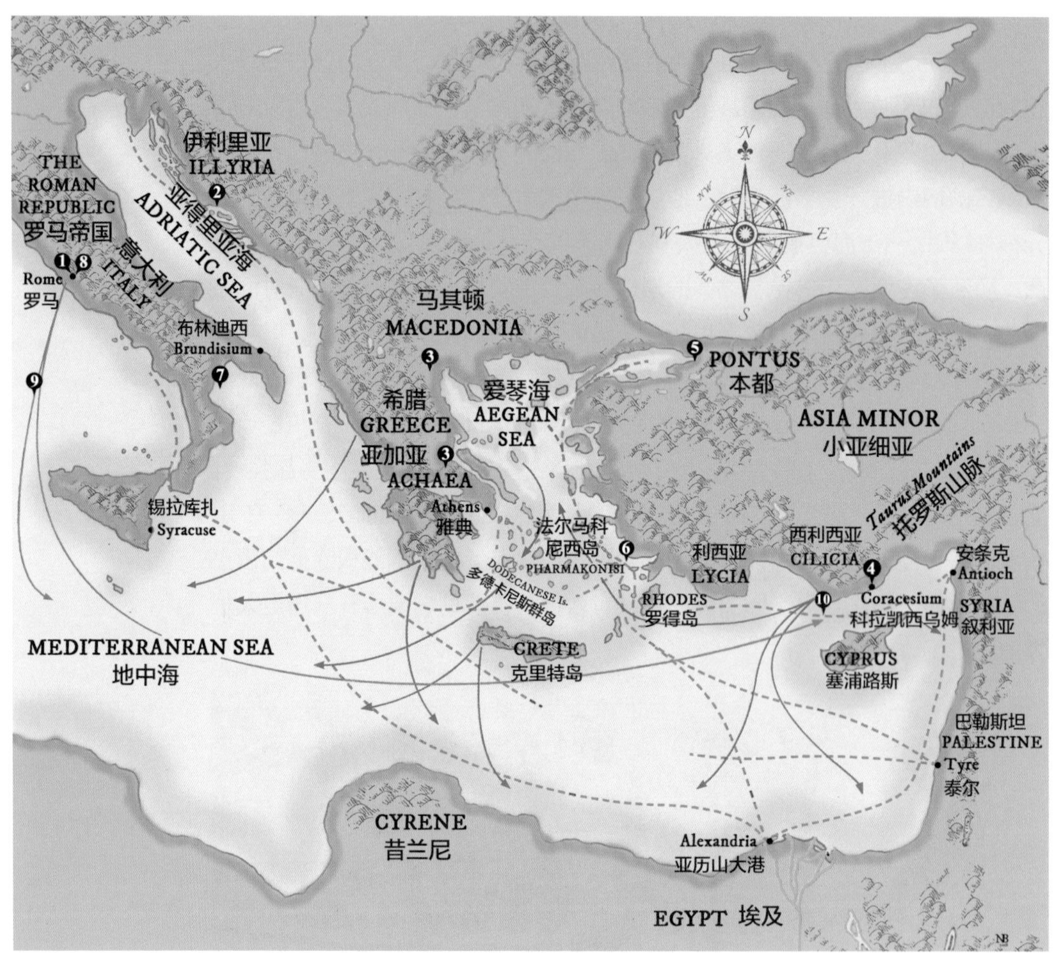

庞培抗击海盗

今天，“伟大的庞培”最为人熟知的身份是古罗马内战期间恺撒的劲敌。然而在此之前，庞培被认为是“古罗马第一人”和古罗马帝国的救星。大部分赞誉源自他在打击海盗的战争中所取得的成功。庞培打击海盗的战争有效终结了地中海的海盗活动。在斯巴达克斯叛变并得到西里西亚海盗的支持后，元老院决定彻底清除地中海的海盗活动。这一任务将极大消耗罗马帝国的资

图 例

----贸易路线 ←— 海盗袭击 ←— 庞培前往西利西亚的航线

1. 第二次布匿战争（公元前 218—前 201）爆发后，罗马帝国加强了对意大利的控制。
2. 古罗马在公元前 2 世纪初控制了伊利里亚地区，仅该地成为古罗马的一个行省，伊利里亚海岸惹是生非的海盗巢穴被清除。
3. 公元前 146 年：古罗马控制了希腊和马其顿，两地成为古罗马行省。亚加亚（或希腊南部）的海盗被驱逐出大陆，被迫在爱琴海岛屿上活动。
4. 随着古罗马帝国加强对爱琴海的控制，海盗被驱逐至东方，并沿着西里西亚海岸开展活动。公元前 133 年，该地区成为古罗马的一个行省，但海盗活动持续肆虐。
5. 本都国王米特拉达梯（Mithridates）（公元前 134—前 63）鼓励在地中海东部进行海盗活动，以此对抗古罗马势力的扩张。
6. 公元前 75 年：尤利乌斯・恺撒被法尔马科尼西岛上的海盗俘虏。海盗在收到赎金后将其释放，但恺撒随后带领海军回到岛上，将海盗捕获并把他们钉在十字架上。
7. 公元前 72 年：西里西亚海盗为在意大利领导奴隶起义的斯巴达克斯提供支持。虽然斯巴达克斯次年被击败，但这一海盗联盟刺激了罗马人采取行动应对西里西亚海盗的威胁。
8. 公元前 67 年：古罗马元老院授予“伟大的庞培”军事独裁权和无限量的资金支持，并命令他清除地中海的海盗。
9. 公元前 67 年：庞培将地中海划分为 13 个区域，之后向东行进，摧毁海盗基地并驱逐在他前方的残余海盗。当年年底，剩下的所有海盗都集中在西里西亚，这是庞培给海盗留下的一个据点。
10. 最后，庞培将西里西亚包围，他的军队在占领了科拉凯西乌姆（现在的阿拉尼亚）上最后一个海盗大本营后，巧妙地在该地区展开了海盗清扫活动。至此，地中海的海盗被彻底清除，并在之后的几个世纪内都不见踪影。

源。因此在公元前 67 年，庞培被授予最高权力（军事独裁）并受命驱逐“我们的海”（地中海，古罗马人称之为“我们的海”）的海盗。

庞培的军事独裁为其带来了至高无上的权力、高额的财政预算和一支配备有 500 条船（包括 200 条用于战争的桨帆船）和 120000 名罗马军团士兵的军队。这支军队装备规模宏大（在今天相当于美国划拨了其超过一半的预算和部队），展示了古罗马元老院非常重视海盗威胁。庞培此前曾抗击过海盗，并清楚地知道应当如何展开行动。他追捕海盗的大部分战舰速度很快，足以在公海上追击海盗并将其捕获。这些更轻型的船由更重型的战

←格涅乌斯・庞培（公元前 106—前 48）或“伟大的庞培”因其与尤利乌斯・恺撒的对战而最为知名，但他最伟大的成就可能是清除了地中海的海盗

舰支持，战舰满载着经验丰富的罗马军团士兵。庞培将地中海划分为 13 个区域，每个区域由一名使节（副司令）指挥。在一次联合行动中，各区使节们领导各自军队向海盗基地发起攻击并将海盗包围，之后派出其他船只搜寻未知的海盗巢穴。最终古罗马军队摧毁了海盗基地。许多海盗投降了，其头目遭到处决，其他人则被审讯，并在交纳赎金后被释放。这些对海盗发起的攻击在整个地中海同时进行，但古罗马人特意未攻击西里西亚。

←上页图片：公元 4 世纪罗马帝国后期的一艘马赛克图案的货船正在装载外来动物。随着罗马军队力量式微，这类商船容易遭到在亚得里亚海和爱琴海活动的新型海盗的袭击

下一步，庞培领导他的舰队横扫地中海，从直布罗陀往东驱逐他前方残存的海盗。许多海盗闯入各区使节们设下的包围圈并被击败。剩余的海盗则被驱逐至西里西亚。庞培在 40 天内成功清除了地中海除西里西亚外的海盗，并将西里西亚包围。所有的海盗突围行动均被击溃。之后庞培加紧对西里西亚的包围，并沿着海岸线向内部进攻，缩小海盗的聚集地范围。随着海盗被逐渐驱逐至主要据点科拉凯西乌姆（位于遥远的西里西亚半岛上），庞培派出军团士兵沿海岸搜索每个岛屿和溪谷，确保没有海盗破网逃脱。之后军团士兵进入西里西亚，西里西亚海盗远不是熟练的古罗马士兵的对手，几周内就被迫投降。

庞培再一次显示出其令人惊讶的仁慈之心，他只处决了海盗头目，而将剩余海盗流放至内陆地区。大获全胜的庞培回到罗马。在三个月内他摧毁了 120 个海盗基地，消灭了 10000 名海盗，俘获了 500 艘船并缴获了价值不菲的海盗掠夺品。这些掠夺品被庞培和他的手下以及元老院平分。至此，地中海的海盗首次被清除。罗马船只将在接下来的四个世纪内在地中海安全航行，免受海盗袭击。西罗马帝国灭亡后，“罗马治世”（“罗马和平”）终结，打击海盗的任务落到了东罗马帝国肩上。这场以拜占庭帝国的名义发起的打击海盗的战争旷日持久，持续至中世纪，直到拜占庭帝国被土耳其人击败。然而，海盗活动再次在地中海泛滥开来，虽然海盗活动的中心已从小亚细亚转移至北非海岸。

2
第二章 中世纪的海盗

海上袭击者

大多数人并不将维京人视为海盗。他们很少在海上抢劫，虽然肯定有些维京人是以海盗活动为生的。确切地说，他们属于海上袭击者，袭击沿海目标。虽然维京人并不是欧洲“黑暗时代”的首批海上袭击者，但他们有可能是最成功的袭击者。在两个多世纪的时间内，他们对北欧发起恐怖袭击，后来返回征服并统治北欧。尽管他们并不是严格意义上的海盗，但他们确实依靠船只来快速移动并发起偷袭，这些都是海上袭击者的特征。

大部分维京人一开始只是规模较小的袭击者，使用一到两条船，但到中世纪末期，他们组成大型舰队开展活动，足以对抗装备精良的军队。盎格鲁-撒克逊时期的一位教士阿尔昆（Alcuin）记载了维京人于公元 793 年 6 月 8 日上午的首次入侵。当天，一群维京人袭击了位于英格兰东北海岸的林迪斯法恩（Lindisfarne）岛上的修道院，并将僧侣杀死。之后他们洗劫了修道院并将其焚毁。尽管在当时的年代，谋杀并不少见，但这仍属史无前例的杀

←《盎格鲁-撒克逊编年史》公元 793 年的条目记载，在 6 月 8 日，“异教徒来临，残忍地毁坏了上帝在林迪斯法恩的教堂，并进行掠夺和杀戮”。对林迪斯法恩的攻击标志着维京人对不列颠群岛毁灭性袭击的开始（图片由 Werner Forman/Universal Images Group/Getty Images 提供）

戮。一本编年史将这次袭击描述为“对信奉基督教的英格兰人的身体和心灵的双重打击”。[1] 阿尔昆更是表示，“英格兰此前从未经历过我们现在所遭受的来自异教徒的恐怖袭击”。

袭击林迪斯法恩只是开始。仅在一年后的 794 年，维京人对英格兰东部海滨发起攻击，一名爱尔兰僧侣记录道，“异教徒毁坏了英格兰所有岛屿”。在接下来的几年内，苏格兰西海岸的爱奥那（Iona）修道院及其他几座修道院遭到掠夺。

798 年，维京人对爱尔兰北部海岸展开袭击，将其在奥克尼群岛的冬令营用作基地。他们向更远的地方发起越来越多的袭击，以至于到公元 9 世纪初，似乎没有任何沿海地区是安全的。首当其冲的僧侣将北欧人的猛烈攻击比喻为末世。《耶利米书》中的一句话恰如其分地形容了这一状况：“必有来自北方的灾祸，降临到此地的所有居民。”对这些僧侣而言，维京人的降临预示着末世。虽然审判日从未到来，但维京人持续作乱。

公元 9 世纪 20 年代出现了一类新的北方霸主，他们愿意通过对英格兰沿海地区提供保护来换取金钱。维京人袭击者的年代开始让位于一个新的征服阶段。在这一阶段，英国成为军阀的战场，而非掠夺的目的地。然而，对爱尔兰的袭击仍然持续了十年。820 年，一名教士在《阿尔斯特年鉴》（*Annals of Ulster*）[2] 中写道，“大海将源源不断的外国人送入爱尔兰，所有的港口、登陆处、要塞、堡垒和城堡都被维京人和海盗的波涛所淹没，无处可逃”。[3] 即使是那些离海岸足够远、被认为是安全的定居点，也陷入了北欧人的魔爪之中。

公元 9 世纪 30 年代后期，维京人头目索吉尔斯（Turgeis）控制了阿尔斯特，继续发起攻击。[4] 至此维京人已占领都柏林并在此建立了一个新的权力基地。

袭击苏格兰和爱尔兰凯尔特地区海岸的维京人大部分是来自挪威的北欧人。在公元 8 世纪晚期和 9 世纪早期摧毁盎格鲁－撒克逊英格兰大部分地区的袭击者为丹麦人。《盎格鲁－撒克逊编年史》公元 835 年的条目记录道，“这一年异教徒摧毁了谢佩岛（Sheppey）”——一座位于泰晤士河出海口的岛屿。从那时起，《盎格鲁－撒克逊编年史》的记录中显示袭击者的队伍每年都

---

1 引自 Angus Konstam, *The Historical Atlas of the Viking World* (New York, 2002), pp.60–63。

2 *Annals of Ulster*，中世纪爱尔兰的年鉴。——译者注

3 引自 Konstam, p.64。

4 同上注，p.65。

← 一支庞大的维京人军队在盎格鲁 - 撒克逊英格兰的海岸登陆。虽然这是 12 世纪记录“殉道者爱德华”的英文手稿中的一幅插图，但其描述的场景展现了公元 9 世纪来势汹汹的维京人袭击者组织的整体面貌

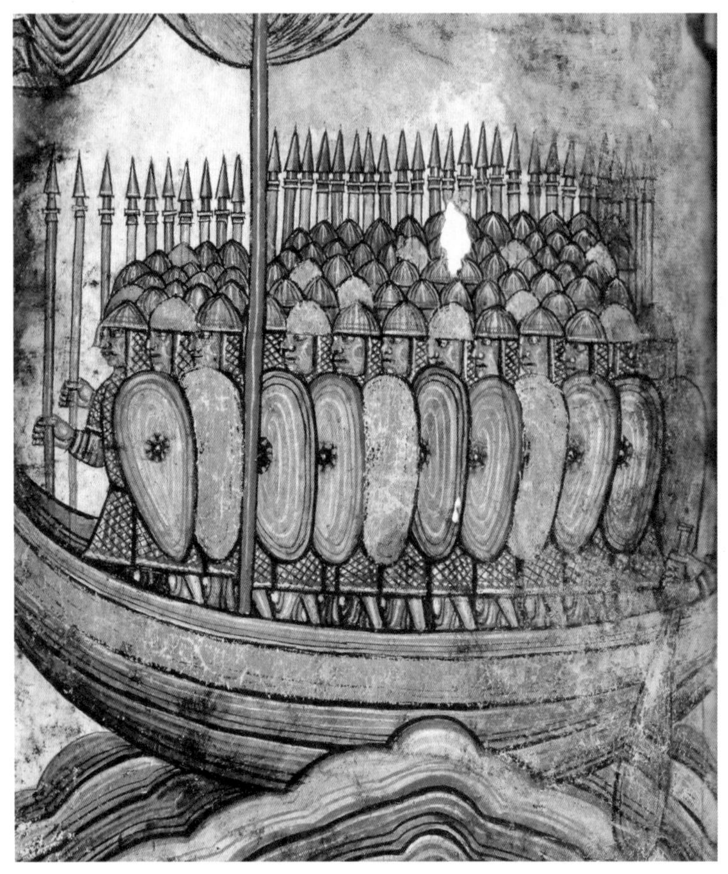

↑这幅插画描绘的维京长船满载全副武装的战士，出自12世纪的法兰克人手稿《圣布雷拉德的生活》(*the Life of St Aubin*)。现实中维京战士的穿着和装备没有那么统一，并且看起来可能没有那么训练有素

在壮大，人数不断增多。在公元9世纪50年代，维京人在肯特的萨尼特(Thanet)和谢佩岛上驻扎，为其扩张提供了安全的基地。这预示着他们的重心开始从袭击变为征服。

维京人并非只袭击了盎格鲁－撒克逊人和凯尔特人。“公元845年，北欧人的大军侵犯了基督徒的边境。”巴黎附近的圣日耳曼德佩修道院的一名修道士记录了一支声势浩大的维京人军队兵临巴黎城外的景象。事实上，第一批维京人袭击者在25年前袭击弗里斯兰人(荷兰)海岸线和探查塞纳河的防线时就已经到达法兰克王国。在公元841年，维京人掠夺了鲁昂，并向当地人索要“丹麦金”(保护费)。此后的公元845年维京人对巴黎发起大规模袭击，巴黎人向维京人支付大量白银后，城市才免遭洗劫。在不到六年的时间里，维京人已经在塞纳河下游建立了永久定居点，该地成为北欧人的领地——诺曼底。

维京人对欧洲的袭击持续了半个多世纪，之所以结束是因为可供掠夺的空间所剩无几，而且维京人渐渐向征服方向发展。这些袭击者是否可以被定义为海盗还有待商榷，虽然当代人几乎将其等同为维京人。实际上个别维京人群体的活动已经汇聚成更大型的运动，反过来受到斯堪的纳维亚民族认同感形成的影响。尽管维京人的时代将持续至11世纪中期，但到9世纪中期，海上掠夺者的时代已然终结。

对汉萨同盟的掠夺

尽管维京人海上掠夺者可能已经失去了支配地位，但斯堪的纳维亚海上贸易者的时代方兴未艾，这些贸易者将组成一个强大的贸易帝国，并将改变欧洲的经济状况。到 12 世纪，波罗的海和北海海岸出现了一系列大型港口，汉堡、吕贝克、不来梅、什切青、但泽和罗斯托克是其中最主要的港口。

1241 年，吕贝克和汉堡联合组成了汉萨同盟，该同盟是一个监管该地区海上贸易的商会，并提供一些抗击海盗的保护。其他港口很快加入了该同盟，到 1300 年，汉萨同盟已经成为波罗的海和北海的大型组织。该同盟主导了北欧的贸易，同时也削弱了该地区个别国家的力量。丹麦人尤其是该同盟的强硬反对者，他们对这一商业垄断组织发起了一场小型战争，战争持续至 14 世纪。那些希望瓜分汉萨同盟财富的组织也加入了这场冲突对抗。

英格兰东南海岸的“五港同盟”便是其中一个组织。该组织成立于 14 世纪初期，旨在保护英格兰本地商船免受海盗袭击和鼓励贸易。然而，虽然汉萨同盟是一个合法的贸易组织，但与其功能相当的这一英格兰组织还从事敲诈勒索活动。该组织是一个半合法的海盗组织，对自己和其“客户”的商船进行保护，对未支付“保护费”的商船发起攻击。

在波罗的海，一群德国雇佣兵和海盗组建了名为“粮食兄弟会”（Vitalienbrüder，或 Victual Brothers）的同盟。他们在 1392 年向遭到围攻的斯德哥尔摩运送物资后采用了这一名称。之后他们向丹麦人及汉萨同盟的港口吕贝克不宣而战，发起一场长达十年的战争。1393 年，兄弟会洗劫了挪威的汉萨联盟港口卑尔根和瑞典的马尔默。次年，他们占领了波罗的海哥特兰岛的维斯比，该岛成为他们的主要基地。然而，随着丹麦王室实现了对瑞典、丹麦和挪威的政治统一，兄弟会面临劲敌。

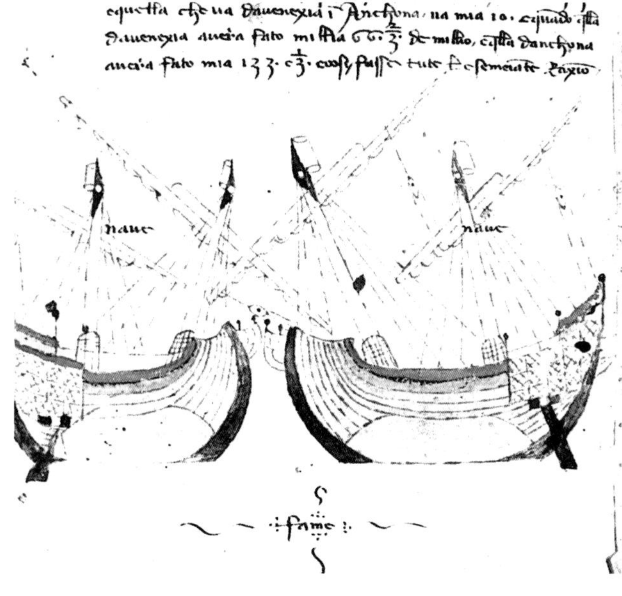

↓尽管这些商船出现在 14 世纪的威尼斯人手稿中，但它们是更为古老的船只，在爱琴海、亚得里亚海和东地中海活动的意大利商人自 12 世纪起使用这类船只

克劳斯·施多特贝克与粮食兄弟会

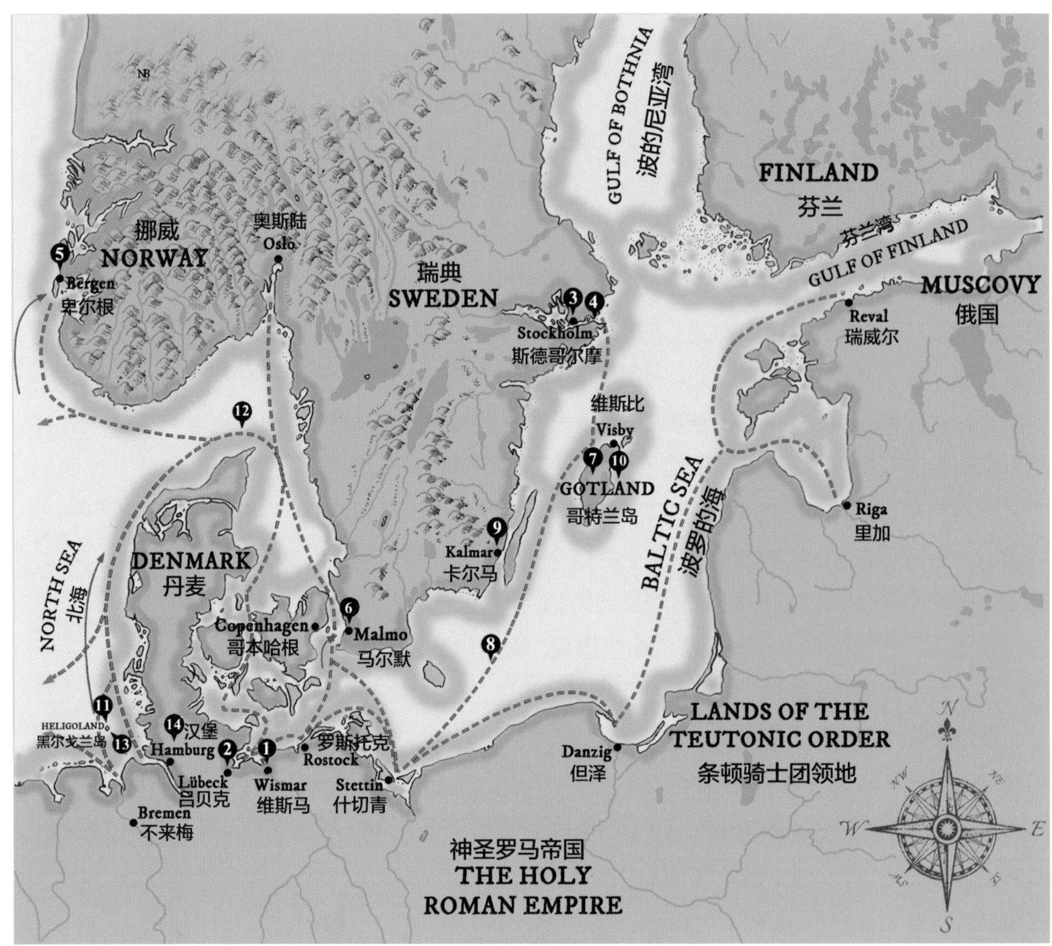

兄弟会持续对丹麦和汉萨同盟的船只发起攻击，直到 1398 年丹麦将哥特兰岛租赁给条顿骑士团[1]。这一强大的军事兄弟会正式进攻了哥特兰岛，并驱逐了岛上的海盗。之后兄弟会的剩余势力在现在的德国—荷兰边境的埃姆斯（Ems）河河口和北海的黑尔戈兰岛（Heligoland）建立了新的基地。这一新的兄弟会将自己称为“均分者”（Likedeelers），意为将东西进行均等分配。

他们最为知名的海盗领导者是克劳斯·施多特贝克（Klaus Störtebeker）。他的本名可能是尼古劳斯·斯托特贝克（Nikolaus Storzenbecher），1360 年

1 神圣罗马帝国中世纪时期天主教军事组织，著名的三大骑士团之一。——译者注

图 例

----贸易路线 ←— 海盗袭击

1. 公元 1360 年左右：克劳斯 · 施多特贝克生于维斯马。
2. 1367 年：汉萨同盟对波罗的海大国丹麦宣战。丹麦人数次战败，并于 1370 年求和。汉萨同盟此时成为这一地区的主导力量。
3. 1389 年：丹麦的玛格丽特女王入侵瑞典并围攻斯德哥尔摩。
4. 1392 年：海盗组织“粮食兄弟会”与瑞典人联合抵抗丹麦人并为斯德哥尔摩解围。这些海盗也得到了汉萨同盟的协助。
5. 1393 年：“粮食兄弟会”袭击了汉萨同盟港口卑尔根，该同盟对海盗宣战。
6. 1394 年年初：“粮食兄弟会”洗劫了马尔默，并进一步袭击了瑞典和更远地区的一些小港口。
7. 1394 年年末：“粮食兄弟会”占领了哥特兰岛，维斯比成为他们的主要基地。
8. 到 1394—1395 年冬天，由于海盗对海上航线的攻击，波罗的海的海上贸易暂停。汉萨同盟和丹麦人都受到影响。
9. 1397 年：随着丹麦、瑞典和挪威在玛格丽特女王的统治下实现统一，“卡尔马联盟”（Kalmar Union）成立。
10. 1398 年：卡尔马联盟雇佣条顿骑士团应对来自海盗的威胁。骑士团进攻哥特兰，并占领了维斯比，剩余的“粮食兄弟会”成员逃离哥特兰岛。
11. 1399 年：“粮食兄弟会”的剩余势力在黑尔戈兰岛重建。
12. 1400 年：施多特贝克成为时称为“均分者”的海盗兄弟会的首领。他们对汉萨同盟和丹麦的船只都发起攻击。
13. 1401 年：一支汉萨同盟舰队对“均分者”发起攻击，在哥特兰附近的海战中海盗被击溃，施多特贝克和其他幸存者沦为阶下囚。
14. 1401 年：施多特贝克和他的船员在汉萨同盟的汉堡港被处决。

左右生于维斯马（Wismar）。施多特贝克是一名从哥特兰岛逃离的兄弟会成员，后来成为“均分者”的首领。据说他的海盗旗舰名为“海中之虎号”（*Seatiger*），是海盗舰队中最大的船只。黑尔戈兰岛在当时是一个繁荣的汉萨港口，是攻击来往汉堡船只的理想地点。这使得“均分者”成为一个严重威胁。

施多特贝克最终在 1401 年遇上了对手，这一年汉萨同盟派出了由乌特勒支的西蒙（Simon of Utrecht）领导的舰队攻占哥特兰岛。这两支队伍在靠近哥特兰岛的地点交锋，经过长时间的战斗，“海中之虎号”被截获，施多特贝克和他的 71 名手下被俘。他们被带往汉堡接受审判，在当年 10 月施多特贝克被判死刑。尽管如此，他仍达成一个协议：在他被砍头后，如果他还能直立行走，则他经过的船员都可以获得赦免。据传说，他在被砍头后蹒跚地走过了 11 名船员，直到被刽子手绊倒。海盗们的头颅被钉在易北河河岸的长钉上。今天，克劳斯·施多特贝克在某种程度上被视为德国的英雄，他相当于罗宾汉与弗朗西斯·德雷克爵士的结合体。[1]

地中海的海盗骑士

公元 5 世纪初期，西罗马帝国因“野蛮人”入侵而分崩离析，东罗马帝国却以某种方式控制住了这场危机。事实上，这一政治实体又被称为“拜占庭帝国”，延续了近一千年。拜占庭帝国实际上在公元 330 年成立，当时君士坦丁大帝在拜占庭建立新的都城，并将其命名为君士坦丁堡。这座城市因海上贸易而繁荣发展，很快成为一个大型商业中心。拜占庭的战舰沿着海上航线巡航，保护帝国船只免遭海上攻击，阻击海盗。

公元 11 世纪晚期，拜占庭帝国开始急转直下。起初拜占庭帝国在曼齐刻尔特（Manzikert）战役（1071 年）中被土耳其人重创，遭遇了灾难性的军事失利，导致小亚细亚大部分领土流失。之后十字军东征，将信奉希腊东正教的拜占庭帝国几乎视为等同于穆斯林的宗教敌人。遭受曼齐刻尔特战役的灾难性战败后，拜占庭帝国对海军重视不足，帝国皇帝艾萨克二世在 1189 年与威尼斯人签订了一份海军协议。但这份协议产生了严重的负面效果，1204 年，这些意大利人攻占并洗劫了君士坦丁堡。拜占庭海军的剩余力量被摧毁。尽管帝国残破的躯壳保存了下来，但其控制海洋的能力已经荡然无存。因此从 1204 年起，东地中海海域再次成为海盗的避风港。

小型国家所形成的支离破碎的状态导致了海盗活动的滋生，一些新的拉丁领主将海盗活动视为一种有益的收入来源。意大利探险家抓住这一机会，大举开展海盗活动。他们在远离威尼斯人巡查范围或拜占庭势力范围的遥远地点建立基地。克里特岛和希腊南部的莫奈姆瓦夏（Monemvasia）是他们最常出没的地方。莫奈姆瓦夏港被称为“石城”，是一座建立在突出的岩礁上的中世纪堡垒，由一条小堤道与陆地相连。这座几乎无坚不摧的基地和附近西边的马尼（Mani）半岛成为 13 世纪的主要海盗避风港。

其他繁忙的海盗避风港包括亚得里亚海中部的达尔马提亚（Dalmatian）群岛——现今属于克罗地亚风景如画的达尔马提亚海岸的一部分。这一地区

1　施多特贝克在 Walter 的诗歌 *Die Hölle von Helgoland* (1924) 中名垂千古，Göttke 将这首诗改编为歌曲。

在当时被称为“玛利亚”，在被拜占庭帝国控制之前，该地曾被海盗肆虐。现在，如同伯罗奔尼撒一样，玛利亚为海盗提供了一个横跨多条威尼斯海上航线的安全基地。

他们最为成功的海盗首领是布林迪西的马格加里塔（Margaritone of Brindisi，1149—1197），一名通过从事海盗活动开启海上生涯的意大利骑士。他之后成为一名为西西里的诺曼统治者工作的私掠者，统治者为其提供高位作为奖励。1185 年，他从拜占庭人的手中获取了对达尔马提亚群岛的控制权，并将该群岛变成一个主要的私掠活动基地。他最终在帮助西西里人抵抗那不勒斯的攻击时遭遇了滑铁卢。1194 年，当西西里陷落而成为神圣罗马帝国的一部分时，马格加里塔被俘虏，后来在德国的一座监狱中死去。然而，达尔马提亚群岛在此后的十年内仍然是一个海盗基地，直到 1204 年被威尼斯舰队攻击和占领。在此后的 13 世纪，当地的海盗在科孚岛、桑特岛（Zante）和凯法利尼亚岛建立新的避风港，这些岛屿在 14 世纪末以前是活跃的海盗基地。

希腊海域的海盗活动在 13 世纪末迎来了真正的高峰。拜占庭帝国皇帝米海尔三世（Michael Ⅲ）从意大利人手中重新夺回君士坦丁堡，但他缺少重建海军的资源。因此他雇佣海盗充当私掠者，私掠者便打着拜占庭帝国的旗号掠夺整个东部地中海的意大利商船。讽刺的是，这些海盗大部分都是来自威尼斯或热那亚的意大利人。其中一名拜占庭私掠者吉奥瓦尼·德·洛·卡沃（Giovanni de lo Cavo）1278 年从热那亚人手中夺占了罗兹岛（Rhodes），并成为这一岛屿的领主，以拜占庭帝国皇帝的名义进行统治。罗兹岛的海盗避风港不断发展壮大，直至 1306 年医院骑士团（Knights Hospitaller）征服了这座岛屿。

↓这枚 14 世纪的印章描绘的是一艘中世纪海船，这种圆形船体的宽敞小船在当时用作商船和战舰。印章上的图案展示了简易的前后甲板

当时这个地区的其余地方都已经被土耳其人、拜占庭人或意大利人占领。奥斯曼帝国的海军力量持续发展，威尼斯人和医院骑士团在该地区处于支配地位，这使得违法行为得到控制，海上贸易受到鼓励。在拜占庭帝国占领罗兹岛后，爱琴海希腊海岸唯一还有海盗藏身的地方是雅典。自 1311 年起，加泰罗尼亚雇佣兵——雅典的曼弗雷德公爵（Duke Manfred of Athens）——向拉丁和拜占庭统治者提供租赁性质的保护服务，

海盗在其保护之下开始泛滥猖獗。在土耳其人于 1458 年征服雅典之前，他所谓的“加泰罗尼亚海盗”在该地区持续作乱。

到 14 世纪中期，地中海海盗活动的中心已向西转移至北非的地中海海岸。当时北欧的商人重新利用已被长时间搁置的海上贸易路线。地中海被划分成宗教力量的角斗场，海盗和海军力量在此相互交织，产生了毁灭性的影响。

英格兰岛屿周边的海盗活动

领地制度的特征之一是王室的中央权力有限。这导致其难以维持强大的国家海军来清除海盗的巢穴。因此，海盗活动在英格兰海域中任何可能的地点滋生泛滥开来，尤其是在英吉利海峡和爱尔兰海。在英吉利海峡的岛屿中，海盗甚至自己成为半封建的领主，从英格兰和法国之间的王朝斗争中获益。到 13 世纪初，海盗活动已经成为英吉利海峡的一个严重问题，以至于只有受到最强保护的船只才能安全通行。这些海盗中最为知名的是“尤斯塔斯和尚”

→这是一艘英格兰印章中描绘的 14 世纪海船，船的前甲板和后甲板更加嵌入船身，以提供更加有利的作战位置

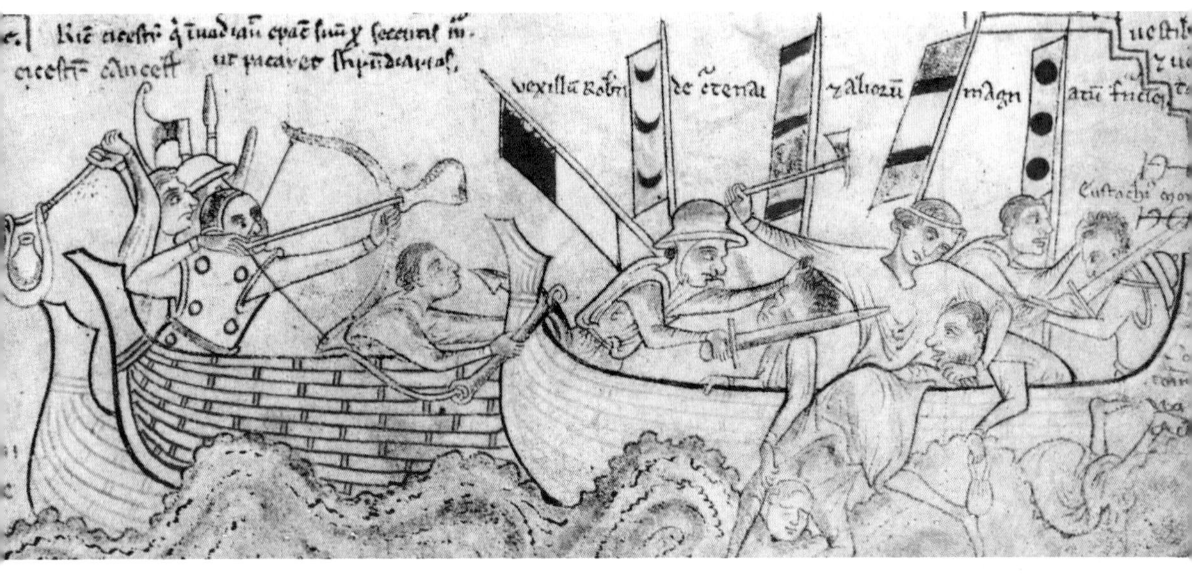

↑这幅 13 世纪晚期的手稿插图描绘了海盗“尤斯塔斯和尚”的活动，其在 12 世纪晚期和 13 世纪初期掠夺英吉利海峡上的船只。他最终在 1217 年桑威奇的一场战斗中被击败并被处决

（Eustace the Monk），也被称为“黑和尚”，他同时被英格兰的约翰王和法国国王菲利普二世雇佣为私掠者。尤斯塔斯以泽西岛为基地，控制了英吉利海峡的海域，向往来船只索要保护费，并对拒绝合作的船只发起攻击。

在 1205 年至 1212 年之间，他为约翰王服务，发动对法国海岸（从加来到布雷斯特）的袭击。之后在 1217 年，尤斯塔斯使用他的舰队运载一支反叛的英格兰军队跨越海峡。这支海盗舰队在英格兰东南海岸的桑威奇（Sandwich）抛锚，被一支更强大的英格兰军队偷袭并摧毁。尤斯塔斯被俘，并与他的同伴一同被处决。[1]

到 13 世纪中期，英格兰和法国政府都通过发布正式的私掠“许可证”来控制海盗问题。私掠“许可证”首次被用来控制潜在的海盗人员，以及利用海盗的力量来攻击本国的敌人。只要海盗按照他们所选择国王的要求行事，他们便能获得王室的保护。但如果他们攻击统治者国家的船只，他们便会被贴上海盗的标签并遭到追捕。

在英国凯尔特海边缘、苏格兰和爱尔兰西部，小规模的海盗活动在 16 世纪前持续泛滥。岛上的领主是曾控制苏格兰西海岸的维京人后裔，其运作方式与尤斯塔斯有很多相同之处，他们都攻击那些拒绝支付“领地”保护费的船

---

1 对尤斯塔斯活动的这一记载摘录自 Matthew Paris，可从 (www./standish.stanford.edu/) 上获取。另见 Glyn Burgess, *Medieval Outlaws: Eustace the Monk and Fouke Fitz Waryn* (London, 1997), pp.32–78。

←这幅16世纪的德国木版画描绘了处决海盗的场景——这幅画中被处决的海盗团伙由名为亨斯利恩（Henszlien）的船长领导，他在北海从事海盗活动，被汉萨联盟的战舰捕获，并在汉堡被处决

只。直到17世纪苏格兰王室才得以终结这种敲诈勒索行为。

爱尔兰中央集权的缺乏意味着海盗在此地获得了同样的豁免。最为知名也最为与众不同的爱尔兰海盗可能是格兰·妮瓦莱（Gráinne Ní Mháille，或“秃头格兰”），英格兰人将其称为格蕾丝·奥马利（Grace O'Malley，约1530—1603）。[1] 在爱尔兰传说中，她被尊称为“康尼马拉的海上女王”。她的父亲是妮瓦莱（奥马利）的氏族首领，控制了现今梅奥郡的大部分海岸线，并利用他所控制的沿海海域向渔民征税。1546年，格兰·妮瓦莱与奥弗莱厄蒂家族的继承人多纳尔·奥弗莱厄蒂（Donal O'Flaherty）结婚，两人育有三个子女。多纳尔·奥弗莱厄蒂于1564年被杀，他的妻子接替他进行小规模的海盗活动，并在梅奥郡西海岸的克莱尔岛上他父亲的防御据点建立基地。当局不堪其扰，于1577年派出军队围攻她的据点，格兰·妮瓦莱被捕入狱。她最终被释放，但她的子女被关押以确保她不再生事。格兰·妮瓦莱航行至伦敦，并获准与女王伊丽莎白一世会面。后来她的子女被释放。这位已经年老的“海上女王”在去世前继续开展小规模的海盗袭击活动。尽管她的大部分故事都来自爱尔兰的传说，但她前往宫廷拜访女王的事迹激发了同时代英格兰人记录她生平经历的兴趣。虽然她开展的海盗活动规模较小，但她的性别注定了她将被载入史册，在那些开展袭击的小规模爱尔兰海盗和氏族领袖被人遗忘后，她仍将被长久铭记。但是，与同时代的英格兰海上袭击者的活动相比，她只不过是区区一个地方反叛者。

---

1 关于格兰·妮瓦莱的完整记载，见 Anne Chambers, *Granuaile: Ireland's Pirate Queen c.1530–1603* (Dublin, 2003)。

OPIDVM S Augustini
amœnissimos habuit hortos
cineres redactum
Versus leucas in loco S Helenæ dicto
regionem quæ prorsus inculta iacet, occuparent

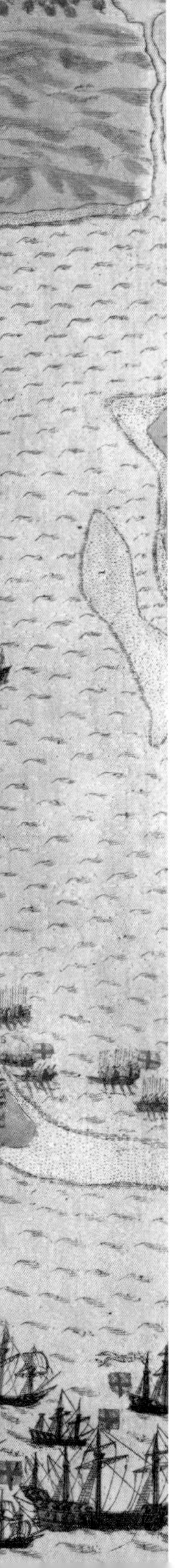

3

第三章
文艺复兴时期的老水手

老水手：私掠者还是海盗？

有一种说法是一个国家的私掠者是另一个国家的海盗。这种说法存在一定的合理性。在著名的伊丽莎白时代，“老水手”恃强凌弱。在这个年代，发展国家利益与追求个人利益并不冲突，只要表面上为国家服务，便可获得大笔财富。在这一时代的大部分时间里，信奉天主教的西班牙和信奉新教的英格兰处于“冷战”的对峙状态。1585 年，在经过三十年低级别的冲突对抗后，两国之间爆发了一场全面战争。这场酝酿已久的战争在很大程度上是由弗朗西斯·德雷克等船长引发的，他们对西属美洲大陆的袭击实际上构成了战争行为。尽管如此，由于没有了外交关系的束缚，英国女王伊丽莎白一世任老水手们肆虐，老水手们在接下来的二十年内，不断对西班牙在新大陆的领地发起攻击，并挫败了西班牙进攻英格兰的企图。

←在 1572 年占领卡塔赫纳（Cartagena）后，弗朗西斯·德雷克沿古巴往北向佛罗里达东海岸航行。在 5 月底他发现了西班牙人在圣奥古斯丁的定居点，这一定居点几乎完全隐藏在一个沿海小岛上。他占领了这一定居点和其堡垒，然而发现价值不大（图片由 VCG Wilson/Corbis 通过 Getty Images 提供）

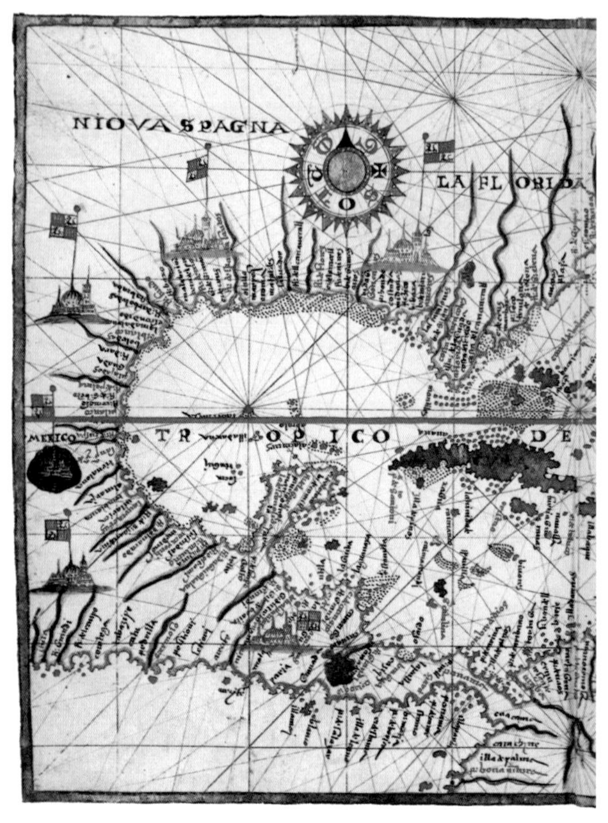

↑一张16世纪的西班牙新大陆地图，北回归线从中穿过。西班牙人将整个地区视为他们的专属保护区，并追捕其他企图在加勒比海盆地蚕食其领土的欧洲“入侵者”

然而，英格兰并非唯一对西班牙的海外帝国发起攻击的国家。金条、银条和硬币等铸币源源不断运往西班牙，其他国家从中看到了机会。16世纪20年代，早在英格兰人开始攻击西属美洲大陆前约四十年，法国人便开始攻击西班牙运送珍宝的船只。之后荷兰舰队开始在美洲海域劫掠西班牙船队。

在这段时间内，西班牙人将闯入加勒比海的其他欧洲人视为“入侵者”。“越过边界则无和平”这句话指的是新大陆被分成了属于西班牙和属于葡萄牙的两大部分。根据《托德西利亚斯条约》（Treaty of Tordesillas，1494年），穿过巴西的西经46°37’经线划分了两国在新大陆的势力范围。该经线以西属于西班牙。其他新兴的海上强国明显感到自己被排除在外，由此造成了此后几个世纪的冲突。西班牙人的想法则非常简单，他们将除巴西以外的美洲视为西班牙的领土，并抵制任何企图“越过边界”建立自己的殖民地的局外人。因此他们将“入侵者”视为海盗，尽管他们到来的目的是贸易，而非战争。这种粗暴的应对方式不可避免地逐步造成了公开的冲突。例如，伊丽莎白女王颁布“报复许可证”，允许私掠者攻击西班牙人以弥补从西班牙人处遭受的损失。在法律上，这种“报复”被认为是完全合法的行动。

“私掠者”是获得国家政府颁发的许可或私掠“许可证”的个人或组织，他们得到允许，可以攻击另一交战国家的船只。私掠行为受到国际公认的一套规则的管制，理论上如果私掠者被敌人抓获，他们将被视为敌方战斗人员，而非海盗。作为对提供法律保护的回报，颁发私掠“许可证”的国家通常会收到一定比例的利润。只要他们遵守规则，私掠者在法律上不会被视作海盗而处以绞刑。

然而，西班牙人却拒绝遵守这些细节——尤其在私掠者“越过边界”行事时。尽管英格兰人将弗朗西斯·德雷克爵士视为英雄，但西班牙人将其视为魔鬼，并为其贴上海盗的标签，追捕到底，毫不留情。[1]

西属美洲大陆

从英格兰西南各郡的港口从发前往新大陆的私掠者首先将抵达加那利群岛或佛得角。之后他们将顺着东南信风穿越大西洋。他们将在小安的列斯群岛（Lesser Antilles）登陆，补给水和日常用品。这些岛屿尚未成为西班牙人的定居点，所以目前他们是安全的。但经过此地后他们便来到了西班牙美洲大陆。

理论上，“西属美洲大陆”一词指的是南美洲大陆的北方海岸线——西班牙殖民者将该地区称为“铁拉菲尔梅省”（Tierra Firme）或“干燥之地”（dry land）。然而，“大陆”一词的范围很快便远远超越了这些海岸水域，到 16 世纪中期开始等同于整个加勒比海盆地。为避免混淆，加勒比海盆地很快被称

←秘鲁的波托西（Potosi）是一座真正的银山，后来很快成为西属美洲大陆运往欧洲的铸币的来源地，这些铸币通过珍宝船队运往欧洲。大量的财富自然引起了海盗和私掠者的注意，他们希望能从这些珍宝中分得一杯羹

1 J. H. Parry, *The Spanish Seaborne Empire* (London, 1966), pp.137–151; Timothy R. Walton, *The Spanish Treasure Fleets* (Sarasota, FL, 1994), pp.30–35.

↑ 16 世纪西班牙版画上描绘的西班牙美洲大陆沿岸所谓的“珍珠群岛”，即现在的玛格丽塔岛及其附近岛屿。“入侵者”将这些岛屿视为富有价值且防御不足的掠夺目的地

为“北海”（Mar del Norte）。这意味着一旦穿过小安的列斯群岛，任何私掠者都将被认为是“入侵者”。

加勒比海盆地有着数不清的岛屿，其中最大的岛屿是古巴岛。古巴岛将墨西哥湾与北海分开。古巴岛往东为伊斯帕尼奥拉岛（Hispaniola），再往东为波多黎各，此后小安的列斯群岛岛链往南连接“铁拉菲尔梅省”。古巴岛以北为卢克雅思（Lucayos）或巴哈马群岛。

西班牙殖民地便位于这片温暖海洋和热带岛屿之中，包括哈瓦那和卡塔赫纳（Cartagena）等大型城市，也包括一些小型港口和定居点。哈瓦那、卡塔赫纳、韦拉克鲁斯（Vera Cruz）和迪奥斯（Nombre de Dios）等港口得到了良好的保护，但许多小型港口易受攻击。

从 1524 年起，这个摇摇欲坠的海外帝国开始由印度事务院（Council of the Indies）管理。这一事务院控制了往来新世界的船只和铸币的运输。1535 年，事务院设立了新西班牙总督职位，常驻墨西哥城，1544 年又在秘鲁设立了总督职位。

最终西属美洲大陆设立了小型地区高等法院（audencias），由其中一名总督管理。高等法院是西班牙在新大陆的行政区划，每个高等法院均由一名总督管理。尽管这一系统在纸面上看起来令人赞叹，但它容易被误用，且充满腐败，所起作用甚微。

↓一副由黄金打造的仪式面具。这是由今天哥伦比亚的本土金匠打造的一批面具中的一副。当时西班牙人宣称哥伦比亚为“西班牙新大陆”的一部分。正是这些物件来到欧洲后，首次吸引了非西班牙的“入侵者”的注意，他们希望也能加入掠夺，从中分得一杯羹

珍宝船队

西班牙征服新大陆的诱因是寻找黄金。尽管征服者和此后的管理者可获得最大份额的珍宝，但需要向西班牙王室上交“五一税”，即五分之一的珍宝。到 16 世纪 20 年代，西班牙船只开始将铸币运回西班牙。从 1526 年起，在西班牙因法国海盗袭击而失去几条珍宝船后，这些船只开始组队而行。此后船队开始一年一次将财宝从新大陆运回西班牙，为西班牙王室献上财物与珍宝，这也为“入侵者”带来可乘之机，令其难以遏制掠夺的欲望。

在近两个世纪的时间里，船队都沿着固定路线行进，共有两支珍宝船队。其中一支称为新西班牙船队，4 月从塞维利亚出发，横渡大西洋后在小安的列斯群岛南部登陆。9 月，另一支船队（铁拉菲尔梅船队）按照同样的路线航行，但在抵达西班牙美洲大陆后开始沿着另一个方向前进。新西班牙船队收集了产自墨西哥银矿的白银后，在韦拉克鲁斯过冬，待初夏时节继续航行前往哈瓦那。铁拉菲尔梅船队在卡塔赫纳过冬，并在该地收集产自哥伦比亚的绿宝石和委内瑞拉的黄金，待春天来临后继续航行前往迪奥斯，在该地装载从利马运来的大量白银。在德雷克于 1572 年攻击这一港口后，珍宝落地点沿海岸转移至波托韦洛（Porto Bello）。之后船队继续航行，加入哈瓦那的新西班牙船队。

通常两支船队分开返航。新西班牙船队一般首先在初秋到达塞维利亚，一个月后铁拉菲尔梅船队再抵达该地。然而，在战时，这两支船队会结伴而

西属美洲大陆的防御

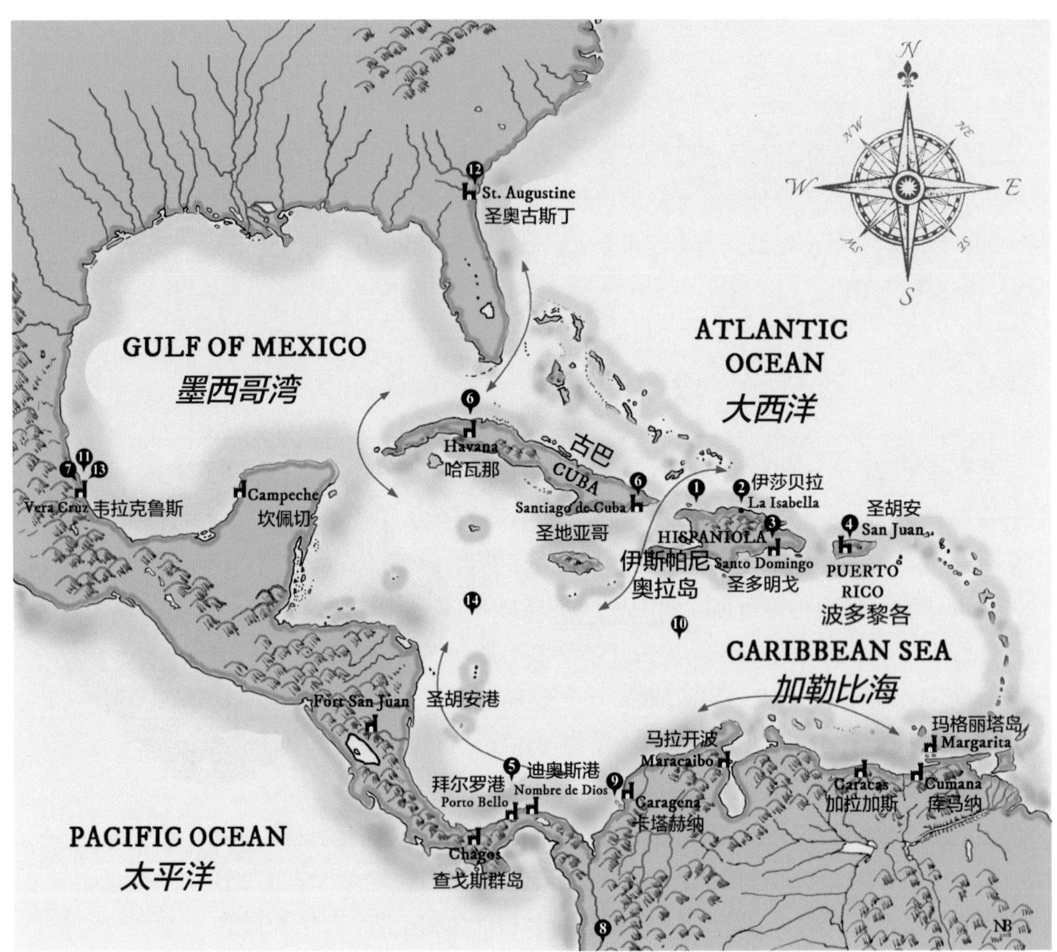

行以加强保护。但这也会带来风险，因为推迟出发时间可能遇上飓风季节，飓风季节从 6 月一直持续到 11 月。船队在 1544 年、1622 年和 1715 年均遭遇强飓风的袭击。所以塞维利亚的人们会为珍宝船队的安全抵达而欢欣雀跃。[1] 在船队未成功返航的那几年，西班牙经济受到重创。

这些珍宝船队自然对“入侵者”充满了吸引力，成为他们的攻击目标。然而，即使强如弗朗西斯·德雷克的私掠者也发现珍宝船队防卫精良，难以得手。珍宝船队唯一被整体截获的一次是在 1628 年，当时船队遭到一支从古巴

1 Walton, pp. 44–64; Angus Konstam, *Spanish Galleon, 1530–1690* (Oxford, 2004), pp.17–19.

图 例

← 西班牙海军惯常巡逻路线　防御工事

1. 1492 年：哥伦布发现美洲，并在伊斯帕尼奥拉岛上的拉纳维达德（La Navidad）设立定居点。
2. 1494 年：拉纳维达德定居点扩大，但在四年后被抛弃。
3. 1498 年：在伊斯帕尼奥拉岛南部海岸建立圣多明戈。这是西班牙在美洲首个设防的定居点。
4. 1508 年：西班牙征服者胡安·庞塞·德莱昂（Juan Ponce de León）在波多黎各的圣胡安设立定居点。
5. 1510 年：在巴拿马地峡上建立迪奥斯港，并设立防御工事。
6. 1511 年：征服者抵达古巴岛，并很快在哈瓦那和圣地亚哥建立定居点。
7. 1519 年：埃尔南·科尔特斯（Hernán Cortés）入侵墨西哥并在韦拉克鲁斯设立港口。不久之后整个墨西哥阿兹特克地区都处于他的控制之下。
8. 1526 年：弗朗西斯科·皮萨罗（Francisco Pizarro）从巴拿马向南行进，入侵了印加帝国。不到十年，西班牙便控制了秘鲁。
9. 1533 年：在卡塔赫纳建立了防御牢固的定居点。
10. 1535 年：第一批法国“入侵者”进入加勒比海，并攻击了西班牙船只和定居点。
11. 1558 年：在韦拉克鲁斯建设了大型防御工事。
12. 1565 年：在佛罗里达的圣奥古斯丁建立了殖民地。
13. 1568 年：英格兰“入侵者”在保护韦拉克鲁斯的要塞圣胡安德乌鲁阿（San Juan de Ulúa）被击败。
14. 16 世纪 60 年代，西班牙在新大陆开启一项大型要塞建设项目以提升对其美洲殖民地的防御。

←伊斯帕尼奥拉岛是西班牙在新大陆的第一个殖民地，也是西班牙人首次与土著产生冲突的地点。但到 16 世纪中期，这座以圣多明戈港口为中心的岛屿已经较为稳定，且发展繁荣

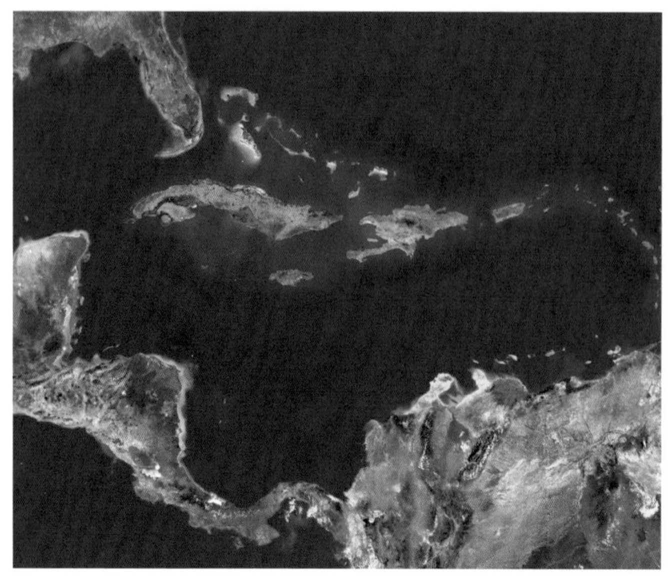

↑在航海时代，加勒比海的船只航行都需借助盛行风，通常为盛行西风。而古巴北部至佛罗里达海峡和巴哈马群岛则盛行东风。西班牙珍宝船队在加勒比海按照顺时针方向顺风而行（Planet Observer/Getty Images）

出发的荷兰舰队的围攻。但是，德雷克发现了这个系统的弱点。许多珍宝港口的防卫仍然不足，运输白银跨越巴拿马地峡的道路亦是如此。因此精心策划的一场攻击就可以攫取一大笔财富。由于从西班牙位于菲律宾群岛的属地前往墨西哥的船只（称为“马尼拉大帆船”）仍然单独航行，“入侵者”也有机会单独截获一条珍宝船。在这一时期的大部分时间里，西班牙都在全力为从新大陆到旧大陆的铸币运输提供保护。德雷克等人则将西属美洲大陆视为他们的狩猎场，而将珍宝船队视为猎物。

法国海盗船

在征服者埃尔南·科尔特斯占领阿兹特克（今墨西哥一带）的首都特诺奇提特兰（Tenochtitlán）的两年后，西班牙的海外帝国首次遭到严重攻击。科尔特斯获取的部分阿兹特克黄金被运回西班牙。1523 年 5 月，这三艘珍宝船在葡萄牙海岸西南方的萨格里什角（Cape Sagres）登陆。航程途中平安无事，再经过三天的航行即可抵达塞维利亚。就在这时瞭望员发现五条不明船只从北边驶来。西班牙人改变了航向，但仅仅几个小时后这五艘船便赶上了西班牙人。败下阵来的西班牙人被迫投降。这些神秘的船只属于法国私掠者，由来自翁弗勒尔（Honfleur）的“海贼”（corsair）尚·弗勒里（Jean Fleury 或 Jean Florin）指挥。在法语中，“海贼”（海盗）一词与“privateer”（私掠者）同义；这个词来自法语词“la course”，在航海术语中意为“海上航行”。法国和西班牙自 1494 年起一直处于间歇交战状态，到 1523 年两国仍在作战。法国王室向弗勒里发放私掠许可证，此后弗勒里便正式出发寻找可掠夺的西班牙财物。他在萨格里什角大获成功。

所掠夺的财物据说包含装有阿兹特克黄金雕像和精致珠宝的箱子，其中有一块拳头大小的绿宝石、珠宝头饰，甚至还有一头活的美洲虎。这批财物总价值为 80 万达克特[1]。当弗勒里回到迪耶普（Dieppe）后，他成功的消息引起了轰动。欧洲国家首次了解到西班牙在新大陆所掠夺的财物和所征服领地的规模。[2] 在弗勒里与西班牙人交锋后，一大波法国海贼出海，许多海贼还冒险"越过边界"。但弗勒里未能在有生之年加入他们。1527 年，他被西班牙人俘获，之后被虐待并被处决。但这并未对海贼攻击起到震慑作用。例如，仅在 1534 年至 1547 年，法国海贼在西班牙美洲大陆截获了 24 艘无人护卫的西班牙商船，还有船只在欧洲海域被劫掠。到 1537 年，无人护卫的船只损失惨

←西班牙征服者埃尔南·科尔特斯带领他的手下进攻阿兹特克的首都特诺奇提特兰。这为西班牙征服所有中美洲地区和建立新西班牙省铺平了道路

1 达克特（ducat）是欧洲从中世纪后期至 20 世纪，作为流通货币使用的金币或银币。——译者注

2 David Cordingly (ed.), *Pirates: Terror on the High Seas* (Atlanta, GA, 1996), p.18; Hugh Thomas, *The Conquest of Mexico* (London, 1993), pp.568–569.

→ 一队西班牙商船在古巴北部海岸遭到一小群法国海贼的攻击。画面前方显示的是西班牙殖民者在全力救助他们的同胞。在 16 世纪 40 年代至 16 世纪 50 年代，法国海贼经常在古巴海域活动

重，以至于西班牙皇室来自新大陆的税收和贸易课税收入减半。起初法国海贼的攻击促使 1526 年珍宝船队制度的建立，该制度至少保证了每年大部分的珍宝货物能不受影响，顺利抵达西班牙。然而，无人护卫的船只仍在持续遭受损失，西班牙船只并非唯一的受害者。1536 年，一群法国“入侵者”攻击了哈瓦那港，次年，西班牙在洪都拉斯和巴拿马的小型定居点被洗劫。1540 年，海贼占领了波多黎各的圣胡安，1541 年哈瓦那被再次劫掠。1544 年，西属美洲大陆上的最大定居点之一卡塔赫纳被掠夺。

这些法国私掠者中最成功的是被称为“木腿”（Jambe de Bois）的弗朗索瓦·勒克莱尔（François le Clerc）。1553 年，他掠夺了波多黎各和伊斯帕尼奥拉岛，并于次年年初占领了古巴的圣地亚哥，并要求当地人支付赎金。虽然勒克莱尔带着掠夺的财物回家了，但他的副官雅克·德索尔（Jacques de Sores) 带着三条船留在当地。1555 年 7 月，他来到哈瓦那，在围攻这座城市两天后，总督被迫向海贼投降。在大肆掠夺之后，德索尔将这座久经劫难的城市焚为平地。[1]

1 Juliet Barclay, *Havana, Portrait of a City* (London, 1993), pp.33–52.

西班牙币制

在16世纪，西班牙货币的基本单位是“马拉维第”（maravedi），相当于英格兰的1便士。整个欧洲的标准国际货币单位是被称为“达克特”（ducat）的8盎司（227克）金币。“达克特”被德国和意大利银行采用，其稳定性得到保证。西班牙王室推出了自己的等值金币——马克（mark），但在1537年“马克”让位于“埃斯库多”（escudo），该货币单位价值为374枚“马拉维第”。1566年，西班牙还铸造了面值为半“埃斯库多”的硬币和价值为2枚“埃斯库多”的硬币，后者被称为“doblon”，其更知名的称呼是“达布隆”（doubloon）。后来，更大面值的货币问世，有等值于4枚“埃斯库多”和8枚“埃斯库多”的硬币。在16—17世纪的英格兰，“1英镑”（硬币）相当于1磅（重量）的白银，因此与1枚“埃斯库多”等值。

西班牙使用的银币为“里亚尔”（real），1枚“里亚尔”含1盎司白银。在来自秘鲁的铸币大量涌入西班牙导致银价贬值以前，11枚“里亚尔”银币相当于1枚“埃斯库多”金币。但从16世纪60年代起，16枚“里亚尔”才能兑换1枚“埃斯库多”。这些硬币的面值有1/2“里亚尔”、1“里亚尔”、4“里亚尔”和8“里亚尔”，其中最为知名的是8“里亚尔”的硬币，也被称为“银元”（dollar）或“比索”（peso），其更为知名的名称是“八片币”（piece-of-eight）。1枚“达布隆”金币相当于4枚“八片币”银币。

←1544年，法国海贼攻击并洗劫了卡塔赫纳港，后将其焚毁。尽管这一定居点非常富庶，但却防卫不足。法国人劫掠了一大笔财富，价值15万达克特

西属美洲大陆的胡格诺派海贼

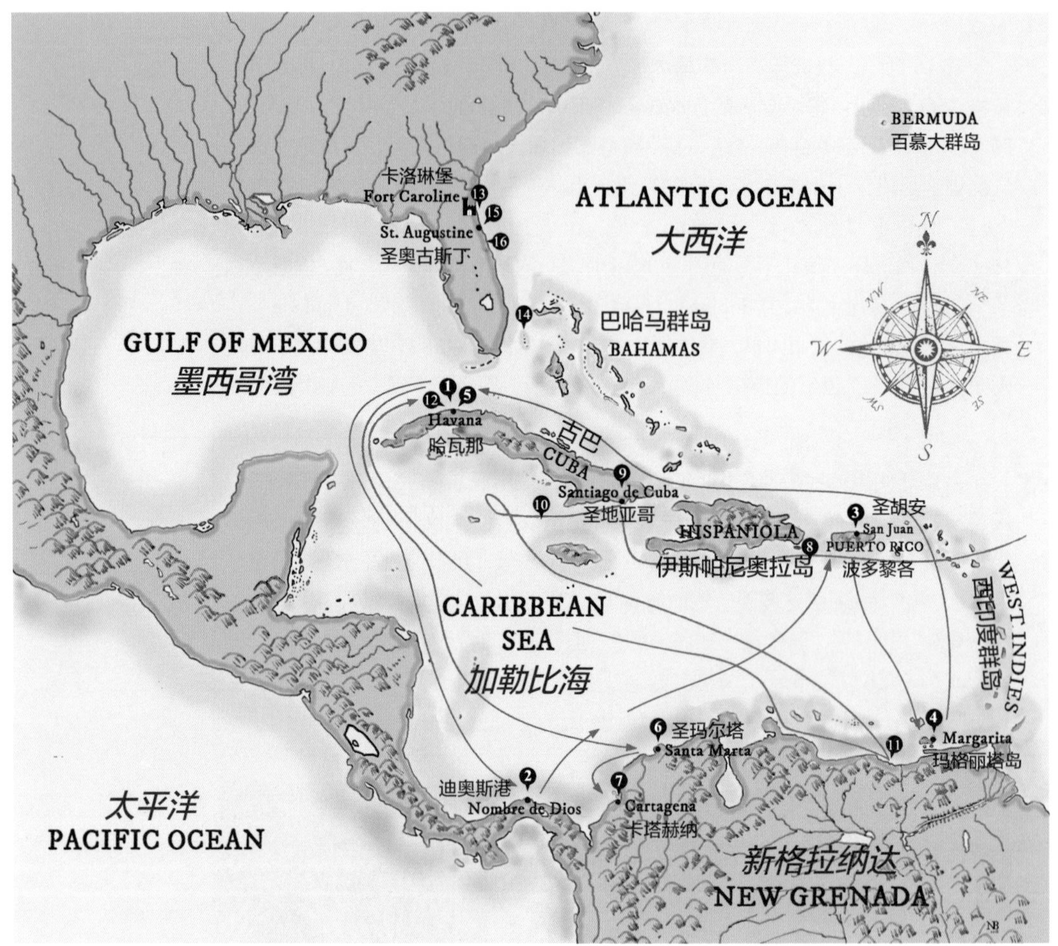

而德索尔则为这些攻击增添了宗派元素。他是一名新教徒，并且是生于法国的宗教改革家约翰·加尔文（John Calvin，1509—1564）的追随者。加尔文派将西班牙人视为他们的宗教敌人，因此私掠远征也具有宗教色彩。

虽然法国和西班牙在 1559 年达成停战协议，但协议中有一条说明："在本初子午线以西……任何一方对另一方的侵犯都不得被视为违反协议。"换句话说，"越过边界"则无和平。在与西班牙的战争结束后，法国又陷入了宗教战争（1562—1598）。国家赞助的法国私掠者的撤离令西班牙获得了喘息之机，但在法国新教徒（胡格诺派）遭到一连串迫害并被驱逐逃亡后，一些逃亡者

图 例

← 第一波进攻 ← 勒克莱尔和德索尔的偷袭 防御工事

第一波进攻

1. 1536 年：法国“入侵者”进攻哈瓦那并展开掠夺。
2. 1537 年：迪奥斯港遭到洗劫。
3. 1540 年：波多黎各的圣胡安被法国入侵者占领并遭到掠夺。
4. 1541 年：法国海盗掠劫了玛格丽塔岛富庶的珍珠产地。
5. 1541 年：哈瓦那在六年内遭到第二次掠夺。
6. 1544 年：圣玛尔塔遭到洗劫和焚烧。
7. 1544 年：卡塔赫纳被法国人占领。

弗朗索瓦·勒克莱尔和雅克·德索尔

8. 1553 年：弗朗索瓦·勒克莱尔偷袭了伊斯帕尼奥拉岛和波多黎各的西班牙定居点。
9. 1554 年春天：勒克莱尔洗劫了古巴的圣地亚哥。
10. 1554 年夏天：勒克莱尔返回法国，但他的副官雅克·德索尔控制了留下的胡格诺派海盗。
11. 1555 年：德索尔领导开展对西班牙美洲大陆沿岸的袭击。
12. 1555 年夏天：法国人在短暂围攻哈瓦那后将其占领，城市遭到焚毁。

让·里博

13. 1564 年：法国在佛罗里达海岸的卡洛琳堡建立定居点。
14. 1564 年：佩德罗·门内德兹·德·阿维列斯被派往佛罗里达与法国“入侵者”交涉。
15. 1565 年 9 月：在圣奥古斯丁登陆后，西班牙人向北行进，占领了卡洛琳堡，并摧毁了该定居点。法国人遭到屠杀。
16. 1565 年 10 月：让·里博的船队被飓风摧毁。幸存者遭到西班牙人的屠杀。

决定在新大陆建立他们自己的定居点。

1564 年，法国胡格诺派在现佛罗里达州现代城市杰克逊维尔附近的圣约翰斯河沿岸建立了一个殖民地。这个名叫卡洛琳堡（La Caroline 或 Fort Caroline）的定居点是两年前法国探险家让·里博（Jean Ribault）设立石柱的地方，当时他宣称该地属于法国。而西班牙人却不这么想，他们担心这一势均力敌的欧洲强国有可能在更大范围的加勒比海定居点内建立一个基地，该基地可能成为海盗和“入侵者”的避风港。因此西班牙派出佩德罗·门内德兹·德·阿维列斯（Pedro Menéndez de Avilés）领导的军队出兵干涉，敲打胡格诺派，让他们明白佛罗里达属于西班牙。

→西班牙在古巴的主要港口哈瓦那在十年内两次遭到法国人的进攻和焚烧。右图展示了 1555 年海盗雅克·德索尔展开的攻击

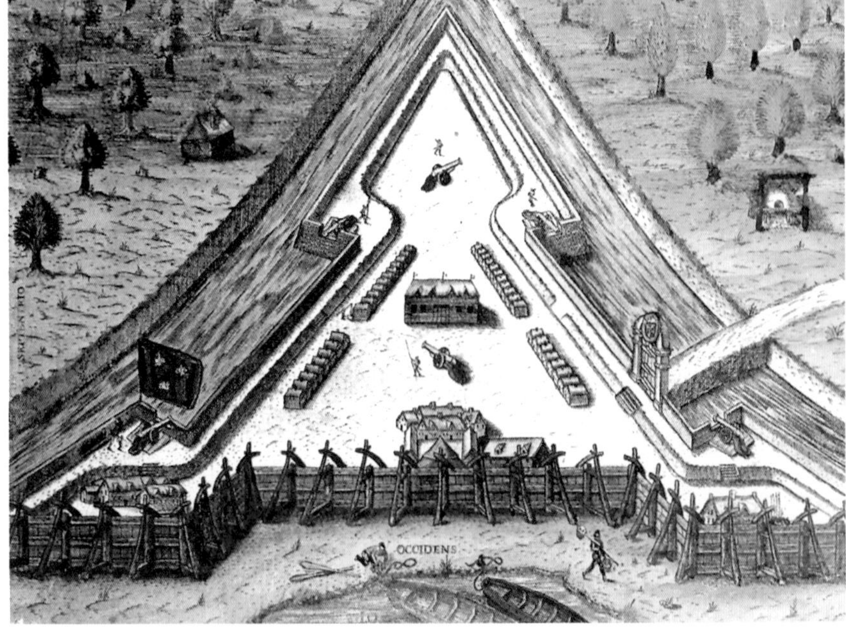

→法国在佛罗里达卡洛琳堡的据点建于 1564 年，位于圣约翰斯河沿岸。该据点的一侧沿河，河流为泥土栅栏和木栅栏提供了保护，其他两侧则用壕沟加固。据点只有一个入口，由吊桥连接，并安装了大炮

首先，西班牙远征队在卡洛琳堡以南 30 英里（约 48 千米）的圣奥古斯丁建立了一个前沿基地。让·里博及其追随者则出海航行，希望拦截西班牙船只。然而，他们遇上了飓风，并在佛罗里达海岸遭遇海难。与此同时，佩德罗·门内德兹·德·阿维列斯从他的基地向北行进，并于 1565 年 9 月攻击了卡洛琳堡剩余的守卫部队。剩余的法国守卫人员严重不足，很快便被击败。在将所有的男性俘虏屠杀后，西班牙人再次向南行进，包围了里博舰队的幸存者。约有 350 名法国人被俘获，而且这些人全都被屠杀了。西班牙人可能为他们去除了对海外帝国的严重威胁而欢欣鼓舞。然而，更严重的威胁力量即将出现。

霍金斯和英格兰人的到来

当西班牙在美洲新大陆攫取大量财富的消息传到欧洲其他国家时，少有国家能够抓住这一机会。英格兰国王亨利八世在 1527 年前是西班牙的同盟，但在当年临时转向与法国结盟。英格兰王室颁发了一些私掠许可证，1527 年后期西班牙留下了首个越过边界的英格兰“入侵者”的记录。这个不知名的英

← 1565 年 9 月，一支佩德罗·门内德兹·德·阿维列斯带领的西班牙军队对法国在圣约翰斯河沿岸卡洛琳堡的据点展开猛烈攻击，并将其占领。大部分守卫人员被屠杀

西属美洲大陆的约翰·霍金斯

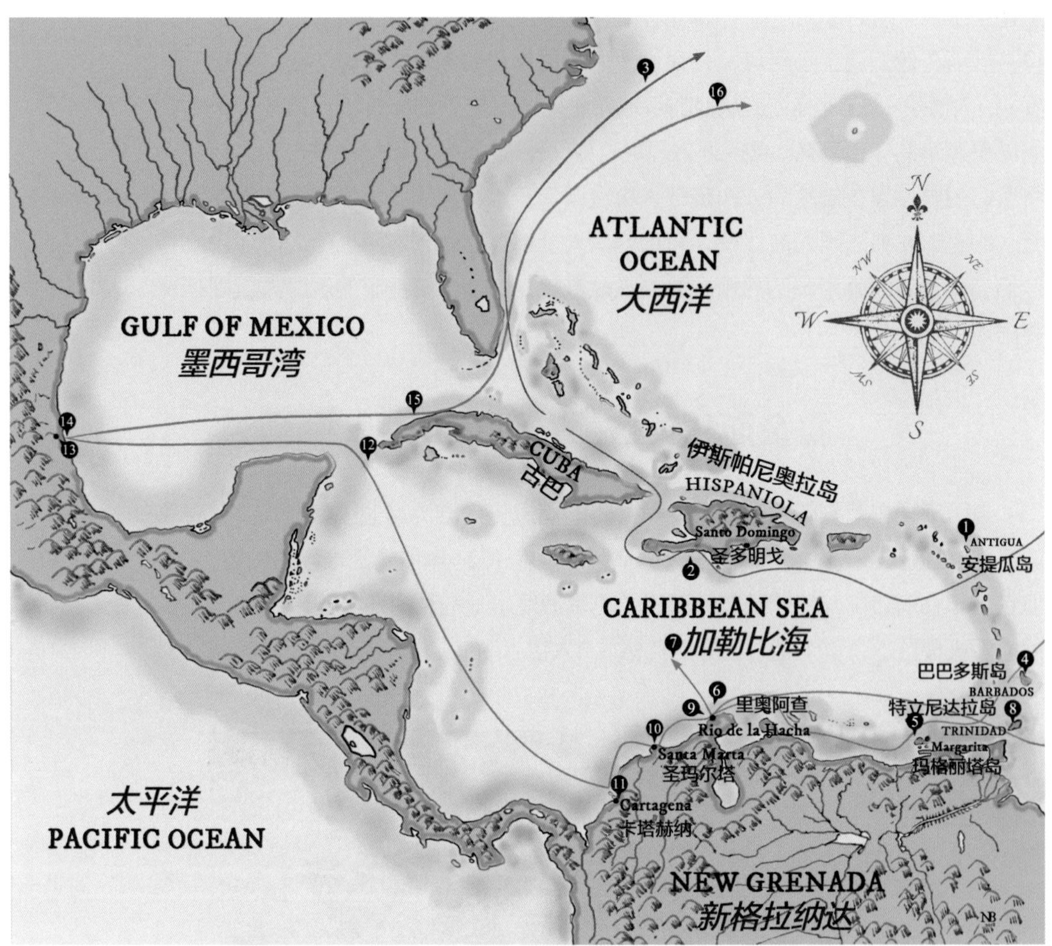

格兰船长带领一队人马在伊斯帕尼奥拉岛登陆，大肆掠夺后便撤离了。虽然这种情况在接下来的四十年内发生了数次，但政治现状不允许英格兰干涉西班牙美洲大陆的事务。法国仍然是英格兰的主要对手，因此与西班牙结盟在政治上较为合理。英格兰贸易远征队被禁止前往西属美洲大陆，所以法国人抓住机会大肆掠夺，英格兰人只能在英格兰附近航行，进行私掠活动。然而，自伊丽莎白一世于 1558 年即位以来，英格兰与西班牙的关系迅速冷却。作为一名活跃的新教徒，伊丽莎白将西班牙视为宗教敌人。虽然两国未公开交战，但两国之间的"冷战"为英格兰的海上船长提供了大量的掠夺机会。

图 例

← 首次航行 ← 第二次航行 ← 第三次航行

首次航行

1. 1563 年：霍金斯在安提瓜岛登陆，后向西航行进入加勒比海。
2. 他在圣多明戈西部的伊斯帕尼奥拉岛上登陆，并贩卖奴隶。
3. 他经由向风海峡（Windward Passage）和巴哈马海峡返回普利茅斯。

第二次航行

4. 1565 年：霍金斯在巴巴多斯岛登陆，后向南驶向铁拉菲尔梅海岸。
5. 他在玛格丽塔岛未成功售出奴隶。
6. 在威胁要将里奥阿查焚毁后，他最终得以在当地卖出了他的奴隶。
7. 他再次经过向风海峡返航。

第三次航行

8. 1568 年：霍金斯在特立尼达拉岛登陆，后向上航行至铁拉菲尔梅海岸。
9. 6 月：里奥阿查的居民拒绝与他交易。
10. 7 月：在威胁要将圣玛尔塔炸毁后，他在当地售出了部分奴隶。
11. 8 月：霍金斯希望进入卡塔赫纳，但遭到火力攻击，并被迫撤退。
12. 9 月：他的舰队在尤卡坦海峡（Yucatán Channel）遭遇飓风。
13. 霍金斯被迫在韦拉克鲁斯进港维修。为了保护他的船只，他占领了圣胡安德乌鲁阿（San Juan de Ulúa）。两天后西班牙珍宝船队抵达，双方休战。
14. 9 月 23 日：西班牙人发起突击，再次占领了圣胡安德乌鲁阿。西班牙在要塞向英格兰船只射击，霍金斯被迫乘坐“迈纳号”（*Minor*）逃走，同行的德雷克则乘坐“朱迪斯号”（*Judith*）逃走。其余舰队人员则被俘。
15. 10 月：霍金斯手下超过一百人在饥饿中被迫登陆。他们上岸即被西班牙人抓获。
16. “迈纳号”和“朱迪斯号”经巴哈马海峡返航，其船员受到饥饿和疾病的侵扰。

约翰·霍金斯（Jihn Hawkins，1532—1595）则是首批此类船长之一。他在 1562 年的首次航行与其说是一次打破西班牙在美洲大陆的垄断的尝试，不如说是一次奴隶贸易的远征。在非洲西海岸收集了一货船的奴隶后，霍金斯横渡大西洋，于 1563 年春天在安提瓜岛登陆。他的三条小船运载了 300 名非洲人，霍金斯希望在伊斯帕尼奥拉岛上将其贩卖。霍金斯绕过圣多明戈，在沿海岸航行数英里后将

←约翰·霍金斯爵士是伊丽莎白时代的重要人物之一。他在开始经商和贩卖奴隶后，很快成为一名技艺高超的水手，后来成为一名海军指挥官。他同时负责英格兰皇家舰队的改造，此时英格兰海军舰队远胜于西班牙舰队

→这张16世纪40年代的图画描绘的即为700吨的“吕贝克的耶稣号”，这艘战舰曾经属于亨利八世的舰队，但霍金斯对其进行了现代化改装，将这艘老旧的都铎王朝战舰改造成后来的英式“快速大帆船”。后来它在1568年圣胡安德乌鲁阿附近的海战中被西班牙人截获

这些奴隶带至陆地，与当地领主商讨贩卖事宜。当地一名骑兵中队队长甚至提出通过为英格兰人提供保护来换取折扣。霍金斯带着巨额财物回到英格兰，成为普利茅斯的首富。

霍金斯自然希望再次尝试。这次他得到了王室支持，英格兰王室还将一艘 700 吨的战舰——“吕贝克的耶稣号”（*Jesus of Lubeck*）借给霍金斯使用。尽管这艘战舰甚为壮观，但却老旧过时，因此霍金斯自费对这艘战舰做了现代化改装。霍金斯又一次在西非装载了一船的奴隶，但这次西班牙人的合作意愿不高。在玛格丽塔岛被拒后，他从委内瑞拉海岸驶离该岛去到别处，最终在里奥阿查（Rio de la Hacha）售出了他的奴隶。尽管如此，霍金斯在 1565 年返回时所获利润仍高出上一次，但这次他的行为招致了西班牙大使的正式投诉。霍金斯证明了，只要他想，他就可以打破西班牙的贸易垄断。

霍金斯随后开启了第三次尝试。[1] 这一次另一艘皇家战舰——120 吨的“迈纳号”和霍金斯自己的船只“斯沃洛号”（*Swallow*）、“所罗门号”（*Solomon*）和“朱迪斯号”加入了“吕贝克的耶稣号”的行列。“朱迪斯号”由霍金斯的年轻亲戚弗朗西斯·德雷克指挥。这支远征舰队 1567 年 10 月从普利茅斯出发前

1 关于霍金斯第三次航行的精彩记载，见 R.Unwin, *The Defeat of Sir John Hawkins* (London, 1960)。

往非洲西海岸。在佛得角抓捕奴隶的一次偷袭中，八名水手中毒箭身亡，霍金斯则被迫撤回船中。后来，在今天的塞拉利昂，霍金斯发现两个地方首领正在交战。他与其中一方结盟对抗另一方，并帮助新结盟的盟友占领了敌国的首都康加（Conga）。英格兰人的回报是一船 500 人的康加奴隶。之后，载满奴隶的货船向西属美洲大陆驶去。

1568 年 6 月，他再次到访里奥阿查，但这次他遭到守卫者的驱逐。尽管如此，他仍沿着海岸航行，在圣玛尔塔售出了一半的奴隶。这是一次打着幌子的售卖。当地人先是象征性地抵抗，之后霍金斯威胁要轰炸这座城镇，因此"迫使"他们与之交易。霍金斯希望在卡塔赫纳售出他剩下一半的奴隶，但他再次遭到火力驱逐。

霍金斯向北航行，1568 年 9 月，他的舰队在古巴沿岸遭遇飓风，被迫在墨西哥的韦拉克鲁斯停靠检修。这是运输墨西哥白银的珍宝港口，据称港口前一座小岛上的堡垒中驻扎了卫戍部队。因此霍金斯决定蒙混过关。他的舰队在进港时挂着西班牙的旗帜，在卫戍部队意识到他们被耍了之前他的手下迅速控制了港口的防御系统。霍金斯以为他的舰队可以在和平状态下完成检修，但两天后一年一度的西班牙珍宝舰队抵达，这是一支由海军上将弗朗西斯科·卢汉

←16 世纪 80 年代的一艘英式"快速大帆船"。与体型庞大的西班牙大帆船不同的是，这种大帆船由霍金斯指导设计，外形更为轻便，并更好地利用了携带的枪支。与西班牙对手相比，它们在海战中拥有绝对性的优势

↑ 17 世纪末对西班牙在圣胡安德乌鲁阿防御工事的描绘，防御工事用于保护新西班牙（现在的墨西哥）在加勒比海的主要港口韦拉克鲁斯。1568 年霍金斯和德雷克正是在这里与西班牙人交战，并冲出其包围圈而逃走

（Francisco Luján）指挥的强大武装力量。英格兰人现在处于弱势状态。

双方达成了暂时停战协议，但新西班牙总督马丁·恩里克（Martín Enríquez）无意任由霍金斯主导局势。西班牙军队趁着天黑躲在停靠在两支舰队之间的一艘货船上。9 月 23 日黄昏之际，西班牙人上岸控制了驻扎在韦拉克鲁斯的圣胡安德乌鲁阿的英格兰卫戍部队，这座岛屿位于船舶停泊的港口附近。在占领了这些沿海炮台后，西班牙人将炮口对准英格兰船只。战斗持续了一整天，霍金斯明显处于绝望状态。最后他匆忙下令逃走。

“吕贝克的耶稣号”和霍金斯舰队的大部分船只都被困住了，但乘坐“迈纳号”的霍金斯和乘坐的“朱迪斯号”的德雷克最终冲出西班牙人的夹击逃到公海。[1] 但这两艘英格兰船上没有供给品，因此一百名船员要求停岸。其中许多人都遭受疾病和饥饿的折磨。到船只艰难驶回普利茅斯时，只有为数不多的人活了下来，包括霍金斯和德雷克。这场远征是一场灾难，但它唤醒了霍金斯和德雷克对西班牙人的强烈仇恨，他们认为是西班牙人违背了诺言。之后霍金斯专注于重建伊丽莎白女王的皇家海军，德雷克则发誓要返回新西班牙与敌人决一死战。一场私掠战争最终将演变成两国之间的冲突。

1 Unwin, pp.152–160.

德雷克的首波偷袭

弗朗西斯·德雷克（约1540—1596）在1570年时已经是一位经验丰富的海上船长，自少年时代起他就一直在海上航行。在参加他的远方表兄约翰·霍金斯的远征后，他比大多数英格兰人都更了解西属美洲大陆。1570年，女王向他颁发了“报复许可证”——一种和平时期的“私掠许可证”，允许他攻击西班牙人，为他在圣胡安德乌鲁阿遭受的损失索赔。1570年，德雷克开启了他首次“越过边界”的小型年度远征，此类远征他总共展开了三次。他的首支军队只包括两条小船。关于那年他在西属美洲大陆具体行动的信息少之又少，但他更有可能将此次偷袭视为一次侦查，而不是私掠航行。无论如何，这一次他带回掠夺物的相关记录找不到。

↓英格兰水手弗朗西斯·德雷克爵士的整个职业生涯都在侵扰新大陆的西班牙人。他获利最丰厚的一次成功偷袭是在1579年，他当年在太平洋截获了西班牙的珍宝船。英格兰女王伊丽莎白一世有一次将他描述为“我的海盗”

我们对次年发生的事有更多的了解，这一次他带领25吨的“天鹅号”（*Swan*）返回西班牙新大陆。在迪奥斯港附近航行前，他与一名法国胡格诺派私掠者组队。他们一起收获了不少掠夺物。德雷克回到普利茅斯时，“天鹅号”的船舱满载掠夺物。德雷克的声名大噪。他的支持者们喜出望外，很快为新的远征提供了资金。因此在1572年，德雷克带着两条船再次从普利茅斯出发，这两艘船是70吨的“帕斯科号”（*pasco*或*pasha*）和更小型的“天鹅号”。到7月时德雷克又回到了迪奥斯港，在海岸建立了一个他称之为“野鸡港口”（Port Pheasant）的秘密基地。詹姆斯·兰索恩（James Raunce或Ranse）船长指挥的第三条英格兰船在此地加入了德雷克的船队。决定攻击港口的德雷克让兰索恩管理船队，并在7月28日的傍晚带领70人在离城镇几英里的海滩登陆。本来应是一场直截了当的夜袭很快出现了大问题。

船与炮

这一时期的流行观点是西班牙的船只大而笨重，而英格兰人则偏好使用小型轻快的船只。与所有的传说一样，这类观点既包含部分真相，也有一些以偏概全，令人产生误解。

大帆船（galleon）是西班牙人的发明，其前身为笨重的宽身帆船（carrack 或 nao），大帆船比宽身帆船速度更快，且更便于操控。在 16 世纪 20 年代以前，大部分大型战舰都是宽身帆船——一种前后甲板较高的三桅横帆船。这些船由于足够大且平稳，能够运载大炮，因此是战舰的理想之选。大帆船在 16 世纪 30 年代首次出现时为宽身帆船的简化版本，上层建筑较低，且航行性能得到了改善。大帆船最初被设计用于运载珍宝，后来很快用于战舰。在霍金斯的指导下，英格兰造船工程师改良了设计，生产出英式“快速大帆船”。小型私掠者所使用的某些船只也具备同样特征，如可运载 18 门重炮的 100 吨的“金鹿号”（*Golden Hind*）。

由于英格兰人将重炮视为取胜的关键，这种武装力量显得尤为重要。西班牙人的战术讲究在登上敌船前开炮一次，英格兰人却讲究与敌人保持距离。大部分的西班牙大炮运载车都是两轮的，而英格兰人却偏好设计更为复杂的四轮运载车，以便快速装弹。西班牙人的优势在于其海上兵力强大。这一时代的两个大国遵循着不同的战略，一个注重火力，另一个则偏向近距离作战。

船上的条件较为简陋。“金鹿号”不到 70 英尺（约 21.4 米）长，20 英尺（约 6.1 米）宽。甲板以下的空间用于储藏物品、枪支和弹药，同时还住着 80 名水手。虽然德雷克在船上有自己的小船舱，他的高级官员却住在甲板以下的壁龛里。船员们在大炮之间架上吊床。尽管如此，德雷克仍然在这个小小的漂浮空间里完成了环球航行。

就在英格兰人向城镇靠近时，一名警觉的哨兵拉响了警报，当地武装力量很快做好了应对准备。在接下来的战斗中，德雷克的腿部受伤。西班牙人最终被驱散，但他们重新部署，并得到城镇堡垒的卫戍部队的支援。一场暴风雨中断了战斗，但英格兰人意识到他们现在处于绝对弱势。德雷克因失血而晕倒，他的手下便撤回到船中。德雷克对西班牙美洲大陆的首次实质攻击以失败告终。

兰索恩决定放弃远征，德雷克现在只有两条船和 60 名手下。现在他的船员人数太少，船无法正常航行，更不用说继续偷袭。他将“天鹅号”弄沉并将船员转移到“帕斯科号”上，在踏上返程前他继续在美洲大陆沿岸航行，寻找掠夺目标。到那时为止，他的远征鲜有收获。1573 年 1 月，他决定回到迪奥斯港，拦截一年一度的秘鲁白银船队，这些白银原计划由船只运载跨越地峡。时机非常关键。德雷克需要在骡车队抵达迪奥斯港前将其截获，并避开将在 1 月抵达的铁拉菲尔梅船队。

在回到巴拿马海岸后，德雷克招募了西马伦人（Cimaroons，生活在丛林中的逃脱奴隶）充当向导。德雷克将船藏了起来，带领一小队人马登陆，在“王室之路”（Royal Road）两边设置埋伏。这时德雷克所要做的就是隐藏起来，在适当的时候发起伏击。遗憾的是，人算不如天算，一名喝醉了的水手在听到驮队靠近的声音时手舞足蹈，欢呼雀跃。他的同伴将他拉回丛林中继续埋伏，但却被发现了。警报随之响起，骡车队改变了方向，德雷克只得命令他的手下返回丛林中。

在回到船上不久后，这群英格兰人遇到了一个法国的胡格诺派海盗——纪尧姆·勒·特斯图（Guillaume le Testu 或 Têtu）。他们决定合作，对已回到巴拿马的珍宝车队再次下手。德雷克再次招募了西马伦人，很快他的 40 名手下（一半法国人，一半英格兰人）又设好了埋伏。这次一切都非常顺利。骡车队在一场短暂尖锐的斗争后被截获了。德雷克发现骡车上有 15 吨白银（太多而无法运走）和少量金条。他决定暂时先将白银埋藏起来，再把其余的运走。

这场战斗中唯一的伤亡人员是勒·特斯图。他受伤过重，无法移动，因而被留下，他被西班牙人俘获并被处决。西班牙人继续追捕“入侵者”并抓获了一名法国人，这名法国人受到西班牙人的折磨，并最终吐露了白银的埋藏地点。因此德雷克的最终所获就是这些金条，他和他的法国同盟将其平分。1573 年 8 月，德雷克回到普利茅斯，所得战利品刚好足够支付投资人的回报和偿还债务。

德雷克的加勒比海偷袭

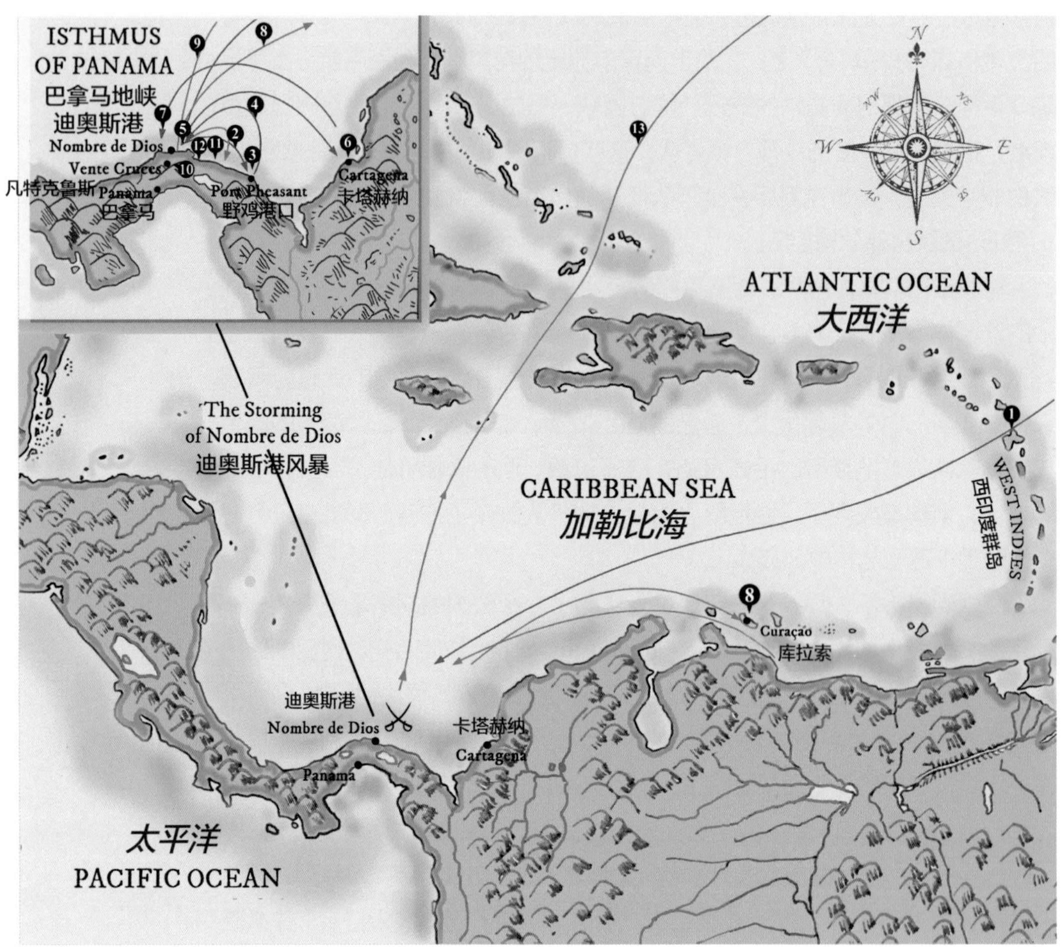

德雷克将重新回到西属美洲大陆，这时他已经成了名人，也是女王的红人。他正式提出一项进军太平洋的计划。如果能进入被西班牙人视为私海的太平洋，德雷克就可以掠夺运载大量财物的马尼拉大帆船。伊丽莎白女王也赞同他的计划，但出于外交原因，她无法给出正式的许可。因此她成为此次私人海盗远征活动的秘密股东。

图 例

←— 1572 年远征 ←— 1573 年远征 ⚔ 战斗

1572 年

1. 5 月：德雷克在向风群岛登陆，并计划向迪奥斯港航行。
2. 7 月：德雷克抵达迪奥斯港，此后向东航行，寻找安全基地。
3. 8 月：他在“野鸡港口”建立秘密基地，另一艘英格兰船加入了他的队伍。
4. 7 月 26 日：德雷克的手下在迪奥斯港登陆，并向城镇行进。
5. 7 月 28 日：德雷克在黎明时发起了一场成功的偷袭，但他在偷袭中负伤，而且当地武装力量集结了起来，在后面的战斗中英格兰偷袭者被迫撤回到船上。
6. 秋天：德雷克向西驶向卡塔赫纳。
7. 冬天：在收获一些掠夺品后，德雷克遗弃了“天鹅号”，乘“帕斯科号”向西返航。

1573 年

8. 1 月：德雷克向西行驶至库拉索，寻找掠夺物。
9. 3 月：他回到巴拿马地峡，决定拦截从巴拿马运送白银至迪奥斯港的跨国海运船。
10. 德雷克试图攻击运载白银的骡车，但他的埋伏被发现了，于是这群英格兰偷袭者回到他们的船上。后来他与一群法国海盗合作。
11. 4 月：德雷克在迪奥斯港东部登陆，试图对骡车队再次下手。这次他成功了。
12. 德雷克遭到西班牙人的追捕，他不得不放弃他的大部分掠夺物。西班牙人最终追回了这些物品。
13. 6 月：德雷克经向风海峡返航。

←今天，位于哥伦比亚的卡塔赫纳是一个繁忙的拉美大都市，但当这座城市还是一个设防的定居点时，它是西班牙敌人的攻击目标。德雷克于 1573 年占领这座城市，战斗在这个广场上爆发，西班牙人试图驱赶英格兰攻击者但未能成功（图片来自 VW Pics/Universal Images Group/ Getty Images）

德雷克的秘密航行

1577 年 12 月，德雷克带着五艘船从普利茅斯出发："鹈鹕号"（*Pelican*）和"伊丽莎白号"（*Elizabeth*），更小型的"天鹅号"（*Swan*，二号）和"金盏花号"（*Marigold*），以及补给船"克里斯多夫号"（*Christopher*）。[1] 这几艘船向佛得角群岛驶去，德雷克在这里掠夺了葡萄牙船只，之后横渡大西洋，于 4 月初在巴西登陆。此后他继续向南航行，但这段航程发生了两件意料之外的事："天鹅号"和"克里斯多夫号"由于损毁严重而被抛弃，同时他的一名船长遭到处决，德雷克指控这名船长在谋划策反他的叛变。他还将"鹈鹕号"重新命名为"金鹿号"。

在抵达南美洲大陆最南端后，德雷克的船队穿过了麦哲伦海峡。然而，他们刚进入太平洋就遭遇了暴风雨。"金盏花号"连同所有船员一起沉没了，"伊丽莎白号"和"金鹿号"则分开了。"伊丽莎白号"的温特（Wynter）船长还在等待仍在秘鲁海岸的德雷克，但他的头目并未出现，因此他便带领船沿原路返回。

德雷克则一直在往南航行，他的船几乎被南极冰层摧毁。风暴减弱后，他沿海岸向北航行，航行至瓦尔帕莱索（Valparaiso），他在那里俘获了一条

→1577 年年末，德雷克带着一支由五艘小型船只组成的舰队从普利茅斯出发，其中最大的一条船是"鹈鹕号"，后来他将这条船重新命名为"金鹿号"。他正是驾驶这条船截获了西班牙的珍宝大帆船"康塞普西翁号"（*Nuestra Señora de la Concepción*），并在后面开始了环球航行（图片由 DeAgostini/Getty Images 提供）

1 Lloyd Hanes Williams, *Pirates of Colonial Virginia* (Richmond, VA, 1937), pp.80–117; Angus Konstam, *Elizabethan Sea Dogs, 1560–1605* (Oxford, 2000), pp.29–30.

西班牙船只，并掠夺了城镇。他并未发现温特的踪迹，于是继续向北航行，攻击了阿里卡（Arica）和卡亚俄（Callao），但并未发现太多可取之物。然而，德雷克确实染指了西班牙的太平洋海域，他计划在这里开展他的下一步行动。他同时得知珍宝船“康塞普西翁号”在几天前已经离开卡亚俄，正在前往巴拿马的路上。德雷克立即开始追赶珍宝船。

几天后德雷克发现他的猎物在他前方。他使用他的惯用伎俩，将船加大马力，但在船尾拖拽物体令其显得比平时速度更慢。在3月1日傍晚，“金鹿号”已经离“康塞普西翁号”的距离较近。“康塞普西翁号”的船长圣胡安·德·安东（San Juan de Anton）仍以为这条船是西班牙的商船。因此当德雷克开炮射击时，他完全手足无措。近距离舷侧开火摧毁了这艘大帆船的后桅，德雷克的人手在烟雾中登上了这艘船。仅仅数分钟后，“康塞普西翁号”便成了德雷克的囊中之物。

↓1579年3月，在沿着南美洲的太平洋海岸航行时，乘坐“金鹿号”的德雷克追赶并拦截了一艘从卡亚俄驶向巴拿马的西班牙珍宝大帆船。这艘船便是“康塞普西翁号”（绰号为“爱吹牛的人”），在向这艘船的一侧开火后，德雷克占领了这艘船。船上装载了大量白银和珍宝

这次掠夺收获的赃物数量惊人。“康塞普西翁号”运载了26吨银条，80磅黄金和14箱的“八片币”。后来赃物总价估价为40万“比索”，或英格兰伊丽莎白一世时期的20万英镑，略多于英格兰王室半年的收入。这批掠夺物价值连城，对德雷克和他的手下而言，这是一笔巨额财富。他们现在所要做的就是带着这批掠夺物安全返航。

德雷克避开了阿卡普尔科（Acapulco），沿着太平洋海岸北上航行，希望能找到位于美洲最北端的“西北航道”。但德雷克被冰雪打败了，于是他再次向南航行，抵达现在的加利福尼亚沿岸。他意识到回家的唯一安全航线是横跨太平洋。然而，他首先需要检查船只并增添补给。这个锚地的具体地点至今尚无定论，但有可能是今天的旧金山的德雷克湾（Drake's Bay）附近。他将这个地方命名为“Nova Albion”（新英格兰），并在那里待了五周。终于，在7月23日，“金鹿号”朝着落日向西出发了。

从海盗活动层面来说，德雷克余下的航行平平无奇。然而，这段航行在航海史上确是一个里程碑式的成就——是首次由英格兰船长完成的环球航行。1580年的9月末，已成为英雄和富豪的德雷克回到

普利茅斯。女王非常高兴，在德雷克的船上与之进餐，并在后甲板上授予德雷克爵士称号。弗朗西斯·德雷克爵士名利双收，红极一时。毕竟，女王将他称为“我的海盗”，没有人敢冒犯这样的勋贵。

大偷袭

到 1585 年，英格兰和西班牙之间的“冷战”已经热化。除非发生奇迹，否则两国之间的战争无可避免。此前一年，西班牙已将所有停靠在西班牙港口的英格兰船只没收，因此伊丽莎白女王允许这些船主向西班牙“施加报复”。与此同时，女王的间谍大师弗朗西斯·沃尔辛厄姆（Francis Walsingham）爵士策划了一场对西班牙美洲大陆的全面“报复性”偷袭。德雷克被任命为这次国家赞助的远征行动的指挥官，在 1585 年夏天，他便忙着征集船只和人手了。这次远征仍然是一次商业冒险活动，女王只是众多投资人之一。女王向德雷克提供了两艘王室战舰，并向其收取租金。其中一艘名为“伊丽莎白·博内文德号”（*Elizabeth Bonaventure*），后来成为德雷克的旗舰船，另一艘更小的战舰名为“艾德号”（*Aid*）。德雷克的副官为马丁·弗罗比舍（Martin Frobisher），他驾驶的是一艘武装商船“报春花号”（*Primrose*）。

这是一支专业的偷袭队。除两艘王室战舰外，德雷克的舰队还包括 21 艘全副武装的船只、1000 名船员和 800 名士兵，士兵由克里斯朵夫·卡莱尔（Christopher Carleille）指挥。这是一支几乎战无不胜的军队。然而，此时女王有些犹豫了。因此德雷克在 9 月 14 日匆忙启程，防止女王将自己召回。他的第一站是西班牙西北部的比戈（Vigo），在安然度过风暴后他攻占了该地。之后他启程前往加那利群岛，但他未能在当地拦截到返程的西班牙珍宝船队。德雷克并没有气馁，他继续航行来到佛得角群岛。在 9 月 16 日，德雷克的手下袭击了圣地亚哥（现在的普拉亚），但并没有发现太多可掠夺之物。舰队在横渡大西洋时损失惨重，船员在偷袭期间染上了一种疾病，该疾病在船上蔓延开来。到德雷克在圣基茨岛（St Kitts）登陆时，他已经损失了约 300 人。尽管如此，德雷克计划对伊斯帕尼奥拉岛上的圣多明戈发起进攻，以检验他强大舰队的潜在实力。[1]

---

1 Williams, p.141; David Cordingly, *Under the Black Flag: The Romance and the Reality of Life Among the Pirates* (London, 1995), pp.31–32; Konstam, *Elizabethan Sea Dogs*, pp.43–44.

↑德雷克 1586 年对伊斯帕尼奥拉岛上圣多明戈的袭击说明了西属美洲大陆上的城市很容易遭到攻击。德雷克从海上炮击了这座城市，之后从陆地上发起进攻，非常容易就打破了这个定居点的防御。之后他要求城市提供赎金（照片由 VCG Wilson / Corbis 通过 Getty Images 提供）

英格兰人于 9 月末抵达圣多明戈，卡莱尔则在海岸上游登陆。德雷克在 1596 年 1 月 1 日回到港口，并于该日早上 8 点开始炮击。与此同时，卡莱尔的人手则出其不意地围堵了城镇的大门，将卫戍部队往丛林中驱赶。德雷克随之变成了这座城市的主人。当他的手下在搜寻掠夺物时，德雷克开始与西班牙人谈判，要求用赎金来交换圣多明戈。在谈判僵持不下时，德雷克的手下便将城市的主要建筑物夷为平地，到当月月底，德雷克便拿到了赎金。他带领手下重新启程，给西班牙人留下一座满目疮痍的城市。

德雷克将下一个攻击目标选定为卡塔赫纳，这是铁拉菲尔梅船队的主要目的地，也是一座被视为美洲最富有的城市。此地防御完备，英格兰人意识到这次没有那么容易取得胜利。西班牙总督已经知道英格兰人要来，因此在德雷克于 2 月 19 日到达前便准备好了防御措施。德雷克先试探性地炮击了城市的防御工事，很快意识到传统的袭击将难以奏效。于是他命令他的士兵在一条海岸岔道的终点登陆，这条岔道从城市向西延伸，将外围路段与大海分开。西班牙人在城镇的邻海和陆地一侧都建造了坚固的防御工事，但这条狭窄岔道的土方

↑ 1586 年，德雷克攻击了西班牙大陆上最大的城市卡塔赫纳。上图展示了他的突击队在一次黎明袭击中，从海岸靠近，围攻城市防御系统的情景。与此同时，英格兰舰队进入了形成港口外港的潟湖中

工程还未完工。如同在圣多明戈时一样，德雷克仅仅是一个旁观者，领导偷袭的是卡莱尔。他的手下趁着夜幕登陆，但一名西班牙骑兵拉响了警报，英格兰人就无法出其不意地发起攻击了。卡莱尔继续前进，在拂晓时分，英格兰人出现在路障前方，卡莱尔立即发起攻击。尽管伤亡惨重，但他将防御工事统统围住，将西班牙军队赶进他们身后的城市中。

卡莱尔的士兵一路前进，穿过街道来到卡塔赫纳的市场，挫败了费尔南德斯（Fernandez）总督组建新防线的所有企图。费尔南德斯的西班牙军队在城市大教堂前集结，做最后的抵抗，但在英格兰军队的强大火力面前败下阵来。总督的人手现在在冲锋陷阵，他也只好听天由命，加入他们的队伍。德雷克迎难而上，仅以 30 人伤亡的代价取得了胜利。

在他的人手掠夺城镇时，德雷克再次要求支付赎金。他将城市围堵了近两个月，西班牙人最终还是支付了赎金，德雷克带着近 50 万枚“八片币”离开了。他的军队因受到疾病侵扰而减员严重，但他仍然决定在回家前再发起一场大规模袭击。德雷克考虑在哈瓦那发起攻击，但侦察发现哈瓦那的防御过于稳固。于是他向北航行，前往卡罗来纳（Carolinas），他决定在沃尔特·雷利（Walter Raleigh）爵士在罗诺克（Roanoke）的新定居点登陆。然而，他在航行时经过了西班牙在佛罗里达东海岸的定居点圣奥古斯丁。在此之前，英格兰人并不知道这个小型殖民地的存在。但在 5 月 27 日，情况发生了变化。德雷克的瞭望员在当天发现了标记马坦萨斯河（Matanzas River）河口的沿海瞭望台。卡莱尔在当地抓获的一个囚犯透露，西班牙的定居点就在几英里外的内陆。卡莱尔的军队再次在海岸登陆，穿越沙丘，来到马坦萨斯河另一河岸边的城镇。效忠西班牙人的印第安人在夜间发起进攻，但被击退了。英格兰士兵在黎明时乘船横渡马坦萨斯河，围堵了城镇。但他们发现西班牙人已经连夜逃往内陆，给英格兰人留下一座空城。胜利者所获的唯一有价值的东西是堡垒里一个装着卫戍部队工资的保险箱。德雷克下令将定居点夷为平地，之后继续向北航行。少有人能料到，这是德雷克在西班牙美洲大陆最后一次完全成功的偷袭。[1]

远征队在罗诺克登陆，此处苟延残喘的殖民者接受了德雷克搭载他们回家的邀请。船队在 7 月中旬抵达普利茅斯，一场酝酿已久的战争终于爆发了。作为一次掠夺性的远征，德雷克 1585 年的偷袭是失败的；他的军队过于庞大，无法保证每个人都获得丰厚的利润。但是，这场偷袭成功地骚扰了西班牙人，证明了当时任何有船、有人手和有决心的人都能够攻击西班牙大陆。

为了获得更大利益的掠夺

由于老水手们被征召入伍，进入皇家海军服役，战争给这些远征按下了暂停键。理论上，这一状况应该会减少海盗行动的机会，但实际上并没有带来多大的改变。在伊丽莎白时代的英格兰，爱国主义和获得利益之间并不矛盾。德雷克等人在向女王履行义务的同时，也仍在寻找获利的方法。

其中最为臭名昭著的一个例子是对“罗萨里奥圣母号”（*Nuestra Señora*

1 Konstam, *Elizabethan Sea Dogs*, pp.44, 62–63.

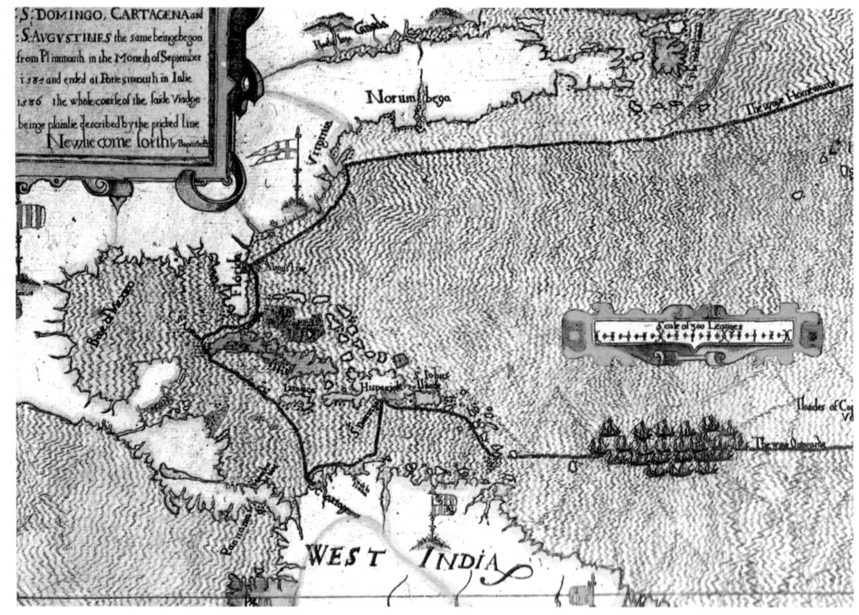

→在德雷克 1585—1586 年的活动中，他领导了一支强大的英格兰舰队横渡大西洋，而舰队的唯一目的是攻击和掠夺西属美洲大陆的城市。此图显示了远征队在此次活动中的行进路线。远征队成功突袭了圣多明戈、卡塔赫纳和圣奥古斯丁

del Rosario）的截获。1588 年 7 月 31 日，在英格兰与西班牙无敌舰队在普利茅斯沿岸的海战中，“罗萨里奥圣母号”因遭到碰撞而受损。由于海上波涛汹涌，这艘船无法被拖到安全地带。随着夜幕降临，这艘大帆船渐渐落后于船队中的其他船只。德雷克接到命令跟踪西班牙船队。然而，他却出发去寻找受损的“罗萨里奥圣母号”。在第二天日出时，西班牙船长唐·佩德罗·德瓦尔德斯（Don Pedro de Valdés）发现德雷克离他的船尾只有一段距离，并准备向他的船舷一侧开火。[1] 在短暂推诿之后，德瓦尔德斯投降了，“罗萨里奥圣母号”被拖至普利茅斯。船上的一个箱子中装有 10 万枚“八片币”。德雷克后来遭到了严厉批评，尤其在女王发现有一半的掠夺物神秘消失之后。此后，女王对德雷克的猜忌始终没有消除。

我们要讲述的并不是无敌舰队的海战，也并不是伊丽莎白女王的舰队于 1588 年前后对西班牙海岸发起的攻击，而是，通过任命德雷克、弗罗比舍、雷利、格伦维尔（Grenville）和霍金斯等人为海军指挥官，英格兰王室模糊了私人事业和公共服务之间的界限。由于女王倾向于将这些远征视为经济活动（尽管它们在表面上以官方海军行动的形式开展），这进一步加剧了这种状

1 Angus Konstam, *The Armada Campaign, 1588* (Oxford, 2001), pp.37, 41.

况。因此，大部分英格兰水手将此类冒险活动仅仅视为大规模获取掠夺物的机会，就不足为奇了。

例如，在 1592 年，由罗伯特·克罗斯（Robert Crosse）指挥的两艘英格兰船在亚速尔群岛沿岸航行时遇上了由费尔南多·德·门多萨（Fernando de Mendoza）指挥的珍宝大帆船"马德雷德蒂奥斯号"（*Madre de Dios*）。在一场激烈的海战后，这艘西班牙大帆船被英格兰人截获了。[1] 据门多萨所说，他的大帆船运载了价值 100 万"八片币"的铸币。然而，女王的存取机构只收到了 3 万"比索"，很快流言四起。克罗斯不可避免地被指控偷盗了余下的掠夺物。最终伊丽莎白女王任命德雷克收拾残局。毕竟，他可能是隐藏珍宝方面的专家。然而，除了微不足道的 18000 枚"八片币"外，消失的掠夺物未被追回。

除了这些"官方"的远征，无数的小型私掠偷袭也在进行之中。据估计，在 1589 年至 1591 年，共有 236 艘在海上航行的英格兰私掠船。但并非所有这些私掠行动都是成功的。[2] 例如，在 1592 年，指挥 50 吨的"月光号"（*Moonshine*）的船长约翰·米德尔顿（John Myddelton）在委内瑞拉海岸试图攻击玛格丽塔岛的珍珠采集站（西班牙语：ranchcría），但却被驱逐。之后他加入了另一支私掠舰队，但他们的航行同样一无所获。然而，在 1597 年初，有一位叫"帕克"（Parker）的船长成功抢劫了珍珠采集站，并在返回英格兰前继续掠夺了墨西哥港口坎佩切（Campeche）。他的支持者们非常兴奋，并为 1600 年一次同样成功的偷袭提供了资助。这些成功并不常见。坎伯兰（Cumberland）伯爵为十几次此类偷袭提供了资助，但只有一次获利。然而，即使许多远征都失败了，但整体上仍蔓延着一种经济上的贪婪和机会主义的情绪。但是，没有任何一次偷袭力量足够强大，能够截获珍宝船队，或占领西班牙的珍宝港口。年迈的老水手德雷克和霍金斯大展身手、以身示范的时候来了。

最后的老水手

1595 年，伊丽莎白女王的顾问威廉·塞西尔（William Cecil）制定了针对西班牙的防御计划。[3] 由弗朗西斯·德雷克爵士和约翰·霍金斯爵士联合指挥的

1 同前注，p.41。

2 Kenneth R. Andrews, *Elizabethan Privateering during the Spanish War, 1585–1603* (Cambridge, 1964), pp.134–136, 199–204.

3 关于加的斯远征的详细记载，见 Williams, pp.158–160; Arthur Nelson, *The Tudor Navy: The Ships, Men and Organisation, 1485–1603* (London, 2001), pp.124–130。

一场远征将降临西班牙美洲大陆，并给当地造成巨大破坏。此次远征的第二个目的是在加勒比海建立一个永久的英格兰定居点。为此，他们组建了一个包含 27 艘船（其中包括 6 艘皇家战舰）和 2500 名船员的舰队。遗憾的是，两名指挥官对彼此心怀芥蒂，这极大影响了此次远征的效率。此前在 1588 年，霍金斯曾公开指责德雷克截获“罗萨里奥圣母号”。此后这两位上了年纪的老水手便很难达成一致意见。

远征队在 1595 年 8 月从普利茅斯出发，一场针对加那利群岛的大规模袭击由于海上波涛汹涌而失败了。英格兰人甚至还不得不留下一船的人手。这些人沦为阶下囚后经受不住折磨，透露了舰队的目的地，因此当地人派出一艘快船警告圣胡安的总督，英格兰人正在来的路上。舰队在 11 月 12 日抵达波多黎各，在多米尼克登陆。此时霍金斯和他的许多手下正在发烧，苟延残喘。几天后他去世了，留下德雷克独自指挥这场远征。

德雷克发现圣胡安防御过于严密，无法攻击，因此在侦察完其防御工事后，便撤退去寻找更容易攻击的地点。[1] 他考虑到卡塔赫纳现在防御稳固，无法再次攻击，因此他攻击了西班牙美洲大陆上的里奥阿查和圣玛尔塔。此后舰队向西出发，德雷克于 1596 年 1 月 6 日抵达迪奥斯港。这一港口不再是秘鲁银矿在加勒比海的运输终点。运输终点已经转移至海岸下游的波托贝洛（Porto Bello）。这个城镇并未设置防御设施，于是德雷克在此处建立基地，并为袭击巴拿马做好准备。这次袭击目标位于离巴拿马地峡太平洋一侧的 30 英里（约 48 千米）处。

1 Nelson, pp.193–202.

↓在 16 世纪，古巴岛上最大的西班牙定居点哈瓦那被法国海盗偷袭了三次。因此在 1589 年，哈瓦那开始建设一座大型石砌堡垒——莫罗城堡（Castillo del Morro）。这座城堡建在港湾的入海口，是返回西班牙的珍宝船队的出发地（Michael Marquand/Getty Images）

他命令托马斯·巴斯克维尔(Thomas Baskerville)爵士带领他的士兵登陆。但当他们抵达地峡中央的高山屏障时，他们发现西班牙军队正在掘土掩埋唯一的通道。巴斯克维尔在退回迪奥斯港时发起了三次无效的攻击。在将这个港口焚烧后，德雷克继续航行。他的计划是偷袭洪都拉斯海岸，但他的手下很多都患上了黄热病。几天后，德雷克自己也染上了黄热病，在 1 月 27 日傍晚，这名老水手去世了。德雷克的尸体被放在一个铅衬的棺材里，并葬在离波托贝洛不远处的海里。远征队不得不离开了。不仅是因为德雷克去世了，还因为西班牙人集结了一支强大的舰队试图歼灭英格兰远征队。两支舰队在古巴的松鼠岛（ Isle of Pines ）沿岸相遇，英格兰人最后抵抗了西班牙人的攻击并逃走了。舰队在 1596 年 4 月抵达普利茅斯，最终证实了霍金斯和德雷克死亡的传言。[1]

这两个人的去世标志着一个时代的终结。几年后，伊丽莎白女王自己也去世了，她的去世既标志着都铎王朝的结束，也标志着许多人视之为黄金时代的终结。她的继任者英格兰的詹姆斯一世和苏格兰的詹姆斯六世统一了两个王国的王权，并与西班牙讲和，开创了一个新的时代。在这个新时代里，商人而非海盗和私掠者主导了欧洲和美洲的海域。老水手的时代已经成为历史。然而，短短的几年后，一类新型水手将把西班牙美洲大陆变成他们的狩猎场。伊丽莎白时代的老水手至少在战争时遵循绅士规则，而他们之后的掠夺者则毫无顾忌。

1 同前注，pp.202–203。

4

第四章 地中海的海贼

希腊海盗和穆斯林海贼

在罗马帝国灭亡后，地中海西部成了一块荒僻之地。该地的“野蛮”国家并不发展贸易，而是倾向于通过捕鱼、偷袭和海盗活动勉强维持生活。拜占庭帝国仍然在几个世纪里维持着地中海东部的秩序。然而，到 12 世纪后期，其势力范围仅限于希腊和小亚细亚西部。在 1204 年君士坦丁堡遭到洗劫后，拜占庭帝国海军已经几乎无法维持在本国海域的巡逻。因此，爱琴海出现了海盗活动。再往西的亚得里亚海的爱奥尼亚群岛也成为海盗的巢穴。到 13 世纪，海盗活动在希腊海域泛滥，尽管许多海盗其实是意大利人。许多来自希腊和巴尔干的海盗也在希腊海域活动，他们中的许多人以捕鱼为生，海盗活动只是副业。

从 13 世纪末起，三支海军的崛起部分填补了海军力量的空缺。罗德岛成为圣约翰骑士团的一个据点，这一骑士团维持了一支小型但高效的舰队。威尼斯人追捕亚得里亚海和南爱琴海的海盗，并为罗德岛人对抗海盗的行动提供支持。到 14 世纪 60 年

←西班牙战舰炮击突尼斯附近的拉古莱特，左图详细描绘了查理五世皇帝在 1535 年占领突尼斯的情景，可以清晰地看到战斗中的桨帆船竖起了桅杆以降低受损的风险

↑这幅图出自琼·布劳（Joan Blaeu）的《地图集》（*Atlas Maior*，阿姆斯特丹，1662—1665），展现了巴巴里海岸（标注“Barbaria”）的地形地貌，其中包括阿尔及尔、突尼斯、的黎波里、吉尔巴岛。除港口城市以外的内陆地区基本都是沙漠

代，奥特曼土耳其人控制了小亚细亚的西海岸，现在他们的桨帆船可以在爱琴海巡逻。然而，土耳其人非常依赖私掠者来增强他们常规的海军力量。

地中海的非洲海岸正在发生类似的变化。在7世纪和8世纪的阿拉伯人对外征服战争后，穆斯林控制了整个北非海岸，西西里和西班牙的大部分地区也处于他们的控制之中。尽管这一大片区域实现了宗教统一，但却没有任何的政治统一。从摩洛哥到利比亚的非洲海岸分布着一连串的小国家。罗马人在11世纪末重新征服西西里，并且西班牙发起“再征服”运动，这意味着到14世纪末，这些北非国家成了宗教对手之间的争夺前线。在那时，基督徒和穆斯林之间的间歇性的宗教战争向西蔓延至西班牙，向东蔓延至希腊。北非不可避免将最终卷入这场横跨整个地中海的斗争。

尽管自西罗马帝国灭亡后海盗就在北非海岸沿线活动，但直到15世纪末欧洲扩张，海盗活动才成为一个严重威胁。阿尔及尔、突尼斯、的黎波里的港口是私掠者的理想基地，在这里可以劫掠过往的船只。由于这些巴巴里港口位于撒哈拉沙漠边缘，任何财富都只能来自海洋。因此，在15世纪末和16世纪早期，当地的统治者鼓励海贼利用他们的港口攫取财富。作为回报，这些统治者——被称为“贝伊”（bey），意为“总督”——收取一定比例的利润。私掠活动是一种利润极高的业务，这些港口很快成为贩卖奴隶和掠夺品的繁忙港口。

巴巴里海贼

理论上，巴巴里国家的统治者在封建统治上仍效忠于奥斯曼帝国的苏丹。然而，在土耳其人于 1453 年征服君士坦丁堡（今伊斯坦布尔）后，苏丹在这座拜占庭帝国的前首都建立了他的法庭。由于苏丹离北非海岸较为遥远，巴巴里海岸的贝伊无人管理，除非苏丹在作战时需要他们的支持。尽管巴巴里海岸的私掠舰队在 16 世纪参加了几次大型的海军行动，但在大部分时间里他们还是各自独立活动，不受土耳其人的管控，活动范围仅限于地中海中西部。

虽然巴巴里桨帆船上的水手严格来说，是按照贝伊颁布的许可证行事的"私掠者"，但也可以用"海贼"（corsair）和"海盗"（pirate）两个词来描述他们。严格地说，法语词"海贼"意为"私掠者"，尽管在 16 世纪，该词也用来形容在地中海活动的海盗。"海盗"一词在当时很少使用。这两个词的差异只在后来欧洲的海上强国拒绝承认巴巴里统治者的权威时，才得以区分。19 世纪美国对巴巴里港口的攻击是一场反海盗行动，因此将巴巴里水手称为"海盗"较为合理，而非"私掠者"。为清晰起见，在这一时期到 17 世纪中期的这段时间里，我们将使用"海贼"一词。之后，我们将使用"海盗"一词来体现他们缺少国际认可的特征。

到 16 世纪早期，许多贝伊都是从海贼序列中选出的，这意味着私掠活

←左图描绘了佐奇奥（Zonchio）战役（1499 年），图中显示了威尼斯的大帆船受到由凯末尔·雷斯（Kemal Reis，图中标识为"Chmali"）领导的巴巴里海贼的攻击。他是巴巴里海盗的创始人之一

→右图：基督徒俘虏在被巴巴里海贼捕获后在阿尔及尔登陆。虽然图中描绘的城市港湾美轮美奂，但图中的人物并非如此——奴隶贸易在巴巴里国家的整个存在期间都构成了其重要的经济支柱

↓下图：17 世纪的阿尔及尔，其国内的基督徒奴隶在为他们的柏柏尔主人服务。这些奴隶算是幸运的，尽管他们戴着脚链。其他许多人在城市的采石场、田野里工作，或在桨帆船上充当奴隶

动成为巴巴里海岸政治框架中不可或缺的一部分。他们的组织结构井然有序。执政船长的顾问（称为“Taife Raisi”）负责监督港口和海贼舰队的运行，但仍然需要对贝伊负责。“Taife Raisi”对所有争议进行裁决，监督掠夺物和奴隶的售卖，并确保贝伊能够得到应得份额的赃物。尽管私掠船长（或“rais”）名义上为奥斯曼帝国和他的贝伊服务，但他们都拥有自己的船只，并几乎有完全的行动自由。私掠船长有一名称为“agha”的助手，这名助手负责指挥船上的人员，还有一名由 Taife Raisi 任命的抄写员，负责登记所有的掠夺物。一般来说，当地的贝伊会收取 10% 的掠夺物，外加一笔港口费用。由于巴巴里港口提供了销售走私货和被捕奴隶的理想市场，因此这种安排适合除奴隶以外的所有人。

然而，作为私掠者，巴巴里海贼需要遵守他们私掠许可证的条款。这意味着他们只能攻击非穆斯林的船只，只能俘虏非穆斯林的奴隶。同时，由于苏丹是他们的领主，海贼们需要遵守苏丹和基督徒统治者之间达成的协议条款。例如，威尼斯与土耳其人通常处于和平状态，海贼被禁止攻击威尼斯的船只。

↑欧洲基督教的宣传者经常夸大巴巴里统治者和海贼的“野蛮性”。上图显示的是一名巴巴里统治者通过折磨一名基督徒囚犯来自娱自乐，他正在把滚烫的沥青滴在囚犯的脚底上

巴巴里国家和奥斯曼帝国苏丹之间的封建义务维系着双方的关系。巴巴里海岸的城邦理论上被视为奥斯曼帝国的一部分，因此土耳其人的军队帮助当地的贝伊保卫领土。反过来，海贼们通常在奥斯曼帝国的海军服役并从事海盗活动，海贼的指挥官们参与了奥斯曼帝国 16 世纪所有大型桨帆船战役。然而，海贼却面临着一个家门口的敌人。西班牙人发起“再征服”运动，攻击巴巴里海岸港口，对北非海岸开始长期的控制争夺。[1]

对峙始于 1492 年西班牙对摩尔人的驱逐。这些流亡者在北非港口安顿下来，开始攻击西班牙船只，展开报复。他们得到了巴巴里统治者和来自地中海东部的穆斯林冒险者的帮助。西班牙人则发起回击，攻击了主要的巴巴里港口——奥兰、阿尔及尔和突尼斯，导致当地贝伊不得不向苏丹寻求帮助。1529 年，土耳其人开始反攻，最终将西班牙人从他们的沿海地区驱逐。最终这场冲突随着 16 世纪的结束而陷入僵局。主要原因是在签订了一系列和平协议后，西班牙人被迫承认该地区正式属于奥斯曼帝国的一部分。与土耳其人保持和平意味着与海贼保持和平，只要他们不攻击西班牙船只。1659 年，土耳其人的统治结束后，这种情况发生了变化。贝伊统治着他们自己的城邦，除了维持他们权力的海贼，不对任何人负责。

在那个时候，巴巴里海贼还造成了其他许多受害者。英格兰与荷兰的贸易快速发展，他们的船只也受到地中海海贼的攻击。然而，这些国家也拥有

1 John F. Guilmartin, *Gunpowder and Galleys* (London, 1974), pp.61–64; John F. Guilmartin, *Galleons and Galleys* (London, 2002), pp.126–136.

→右图为17世纪荷兰海洋画家安德里斯·凡·埃特维尔特（Andries van Eertvelt）绘画的一幅副本，图中显示一艘巴巴里桨帆船上的海盗试图登上一艘西班牙大帆船。这艘桨帆船的甲板非常拥挤，配备步枪的禁卫军站在船头

→右图描绘了一艘16世纪末期的巴巴里桨帆船，桨帆船后面跟着一艘单桅帆船。基督徒在对这一时期的记录中提到海盗桨帆船通常使用丝绸和塔夫绸条幅装饰

强大的舰队。因此，英格兰和荷兰海军在 17 世纪多次击败巴巴里海贼，最后巴巴里国家的力量被摧毁了。

在欧洲，巴巴里海贼通常被描述为激进的穆斯林，对其宗教敌人不宣而战。他们以奴隶贸易而闻名，人道主义组织经常募捐以赎回巴巴里海岸的基督徒奴隶。令人惊讶的是，基督徒变节者编造了海贼人数众多的谎言。但这并没有改变一个事实，即在近代早期，巴巴里海贼对于西欧基督徒而言是妖怪一般的存在。他们的贪婪广为人知，因此造成了恐慌，这对任何海盗而言都是有用的工具。海盗们都希望受害者不战而降。尽管巴巴里海贼令人厌恶的声誉部分是因为基督徒的宣传，但大部分时候还是与事实相符的。

奥鲁奇·“巴巴罗萨”：第一个海贼

巴巴里海岸最初的大海盗是巴巴罗萨兄弟奥鲁奇（Aruj 或 Oruç）和赫兹尔（Hızır 或 Khızır）。奥鲁奇和他的弟弟赫兹尔于 15 世纪 70 年代在爱琴海的莱斯沃斯（Lesbos）岛出生。他们的父亲是一名穆斯林制陶工人，之前是土耳其士兵。他们的母亲是一名希腊基督徒。15 世纪末的奥鲁奇在一艘于爱琴海北部活动的海盗桨帆船上任职。当时的莱斯沃斯岛是希腊海盗和穆斯林海盗的避难所。在那里，宗教自由交融，海盗们能找到交易掠夺物的现成市场。然而，奥鲁奇的海盗桨帆船被圣约翰骑士团截获，此后他便在桨帆船上充当奴隶，直到骑士团与埃及的埃米尔（Emir）[1] 签订协议后才被释放。释放后的奥鲁奇被安塔利亚的贝伊授予私掠许可证，此后他一直在当地活动，后来因为一场政治斗争，他与他的赞助人一同逃往埃及。在他们抵达亚历山大港时，奥鲁奇的弟弟赫兹尔加入了他们。两兄弟都有做海贼的天分，他们逐渐扩大队伍，最后成为一支小型海盗舰队的指挥官。后来由于埃及人与圣约翰骑士团签订和平协议，两兄弟不得不去别的地方活动，1505 年他们来到了突尼斯海岸的一个小型岛屿码头吉尔巴岛（Djerba）。他们从突尼斯的贝伊处获得了私掠许可证，很快便在第勒尼安（Tyrrhenian）海航行，寻找猎物。

随后他们在厄尔巴岛（Elba）附近遇上了两艘挂着教皇儒略二世旗帜的桨帆船。这两艘教皇船原来是一艘满载贵重物品的商船和一艘护航战舰。他

1 阿拉伯语音译。其词来源于阿拉伯语，原意为“受命的人”“掌权者”，伊斯兰教国家对上层统治者、王公、军事长官的称号。——译者注

↑“巴巴罗萨兄弟”奥鲁奇和赫兹尔在16世纪初期将巴巴里海岸发展成为一个繁荣的海盗避风港和穆斯林堡垒，限制了西班牙基督徒在西部地中海的扩张。这两兄弟的外号来源于他们的红胡子

们截获了这两艘船并登船。这两名海贼占有的优势是他们的船员都是自由之身，因此可参加战斗。而他们的对手却依赖于桨帆船上的奴隶。获胜的两兄弟回到拉古莱特的突尼斯港，名声大噪。西班牙历史学家迭戈·海多（Diego Haedo）写道：“突尼斯发生的这场著名的掠夺活动所造成的轰动和震惊是不言而喻的，奥鲁奇·赖斯从那时起便名噪一时。”他补充道：“因为他的胡子很红，因此他一般被称为‘巴巴罗萨’，这个词在意大利语中意为‘红胡子’。”在地中海，人们普遍为黑色毛发，这两个红胡子男人显得别具一格，因此他们的外号便叫作“红胡子”。[1]

下一个受害者便是“骑士号”，一艘驶往那不勒斯的帆船战舰，这艘船在利帕里（Lipari）群岛附近被海贼截获。桨帆船相比起帆船的优势是其航行不受风的影响。因无风而停止前进的“骑士号”毫

→巴巴里海贼使用的桨帆船和单桅帆船与同时期的奥斯曼土耳其或基督徒的桨帆船相似，虽然他们依靠志愿兵划手，但他们在需要登上敌船时能够召集到更多的船员

1 Jan Rogozinski, *Pirates! An A–Z Encyclopedia* (New York, 1995), pp.16, 178–179; David Cordingly (ed.), *Pirates: Terror on the High Seas* (Atlanta, GA, 1996); Angus Konstam, *The History of Shipwrecks* (New York, 1999), pp.46–47.

无反击之力。1509 年截获的这艘船令他们获利颇丰，导致成百上千的人加入了他们的团伙，包括他们的另一个兄弟伊沙克（Ishak）。他们位于突尼斯城外的拉古莱特的新基地很快便充斥着私人桨帆船和战利品。

1511 年，巴巴罗萨兄弟与突尼斯贝伊发生不和，这导致他们再次更换基地——这次基地沿着海岸向西迁至突尼斯和阿尔及尔之间的季杰利（Djidjelli）——今吉杰勒（Jijel）。统治港口的阿尔及尔埃米尔曾向他们寻求帮助，共同抗击威胁攻击他的西班牙人。西班牙人在 1509 年占领了奥兰（Oran），并于次年占领了布吉（Bougie）今贝贾亚（Béjaia），于是阿尔及利亚人被西班牙人从两侧夹击，他们知道他们的城市将会是西班牙人的下一个目标。

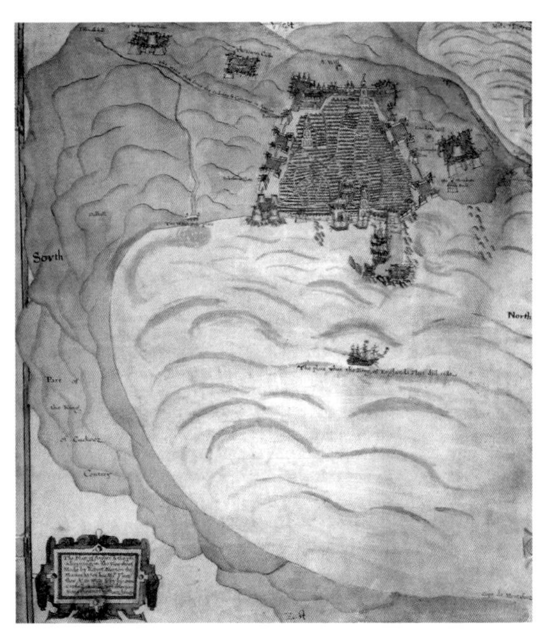

↑这幅阿尔及尔平面图由英格兰制图师罗伯特·诺顿（Robert Norton）于 1620 年绘制。在巴巴罗萨兄弟的统治下，这一港口的防御得到加强，他们并在此建立了一个防御港湾以保卫桨帆船舰队

起初海贼获得了一定的成功。之后他们过于激进，巴巴罗萨兄弟攻击了布吉，但遭到血腥反击，奥鲁奇甚至还在战斗中失去了一条胳膊。两兄弟于是只能肆虐来往的西班牙船只。与此同时，阿尔及尔的贝伊似乎乐于让他们为其作战，但却并未帮助他们。更糟糕的是，当西班牙人在阿尔及尔港口远侧的佩尼翁（Peñón）建立据点后，贝伊令海贼固守据点，却未令他们出海航行。最终，在 1516 年，阿尔及尔人揭竿而起。奥鲁奇加入他们，杀了贝伊，并控制了城市。土耳其苏丹不仅准许这次行动，还将奥鲁奇任命为贝伊莱尔贝伊（beylerbey，即所有贝伊的管理者），使其成为巴巴里海岸实际上的统治者。

三年后，奥鲁奇与西班牙人之间的私人战争爆发。首先，在 1519 年初，西班牙人从佩尼翁偷袭阿尔及尔，但遭到抵抗。之后在 5 月，西班牙皇帝查理五世率大军抵达奥兰。他打算攻击阿尔及尔，但奥鲁奇先发制人，在奥兰之外的某地摧毁了一支前往加入西班牙人的阿拉伯雇佣兵。然而，西班牙人也发起了反击，奥鲁奇和他的兄弟伊沙克被困在特莱姆森（Tlemcen）。在围城 20 天后，西班牙人攻击了这座城市，奥鲁奇和伊沙克双双被杀。这是一个时代的终结，但并不是战斗的终点。赫兹尔将继续作战，并将最终证明，与他的哥哥相比，他会给西班牙人带来更大的威胁。

↑上图：这幅17世纪早期的版画描绘了一组阿尔及尔的英格兰海盗。在英格兰与西班牙的常年战争于1604年结束后，许多之前的英格兰私掠者成了海贼

↗右上图：17世纪早期的版画中描绘的从海上看到的阿尔及尔。在其前部的要塞是佩尼翁，在1510—1539年被西班牙人控制。在山上还有其他堡垒俯瞰着这座城市

→赫兹尔·“巴巴罗萨（约1478—1576）是最令人生畏的巴巴里领导人之一，同时也是一个非常成功的土耳其海军上将。他通常被称为“海雷丁”，意为“上帝的礼物”

海雷丁

作为新任贝伊莱尔贝伊，赫兹尔·“巴巴罗萨”成为巴巴里海贼的首领。[1]1518年12月，他攻击了奥兰并重新占领了特莱姆森，之后围攻并占领了波尼（Bône）现在的阿纳巴（Annaba）——一个位于布吉和突尼斯之间、由西班牙控制的港口。次年，他击退了另一支被派往占领阿尔及尔的远征军。作为奖励，他被任命为阿尔及尔的埃米尔（巴夏）。在保证基地稳固后，他重新发起攻击。在接下来的几年时间内，他偷袭了法国和西班牙南海岸，并于1522年帮助苏丹占领了圣约翰骑士团的堡垒罗德岛。因此赫兹尔被苏丹命名为“海雷丁”（Khair-ed-Din或Hayreddin），意为“上帝的礼物”。他已经获得了极大的成功。但他作为红胡子兄弟中的最后一人，人们通常只称他为“巴巴罗萨”。

在回到巴巴里之后，他领导发起对意大利海岸的攻击，但后来遭到热那亚舰队的驱逐。从1525年至1531年，这种状态

1 Rogozinski, p.179; Konstam, p.47.

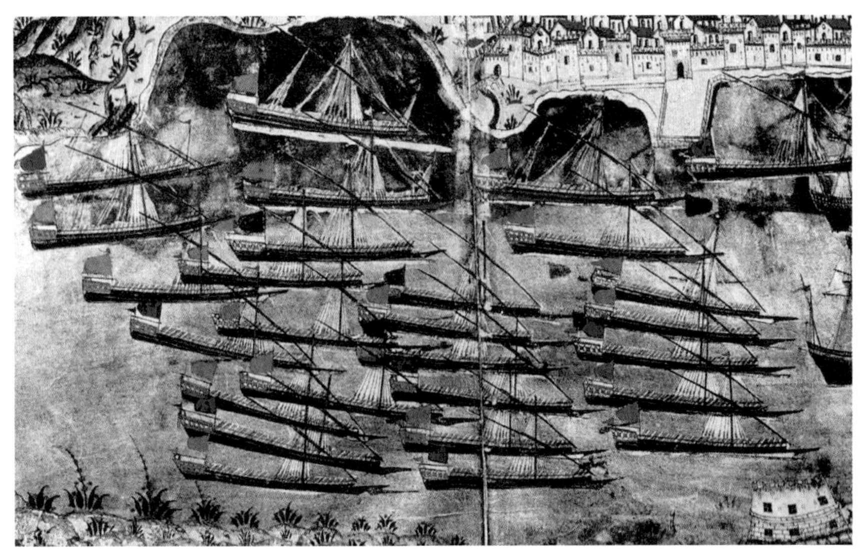

← 左图显示的是1543—1544年冬天停泊在法国港口土伦的赫兹尔·巴巴罗萨舰队。巴巴里首领与法国人暂时结成联盟，这使得他们可以将此港口用作基地，攻击当时正与法国交战的西班牙

持续了六年，此时他在本土获得了一场更为重要的胜利。在1529年5月，他占领了阿尔及尔港湾的西班牙据点佩尼翁，从而保证了“本垒”的安全。在1531年，他还对的黎波里发起了一场大型进攻。的黎波里在1510年被西班牙占领，后来转交给圣约翰骑士团控制。这次海雷丁被击退了，这座城市在1551年前一直被基督徒控制。

次年（1532年），苏丹需要他帮忙对亚得里亚海的威尼斯人的进攻发起反击。巴巴罗萨不仅重新占领了几个败给基督徒的主要岛屿，而且当他在台伯河河口航行时还导致罗马教堂敲起了警钟。与此同时，很明显，他即将遭遇一场重大失败。这场失败始于巴巴罗萨从一个亲西班牙的贝伊手中抢夺了突尼斯，但后来再次将这座城市输给一支十分强大的西班牙远征军。他无法正面对抗西班牙人，于是带领一支奥斯曼帝国军队进攻那不勒斯，并于1537年占领了这个由西班牙人控制的港口。这导致教皇保罗三世集结了一支由基督教势力组成的“神圣同盟”，以打击土耳其人。

1538年，安德雷亚·多利亚（Andrea Doria）率领一支强大的“神圣同盟”舰队进入爱琴海，旨在摧毁巴巴罗萨。这支舰队由来自西班牙、热那亚、威尼斯和罗马教皇的军舰组成。“神圣同盟”舰队和巴巴罗萨的舰队于1538年9月28日在普雷维扎（Prevesa）交战，最终巴巴罗萨取得了胜利，他占领并摧毁了共51艘敌船。这场重大胜利显示了土耳其海军在地中海的统治地位，并

↑上图：16 世纪德国木版画所描绘的一艘巴巴里单桅帆船，这幅画也展示了海军作战的战略和技术。船头的苏丹近卫弓箭兵正面迎敌，船头靠后一点的炮组也同时开火

↗右上图：这幅描绘巴巴里海贼桨帆船的画是 17 世纪荷兰画家列维·彼得斯·维尔舒尔（Lieve Pietersz Verschuir）的作品。虽然他可能过度倾斜了船头和船尾，但他所描绘的船只与同时代的记录大致相似

且其统治地位在此后的三十年中无可匹敌。在此期间，西班牙和巴巴里海贼之间的战争也持续不断。

1540 年查理五世试图再次攻占阿尔及尔，但遭到失败，而巴巴罗萨却在地中海自由航行，从事支持法国新盟友的活动。次年，他来到热那亚，商讨释放巴巴里海贼图尔古特·赖斯（Turgut Rais）的事宜。这是这名老海贼最后一次出海航行。1545 年，他应召前往伊斯坦布尔，把阿尔及尔交给了他的儿子哈桑·帕夏一世（Hasan Pasha I）。次年，巴巴罗萨在苏丹的宫廷中平静离世。这两名巴巴罗萨兄弟生前保护了巴巴罗萨海岸，使其未落入西班牙入侵者之手，并保证了这些半独立的脆弱城邦能在他们去世后依然存活。在此过程中，他们控制的巴巴里海贼建立了令人生畏的名声。

苏丹的海贼

巴巴罗萨兄弟并不是唯一既从事私掠活动，又为奥斯曼帝国海军服务的巴巴里海贼。[1] 图尔古特·赖斯是海雷丁的副官，他出生于土耳其海岸的博德鲁姆（Bodrum）。他后来加入一组海贼，成为一名炮手长，此后很快晋升为桨帆船指挥官，指挥一艘在爱琴海活动的桨帆船。1520 年他加入了阿尔及尔的海雷丁，并很快被提拔为一支海贼中队的指挥官。身为海军指挥官的他，

1 Rogozinski, pp.349–350.

以技艺高超和英勇善战而著称。

图尔古特·赖斯参加了普雷韦扎战役（1538），在这场海战中他指挥了土耳其舰队的一翼。次年他沿着亚得里亚海一路奋战，打败了被派往与之作战的舰队，并以苏丹的名义征服了一连串的岛屿和要塞。他接下来的挑战是吉尔巴岛的贝伊，此人掌控着巴巴里海岸最知名的海贼避风港。他似乎天生就适合做这件事，他领导发起了对马耳他、西西里和科西嘉岛的攻击。然而，情况却变得非常糟糕。1541 年，他在科西嘉岛的海湾修理船只时，遭到一支热那亚舰队的围攻。这名海贼和他的手下被俘，此后三年他都在桨帆船上充当奴隶，直到海雷丁支付了一笔巨额赎金，他才被释放。重新掌舵的图尔古特在此后的三年都在掠夺热那亚的船只。在海雷丁 1546 年去世后，他成为奥斯曼舰队的新任指挥官，并于两年后取代前任指挥官的儿子，成为阿尔及尔贝伊和贝伊莱尔贝伊，这使得他成为新的海贼头领。他继续展开攻击，并于当年 8 月截获了一艘马耳他的军舰，这艘军舰上装载了价值 70000 达克特的物品，是阿尔及尔价值最高的战利品。然而，基督徒旋即对巴巴里基地展开攻击。1550 年，图尔古特在吉尔巴岛被一支强大的基督徒舰队包围。虽然他和他的海贼逃走了，但这个港口落入了敌人之手，并在此后十年都被他们所占据。在召集土耳其援兵后，他于 1551 年 8 月回到巴巴里海岸，并从圣约翰骑士团手中重新夺回了的黎波里。这令海贼们有了一个安全的新基地。图尔古特的桨帆船在蓬扎（Ponza）战役（1552）中击败了他的热那亚对手安德烈亚·多里亚（Andrea Doria），这导致意大利海岸遭受了新的一波海贼袭击。多里亚试图再次击退图尔古特，但基督徒在吉尔巴岛战役（1560）中再次遭遇失败。从那时起到五年后他在“马耳他之围”[1] 中去世，图尔古特的袭击几乎无人可敌。

↓与他同时期的几个人物一样，巴巴里头领图尔古特·赖斯（1485—1565）从一名志愿者海贼做起，最终成为巴巴里海岸的贝伊莱尔贝伊和土耳其海军上将。他最终在“马耳他之围”中被杀

意大利渔民乔万尼·迪奥尼吉（Giovanni Dionigi）于 1536 年被巴巴里海贼俘虏，成为奴隶。他加入了伊斯兰教，并加入的黎波里的海贼。到 1560 年，他成为一名在图尔古特·赖斯手下任职的海贼船长，并被人称为“乌鲁贾·阿里”（Uluj Ali）。他在吉尔巴岛战役和“马耳他之围”中脱颖而出，在图尔古特去世后正式成为的黎波里的新任

1 “马耳他之围”发生于 1565 年，这一年奥斯曼帝国入侵马耳他岛，受到医院骑士团的抵抗。——译者注

图尔古特和穆拉特·雷斯

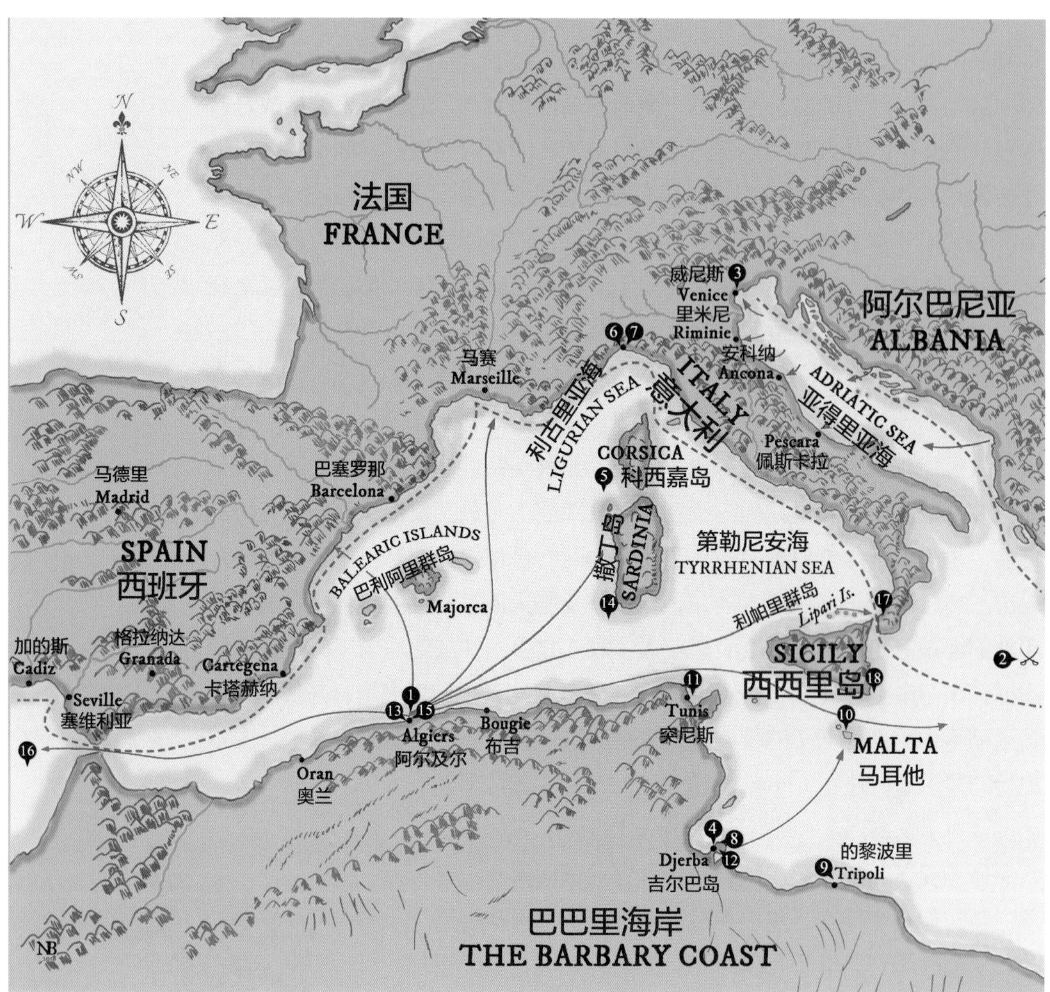

贝伊。三年后他被任命为贝伊莱尔贝伊。在接下来的十年内，他带领他的桨帆船与西班牙人和马耳他骑士团战斗，并于 1570 年在一场战役中俘获了一支强大的马耳他舰队，这使他得以担任奥斯曼帝国的海军指挥官。

他于 1571 年参加了灾难性的勒班陀（Lepanto）战役，战败后他接管了被击溃的土耳其舰队，并将其重建为一支战斗力量。[1]但是，他本质上仍然是

1 *Guilmartin, Galleons and Galleys,* pp.137–151。关于这场战役的完整记载，见 Angus Konstam, *Lepanto 1571: The greatest naval battle of the Renaissance* (Oxford, 2003)。

图 例

----贸易路线 ←— 海盗攻击 ⚔ 战役

图尔古特·赖斯

1. 1520 年：图尔古特·赖斯加入位于阿尔及尔基地的巴巴罗萨舰队。
2. 1538 年：图尔古特成为土耳其舰队的海军上将，并参与了普雷韦扎战役，在希腊西海岸作战。他和巴巴罗萨大获全胜。
3. 1539 年：图尔古特首次获得独立指挥权，侵扰亚得里亚海的威尼斯船只。他甚至冒险来到威尼斯附近活动。
4. 1540 年：图尔古特在吉尔巴岛建立海贼基地。他基于此对马耳他发起了一场大规模袭击。
5. 1540 年：在攻击马耳他后，图尔古特进一步攻击科西嘉岛和撒丁岛。
6. 1541 年：图尔古特被热那亚人俘虏，他的袭击戛然而止。在之后的三年内他都在充当奴隶。
7. 1544 年：巴巴罗萨威胁热那亚人，如果他们不释放图尔古特，他将攻击热那亚，并将这个港口焚为平地。热那亚人按时将图尔古特交还给巴巴罗萨。
8. 1550 年：吉尔巴岛被一支基督徒军队攻击并占领，图尔古特和他的手下被迫逃往突尼斯。
9. 1551 年：图尔古特从圣约翰骑士团手中重新夺回的黎波里。
10. 1565 年：图尔古特在“马耳他之围”中协助土耳其人，并在瓦莱塔城墙前被杀。

穆拉特·雷斯

11. 1565 年：穆拉特·雷斯成为一艘巴巴里海贼桨帆船的指挥官，桨帆船基地位于突尼斯。
12. 1568 年：此时在吉尔巴岛活动的穆拉特失去了上级乌鲁贾·阿里的青睐，因此他失去了晋升成为海贼舰队指挥官的机会。
13. 1574 年：最终，在证明自己的能力后，穆拉特成为一支强大的海贼舰队的指挥官，舰队的基地位于阿尔及尔。
14. 1574 年：穆拉特在撒丁岛的南端攻击了西班牙总督全副武装的船只，并将总督俘虏。
15. 1564 年：穆拉特成为阿尔及尔的贝伊莱尔贝伊，此时的他在名义上控制了所有的巴巴里海贼。
16. 1586 年：他领导发起了对加纳利群岛的攻击。
17. 1594 年：他被任命为土耳其海军上将，并领导一支大型奥斯曼帝国舰队，对意大利南部海岸发起攻击。
18. 1595 年：穆拉特击败了西西里东南端的一支强大的基督徒舰队。

←17 世纪荷兰画家莱纳·诺姆斯（Reiner Nooms）所描绘的的黎波里。图中可见几艘荷兰船只停泊在港口之外。由于当时荷兰人与当地贝伊签订了贸易协议，他们的船只可免遭攻击

一名海贼，他很快得到允许返回阿尔及尔。他于1574年6月迎来了他的第二次胜利，这次他策划了一场从西班牙人手中重新夺回突尼斯的战斗。乌鲁贾·阿里从这次胜利中获益最多，巩固了他对从的黎波里到奥兰的巴巴里海岸的控制，并对其控制的港口加强了防守。最终西班牙人签订了停战协议，结束了其六十年来对巴巴里海岸的威胁。此后，乌鲁贾·阿里在1586年去世之前都在海军中为苏丹服务。

最后一个巴巴里大海贼可能是穆拉特·雷斯，他在16世纪后半期崛起。他有可能在1534年出生于阿尔巴尼亚，并在1546年被一伙游荡的海贼俘虏，后选择信奉伊斯兰教，并加入他们的组织。到1565年时，他已经开始指挥自己的桨帆船，并已成为一名成功的海贼，且以特立独行而闻名。这让他过了二十年后才被任命为奥斯曼帝国舰队指挥官。

然而，他在海贼中的影响力在稳定提升。1578年，他俘虏了西班牙的西西里总督，当时这名总督正带领两艘强大的大帆船返回西班牙。这激怒了西班牙国王腓力二世，他几乎举全国之力发起一场摧毁阿尔及尔的远征。在接下来的十年内，穆拉特·雷斯对西班牙不宣而战，攻击西班牙海岸线，掠夺他们的船只，并抓捕西班牙人到阿尔及尔充当奴隶。他现在成为地中海最为知名的海盗。

→同时代的土耳其人对法马古斯塔之围（1570—1571）中16世纪的土耳其或巴巴里桨帆船的描绘。岸上站着的是在船上服役的土耳其士兵，他们正在整队，准备攻击一个基督徒占领的港口

1594 年，他终于成为一名奥斯曼土耳其海军上将，并于 1595 年在西西里附近击退了一支力量更为强大的由帆船和战舰组成的舰队。在他去世之前的四十年，他一直担任苏丹在东部地中海的指挥官。他最终在阿尔巴尼亚的发罗拉（Vlorë）去世，在离他的出生地几公里的地方结束了漫长的海贼生涯。

巴巴里海贼的衰落

到穆拉特·雷斯 1609 年去世之时，巴巴里海贼的鼎盛时期已经过去。然而，当时的人可能并不这么认为，并且一些历史学家甚至将 17 世纪称为“巴巴里诸国”的黄金时代。毕竟，当时的奴隶市场非常活跃。根据伊斯兰教的法律，穆斯林不能被锁上脚镣或被强迫为军舰划船，因此一些奴隶信奉

海贼的桨帆船

欧洲其他地区使用的主要是帆船，但在地中海地区战舰的主要形式仍然是带桨的桨帆船。文艺复兴时期的桨帆船与罗马人使用的桨帆船较为相似，但在 16 世纪大部分桨帆船都在船头的炮座安装了大炮，因为桨帆船通常都安装了撞击装置。

虽然巴巴里海贼都是自由之身，但大部分帆桨船都靠桨帆船奴隶来划桨推进。桨帆船同时安装有配备斜挂大三角帆的桅杆，这使得桨帆船可以充分利用风向。一艘 16 世纪的典型桨帆船在每一侧都安装 20~30 支桨，并且每支桨都配备两名以上的划手。

除非遭遇危机，巴巴里海贼会避免使用他们的撞击装置或大炮，因为这有可能降低他们的潜在战利品的价值。相反，他们的桨帆船配备剑客和火枪手。一个较为常用的策略是在敌船后操控，之后登船，控制船员并与之近身搏斗。

事实上，大部分的巴巴里海贼桨帆船都不是真正的桨帆船，而是速度更快的小型单桅帆船。典型的单桅帆船为平坦甲板，只有一个桅杆。船的每一侧都安装了 6~12 支桨，并且每支桨都平均配备了两名划手。大型桨帆船通常用作指挥舰，或在战斗中用于支持更小的单桅帆船。桨帆船的优势是其不依赖风力，但如果一艘航行中的战舰在舷侧遭到近距离的炮火袭击，那么影响将是毁灭性的。因此一名技艺高超的巴巴里海贼知道什么时候进攻，什么时候保持距离。

乌鲁贾·阿里：苏丹的海贼

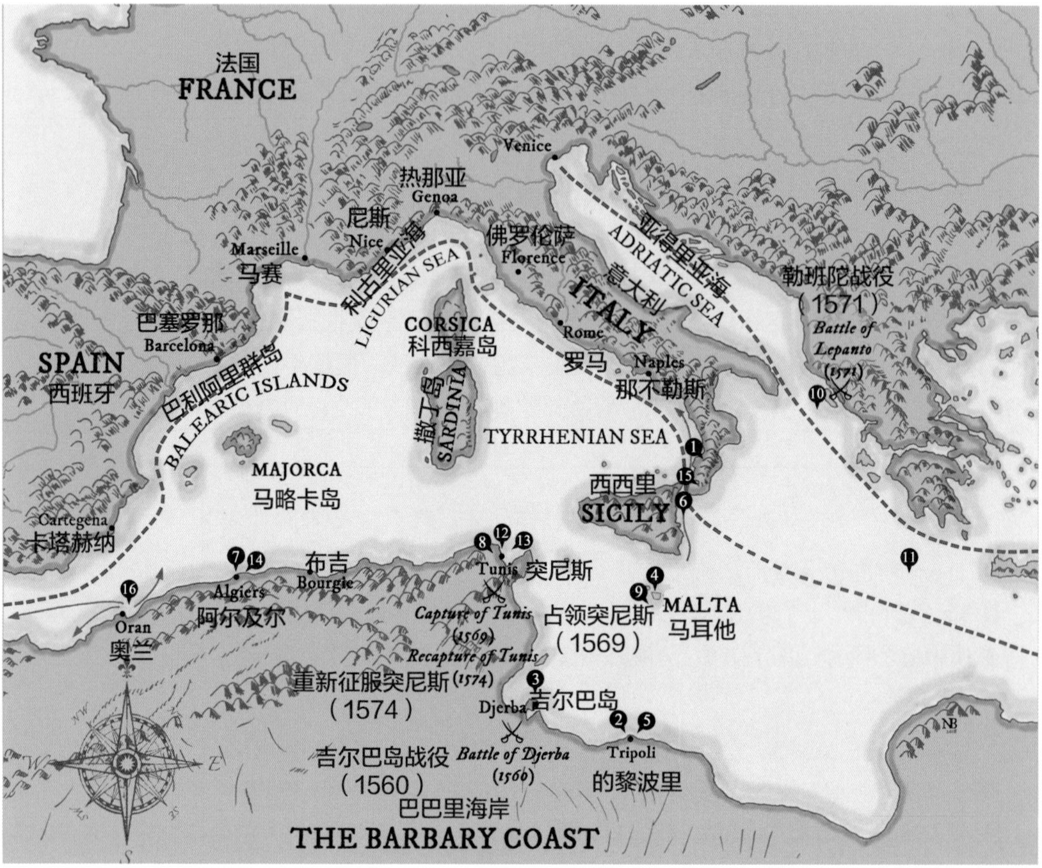

了伊斯兰教以改善自身的境况。但并不是所有人都有机会：最富裕的俘虏会被用来索要赎金，而其他大部分人则被判为终身服役。

《堂吉诃德》的作者、西班牙人米格尔·德·塞万提斯（Miguel de Cervantes）在1575年被海贼俘虏，被迫充当了五年奴隶，并讲述他因时常遭受惩罚而感到恐惧。到17世纪初，奴隶活动取代了海盗活动，成为巴巴里海贼的主要收入来源。在与欧洲人签订

图 例

----贸易路线 ←— 海盗袭击 ⚔战斗

1. 1536 年：乌鲁贾·阿里出生，他原名为卡拉布利亚的乔瓦尼·迪奥尼吉（Giovanni Dionigi of Calabria），是一个渔民的儿子。
2. 在被俘虏后，迪奥尼吉信奉伊斯兰教，成为乌鲁贾·阿里。到 16 世纪 50 年代，他已经成为一名桨帆船海盗，桨帆船基地位于的黎波里，属于图尔古特·赖斯舰队的一部分。
3. 1560 年：乌鲁贾·阿里在吉尔巴岛战役中脱颖而出。
4. 1565 年：他参加了土耳其的"马耳他之围"。
5. 1566 年：他接任图尔古特·赖斯，成为的黎波里的贝伊。
6. 1567 年：他领导的黎波里舰队开展对西西里和意大利南部的袭击，导致了大规模的破坏。
7. 1568 年：他成为阿尔及尔的贝伊莱尔贝伊，成为整个巴巴里海岸的统治者。
8. 1569 年：他领导发起一场对突尼斯的重大进攻，并从西班牙人手中重新夺回突尼斯。
9. 1570 年：他击退了基地位于马耳他的圣约翰骑士团操作的一支舰队。
10. 1571 年：作为一名土耳其海军上将，乌鲁贾·阿里参加了勒班陀战役，最终败于基督徒联盟之手。
11. 1572 年：乌鲁贾·阿里成为土耳其舰队的指挥官，并在灾难性的勒班陀战役后对舰队加以重建。他控制了希腊海域。
12. 1573 年：突尼斯被一位西班牙军队的长官——奥地利的唐璜（Don Juan of Austria）占领。
13. 1574 年：乌鲁贾·阿里从西班牙人手中重新夺回突尼斯。
14. 1574 年：他加强了对阿尔及尔和摩洛哥的防卫，这两个地方受到西班牙人的威胁。
15. 1576 年：他领导发起一场对西班牙南部的卡拉布利亚的大型进攻。
16. 在 16 世纪 70 年代末期，乌鲁贾·阿里领导发起对巴巴里海岸的西班牙飞地的攻击。

和平协议后，这些奴隶袭击者不再是私掠"海贼"，而成了"海盗"或"奴隶贸易者"。

为了保持这些奴隶市场供应充足，海贼们通常在西地中海抓捕奴隶，但有时他们会去更远的地方。例如，在 1627 年，一个信奉伊斯兰教的佛兰德人小穆拉特（Murat）带领一支队伍来到大西洋。他沿着从西班牙到英格兰的海岸一路劫掠。据称他曾经还进入了北大西洋，在那里他频繁侵扰冰岛渔民。

小穆拉特是一名基督教变节者，但像他这样的人并不少见。大约在同一时期，许多基督徒都被授予海贼的职位，而无需放弃他们的宗教信仰，尤其是他们了解海战技术的话。其中一个人名为约翰·沃德（John Ward），他是伊丽莎白时期的一名水手，后来为突尼斯的贝伊服务，并升职成为一支巴巴里舰队的指挥官。这些变节者在抓捕他们的基督徒同伴充当奴隶时似乎毫不留情。

←对页图中的救赎主义者神父正在为释放基督徒奴隶与巴巴里官员和奴隶主谈判。这个团体的资金来自整个欧洲的捐款，该团体在 17 世纪赎回了成百上千名奴隶，使之重获自由

↑这幅插画出自一本17世纪的荷兰图书，宣扬了“救赎主义者”成员中神父的工作，他们正在与一名当地的土耳其军队官员讨价还价，要求释放基督徒奴隶

小穆拉特和他的海盗对爱尔兰科克郡的巴尔的摩村的袭击代表了这一时期典型的奴隶袭击。在这场袭击中，这个村庄的全部人口都被围捕并被运走，只有一名俘虏回到了爱尔兰。小穆拉特的一名爱尔兰俘虏记录了他的经历，法国人让·马赛·德·贝纳克（Jean Marteille de Bernac）同样如此，给我们留下了研究巴巴里海岸生活记录的有用资料。

许多更为贫穷的俘虏的唯一希望是一些基督教团体会将他们赎回，使他们重获自由。其中的一个团体——“救赎主义者”（the Redemptionists）在1575年至1769年赎回并释放了约15500名各个国籍的基督徒奴隶。有时政府也会参与募捐。例如，在1643年，七名妇女向英格兰议会请愿，请求议会允许教堂参与捐款，因为“她们的丈夫和其他人被土耳其海盗俘虏，被运往阿尔及尔，现在被痛苦地囚禁”。[1]

→尽管巴巴里海贼在整个17世纪和18世纪都持续使用桨帆船，但他们也越来越多地开始使用帆船。在这幅出自17世纪荷兰画家安德里斯·范·埃特维尔（Andries van Eertvelt）之手的绘画中，可以看到一艘航行中的巴巴里私掠船正在一个巴巴里港口抛锚

1 引自 Christopher Lloyd, *English Corsairs of the Barbary Coast* (London, 1981), pp.72–82。

另一个收入来源是保护费。船只从地中海经过的商人通常会支付一笔费用，从而免于遭受袭击。事实上，一些荷兰和英格兰商人乐意支付这些贿赂，因为这样可以有效限制更不富裕的竞争者参与竞争。

有人认为，英格兰人和荷兰人从 17 世纪中期开始对巴巴里海盗发起一系列历时长久的惩罚行动时，这些行动更多的是为他们的商人达成一笔划算的交易，而非真正旨在终结海盗活动。例如，1655 年 4 月，英格兰上将罗伯特·布莱克（Robert Blake）带着向攻击英格兰船只的贝伊索取赔偿的命令抵达

↑这幅画由 17 世纪早期西班牙一位不知名的画家所绘，画中可见两艘小型巴巴里单桅帆船正在攻击一艘装备精良的西班牙商船。事实上，海贼通常会避开他们掠夺对象的舷侧大炮

←巴巴里统治者的残酷形象在他们全盛期过后的很长一段时间内仍然根深蒂固。左图中的人物是阿尔及尔贝伊阿里·库拉（Ali Khoja，1817—1818 年在任），他周围全是他死去士兵的头骨，这些士兵因为库拉怀疑他们在策划推翻他的阴谋而被杀

巴巴里海岸。[1]从他的信中可以看到他的真实目的似乎是为同胞达成一份有利的协议。当突尼斯的贝伊拒绝谈判时，布莱克派他的舰队进入波尔图法里纳[Porto Farina，现在的加尔米勒赫（Ghar al Milh）]。贝伊很快开始与之谈判。法国人也采用了同样的伎俩，在1682年和1683年贸易谈判失败后，他们轰炸了阿尔及尔。当然，巴巴里统治者也一样残酷。当法国人1683年重新出现时，阿尔及尔的贝伊莱尔贝伊抓捕了法国领事，将他装入大型迫击炮中充当炮弹，向法国舰队开火。

到18世纪，索要保护费已经取代贩卖奴隶成为该地区的主要收入来源。然而，初来乍到从事海上贸易的美国不愿意支付保护费，他们理所当然地将保护费视为他们的欧洲竞争者获益的工具。因此，美国的船只成为主要攻击目标，美国奴隶也开始出现在奴隶市场上。

美国的应对措施是派出他们羽翼未丰的海军。1801年，一支美国舰队抵达的黎波里，并包围了该港口。在这次行动中，"费城号"护卫舰在港湾搁浅后损毁。美国海军陆战队因为攻打"的黎波里海岸"而一战成名。贝伊最终签署了一份和平协议。

↓在海盗的全盛时期结束后，海盗在很长一段时间内仍然产生着威胁。在这幅19世纪的画中，海贼正在观望另一艘海贼桨帆船攻击一艘英格兰帆船

第二场冲突（后人称之为"阿尔及利亚战争"）在1815年爆发。这一次，英国和法国与美国结成同盟。[2]这场冲突以联军对阿尔及尔的炮击而告终（1816年），并且贝伊莱尔贝伊承诺将不再奴役基督徒。巴巴里国家迎来了真正的终点。二十年后阿尔及尔成为一个法国殖民地，而突尼斯在1881年紧随其后。由于世界迅速变化，该地区有着漫长历史的私掠、奴隶贸易和海盗活动悄无声息地结束了。

---

1 Lloyd, p.97; J. R. Powell, *Robert Blake, General-at-Sea* (London, 1972), pp.252–272.

2 关于美国对巴巴里国家展开攻击的记录，见 *Joshua London, Victory in Tripoli* (Hoboken, NJ, 2005)。

↑上图：这幅 19 世纪早期的水彩画描绘了一艘悬挂阿尔及尔旗帜的大型巴巴里私掠船。这时的大部分巴巴里海贼都依赖于这种帆船，而非桨帆船

←左图：一幅 19 世纪的版画描绘了英格兰水手正在登上一艘阿尔及利亚的海贼船。在 18 至 19 世纪，英格兰在地中海部署了强大的海军力量，对其船只的任何攻击都将很快遭到惩罚性的反击

5
第五章
掠夺者

荷兰人的勇气

到 16 世纪末，英格兰与西班牙之间旷日持久的战争渐近尾声。1604 年的《伦敦条约》结束了这场冲突，所有的私掠许可证都被取消了。此后只有荷兰人还在继续战斗。自 1574 年以来，荷兰的“海上乞丐”就在荷兰本国海域抗击西班牙人，到 17 世纪初，他们已经有能力开展更远距离的私掠袭击了。而西班牙人也有自己的私掠舰队。在西班牙人于 1585 年占领敦刻尔克港口之前，这个港口早已成为一个海盗避风港。西班牙人正式发放自己的私掠许可证，并在接下来的半个世纪截获了成百上千条荷兰船只，其中有渔船，也有东印度商船。然而，敦刻尔克人无法阻止荷兰海上势力的稳定扩张。[1]

到 16 世纪 80 年代末期，荷兰私掠者在英格兰一带活动，到 16 世纪 90 年代，荷兰私掠者的舰队已远航至亚速尔群岛。1599 年一支荷兰舰队甚至围攻了合恩角并攻击了在智利海岸停靠的西班牙船只。虽然这些远征行动所获的掠夺物并不多，但却彰显了荷兰共和国已经成为一个海上强国。

←查格雷斯河（Chagres River）流经巴拿马地峡的大部分区域，注入加勒比海。1669 年，亨利·摩根和他的掠夺者同伙们巴拿马时，正是乘着这样的独木舟前行的（图片由 Getty Images 的 Veronique DURRUTY/Gamma-Rapho 提供）

1 David Cordingly, *Under the Black Flag: The Romance and the Reality of Life Among the Pirates* (London, 1995), pp.12–13。关于对敦刻尔克私掠者的评价，见 C. R. Boxer, *Dutch Seaborne Empire, 1600–1800* (London, 1965)。

“十二年停战”[1]（1609—1921）暂时停止了这场冲突。荷兰人明智地利用这段时间来增强他们的海军力量。到停战结束时，荷兰人已经准备好与敌人开战。1623 年，他们甚至成立了西印度公司来挑战西班牙人在加勒比海的垄断地位。虽然荷兰人直接对西班牙大陆发起了几场小型攻击，但他们攻击的主要目标是葡萄牙殖民地巴西。1624 年 3 月，一支荷兰舰队抵达巴伊亚（圣萨尔瓦多），并宣称该港口属于荷兰共和国。对方迅速采取了应对措施。西班牙和葡萄牙组成一支联合舰队于 1625 年抵达该地，却发现那时荷兰人正在加勒比海洗劫波多黎各的圣胡安。尽管这场冒险行动的攻击声势浩大，但却鲜有所获。

然而，荷兰人发起的第二场袭击却非常不同。他们向巴西派出的远征军的副指挥官为皮特·海因（Piet Heyn）。他此前是一名私掠者，后于 1623 年成为一名荷兰西印度公司的海军中将。1626 年，他率领一支小型远征军返回巴伊亚，并劫掠了这座城市。荷兰人似乎找到了他们自己的德雷克。那年年末，皮特·海因率领一支强大的舰队回到西属美洲大陆。1628 年 8 月他抵达哈瓦那，在新的西班牙船队出现时，他已经做好准备，以逸待劳。西班牙船队无法进入哈瓦那，被驱逐进入哈瓦那东部的马坦萨斯湾。9 月 8 日，荷兰人截获了整个船队，掠夺了价值 1150 万达克特——相当于今天的几十亿美元的财物。历史学家认为，这一巨大的经济损失直接导致了西班牙经济、军事和政治的迅速衰退。与此同时，西班牙人还将迎来一个更加严峻的威胁。

↓ 1628 年，皮特·海因上将指挥的一支荷兰舰队在古巴北部海岸的马坦萨斯湾围堵并截获了一支西班牙珍宝船队。据称西班牙在此次行动中遭受巨大经济损失，国力日益衰落，再也未能回到从前光景

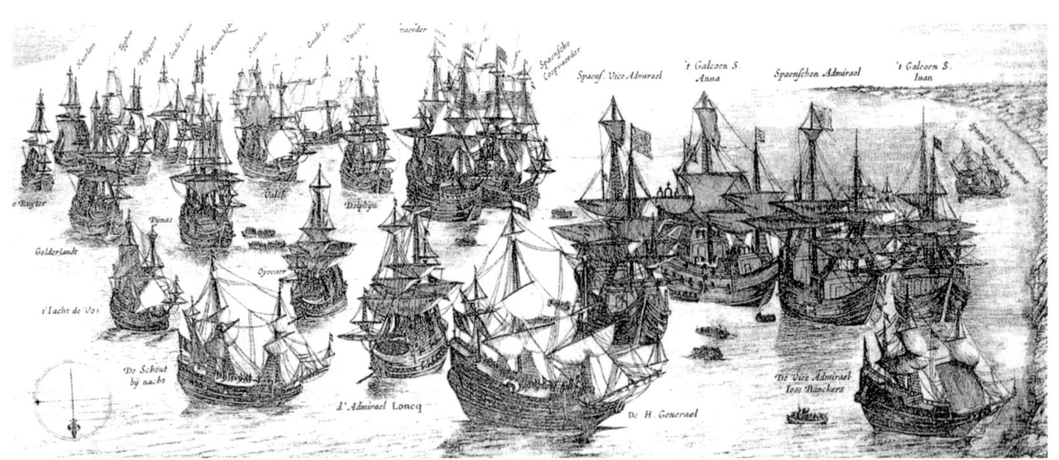

1 “十二年停战”（Twelve Years’ Truce）是 1609 年 4 月 9 日在安特卫普达成的关于停止西班牙和荷兰南部的哈布斯堡统治者与荷兰共和国之间敌对行动的名称。——译者注

法国海贼让·巴尔（Jean Bart，1650—1702）是实力最强的敦刻尔克私掠者之一，但事实上他向荷兰人学习了航海技术。不过，从 1672 年起，他开始掠夺他的前雇主和他们的英格兰同盟，并成为一支法国私掠舰队的指挥官（图片由 The Print Collector/Getty Images 提供）

伊斯帕尼奥拉岛的麻烦

西班牙腓力三世（1598—1621 年在位）将他的海外殖民地开展的非法贸易视为一个严重问题——非法贸易助长了走私和海盗活动，导致王室收入下降。因此西班牙开始在美洲大陆的主要港口集中建造防御工事。西班牙还创建了一支小型卫队——巴洛文托舰队（Armada de Barlovento，迎风舰队），舰队以哈瓦那和卡塔赫纳为基地。之后也有人提出了缩减殖民地人口的想法。[1]

西班牙相关部门早已知道伊斯帕尼奥拉岛的北部是法外之地。该岛缺少像邻近的古巴所拥有的资源，并且该岛的内陆地区完全由西班牙殖民者开发。这座岛上成功的经济发展措施之一是引进了牛，到 17 世纪早期，牛肉和皮革生产成为该岛的主要经济来源。除了内陆地区的畜牧场，该岛的北部海岸还有一些贫困的小型定居点。西班牙殖民者和“入侵者”之间一直在伊斯帕尼奥拉岛北部保持着友善关系，但在腓力三世统治期间，该地变成了一个臭名昭著的走私者避风港。因此在 1604 年，伊斯帕尼奥拉岛的总督下令强制减少该岛北部的人口。他手下的人破坏了一系列定居点，并将定居点的居民移居至圣多明戈附近新建立的殖民地。

据记录，这场行动取得了成功。但是，许多殖民地居民逃至内陆地区，成为变节者，不接受西班牙王室的统治。由于没有任何合法收入，他们便以偷牛为生。实际上伊斯帕尼奥拉岛的北部成为一个政治真空地带，尽管西班牙在短期内可能从这种状况中受益，但到 17 世纪 20 年代，他们开始尝到这种政策的恶果。只有一部分牛群成功转移至圣多明戈附近的畜牧场，其余的都在野外走丢了。合法的牛群养殖活动再也未从这次迁移活动中恢复过来，而这些丢失的牛群成了变节者的生计来源。事实上，他们成了“掠夺者”（boucaniers）这个法语词义为用烟熏的方法烤肉的人。

西班牙人当然意识到了这一问题。他们开展巡逻，试着围捕走散的牛群并追捕藏在森林中的变节者。但牛群和掠夺者都无一例外地消失在森林中。之后牛群围捕和烟熏烤肉依然继续进行。烟熏烤肉是将待食用的畜体放置在一个新伐的木架上，用明火熏烤的一种烹饪方法。阿拉瓦克原住民将这一过程称之为“barbicoa”，今天我们称之为“烧烤”。

1　Pablo E. Pérez-Mallaína, *Spain's Men of the Sea: Daily Life on the Indies Fleet in the Sixteenth Century* (Baltimore, MD, 1998), pp.50–52, 95–98; J. H. Parry, *The Spanish Seaborne Empire* (London, 1966), pp.262–264. 关于对西班牙政策的研究，见 Timothy R. Walton, *The Spanish Treasure Fleets* (Sarasota, FL, 1994)。

←最早的掠夺者是来自伊斯帕尼奥拉岛边远地区的法国人，他们以向过往船只出售捕猎的野牛和烤肉（boucan）为生

据一名法国观察家的描述，这些早期的掠夺者看起来像是“屠夫最肮脏的仆人，像在屠宰场待了八天没有洗澡”。他们无论是在工作、睡觉还是在平时的生活中，都穿着皮革狩猎上衣、粗陋的衬衫和由猪皮做成的靴子。他们在皮肤上涂抹动物的油脂来驱赶昆虫，这也是法国人记录的他们的体味令人厌恶的原因。他们将烤制好的肉和兽皮运至海岸，出售给“入侵者”。作为交换，“掠夺者”将会购买武器、火药和炮弹。他们分组行动，形成了他们自己的复杂的行为准则，这些准则后来演变成“掠夺者法则”。

在17世纪的头几十年，其他欧洲强国开始在西印度群岛建立小型定居点。1600年，荷兰人在圣尤斯特歇斯岛建立殖民地，而圣克洛伊岛和圣克鲁斯岛和圣马丁岛均在17世纪20年代成为殖民地。1622年英格兰人在圣基茨建立定居点，法国人则在1625年加入他们的行列。巴巴多斯岛在三年后成为殖民地。西班牙人此前未建立定居点的小安的列斯群岛后来遍布殖民地。西班牙的应对措施是可以预见的。1627年，在从荷兰人手中重新夺回巴西后，一支西班牙军队入侵了圣基茨，并摧毁了英格兰和法国定居点。许多存活下来的殖民者只得在附近的岛屿上建立新的殖民地。一群圣基茨的法国难民则向西出发，沿着伊斯帕尼奥拉岛北部寻找建立新家的地方。他们选择了位于伊斯帕尼奥拉岛西北角的托尔图加岛，这个岛似乎有他们需要的一切。几年后，这个岛上烟草丰收，同时也吸引了当地的“掠夺者”和其他难民“入侵者”。荷兰人给予了这个新定居点某种程度上的合法性。荷兰西印度公司提出将为这个羽翼未丰的殖民地提供保护，以换取皮革。换句话说，这个海盗巢穴成为一个荒僻处的交易站。

↑一幅19世纪的画描绘了伊斯帕尼奥拉岛上的掠夺者。他正警觉地监视一队从大艇上下船登陆的人员。这些边境地区的住民以与过往船只上的人员交易为生，前提是他们态度友好

→托尔图加岛上的法国掠夺者通过海岸炮台和这座小型堡垒防卫他们的小岛。这座堡垒建在离主要定居点有一段距离的高地上，之前曾被西班牙人占领，但后来被法国人重新控制

托尔图加岛：掠夺者的避风港

托尔图加岛上的定居点有着一段曲折的历史。第一批在当地定居的欧洲人是西班牙人，他们于1598年抵达该岛。他们很快发现这个岛上不适合种植糖料作物，但适合种植烟草。此后西班牙在该岛实行强制搬迁政策，这意味所有西班牙人都需要搬离该岛，否则他们就成了“变节者”。到1627年第一波法国定居者抵达该岛时，他们发现这个岛上出现了一种繁荣的小型业务，当地人在岛上设立交易站，向过往船只售卖烤肉，在“掠夺者”和“入侵者”之间建立联系。

托尔图加岛很小，方圆只有40英里（约64千米），看起来像一只乌龟，所以得名“Isle de la Tortue”（“龟岛”）。岛上土壤贫瘠且岩石较多，内陆地区则被森林覆盖。该岛的北部海岸布满了悬崖，唯一条件适宜的港口位于南部海岸。岛上种植烟草的最佳区域位于西部。法国人将这一区域称为“兰戈”（La Ringot），并建立了他们名为巴斯特尔（Basseterre）的定居点。这个定居点位于卡宴（Cayonne）的变节者交易站旁边，并与之共存。

荷兰虽然提出为该岛提供保护，却从未付诸行动。但他们的船开始与岛上住民交易。很快一家英格兰贸易公司——普罗维登斯岛公司（Providence

←在占领一座城镇后，掠夺者们将竭尽所能展开掠夺。之后他们将目标对准被俘虏的市民，通过恐吓或折磨的方法，强迫他们说出隐藏的贵重物品的下落

托尔图加岛的掠夺者

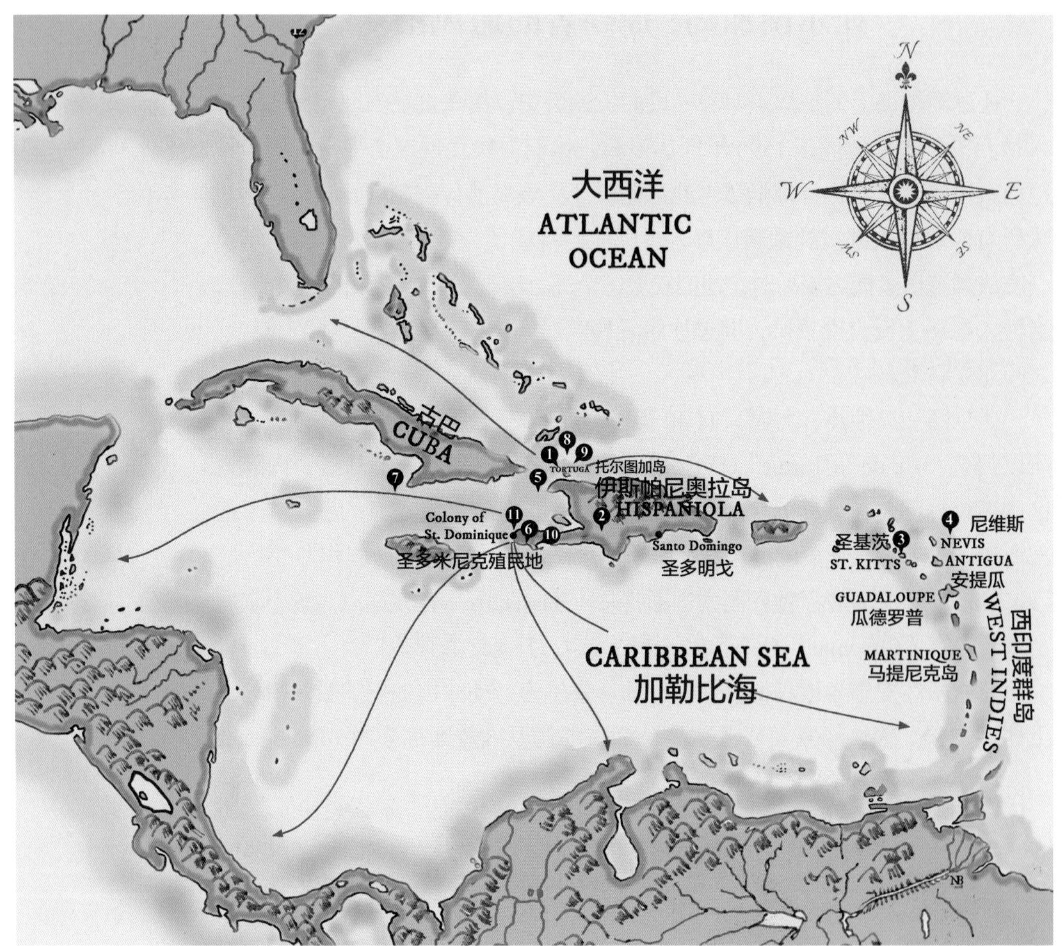

Island Company）出现了，并派殖民者前往当地支持已有的殖民者。他们的代理人安东尼·希尔顿（Anthony Hilton）被授予名义上对该岛的控制权。法国人、英格兰人和变节者同时生活在托尔图加岛上。但是在希尔顿 1634 年去世后，英格兰人离开了托尔图加岛，加入了位于中美洲海岸的普罗维登斯（圣卡塔琳娜）的殖民地。这让法国人完全控制了托尔图加岛，虽然他们仍然受到荷兰人的保护。然而，在 1635 年西班牙人攻击该岛时，荷兰人并未出现。

1635 年 1 月，一支西班牙远征军摧毁了托尔图加岛上的殖民地，并俘虏了 240 名殖民者。除了 30 个西班牙人和几个法国天主教徒外，其余人全被

第一批掠夺者

1. 哥伦布于 1493 年首先发现了托尔图加岛（“龟岛”），因为该岛独特的龟背形状，所以他取了这个名字。
2. 首批“掠夺者”是西班牙“变节者”，他们在伊斯帕尼奥拉岛上流浪，寻找野牛。其他的欧洲“入侵者”很快加入了他们。
3. 1624 年：英格兰定居者在托尔图加岛上建立殖民地，与“变节者”进行交易。法国人也向当地派遣殖民者。在接下来的十年内，英格兰和法国在尼维斯、安提瓜、马提尼克岛和瓜德罗普建立殖民地。托尔图加岛上的殖民地迅速发展。
4. 1636 年：在英格兰人迁居他处后，托尔图加岛成为一个法国殖民地。来自尼维斯的英格兰私掠者袭击了该岛，迫使法国加强对该岛的防御。

海岸兄弟会

5. 1640 年：皮埃尔・勒格兰德抵达托尔图加岛，将其用作基地，攻击经过向风海峡的西班牙船只。
6. 1642 年：法国在伊斯帕尼奥拉岛西部建立首个殖民地。
7. 1648 年：西班牙人报告称西班牙船只经常遭到掠夺者的攻击，尤其是在古巴和伊斯帕尼奥拉岛的南部海岸。一些掠夺者甚至冒险来到中美洲海岸。
8. 1650 年：托尔图加岛成为掠夺者的一个繁忙避风港，从而成为西班牙方面一个棘手的问题。
9. 1654 年：西班牙进攻并占领了托尔图加岛，将岛上的居民收为囚徒。在摧毁岛上的防御设施和建筑后，西班牙人很快从岛上撤离。
10. 1660 年：因缺少相应资源，无法收回岛屿的西部地区，西班牙正式承认了伊斯帕尼奥拉岛上的法国殖民地。
11. 1670 年：托尔图加岛被视为落后地区。大部分掠夺者移居至法国殖民地圣多米尼克或牙买加。圣多米尼克至此成为法国掠夺者的主要避风港。

处决。然而，逃往伊斯帕尼奥拉岛的殖民者最终返回了托尔图加岛，并且在 1638 年，西班牙人被迫再次开启一次远征行动。他们再次驱逐或俘虏了殖民者，但岛上存活下来的居民在西班牙人离开后又很快返回。1640 年，胡格诺派法国人让·勒瓦瑟（Jean le Vasseur）来到托尔图加岛，成为新总督。他随即开始强化岛上的防御工事。他建造了可以俯瞰卡宴的港湾的罗彻堡（Fort du Rocher/La Rocca）。他还号召岛上的原住民与他一同保护岛屿，将岛屿建设成为西班牙美洲大陆中心的一块新教徒飞地。这标志着托尔图加岛进入新的历史阶段。在勒瓦瑟来到托尔图加岛之前，岛上居民的主业是种植烟草、与“掠夺者”交易，以及运营交易站。然而，在勒瓦瑟的领导下，这座岛屿成了所有逃亡者的避风港，这激怒了西班牙当局。从 1640 年开始，这些定居者开始攻击过往的西班牙船只。航海掠夺者的时代开始了。托尔图加岛位于古巴岛和伊斯帕尼奥拉岛之间的向风海峡的东北端，这条繁忙的航线成为勒瓦瑟海盗的新猎场。

↑西班牙大帆船主要设计用于将铸币从新大陆运往西班牙。珍宝大帆船不仅体型庞大、全副武装，并且组队航行。其力量强大，掠夺者无法攻击

海盗使用小型帆船或划船（称为快速平底船或舰载艇）在夜间进攻。他们的目标是爬上西班牙大船的船尾，在哨兵发现他们并报警之前登船。枪手负责射杀舵手和军官，其他人卡住船舵，防止掠夺对象逃跑。随后他们蜂拥而上，控制西班牙的船员。这些海盗很快因手段残酷而出名。无论他们是否名副其实，这种名声都对他们有利。为了保全性命，西班牙人通常不战而降。亚历山大·奥利弗·艾斯克默林（Alexandre Oliver Exquemelin）在他1678年出版的《美洲掠夺者》（*Buccaneers of America*）一书中表示，一个名叫皮埃尔·勒格兰德（Pierre le Grand）的法国人首次展开了这类攻击。据他的描述，皮埃尔来自迪耶普，在1640年后来到托尔图加岛。在聚集一组追随者后，他开始划着独木舟在托尔图加岛附近的海域活动，打算拦截一艘西班牙的贸易商船。据艾斯克默林的描述，他截获了一艘小型的西班牙舰载艇，之后将其用于拦截更大的猎物。在经过数月无果的搜寻后，他最终意外发现了西班牙美洲大陆上最丰厚的战利品之一——一艘从西班牙珍宝船队中掉队的珍宝船。他将船开到西班牙珍宝船的后面，在西班牙人还未意识到被攻击之前就已经登船。为了鼓励他的追随者进攻，他将自己的船弄沉。西班牙船最终被截获，但皮埃尔没有将船带回托尔图加岛，而是乘船回到了迪耶普，从此退休，靠着这笔收入生活。

如果艾斯克默林所说的是事实，皮埃尔·勒格兰德是第一个真正的“加勒比海盗”，他丰厚的掠夺物鼓励了其他人效仿他的行为。[1]然而，这个故事缺少任何真实的证据，我们更倾向于将这个故事视为一个象征性的传说，而非简单直接的描述。然而，这个故事也说明了法国海盗是如何行事的。它体现了托尔图加岛海域海盗行为的趋势——利用小型独木舟来掠夺沿岸的船只，然后将这些小型西班牙船只变成他们自己的海盗船。

1 Alexandre O. Exquemelin, *Buccaneers of America* (Amsterdam, 1678, reprinted New York, 1969), pp.67–69.

西班牙在圣多明戈的总督 1646 年写的一封信为艾斯克默林的描述提供了佐证。这封信表明，托尔图加岛已经成为一个海盗避风港，上面聚集着英格兰人、荷兰人和胡格诺派法国人。据艾斯克默林称，这段时间发生了两件大事。首先，托尔图加岛人开始集体自称为“掠夺者”。其次，他们也自称为“海岸兄弟会”。事实上，托尔图加岛上的外来者已经采用了伊斯帕尼奥拉岛上“掠夺者”的名称和集体身份，这表明到 17 世纪 40 年代，这两群人已经交融混杂，成为一个群体。

海岸兄弟会

我们对掠夺者社会的了解来自艾斯克默林的记录。他表示，伊斯帕尼奥拉岛上的掠夺者以六至八人一组的狩猎队的形式活动，通过协商，一致利用资源并一致行动。他还表示，掠夺者常常配对，形成名为“matelotage”的男性结合体，这个词意为“室友”，但与法语词“matelot”（意为“水手”）的关系更大。这种实际上是单性别婚姻的结合得到被称为“海岸行事方式”的掠夺者自治法律或准则的认可。“水手”在伴侣去世时可以继承他的财产，也可以拥有其他未在书面上明确记录的权利。“海岸兄弟会”并不是关系紧密的兄弟组织，更像是由这些伴侣和小型狩猎组织组成的松散联盟。

↓我们了解到的关于掠夺者的大部分信息都来自亚历山大·艾斯克默林的这本书——《美洲掠夺者》，这本书 1678 年首次在阿姆斯特丹出版。艾斯克默林是一名法国掠夺者，他参加了他在这本书中生动描述的许多袭击活动

在托尔图加岛成为一个海盗避风港的时候，“掠夺者”已经成了岛上的主要人口。在此过程中，他们也带来了自己的行事方式。这些人与来自欧洲的外来者的共同之处，是他们都非常憎恶西班牙人。“海岸兄弟会”很快从一个岛上的兄弟组织发展成为一支足以震慑整个西班牙美洲大陆的海上力量。

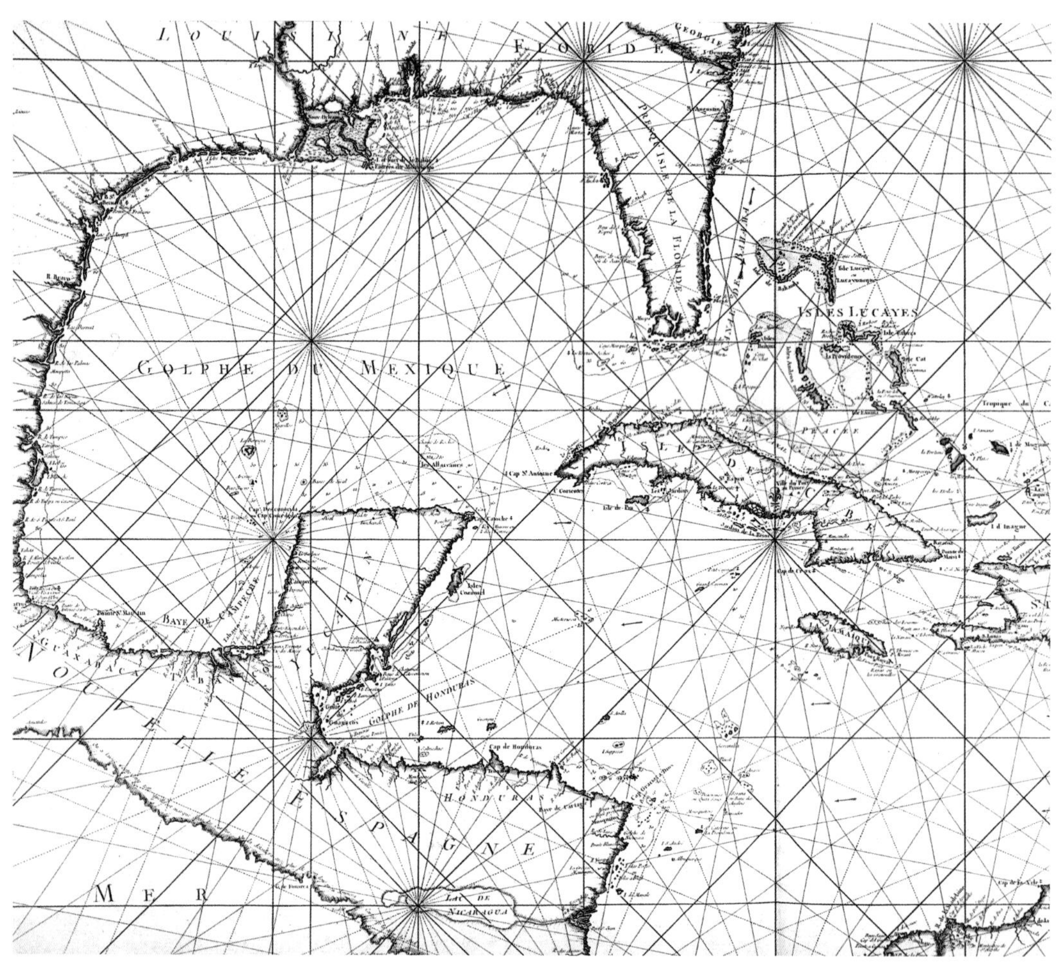

↑从这幅 17 世纪的法国人绘制的西部加勒比海地图中可以看到，西班牙控制了这片区域的大部分，图中西班牙海岸线用红色标示。掠夺者的基地托尔图加岛和皇家港（Port Royal）位于这片由西班牙控制的区域的中心

将托尔图加岛称为“海盗巢穴”是一种误解。这座岛屿是一个聚集地，是一个交易中心，也是一个可以招募船员的地方。但它并不是一个安全的避风港。西班牙人曾经三次攻击并占领该岛。每次都有许多居民逃往伊斯帕尼奥拉岛（他们称之为“蒂拉格兰德”/“Tierra Grande”）的海岸避难。在让·勒瓦瑟 1653 年被不满的掠夺者刺杀后，一个名为舍瓦利耶·德·丰特奈（Chevalier de Fontenay）的天主教徒成为新任总督。次年 1 月，西班牙一支强大的远征军在岛上登陆，之后向罗彻堡进发。他们对这个堡垒发起直接攻击，并粉碎了所有抵抗。大部分的掠夺者在西班牙人到达之前就已逃走，但仍有 330 人被俘，并且堡垒的大炮和 16 万枚“八片币”也落入西班牙人手中。

西班牙人离开托尔图加岛后，掠夺者回到了岛上，该岛很快又成了一个掠夺者的避风港。不过，此时牙买加建立了一个新的掠夺者巢穴，该地将很快发展为西班牙美洲大陆最繁忙、防御最完备的港口。托尔图加岛上掠夺者横行霸道的日子已所剩不多，尽管法国政府对私掠行动的鼓励意味着托尔图加岛将再次成为一个主要的掠夺者避风港，经历最后的繁华。

1664 年，法国西印度公司接管了托尔图加岛，并引入了新的殖民者。但他们的总督仍然需要掠夺者为他们提供收入和保护，因此向他们颁发了私掠许可证，而不管法国是否与西班牙处于战争状态。英格兰与荷兰总督在加勒比海也采取了同样的政策。战争可能打打停停，但只要“越过边界”，西班牙人就是敌人。即使这些国家当时处于战争状态，也不影响他们的掠夺者在美洲地区的相互合作。换句话说，荷兰人、英格兰人和法国掠夺者一般会相互合作，而不论各自国内的政治状态如何。[1]

托尔图加岛上掠夺者的黄金时代持续至 17 世纪 70 年代。走向终点的原因并非掠夺者自身的活动，而是各国政府的干预，各国政府自 17 世纪 40 年代开始控制掠夺者。1684 年的《雷根斯堡条约》（*Treaty of Ratisborn*）为掠夺者敲响了最后的丧钟，这份法国和西班牙之间签订的和平条约终结了自由颁发私掠许可证的时代。法国掠夺者开始日渐式微。最晚至 17 世纪 80 年代中期，这座岛屿已经变得和掠夺者刚出现时差不多：只有一个日渐衰败的交易站，靠交易伊斯帕尼奥拉岛的野牛肉得以维持。

至于“海岸兄弟会”，它从来就不是一个统一的同盟，并非一支真正值得重视的海盗力量。从 17 世纪 60 年代至 17 世纪 70 年代，它几乎保持一成不变的状态，是一个由个体、配对者、掠夺者群体和成员组成的松散联盟，有一个临时的共同目标，而非任何更大的政治联盟组建。因此，他们愿意加入由更强大的掠夺者船长领导的军队，例如弗朗索瓦·罗罗内（François L’Olonnais）或亨利·摩根（Henry Morgan）。摩根甚至将自己标榜为“海岸上将”，这表明他至少在一段时间内是这个另类平等社会中的领军人物。然而在西班牙远征军来到皇家港或托尔图加岛后，任何联盟都变得松散无效。到 17 世纪 70 年代，“海岸兄弟会”一词仅用来指代基地位于皇家港的英格兰掠夺者。

---

1 关于这一时期军事运动的详细回顾，见 John A. Lynn, *The Wars of Louis XIV, 1667–1714* (London, 1999)。

西印度远征计划

虽然英格兰于 17 世纪初期在向风群岛的几个岛屿上建立了殖民地，但这些殖民地都远离西班牙大陆的中心。17 世纪 50 年代，英格兰的护国公奥利弗·克伦威尔（Oliver Cromwell）认为，英格兰内战已经结束，此时可以与西班牙开战。开战的原因主要是经济层面的：英格兰商人希望能够在西班牙的港口自由通行，克伦威尔希望通过打击西班牙的海外帝国来维护英格兰在新世界的国家利益。[1] 克伦威尔计划的中心思想就是他的"西印度远征计划"，他计划对西班牙美洲大陆的中心发起攻击。

↓这幅掠夺者画像由美国画家霍华德·派尔（Howard Pyle，1853—1911）绘制，图中的海盗精神饱满，这一海盗形象几乎由派尔一人独自创造。遗憾的是，由于缺少准确的历史参考资料，派尔所创造形象的原型来自 19 世纪的西班牙强盗，而非 17 世纪的欧洲水手

他决定组建一支特种军队，并派这支军队攻击伊斯帕尼奥拉岛。此前一个情报称这座岛屿的防御非常薄弱。这支军队包括新兵、来到加勒比海寻找新生活的冒险者，以及负责扫荡的常规军队。这支远征军的指挥官由经验丰富的理查德·维纳布尔斯（Richard Venables）将军担任，海军将领威廉·佩恩（William Penn）为其提供支持。这支军队于 1655 年 4 月 13 日抵达圣多明戈。此时军队中疾病蔓延，士气低沉。尽管如此，维纳布尔斯仍然率军登陆，并向城市进发。然而，在发现该域防御过于严密后，他再次下令撤回到船上。

经历失败的维纳布尔斯和佩恩仍然希望有所收获，于是他们决定攻击牙买加，据称此地仅由一支力量薄弱的西班牙军队防守。5 月 11 日，军队抵达牙买加岛，这次岛上的主要定居点圣地亚哥·德拉维加（Santiago de la Vega）被轻松控制，西班牙殖民者逃往附近的古巴。虽然英格兰人在伊斯帕尼奥拉岛上遭遇了失败，但他们现在得到了一个有用的安慰奖，因为牙买加处于西班牙美洲大陆的中心。远征军启程返航时还留下了一支修建克伦威尔堡的卫戍部队。这座堡垒位于名为"凤梨"（Palisadoes）的沙嘴的尖端，在这里可以封锁这座岛的主要抛锚地点，即现在的金斯顿（Kingston）港的入口。这座堡垒后来被重新命名为"向风堡垒"，

1 Cruz Apestegui, *Pirates of the Caribbean: Buccaneers, Privateers, Freelooters and Filibusters*, 1493–1720 (Barcelona, 2002), pp.151–156. 另见 Paul Sutton, *Cromwell's Jamaica Campaign* (Leigh-on-Sea, 1990).

两本传记的故事

1678 年，阿姆斯特丹的出版商扬·登·荷恩（Jan ten Horn）开始销售亚历山大·艾斯克默林（约 1645—1707）的新书《美洲掠夺者》（*De Americaensche Zee-Rovers*）。这本书不久就大获成功，并且很快出版了其他几种语言的版本，包括西班牙语、法语和英语（英文译名为《美洲掠夺者》）。艾斯克默林是一名受雇于法国西印度公司的法国医生，参加了 17 世纪 60 年代和 17 世纪 70 年代初期的法国掠夺者袭击。他曾经亲自与这些人接触，并且曾与克里斯托弗·迈格斯（Christopher Myngs）和亨利·摩根（Henry Morgan）的手下交谈。

之后的一本海盗传记甚至更加成功。1724 年，伦敦出版商查尔斯·利文顿（Charles Rivington）开始销售一本由一位不知名的作家——据传是查尔斯·约翰逊船长（Captain Charles Johnson）所写的一本小书。这本《知名海盗抢劫与谋杀简史》极受欢迎，以至于利文顿不得不在几个月内重印了一本全新的增订版。这本书包含了一系列海盗传记，其中均为英格兰海盗，并且这本书今天仍在发行。

我们对查尔斯·约翰逊船长几乎一无所知，但我们可以看到他的写作体现了他对航海技术和海上生活的深度了解，而且他在“海盗活动的黄金时代”这一部分所写的海盗故事大部分都是真实的。约翰逊船长可能是一个笔名，用来刻意隐藏一个海盗的过往，或者只是一个文学上的笔名。[1] 有人提出约翰逊船长可能是以下几个人中的某位，其中包括利文顿本人、剧作家查尔斯·约翰逊（Charles Johnson）和政治记者纳撒尼尔·米斯特（Nathaniel Mist）。然而，所有这些人都没有所需要的航海经历，无法独自完成这部作品。但在这三个人之中，米斯特是唯一可能的人选。

另一个很有可能的人选是《鲁滨孙漂流记》（1719 年）和《辛格顿船长》（1720 年）的作者丹尼尔·笛福（Daniel Defoe，1660—1748）。笛福的旅行范围很广，有可能获得了足够多的航海知识，这让他能够写出这样一个生动有趣的故事。

尽管这本书的作者仍是一个谜，但约翰逊的这本书对海盗历史所做的贡献是毋庸置疑的。如同在他之前的艾斯克默林一样，他的写作为此后所有的海岛历史著作奠定了基石，并且是海盗历史学家最有用的工具书之一。

1 关于约翰逊船长身份的详细讨论，见 Angus Konstam, *Blackbeard: America's Most Notorious Pirate* (Hoboken, NJ, 2006), pp.1–4。

↑尽管掠夺者使用的某些船只是大型三桅船只，但这些船并不常见。掠夺者在大部分时候都驾驶类似于这种英格兰舰载艇的小型船只。这种船速度较快、便于操作，并且吃水较浅，是进行海岸袭击和逃避大船追捕的理想工具

堡垒下面的岬角上建立了一座名为“卡格威”（Cagway）的小型定居点。

圣地亚哥·德拉维加（后重新命名为“西班牙镇”）成为这座岛的主要农业中心，而卡格威成为航海中心，吸引了众多掠夺者和商人。然而，这座岛的经济却发展缓慢，虽然1656年末有1600名定居者来到这座岛上。克里斯托弗·迈格斯船长首先意识到掠夺者是岛上最佳的防御力量。这名来自诺福克的水手指挥力量强大、配备44门大炮的战舰“马斯顿·摩尔号”（*Marston Moor*），于1656年年初抵达卡格威。作为牙买加岛上的海军副指挥，迈格斯请掠夺者帮助防卫岛屿。尽管他们中的一些人是法国人、荷兰人，甚至还有西班牙“变节者”，但大部分还是英格兰人。他们中的许多人都在“西印度远征军”（Western Expedition）中服役。牙买加总督爱德华·杜伊利（Edward d’Oyley）完全支持迈格斯的方案，并向这些人的领导者颁发了几十份私掠许可证。

1656年初，迈格斯领导发起了对铁拉菲尔梅省上的圣玛尔塔和里奥阿查的攻击。在他的上级应召返回英格兰后，迈格斯开始指挥由三艘英联邦护卫舰组成的舰队。他还成为一支私掠者舰队的实际领导者。首次攻击的成功吸引了更多的来自托尔图加岛上的掠夺者来到卡格威。1658年5月，西班牙人作出反击，入侵了牙买加，但在迈格斯摧毁他们的运输船后，杜伊利总督击退了入侵者。

为报复西班牙人，迈格斯再一次带领远征军前往圣玛尔塔，并在科罗附近截获了一艘代表西班牙王室的白银运载船。不幸的是，在他回到卡格威后，他发现他的大部分掠夺物都被船员偷了。杜伊利总督并不相信这个理由，将迈格斯送回英格兰，并指控他贪污了掠夺物。然而，那时克伦威尔已经去世，查理二世重新继承了他父亲的王位。查理二世不仅接受了迈格斯表明忠心的声明，还将杜伊利撤职。迈格斯于1662年8月以自由之身回到牙买加，还拥

有了更大的权力。[1]

皇家港：地球上最邪恶的城市

按照复辟时期的做法，克伦威尔堡被重新命名为“查尔斯堡”，而卡格威则成为“皇家港”。新一波的定居者来到牙买加，并改变了岛上脆弱的经济。事实上，唯一没有改变的就是鼓励私掠行为的政策。在此过程中，卡格威，即现在的皇家港，发展成为一个喧闹的掠夺者避风港。作为新任命的牙买加舰队总督，迈格斯的旗舰换成了配备 46 门大炮的皇家海军战舰“百夫长号”（HMS *Centurion*），但是他真正的海军实力是掠夺者。尽管西班牙和英格兰目前处于和平状态，但西班牙拒绝承认英格兰对牙买加的权力主张，并禁止英格兰商人在西班牙港口贸易。所以掠夺者对牙买加的生死存亡仍起着非常重要的作用。

1662 年 9 月，牙买加总督温莎勋爵（Lord Windsor）签署了新的私掠许可证，“以便在陆地和海上，以及整个美洲海岸征服我们的敌人”。到该月底，迈格斯已经集结了一支约 1300 人的军队。10 月 1 日，他启程出海，这时他才告诉他的追随者，他们的目标是古巴的第二大城市圣地亚哥。两周后迈格斯的手下在圣胡安河的河口登陆，第二天黎明时刻他们就抵达圣地亚哥城外。

←古巴的圣地亚哥是这座岛上的第二大城市，因为建有坚固的城墙和堡垒而固若金汤。然而，这并没有阻止克里斯托弗·迈格斯爵士和他的掠夺者们在 1662 年占领这座城市（Art Marie/Getty Images）

↑霍华德・派尔的这幅写意画描绘了早期的掠夺者如何使用独木舟（或双桅平底船）等小艇掠夺更大的西班牙船只，他们希望在无人察觉的状态下登船

圣地亚哥总督佩德罗·莫拉莱斯（Pedro Morales）知道英格兰人要来，但没想到他们的进攻速度如此之快。他手下只有750个人，但在迈格斯的收买下，近半的人都跟着他们的副指挥官后退并放弃防守。整座城市连同港湾的几艘船很快落入攻击者手中。他们所掠夺的战利品价值不高，但迈格斯的目的是打击西班牙人。所以在他们离开前，他的手下摧毁了这座城市的大部分防御设施和包括大教堂在内的主要建筑。迈格斯的攻击造成了巨大的破坏，据说这座城市用了整整十年时间才恢复过来。

次年迈格斯带领掠夺者来到新西班牙（墨西哥）。这一次他的军队中包含了荷兰和法国掠夺者，是一支真正的国际化队伍。他带领舰队前往尤卡坦半岛上的坎佩切，但他的舰队被风暴冲散，因此到“百夫长号”登陆时，他的军队只剩下三分之二。迈格斯仍然决定进攻。他在黎明时分发起猛烈攻击，防守者无力阻挡，坎佩切不到一小时便落入了英格兰人的手中。掠夺者在坎佩切待了两周，1663年4月他们带着战利品回到了皇家港。他们在攻击中总共掠夺了15万枚“八片币”。然而，当时查理二世迫于西班牙施加的外交压力，禁止迈格斯继续进攻。1665年，英格兰与荷兰爆发战争，迈格斯得到升职，并被召回英格兰。迈格斯证明了自己担任上将的天分，并因为他在“四日战役”[1]（1666）中的出色表现被授予爵位。然而，几周后他就在北弗兰战役中遇害。英格兰失去了一名宝贵的海军上将和一名非常成功的掠夺者。迈格斯在牙买加几乎一手将皇家港变成了一个加勒比海最大的掠夺者避风港。其他人将追随他的脚步——亨利·摩根等人将带领迈格斯的掠夺者发起更大规模、更加大胆的攻击，将在西班牙美洲大陆的中心腹地造成严重破坏。

皇家港则发展繁荣。[2] 商人们跟随掠夺者来到此地，确保皇家港有交换掠

1 “四日战役”（Four Days’Battle）是第二次英荷战争期间规模最大的海战，从1666年6月1日持续到6月4日。

2 David Cordingly and John Falconer, *Pirates: Fact & Fiction* (London, 1992), pp.38–39; Cordingly, pp.49–50.

夺物的市场。城市内还建有储存商品的仓库，到 17 世纪 60 年代末，皇家港已经成为一个繁荣但不受法律约束的新兴城市，人口达到约 6000 人。许多牙买加的主要地主和商人都从掠夺者的活动中受益，因此他们很快因分享从西班牙获得的掠夺物而致富。在全盛时期，皇家港比除波士顿以外的任何美洲城市都更大，且更为繁荣。地主们并非只从事与商人相关的业务。酒馆、妓院和赌场大量涌现，并且相互竞争，赚取掠夺者的钱财。事实上，到访的神职人员在一封表达不满的投诉信中表示，城市里五分之一的建筑都是“妓院、游乐场、酒馆和酒店”。这是一个完美的派对之城，是水手的梦想之地。然而，其他人对此却不为所动。一名到访的英格兰教士这样描述皇家港：“这座城市是新大陆的罪恶之地。……里面住着海盗、谋杀者、妓女还有全世界最邪恶的一些人。”

确切地说，他反对的可能是这座城市中的人对宗教放任自由的态度。皇家港为信仰所有宗教的人提供了一个不受束缚的避风港。当然，这里仍然是一个条件艰苦并且常常充满暴力的地方。难怪另一名来自新英格兰的不知名清教徒来访者将皇家港称为“地球上最邪恶的城市”。

↓今天位于牙买加西南部的皇家港只是一个小村庄。但在 1692 年这座城市的大部分地区成为港湾前，它曾是美洲最繁忙的港口，也是亨利·摩根等掠夺者的主要避风港。曾经的掠夺者港口的遗迹在今天已经留存不多（Education Images/UIG/Getty Images）

令皇家港上的海盗巢穴走向终点的原因与终结托尔图加岛黄金时代的原因如出一辙——良好的政府管理。亨利·摩根在1670年至1671年间对巴拿马发起大规模袭击，三年后与西班牙人签订和平协议。这份协议令英格兰商人得以与西班牙殖民地进行贸易，也意味着巴哈马群岛不再受到西班牙进攻的威胁。1671年，总督托马斯·林奇（Tomas Lynch）爵士威胁要对继续攻击西班牙的掠夺者采取法律行动。毕竟，在两国不再交战的情况下，这些掠夺者实际上变成了海盗。

作为一名实用主义者，林奇也认识到了需要赦免一些情节最严重（同时也最强大）的罪犯，用这种软硬兼施的方法来抑制非法的掠夺者活动。1675年，亨利·摩根爵士成为副总督，他后来曾两次担任代理总督——一次是在1678年，另一次是1680—1682年。讽刺的是，在他的领导下，牙买加立法机构通过了一部反海盗法律。次年，托马斯·林奇爵士重新掌管该岛，并持续推行抑制掠夺者活动的政策。推行所有这些措施带来的结果是，最迟到17世纪80年代，掠夺者活动不再是皇家港的一项可行业务。商人们转而进行更多的合法生意，并且随着掠夺品的销售变得更为困难，水手们被迫到别的地方活动——例如，许多人冒险进入了太平洋。[1]

最后一击在6月7日上午11点40分准时来临，当时皇家港发生了地震。初次震动后发生了更强烈的余震，不到几分钟整座城市的建筑物都坍塌了，而皇家港的北部连同大部分码头都沉入了大海。成千上万的人被困在瓦砾中，有的人被海啸引发的潮水淹没。当天有约2000名市民死亡，还有更多人在之后死于伤病。这座城市再也没能恢复过来，1702年发生的一场大火摧毁了大部分在废墟中重建的建筑。1722年再次发生地震后，这座城市被遗弃，沙子逐渐覆盖了留下的遗址。有些人将这个结局视为神对“皇家港这个邪恶和难以控制的地方”的最后审判。

加勒比海的底层人物

任何关于掠夺者的故事都将不可避免地以最为成功的人物为主。然而，每个亨利·摩根背后都有几十个不那么成功的掠夺者——那些依靠掠夺活动勉强果腹的人。通过阅读艾斯克默林所记录的几个掠夺者的职业生涯，我们可

1 Pope, pp.349–56; Apestegui, pp.174–180.

以对那些成为掠夺者的人有初步的了解。

罗切·巴西利亚诺（Roche/Rock Braziliano）是一名在巴西定居的荷兰人，随荷兰西印度公司来到巴西。1630年荷兰西印度公司从葡萄牙人手中抢占了累西腓（位于伯南布哥），并将其重新命名为“新荷兰”。葡萄牙人对这座城市展开间歇性的围攻，直到1654年放弃。1665年，一名荷兰人罗切·巴西利亚诺来到皇家港，成为一名水手。然而，后来他与他船上的船长发生口角，并带着一群追随者离开了。

据艾斯克默林的记录，巴西利亚诺可能使用了皮埃尔·勒格兰德采用的技术，成功截获了一艘小型西班牙船只。因此他以一名掠夺者船长的身份回到皇家港，并在17世纪60年代中叶持续在牙买加活动。他在1666年撞上了大运，截获了一艘从墨西哥的韦拉克鲁斯出发的西班牙大帆船。然而，他的成功果实因为间断性的不端行为而被侵蚀。在他回到皇家港后，他和他的追随者“几天内就在酒馆里挥霍了他们所得到的一切”。在豪饮之后，“他在街上跑来跑去，逢人便打，没有人敢指责他或作出反抗”。[1] 许多掠夺者都是顽强不屈又反复无常的个性，但巴西利亚诺性情尤其暴戾，与众不同。

在1667年赴坎佩切的一次远征中，他被西班牙人俘虏并被关进港口的监狱。狱中的巴西利亚诺伪造了一封信，这封信据称是城外的同谋者写的，他们威胁如果狱中的俘虏被处决，他们就洗劫坎佩切并屠杀城内居民。被威慑住的总督取消了处决的计划，并将巴西利亚诺和他的手下用下一班船运往西班牙。巴西利亚诺得以逃跑，并回到牙买加。

艾斯克默林对巴西利亚诺的记载缺乏日期或证据。但是，他的记载显示巴西利亚诺在约1668年掠夺者船长弗朗索瓦·罗罗内还很活跃时回到了皇家港，并表明巴西利亚诺在他手下做过事。如同他的领导一般，这名荷兰人因为折磨西班牙囚犯而声名狼藉。艾斯克默林写道：“他对西班牙人施行了可能最严重的暴行。他将其中一些人捆绑或穿刺在木桩上，像杀猪一样将他们架在火上活活烤死。”

1669年，巴西利亚诺回到坎佩切湾，他的船因搁浅而损毁。他知道掠夺者常常将尤卡坦半岛另一边用作取水处，因此他带领他的手下穿越田野，击退所到之处的西班牙巡逻兵。在到达海岸时，他偶然发现了一个洋苏木营地。

1 Cordingly, pp.50–51. 另一份关于巴西利亚诺放荡行为的记载，见 Exquemelin, pp.81–82. 另见 Angus Konstam, *The History of Shipwrecks* (New York, 1999), pp.86–87。

皇家港掠夺者式微

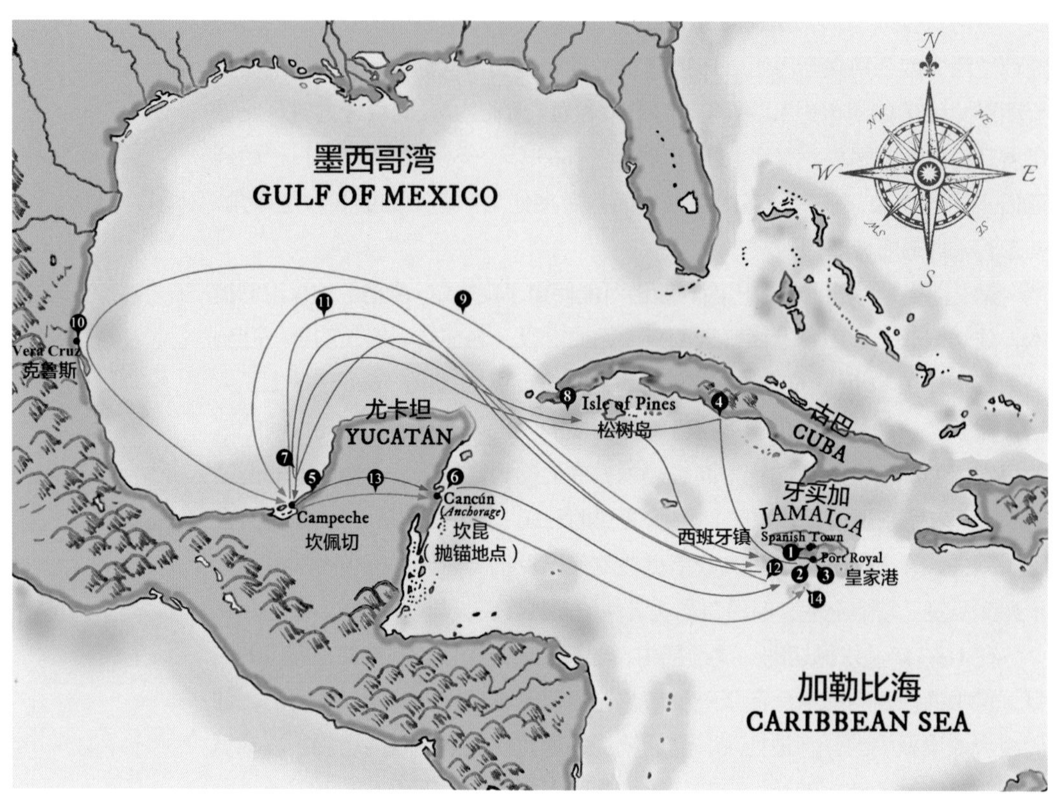

洋苏木可用于制作染料，因此砍伐洋苏木是中美洲地区一个获利颇丰的行业。掠夺者们赶走了伐木工人，夺了他们的船，并乘船回到了皇家港。此后巴西利亚诺便从历史记录中消失了，这表明他在 1670 年左右回到皇家港不久后就可能去世了。

另一个更不那么成功的掠夺者是葡萄牙的巴尔托洛梅奥（Bartolomeo）。艾斯克默林称这名葡萄牙掠夺者在牙买加岛被英格兰人占领后来到这座岛上。起初，他担任掠夺者船员，参加了迈格斯在 1657 年和 1658 年对西班牙美洲大陆发起的攻击。然而，几年之后，巴尔托洛梅奥就有了自己的小船，船上有 30 名船员。他乘船在古巴南岸航行，他 1662 年的首次攻击失败了，失去了半数手下。但他并不气馁，再次发起了攻击，这次他截获了一艘船，船上装载了一箱铸币。由于没有足够的人手，巴尔托洛梅奥丢弃了自己的小船。

图 例

←— 巴尔托洛梅奥的航行 ←— 罗切的偷袭

皇家港

1. 1655 年：克伦威尔的西印度远征军入侵牙买加并占领该岛。
2. 1662 年：该岛的主要港湾卡格威，即现在的皇家港，成为一个繁荣的掠夺者避风港。它很快被视为美洲最富裕和最堕落的城市。
3. 1692 年 6 月 7 日：皇家港经历地震和海啸。城市大部分地区都被摧毁，许多居民丧生。三分之一的建筑物被大海淹没。

葡萄牙的巴尔托洛梅奥

4. 1662 年：葡萄牙的巴尔托洛梅奥在古巴附近截获了一艘西班牙船，但后来他又被一艘西班牙战舰俘虏。
5. 他被带往坎佩切处决，但他和他的手下逃走了。
6. 他来到坎昆附近的海岸，找到了一艘愿意带他回牙买加的船。
7. 1663 年：他回到坎佩切，并从港湾中偷出一条船。
8. 他的船在松树岛搁浅了，但他靠着船上的救生艇回到了牙买加。他运气不佳，最终沦落到在皇家港街上乞讨。

罗切・巴西利亚诺

9. 1665 年：罗切・巴西利亚诺抵达皇家港，开始攻击古巴海岸的西班牙船只。
10. 1666 年：他截获了一艘从韦拉克鲁斯出发的西班牙船只。
11. 1667 年：他和他的手下在坎佩切附近被俘，但他们乘小船逃走，回到了牙买加。
12. 1669 年：他回到坎佩切，但在靠近港湾时，船搁浅了。
13. 他带领手下穿越尤卡坦半岛，击退沿途的西班牙人。在到达海岸后，他偷了两艘小船，并乘船回到了牙买加。
14. 1670 年：巴西利亚诺在回到皇家港不久之后去世了。

但是，在他得以脱身之前，他在古巴西端遇上了一艘西班牙巡逻船，于是这些掠夺者被俘。西班牙人驶进坎佩切，但在他们处死这些囚犯之前，巴尔托洛梅奥和他的几个手下逃脱了并游上了岸。他们骑马穿越尤卡坦半岛的丛林，来到海岸，从那里经过的一艘船将他们带至牙买加。

←艾斯克默林的《美洲掠夺者》原版书中描绘的葡萄牙的巴尔托洛梅奥。这名葡萄牙掠夺者的大部分职业生涯都是不成功的，据艾斯克默林描述他在“十分悲惨”的境况中死去

巴尔托洛梅奥不顾一切地想要复仇，因此他一回到坎佩切便带着 20 人乘独木

舟出发。他偷走了一艘停泊在港湾中的船，乘船出发，但船在松树岛搁浅了。后来他换乘船上的救生艇，非常不光彩地回到了皇家港。在接下来的几年里，巴尔托洛梅奥一直是一名掠夺者船长，这表明他之后又获得了另一艘船。然而，如同艾斯克默林所说，巴尔托洛梅奥“对西班牙人发起了多次暴力攻击，但却收获平平，因为我看见他在世界上最悲惨的境况中死去”。[1]

这些人物的有趣之处在于他们说明了两个问题。首先，掠夺者所从事的是有风险的活动，尽管利润可能很高，但自然也很危险。其次，两个掠夺者都有一个共同的特点——他们都具有在经历重大挫折时坚持下去的强大动力。掠夺者们可能是因为对西班牙人的仇恨而团结在一起，但他们也展现出了强大的集体意志。

↓在这个暴力血腥的年代，法国掠夺者弗朗索瓦·罗罗内尤其因为残忍而臭名昭著。在这幅版画中的罗罗内正在割一个西班牙人的舌头，并将舌头强行喂给另一个俘虏

罗罗内：西班牙人的连枷

“西班牙人的连枷”来自法国大西洋海岸拉罗谢尔附近的渔镇莱萨布勒多洛讷。正是他的出生地让他有了“罗罗内”（来自多洛讷的人）的外号。艾斯克默林也给这个掠夺者取了个名字——弗朗索瓦·诺（François Nau），虽然原名可能是尚 - 大卫·诺(Jean-David Nau)。1660 年左右，年少的诺作为契约佣工来到马提尼克岛。三年后他变成自由之身，漂泊来到伊斯帕尼奥拉岛，在那里他曾与掠夺者一同狩猎，后来成为海盗。在托尔图加岛上他购买了之前的海上战利品——一艘小型单桅帆船。总督奥格隆（Governor d’Ogeron）向他发放了私掠许可证。在招募 20 人之后，罗罗内出发前往寻找西班牙猎物。

罗罗内很幸运。他在伊斯帕尼奥拉岛的东海岸截获了一艘西班牙商船和另一艘运载军饷的船。在取得这些成功之后，其他人加入罗罗内，他的船队和人手壮大起来。之后，在 1666—1667 年，他遭遇了一次挫折。在一次对坎佩切的袭击中，他的船在港口附近失事，之后被西班牙巡逻兵追捕，最后他和他的手下

1 Exquemelin, pp.79–80；另见 Konstam, *The History of Shipwrecks*, pp.86–87。

偷了一艘小船逃走了。艾斯克默林声称他在对城市发起的进攻中被击退了，但并没有历史证据提供佐证。在回到托尔图加岛的路上，他在古巴南海岸遇上了一艘抓捕他们的西班牙巡逻船。罗罗内和他的手下趁这艘停泊在港湾中的单桅帆船上的船员都睡着了的时候登船，屠杀了船上的船员，只留下一个活口带信给哈瓦那总督。据艾斯克默林的记载，信的内容是:“从今以后我将对任何西班牙人格杀勿论。”换句话说，罗罗内个人对西班牙宣战。从那以后他将毫不留情。

尽管这次冒险没有成功，但到1667年年中，罗罗内开始指挥一支八艘船的舰队。现在他的力量不容小觑，能够发起更大规模的袭击。因此，在1667年9月，他来到委内瑞拉湾的马拉开波湖湖口。在围攻守卫湖口的炮台后，他马上控制了马拉开波湖。他们发现马拉开波这座城市被遗弃了，这群掠夺者在那儿待了两周，寻找隐藏的赃物。之后，罗罗内横渡马拉开波湖来到直布罗陀——现在的博武雷斯（Bobures），该地被西班牙人占领，且有一支卫戍部队负责守卫。在一场短暂又血腥的战斗后，他占领了这座城市。这次他一直占据着这座城市，直到西班牙人支付了1万枚“八片币”。在离开之前，他又回到马拉开波湖索要赎金。之后罗罗内带着约26万枚“八片币”的赃款回到了托尔图加岛。

↑艾斯克默林的《美洲掠夺者》（1678）中描绘的精神变态的法国掠夺者弗朗索瓦·罗罗内。他最终在洪都拉斯海岸被食人族袭击，被他们俘虏并被杀害

另一份对他活动的记载表明，罗罗内在1668年对“蚊子海岸”（现在的尼加拉瓜）发起了一场大规模袭击。逆风令他无法在当地登陆，因此他转而袭击洪都拉斯海岸的卡贝略港。他占领了这个港口，带领他的手下登陆，来到该地的中心城市圣佩德罗。他们围攻了这座城市，守卫者则逃进丛林之中。在洗劫了圣佩德罗后，掠夺者们将城市夷为平地，之后回到了船上。但在此时，罗罗内已经瞄准了另一个更大的掠夺目标。他从在圣佩德罗俘虏的囚犯口中得知一年一度到洪都拉斯的珍宝大帆船即将抵达，因此他决定拦截这艘船。三个月后这艘船终于出现了，并在一场血腥战斗后被罗罗内截获了。然而，罗罗内发现船上的货物早已卸载，因此这群掠夺者并未获得任何战利品。

弗朗索瓦·罗罗内

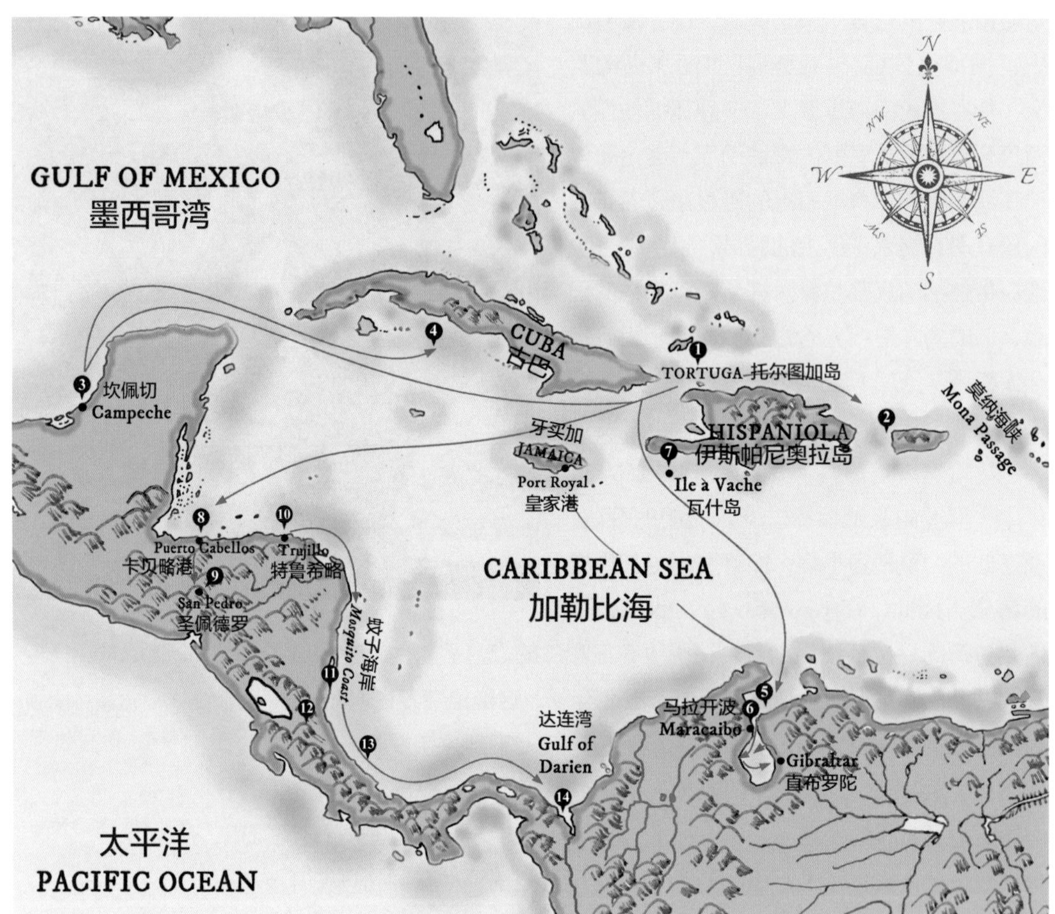

罗罗内因残暴而著称。这在某种程度上对他不利，因为这导致大帆船指挥官等西班牙船长宁愿战斗到底也不愿向他投降。毕竟，正如艾斯克默林所说，“罗罗内的习惯是折磨所有人，如果他们不招供，他就用剑将他们千刀万剐，并拔掉他们的舌头”。这还算是他表现宽容的时候。在其他时候，他会“将囚犯架在火上烤，或采用其他的方式折磨他们，将他们千刀万剐，首先割他们的肉，然后砍手、臂膀和脚，有时他会用绳子捆绑囚犯的头，然后用棍子缠绕绳子，直到囚犯的眼球迸射出来。他将这种刑罚称为绞扎”。[1]

---

1 Exquemelin, pp.106–107, p.193; Konstam, *The History of Shipwrecks*, pp. 82–83; Apestegui, pp.160–161.

1. 1667 年春天：托尔图加岛的法国总督向罗罗内颁发私掠许可证。
2. 罗罗内在莫纳海峡截获第一条船。
3. 夏天：他的船在坎佩切附近失事，但他逃过了西班牙人的追捕。
4. 罗罗内和他的手下截获一艘从古巴出发的西班牙船，并乘船返回托尔图加岛。
5. 9 月：他进入马拉开波湾，并占领了守卫海湾的炮台。
6. 他洗劫了马拉开波和直布罗陀的定居点，之后带着掠夺物逃走了。
7. 这群法国人在瓦什岛附近分赃，这是掠夺者经常聚集的一个地点。罗罗内同时也派船前往皇家港，将掠夺物换成现金，之后他再返回托尔图加岛。
8. 1668 年春天：罗罗内启程前往洪都拉斯，并占领了卡贝略港。
9. 他前往内陆地带，洗劫了该地的中心城市圣佩德罗。
10. 罗罗内在特鲁希略附近截获了一艘到达洪都拉斯的珍宝大帆船。此时他的大部分手下都逃走了，他只剩下一条船和 400 人。
11. 罗罗内前往蚊子海岸，但这次船又在莫纳角（Punta Mono）附近失事了。
12. 他带领幸存者在圣胡安河附近发起突袭，但中了西班牙人的埋伏，被迫撤退。
13. 掠夺者们造了一条船，罗罗内乘船向南，前往达连湾。
14. 掠夺者们上岸寻找食物，但遭到当地村民的攻击，罗罗内被杀。

举个例子，在他前往圣佩德罗的途中，罗罗内用了两个西班牙囚犯当向导，但他怀疑这两名囚犯在设计陷害他。因此他“用他的短剑将其中一个囚犯开了膛，将其心脏取出并啃食了”。之后剩下的那名囚犯便老老实实地配合他。

但在对珍宝大帆船发起攻击后，罗罗内的远征军开始四分五裂。大部分手下都不想再跟着他，带着他们的船回到了托尔图加岛。罗罗内只剩下他自己的船和 400 人。他很快又再次遇到了问题，他的船在蚊子海岸的莫纳角搁浅。幸存者在岸上建立营地，尽可能地抢救财物，并用船的残骸造了一条小船。罗罗内之后便乘着这条船带领他剩下的人手向南前往相对安全的达连湾。

然而，当地到处都是充满敌意的原住民。饿得半死的掠夺者们攻击了一个原住民村庄，希望能找到一些粮食储备，但他们被围攻并最终被杀害了。据艾斯克默林所述，只有一名幸存者，这名幸存者讲到罗罗内和他的手下被砍成碎片，并被当地的食人族吃掉了。这名最残忍的掠夺者似乎得到了他应有的结局。

亨利·摩根的崛起

亨利·摩根通常被视为一个法斯塔夫(Falstaff)[1] 式的人物，一个粗爽坦率、体型臃肿又有些喜感的形象。这也是海盗小说中对他的描绘。当然，对于他同时代的人而言，摩根颇具传奇色彩。但是，他并不只是一个具有传奇色彩的人物，他还是一个天生的领导者、一个老谋深算的战术家和一个手段高明的政治家。就此而言，如果他在生前被视为一个有喜感的人物，那么西班牙人可从未感受到他的喜感。

亨利·摩根 1635 年出生在威尔士一个上流农场家庭，但他从未提起过自己的早年生活。1655 年他带领远征军来到牙买加并占领了这座岛屿。在接下来的几年内他并未留下太多记录，但他可能最早于 1659 年参加了掠夺者的袭击。1662 年他被任命为牙买加民兵队长，这表明他有一段参军的经历。当年年末，他被授予私掠许可证，这使得他可以独自对西班牙开展袭击。

摩根参加了 1662 年迈格斯对古巴圣地亚哥的袭击和次年对坎佩切的袭击。艾斯克默林表示，摩根拥有一艘小型单桅帆船，因此在掠夺者早期紧张刺激的活动中发挥了不小的作用。然而，到了 1665 年 2 月，他的装备已经足够在一场袭击的三名指挥官中占据一席之地。摩根与英格兰掠夺者约翰·莫里斯（John Morris）和荷兰人大卫·马汀（David Martien）在格里哈尔瓦河河口弗龙特拉圣玛利亚（Santa Maria de la Frontera）一侧的墨西哥海岸登陆。这群掠夺者溯流而上，抵达当地中心城市比亚埃尔莫萨，出其不意地袭击了这座城市。两艘沿海船只被征用来将掠夺物和截获的物资运回海岸。

掠夺者们回到墨西哥海岸，却发现在他们离开时，三艘西班牙护卫舰占据了掠夺者的船只，只给他们留下了海岸小船。不屈不挠的掠夺者们乘着小船在海岸边寻找更大的船只。然而，西班牙人在取水时发现了他们的踪迹，于是西班牙民兵前来抓捕他们。西班牙人的进攻被击退了，掠夺者们占据了西班牙民兵带来的两艘船。他们得以带着掠夺物乘船离开。在回家之前，他们还袭击了洪都拉斯湾的特鲁希略，之后又向南前往蚊子海岸。在 1665 年 6 月初，他们在圣胡安河口抛锚，乘独木舟抵达尼加拉瓜湖。之后在 6 月 29 日他们来到当地中心城市格拉纳达，并将其洗劫一空。到 8 月底，掠夺者们已经安全返回皇家港。

1　莎士比亚剧本中的人物。——译者注

出生于威尔士的掠夺者领导人亨利·摩根通常被描绘成一个法斯塔夫式的人物，但他是在掠夺者生涯结束后才变得体型臃肿的。相比之下，这幅版画描绘了攻击巴拿马时声名鼎沸、意气风发的亨利·摩根

↑ 1668年初，亨利·摩根带领一支军队来到古巴，攻击了普林西佩港（Puerto Principe）的市中心。他在一场短暂的战斗后占领了该地，但发现当地人都带着贵重物品逃走了

摩根明智地利用了他所分得的掠夺物，首先他购买了首批牙买加庄园中的一座，之后追求并迎娶了他的堂妹玛丽。玛丽是他从军的叔叔、牙买加副总督爱德华·摩根（Edward Morgan）爵士的女儿。亨利·摩根也与新任总督托马斯·莫迪福德（Tomas Modyford）建立了友谊。当时英格兰人正与荷兰人交战，担任总督的莫迪福德不愿他的掠夺者攻击荷兰人。但迫于伦敦的压力，他最终还是授权进行了两次远征。

第一次远征由爱德华·摩根爵士于1665年领导开展，目标是背风群岛上的圣尤斯特歇斯岛（St Eustatius）。尽管这次袭击取得了成功，但爱德华爵士在进攻时死于中风。另一场针对库拉索岛（Curaçao）的远征被取消了，因为掠夺者们拒绝与同为新教徒的对方交战。

仍在牙买加的亨利·摩根并未参加这些袭击，但他花时间巩固了自己在牙买加的社会和政治地位。之后在1668年1月莫迪福德命令亨利·摩根"团结英格兰掠夺者，俘虏西班牙人，这样可以得知敌人的信息"。从官方来看，这是一场侦查任务，摩根的私掠许可证并未提到开展袭击。他之后的行动则突破了法律界限，为自己和莫迪福德带来了更多的收获。[1]

摩根集结了一支包含10艘船和500人的军队，并和一支来自托尔图加岛的法国掠夺者军队会合。1668年3月28日，他们在古巴的东南海岸登陆，并来到省会城市普林西佩港（现在的卡马圭），掠夺者们占领了这座城市，但却发现没有什么可以掠夺的。据艾斯克默林所述，袭击者们将当地居民锁在一个教堂里。摩根同意只要支付50万枚"八片币"的赎金就不焚毁这座建筑——对于如此大规模的袭击而言，这笔赎金算小数目了。掠夺者们回到船上后，法国人返回了托尔图加岛，但英格兰人决定攻击一个更有利可图的目标：拜尔罗港，这是巴拿马地峡上的珍宝船港口。这是一个大胆的决定——

1 Pope, pp.149–150. 另见 David F. Marley, Pirates: *Adventurers on the High Seas* (London, 1995), pp.48–50。

虽然摩根的线人告诉他这座港口的守卫人员不多，但这个港口仍有三座堡垒守卫。此外，巴拿马总督也能请来一支规模不小的支援军队，这意味着袭击者很有可能人手不足。

抵达海岸后，摩根将他的人转移到独木舟上，然后沿着海岸朝港口出发。到 7 月 10 日的下午，摩根离他的目标只有几公里。他的军队在当天傍晚登岸，趁着夜色沿海岸前行。港口位于海湾的一侧，港口的两边各有一座堡垒，还有另一座未完工的堡垒俯瞰整个海滩。占领这座城市需要速度、出其不意，还有运气。掠夺者们刚好在 7 月 11 日的黎明抵达拜尔罗港的西部郊区，摩根立即发起了攻击。几分钟后他的人就来到了市中心，用步枪四处扫射。在占领该地后，摩根决定攻击守卫港湾西侧的圣地亚哥堡。为此，他命令手下筑起一道由修女、修道士和显赫的市民组成的"人盾"。堡垒的守卫自然不愿意对自己人开火，因此掠夺者们毫发无伤地来到了城墙边，不到几分钟就占领了堡垒，并控制了卫戍部队。

另一座未完工的堡垒早已被遗弃，因此只剩下海港东边的圣费利佩海角城堡（Castillo San Felipe）需要攻占。第二天早上摩根带领 200 人穿过港湾，来到堡垒的城墙之下。力量单薄的守卫者在象征性地抵抗之后很快乖乖投降了。占领拜尔罗港后，摩根命令他的船来到这个港口，船队于一周后抵达。

←1668 年，亨利·摩根对位于巴拿马地峡的珍宝船港口拜尔罗港发起了一次大胆的袭击。这座港口有三座堡垒守卫，最后全部都向掠夺者投降，或被其围攻。摩根在攻击中使用市民作为人盾，攻下了这座圣地亚哥堡（Gary Weathers/Getty Images）

↑位于伊斯帕尼奥拉岛西南方6英里（约9千米）的瓦什岛（牛岛）是掠夺者的一个会合地点。1669年摩根的旗舰皇家海军战舰“牛津号”（HMS *Oxford*）正是在此地会合时发生爆炸。这个锚地现在被称为“摩根港”，以纪念这名掠夺者（John Seaton Callahan/Getty Images）

与此同时，摩根给巴拿马总督写信，表明他计划摧毁这座城市和其防御系统。[1]要想躲过此劫，总督需要支付3.5万枚“八片币”的赎金。总督回信写道“西班牙国王的封臣拒绝与低劣之人签订协议”。摩根回复道：“我们非常乐意等你，我们将用弹药欢迎你。”信中所说都是恐吓人的内容，但真正的考验始于总督从巴拿马召集来的军队抵达之时。

7月24日，攻击终于开始了，但西班牙军队很快被击退，他们逃回了巴拿马。别无选择、饱受羞辱的西班牙总督最终同意支付10万枚“八片币”。作为交换，他将换回未受损伤但一无所有的港口。在交完赎金后，摩根履行了他的承诺，并返回皇家港。有了这笔赎金后，摩根在拜尔罗港的掠夺物的价值达到了可观的25万枚“八片币”。当年夏天亨利·摩根成了加勒比海广受赞誉之人，成百上千没有经验的人纷纷自发加入他的掠夺者队伍。

“亨利·摩根的手段”

几个月后，摩根再次出海，这次他带领了一支强大的掠夺者军队，包括从莫迪福德处借用的护卫舰“牛津号”。同以前一样，1669年1月初摩根与来自托尔图加岛的法国掠夺者在伊斯帕尼奥拉岛西南方的瓦什岛（牛岛）会合。摩根和他的船长们坐在“牛津号”宽敞的船舱内尽情饮用朗姆酒。之后灾难便发生了。火星点燃了火药桶，爆炸发生后又引燃了前面的火药库。“牛津号”被炸得四分五裂。神奇的是，摩根和他的大部分客人都幸免于难，“牛津号”上的大部分船员却因此丧生。

摩根和他幸存的船长召开了一次军事会议。那时，大部分法国人都已经退出。在这场灾难发生之前，他们原本的计划是攻击卡塔赫纳，但现在只剩下8艘船和500人，这个任务已经不可能完成。最终他们决定效仿罗罗内，攻击马拉开波湖。摩根率领船队起航，于3月9日抵达马拉开波关口。那里

1 Marley, p.50。另见 Exquemelin, pp.138–139; Pope, pp.168–169。

↑在袭击了马拉开波潟湖周围的城市后，摩根的掠夺者们发现了一个通往公海的出口，那里有西班牙卫戍部队的重兵把守。摩根利用火攻驱散这支西班牙舰队，躲过了伏击

的炮台在被罗罗内袭击之后已经重建，但防御薄弱，他们毫无损失地将其拿下了。摩根现在可以自由进入这个毫无守卫的潟湖。在到达马拉开波后，掠夺者们发现这座城市已经被遗弃，因此他们用了三周时间来搜寻隐藏的贵重物品。之后他们横渡潟湖，来到直布罗陀，这里在他们到达之前也已被遗弃。他们从这两座城市中总共搜罗了为数不多的共值 10 万枚“八片币”的掠夺物。

到 4 月 17 日，摩根回到了马拉开波，并在他横渡潟湖的路上截获了一艘大型西班牙商船。摩根从船上的船员处得知，西班牙人已在这个潟湖周围给他们设下了圈套。当掠夺者们在洗劫直布罗陀时，阿隆索·德·坎波（Alonso de Campo）上将已经带领由巴洛文托舰队（Armada de Barlovento）的四艘战舰抵达当地。坎波上将的首次行动是重新占领马拉开波炮台，并带领他的船只穿过关口来参与防卫。[1] 摩根的应对措施是沿着潟湖溯游而上，将他体型庞大但力量较为薄弱的船只停泊在敌人的射程之外。在接下来的两天内，这两支舰队相互对峙，按兵不动。然后，在 4 月 27 日的早晨，摩根行动了。

1 Exquemelin, p.154.

亨利·摩根的航行

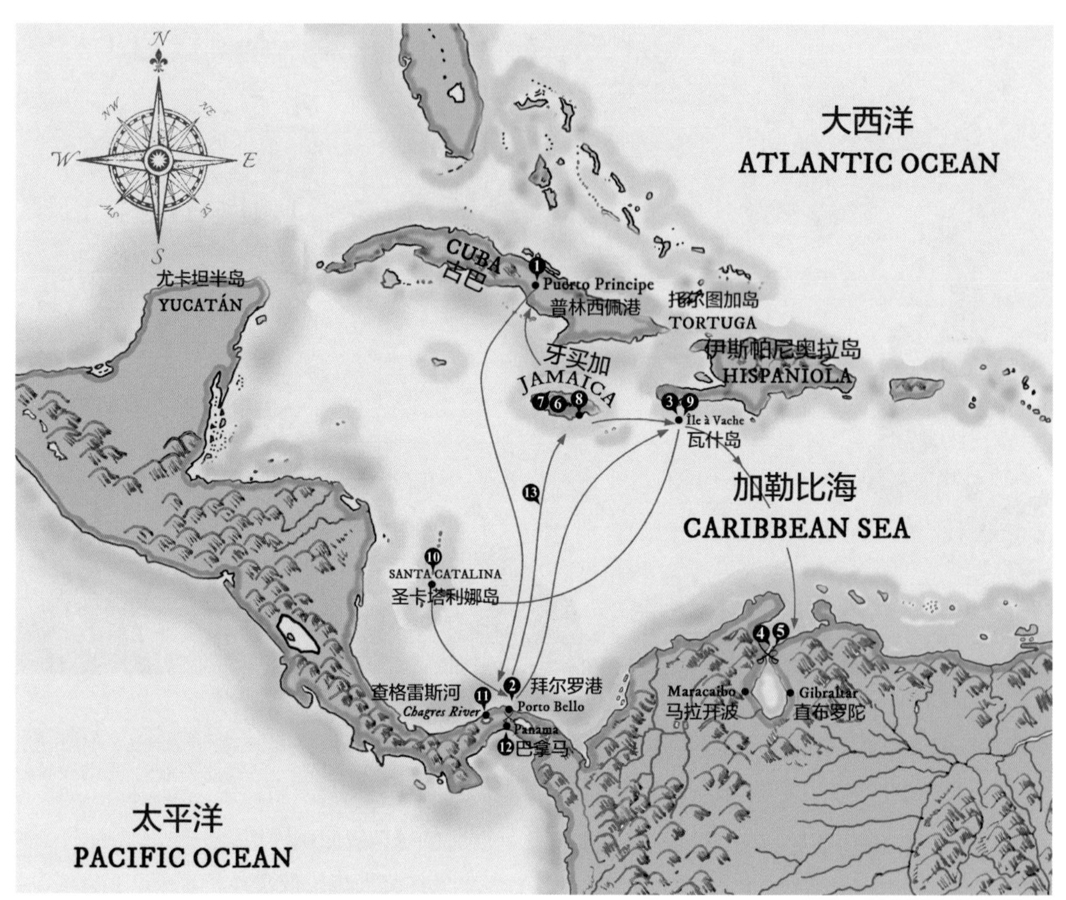

在被俘商船的带领下，掠夺者们击败了西班牙船只，船上的船员们匆匆准备迎战。商船直接向坎波的旗舰冲去。西班牙人拦截了这条商船，并登上船。这时这艘船上着火了，火焰吞噬了船舱。摩根将这艘船转变成了一艘火攻船，火焰很快蔓延到西班牙旗舰上。由于没有办法灭火，坎波和他的手下在火焰蔓延至火药库之前弃船逃走。几分钟后这两艘船被炸得粉碎。

为了摆脱跟在这艘致命的火攻船后的其他掠夺者船只，两艘西班牙战舰故意在堡垒的大炮下搁浅，之后西班牙船员纵火烧毁了船只。掠夺者们抢救了其中的小型战舰，并将船拖至安全地带，但另一艘船的吃水线以上的部分都被烧毁。在坎波的舰队中，只有一艘战舰留存下来，这艘船在旗舰被炸毁

图 例

⚔战斗

1. 1668 年 4 月：摩根洗劫了古巴的普林西佩港（现在的卡马圭）。
2. 7 月：摩根占领了拜尔罗港并索要赎金。他带着 25 万枚“八片币”离开了。
3. 1669 年 1 月，在英格兰和法国掠夺者在瓦什岛的一次会面期间，摩根的战舰“牛津号”在一场意外事故中爆炸。
4. 3 月：摩根占领了守卫马拉开波湾入口的堡垒，之后洗劫了马拉开波和直布罗陀两座城市。
5. 4 月：摩根发现有一支舰队阻挡了他的去路，于是他使用火攻驱散对方，并设法转移堡垒守卫的注意，之后他成功抵达公海并返回皇家港。
6. 6 月：英格兰和西班牙之间停战，牙买加掠夺者被迫解散。
7. 1670 年 1 月：西班牙私掠者对牙买加开展袭击，英格兰人有了无视和平协议的借口。
8. 8 月：摩根带领一支由 11 艘船组成的舰队起航。
9. 9 月：在瓦什岛，一支大型法国分遣队加入摩根，他的力量变得更加强大。
10. 12 月：摩根占领圣卡塔利娜岛，之后继续攻击巴拿马地峡。
11. 1671 年 1 月：一支先头部队占领了守卫查格雷斯河河口的堡垒。摩根和他的手下继续溯流而上，抵达巴拿马。
12. 1 月 27 日：在巴拿马城外的一场战斗中，摩根的掠夺者击败了守卫城市的西班牙军队，洗劫并损毁了城市的部分地区。
13. 3 月：摩根与他的同伴分赃，之后回到了皇家港。

时逃过了关口。然而，西班牙人依然控制了炮台，因此尽管掠夺者们付出了巨大的努力，他们仍然处于被困状态。摩根命令他的船回到马拉开波，并思考接下来应该怎么做。

坎波上将虽然失去了旗舰船，但他活了下来，现在直接掌管了炮台。他与摩根仍在通信，但他并未准备与之达成协议。僵局持续一周之后，摩根做出了下一步行动。俘虏报告说堡垒中只安装了六门大炮，并保护着关口，而炮台的陆地一侧则未受到保护。摩根乘船而上，往岸边运载他的军队，来到堡垒能看见的地方。西班牙人认为掠夺者们计划从陆地发起袭击。因此坎波上将命令将六门炮运往靠近城墙的陆地一侧。

事实上，摩根的登陆只是一个计策——每组小艇运载的都是同一批人，他们只是在小艇返回舰队时躲了起来。在西班牙人看来，似乎有源源不断的人登陆，而事实上掠夺者们还留在他们的船上。那天晚上西班牙人严阵以待，等着摩根发起夜间袭击。然而，他的船却整晚都在穿越关口，到黎明时分船

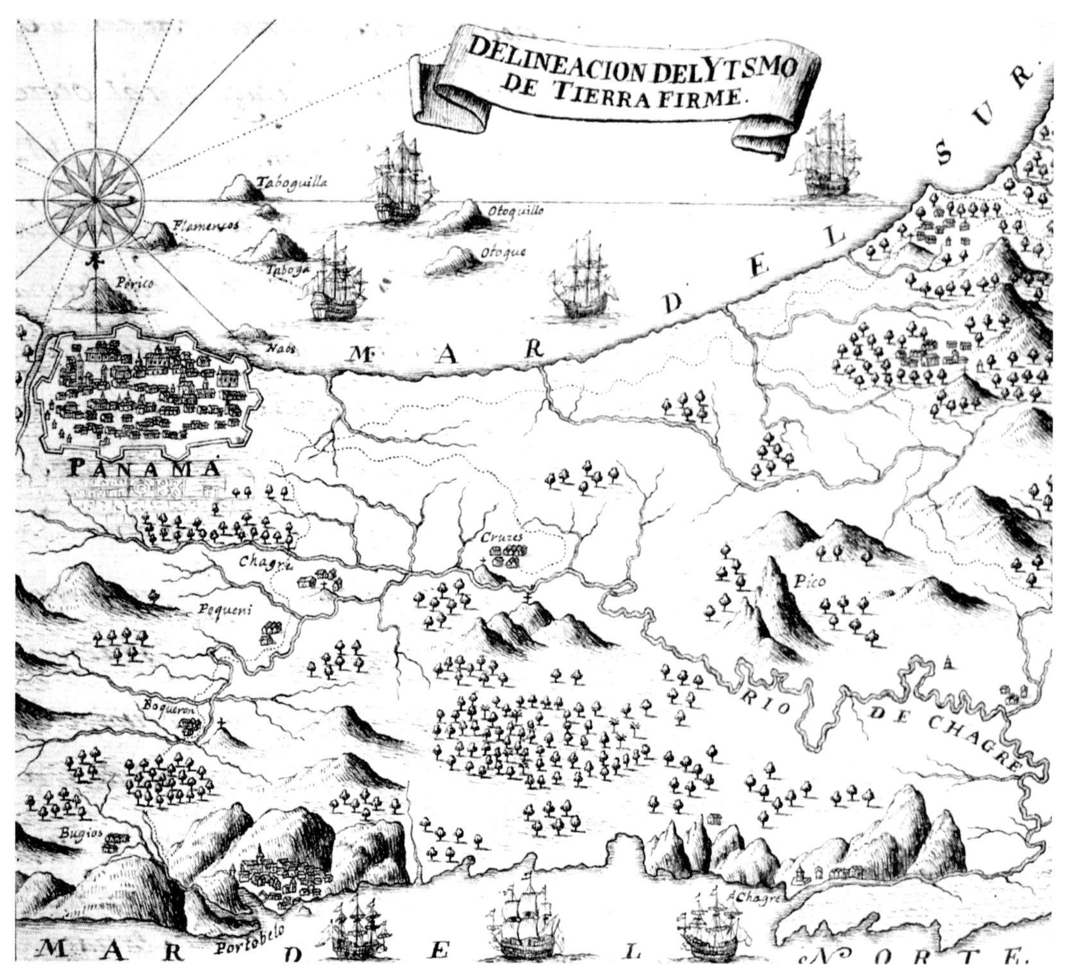

↑巴拿马地峡位于加勒比海和太平洋之间，因此形成了从秘鲁往西班牙运载白银过程中的一个重要关隘。摩根希望通过攻击巴拿马，掠夺每年从这里运输的铸币

队已在大海一侧安全抛锚。机智的摩根打败了坎波上将，他们现在已经无法重新运回大炮来阻止他。掠夺者们带着掠夺物于 5 月 27 日返回了皇家港。这批赃物令皇家港的酒馆和妓院在接下来的几个月内生意兴隆。

然而，现在的政治环境已经有所不同了。莫迪福德已经接到命令撤销所有的私掠许可证。之后在 6 月 24 日，他被迫发布一份公告，表明“西班牙天主教陛下的臣民从现在到接到进一步命令之前，都应被视为好朋友和邻居”。[1] 亨利·摩根似乎完成了他的最后一场袭击。然而，他和他的掠夺者们很快将最后获得一次大好机会，收获无数的西班牙掠夺物。

1 引自 Marley, p.54。

洗劫巴拿马

摩根之所以再次从事掠夺者活动是因为当时通信条件较差。作为对摩根袭击拜尔罗港的回应，西班牙王室决定允许其殖民地总督委托私掠者从事私掠活动。然而，由于官僚系统的拖延，私掠许可证直到1670年初才发出，这时距离莫迪福德宣布“越过边界”停战已经过去六个月。西班牙人将之后的攻击视为复仇的机会，而牙买加岛上的居民则将其视为背叛。

最为成功的西班牙私掠者是一个名为曼努埃尔·里贝罗·帕达尔（Manoel Rivero Pardal）的葡萄牙掠夺者，他驾驶着“圣佩德罗名望号”（*San Pedro y la Fama*）在卡塔赫纳外围活动。1670年1月末，他在开曼群岛袭击了一个英格兰渔民定居点，之后又在古巴西南部攻击并截获了一艘英格兰私掠船。这艘船其实是“玛丽和简号”（*Mary and Jane*），由人称“巴德船长”的荷兰私掠者伯纳德·克莱森·斯皮尔代克（Bernard Claesen Speirdyke）指挥，他后来在这场战役中被杀。当时斯皮尔代克正乘坐一艘挂着停战旗的船驶往古巴，向古巴总督通报莫迪福德的和平意愿。在他被杀后，牙买加岛上的居民十分愤怒。5月，帕达尔回到牙买加，攻击了一艘单桅帆船，并焚烧了沿海村庄。他甚至向摩根发起挑战，提出与这名掠夺者进行一场公平的战斗。这样摩根“就能见识到西班牙人的勇猛”。这给莫迪福德提供了为摩根和他的掠夺者们解除束缚的借口。然而，摩根却从未接受帕达尔的挑战。他正在计

←位于中美洲加勒比海海岸附近的普罗维登斯岛（圣卡塔利娜岛）是一个英格兰殖民地，后被西班牙人占领。1670年12月，摩根在前往攻击巴拿马的路上在该岛登陆，将其用作安全基地

↑巴拿马地峡东海岸的圣洛伦索城堡守卫着查格雷斯河河口。它在1670年遭到亨利·摩根的掠夺者的攻击并在一场血腥的进攻中被占领（供图：MyLoupe/UIG via Getty Images）

划发起一场更大规模的报复行动。1670年7月9日，莫迪福德宣布任命"摩根担任上将和总指挥统领这个港湾的所有战舰"，并向他颁发了私掠许可证。[1]不到一个月，摩根已经统领了11艘船和600人。8月11日，他带领他的舰队启程出海。亨利·摩根重返江湖了。

他的目标是美洲最富庶的土地巴拿马。摩根安排在瓦什岛与法国掠夺者会合，至此他已汇聚了32艘船和约1800人。在会合时，摩根还任命经验丰富的荷兰掠夺者劳伦斯·普林斯（Laurens Prins）船长担任他的副官。现在美洲大陆上的几乎所有掠夺者都听摩根的指挥。他最受欢迎的招募者之一是约翰·莫里斯（John Morris）船长和他的私掠船"海豚号"。"海豚号"在10月末加入舰队，紧接着是"圣佩德罗名望号"。莫里斯在古巴东南角碰上了帕达尔指挥的西班牙私掠船"圣佩德罗名望号"，他发起攻击，并在短暂的战斗后截获了这艘船，帕达尔也在战斗中身亡。

12月18日，舰队做好准备，启程前往巴拿马海岸。在路上，摩根到访洪都拉斯海岸的普罗维登斯岛，却发现这个英格兰小型定居点已经被西班牙人占领。摩根重新夺回了这个岛屿，将其用作安全基地，如果他们在巴拿马遭遇失败，舰队还能撤回到这座岛上。接下来，他命令约瑟夫·布拉德利（Joseph Bradley）船长带领3艘船和470人攻占守卫查格雷斯河河口的圣洛伦索城堡（Castello San Lorenzo）。摩根则尾随其后，航行了几日。1671年1月6日，布拉德利在距离城堡几英里的地方登陆，之后便"挥舞旗帜、鸣笛吹号"地一路前行。[2]掠夺者们自信能够轻易取胜，然而却遭到枪炮的猛烈回击。西班牙指挥官佩德罗·德·埃利萨尔德（Pedro de Elizalde）无意投降。他的手下击退了两次进攻，直到午夜仍将掠夺者阻挡在海滩上。

1 关于政治形势的完整记载，见Pope, pp.217–219。

2 Exquemelin, p.193.

↑当亨利·摩根兵临巴拿马城下时，西班牙人和掠夺者之间开展了一场最接近全面规模的战斗。这场战斗决定了这座城市的命运，并为摩根赢得了“最伟大的掠夺者”的声誉

之后布拉德利决定转变策略。他派遣一小队人马作为先遣队趁着夜色前进，他们爬上城堡外围的木墙，往栅栏投掷手榴弹。防御系统着火了，到第二天黎明时分栅栏就已被摧毁，并且卫戍部队中半数的人员都已逃走。剩下的守卫者继续抵抗布拉德利的黎明攻势，但堡垒在第二波进攻中就被攻下了。掠夺者们伤亡惨重，布拉德利也身受重伤，但他们并不愿给敌人以喘息之机。去往巴拿马的大门已经敞开了，现在他们溯流而上。弗朗西斯·德雷克爵士在约 70 年前也被这座城市吸引。

1 月 19 日，摩根和 1500 名掠夺者开始乘着独木舟溯流而上。这是一个大胆的举动，因为巴拿马远在地峡对面约 70 英里（约 113 千米）处，由于埃利萨尔德的阻击，总督胡安·佩雷斯·代·古斯曼（Juan Perez de Guzman）才有了更多的时间构建他的防御工事。如果摩根失败了，那么他的手下将走投无路，只能退回到船上。实际上，整个行动进展顺利。掠夺者们在距目的地还有一

↑这幅霍华德·派尔的画描绘了摩根的掠夺者们在攻占巴拿马的第二天，在烽烟四起的废墟中掠夺战利品

半距离的文塔德·克鲁兹（Venta de Cruces）舍舟登陆，他们从那开始沿着巴拿马和拜尔罗港之间的皇家路（Royal Road）前行。最终，在1月27日黎明时分，他们抵达一座俯瞰巴拿马的小山的山顶。他们丰硕的战利品出现在他们眼前。与此同时，古斯曼在平原上集结他的西班牙防御士兵，排兵布阵。他有约1200名步兵和400名骑兵，但他的军队既没有大炮，也缺乏经验。

摩根的掠夺者分成三队，每队500人，普林斯（Prins）船长和他的先头部队在摩根的左侧前进，另外两组形成梯队在摩根的右侧前进。

在普林斯的人与敌人交锋之后，古斯曼放出了藏在他队伍中心后的一群牲畜。受惊的牲畜向掠夺者的队形冲去。他希望牲畜将冲垮掠夺者。然而，一阵子弹齐射就足以令牲畜向相反的方向涌去，冲入了西班牙阵营之中。与此同时，普林斯击败了右侧的西班牙军队，并用滑膛枪击溃了骑兵的进攻。这时摩根的其他人蜂拥向前，向仍在与受惊的牲畜周旋的西班牙士兵冲去。几分钟后，惊恐万分的守卫者们就撤回城里去了。

掠夺者们涌入巴拿马，朝海湾走去，到达时刚好看见总督已经乘船驶入太平洋，还有成百上千的难民也乘着港湾的船迅速逃走了。令摩根失望的是，这些战舰也带走了城中的大量珍宝。那一晚巴拿马的大部分地区都被焚为平地，次日早晨掠夺者开始在废墟中搜刮隐藏的掠夺物。摩根和他的手下在巴拿马待了一个月，折磨俘虏，令他们说出财物藏匿的地点，并索要赎金。最后，摩根在2月24日开启了返程，带着75万枚“八片币”回到船上。但此时他的队伍发生了争执，英格兰和法国分队产生不和，来自托尔图加岛的法国人怀疑摩根打算偷走他们的份额。掠夺者们回到皇家港后仍在争执不休。问题的症结在于如何在余下的1600人中分配战利品，这意味着，尽管付出了巨大努力，大部分掠夺者最后所获甚少。回到皇家港后，摩根发现托马斯·莫迪福德在伦敦已经不受青睐，任何对西班牙人发起的进一步攻击都将被视为公然的海盗行径。

6月份政治形势变得更加不利，当时托马斯·林奇爵士接替了莫迪福德的职位，并迅速逮捕了莫迪福德和摩根，将他们押送回英格兰接受审讯。然而，当摩根抵达伦敦时，他发现英格兰正与荷兰交战，私掠者又派上了用场。在西班牙与荷兰结盟后，针对摩根的起诉便撤销了。1674年1月，英格兰召回林奇总督，并任命摩根为副总督，命令他就牙买加相关事宜辅佐林奇的继任者沃恩爵士(Lord Vaughan)。事实上，摩根的罪责已经完全免除了，并且命运彻底逆转，被查理二世授予爵位。

↓这幅图中的亨利·摩根正在审讯一名黑奴，他的追随者在折磨西班牙居民，从而试图找出巴拿马废墟中被掩埋的珍宝的地点

摩根回到牙买加，晚年时他与老战友们饮酒作乐、经营他的庄园，并且不知何故，他还告发了一些海盗，他们此前是掠夺者，后来越界从私掠活动转而从事海盗活动。此后的13年中他持续发胖，最后于1688年去世。据摩根的医生说，死因是由于“喝酒和熬夜”引发的水肿。他的去世标志着一个时代的终结。掠夺者的时代已经结束，取而代之的是更小型、管理更为严格的私掠者团体。然而，一些最后的英格兰私掠者将冒险前往更遥远的地方，开启海盗历史上的新篇章。

→掠夺者袭击巴拿马后，在不远处建立一座新城，现今的巴拿马古城与掠夺者离开此地回到船上时看到的差不多（Maximilian Müller/Getty Images）

→晚年的亨利·摩根不再从事掠夺者活动，专心经营他在牙买加的地产。事实上，他还积极抵制他此前支持者的活动，因为当时针对西班牙王室的袭击被视为非法活动

太平洋的掠夺者

1679年初，威廉·丹皮尔（William Dampier）从伦敦抵达皇家港。威廉·丹皮尔1651年生于萨默塞特，他于1669年首次出海。在接下来的十年内，他在私掠船队和战舰中服役，后来在中美洲当洋苏木伐木工。作为一名经验丰富的水手，丹皮尔被一群顽固守旧的掠夺者招募，这群掠夺者持续对西班牙人发起非官方的战争。这群人包括经验丰富的掠夺者船长巴塞洛缪·夏普(Bartholomew Sharp)、约翰·考克森（John Coxon）和约翰·库克（John Cook）。1679年12月，他们洗劫了拜尔罗港，收获了约3.6万枚“八片币”。之后他们一路进攻，跨越巴拿马地峡，但在抵达太平洋海岸时他们不能确定接下来该做什么。远征队分道扬镳，考克森打道回府，其他人则留在巴拿马地峡。

其余人将夏普选为首领，当他们朝太平洋海岸行进时，丹皮尔带着一艘截获的船加入了他们。夏普既不幸运也不受欢迎，他的手下爆发了两次叛乱。约翰·库克领导的其他人则经合恩角返回。丹皮尔加入了库克，他们于1683年4月到达弗吉尼亚。与此同时，运势逆转的夏普一夜暴富，截获了两艘船和3.7万枚“八片币”。他还获得了一组太平洋海岸的详细地图，得到令追随者获益的信息。之后他也开始返航，并于1682年2月抵达巴巴多斯岛。回到英格兰后，夏普被捕，因为从事海盗活动而遭到审讯，但那组地图救了他。他将地图呈给上将，对他的审讯也随之结束。

↓这幅插画出自约翰·舍勒关于大炮的专著《海上炮手》（*The Sea Gunner*，1691），一名海军炮手正在操作当时一门常见的大炮，这种大炮装载在一辆四轮运载车上

库克则于1683年8月决定回到太平洋，威廉·丹皮尔同他一起返回。他们截获了一艘丹麦船，并将其重新命名为“单身汉的欢乐号”（*Bachelor's Delight*）。之后库克绕过合恩角，并于1684年3月进入太平洋。他在那里遇见了私掠船“尼古拉斯号”（*Nicholas*）的约翰·伊顿（John Eaton）船长，伊顿在六个月前从伦敦出发。之后他们一起往北出发前往胡安·费尔南德斯群岛（Juan Fernández Islands），之后再前往加拉帕戈斯群岛

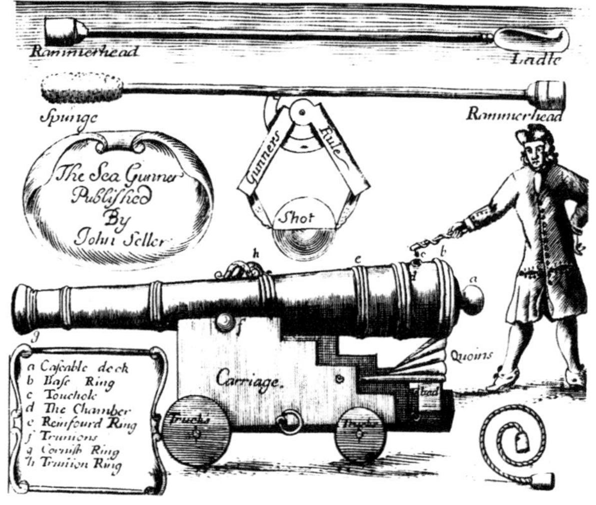

↑弗兰克·肖诺弗的这幅壁画描绘了掠夺者船长斯旺和他的手下正在菲律宾群岛上的棉兰老岛享乐，他们在袭击了西班牙美洲大陆的西海岸后跨越了太平洋

（Galapagos）。他们截获了几艘船，但他们并没有收获太多的掠夺物。此时他们决定向东返航搜索南美洲海岸的西班牙船只。但库克在掠夺者登陆前就已经去世了，因此爱德华·戴维斯（Edward Davis）成为"单身汉的欢乐号"的指挥官，并带领掠夺者在派塔城镇附近展开了一场大规模袭击，但却并未获利。然而，当他们在 10 月份遇见另一名掠夺者查尔斯·斯旺（Charles Swan）时，他们的运气逆转了。

斯旺曾经与亨利·摩根一同航行。他于 1683 年 10 月离开伦敦前往太平洋，次年春天抵达巴拿马的太平洋海岸，并在那里停留了数月时间，试图拦截一艘珍宝大帆船。7 月他与一名半年前跨越巴拿马地峡的掠夺者彼得·哈里斯（Peter Harris）组队。哈里斯在太平洋海岸偷了一条船，然后用这条船拦截其他的西班牙船只。他们在智利海岸附近遇见了戴维斯，当时斯旺、哈里斯和戴维斯决定试着拦截将于次年夏天从利马出发驶往巴拿马的珍宝大帆船。这群人中还有一名船长约翰·伊顿，当时他与戴维斯一同航行。但他拒绝加入，选择了回家。

三艘掠夺者船只很快加入其余人的队伍中，其中有两艘船是法国船。所有这些新来者都跨越了地峡，并在太平洋海岸截获了船只。当年冬天共有 1000 名掠夺者加入了他们的队伍，当时他们将巴拿马湾的雷伊岛（Isla del Rey）打造为他们的临时避风港。然而，当珍宝大帆船最终在 1685 年 6 月抵达巴拿马时，掠夺者们发现大帆船的防守极其严密，他们的人手严重不足。他们仍然发起了进攻，但被击退了。

此时丹皮尔决定弃职离船以加入斯旺船长。当时斯旺决定经过远东返航回家。他们跨越太平洋来到菲律宾群岛，斯旺在那里待了六个月，和一名当地妇女厮混。最终他的船员们自己启程离开了。他们向南前进，绕过东印度群岛，1688 年 1 月在新荷兰（现在的澳大利亚）的西海岸登陆。[1] 与此同时，丹皮尔的老船长爱德华·戴维斯和彼得·哈里斯前往尼加拉瓜，在那里发起了

1　关于丹皮尔航行的详细记载，见 Diana and Michael Preston, *A Pirate of Exquisite Mind: The Life of William Dampier* (London, 2004)。

几次不成功的袭击。哈里斯继续独自前行，但从此杳无音信。在 1686 年，戴维斯和另一名船长对秘鲁海岸发起了两次成功的袭击，收获了 6 万枚“八片币”。当年 11 月他们在胡安·费尔南德斯群岛各自踏上了返程之路。戴维斯和他的手下在 1688 年的夏天回到了弗吉尼亚，他们因海盗行动遭到起诉，但起诉并未成功。

丹皮尔在返程中再一次在尼科巴群岛弃职离船。在接下来的两年内他在当地的一艘商船上服役，后来在 1691 年回到了阔别 12 年的伦敦。丹皮尔正式开始写游记，他的《环球新航行》（*A New Voyage Around the World*）获得巨大成功。他后来又进行了两次航行，其中一次他担任了私掠船的指挥官。之后在 1708 年他受邀加入一支新成立的掠夺者远征队，前往太平洋。这支远

↓这幅西加勒比海的地图由荷兰制图者丹克茨（Danckerts）于 1696 年绘制，其中包含了许多有用的新信息，显示了当时未标注的暗礁和浅滩，尤其是在巴哈马群岛和洪都拉斯湾附近一带的浅滩。这些信息大部分都是由在这些海域活动的掠夺者收集的

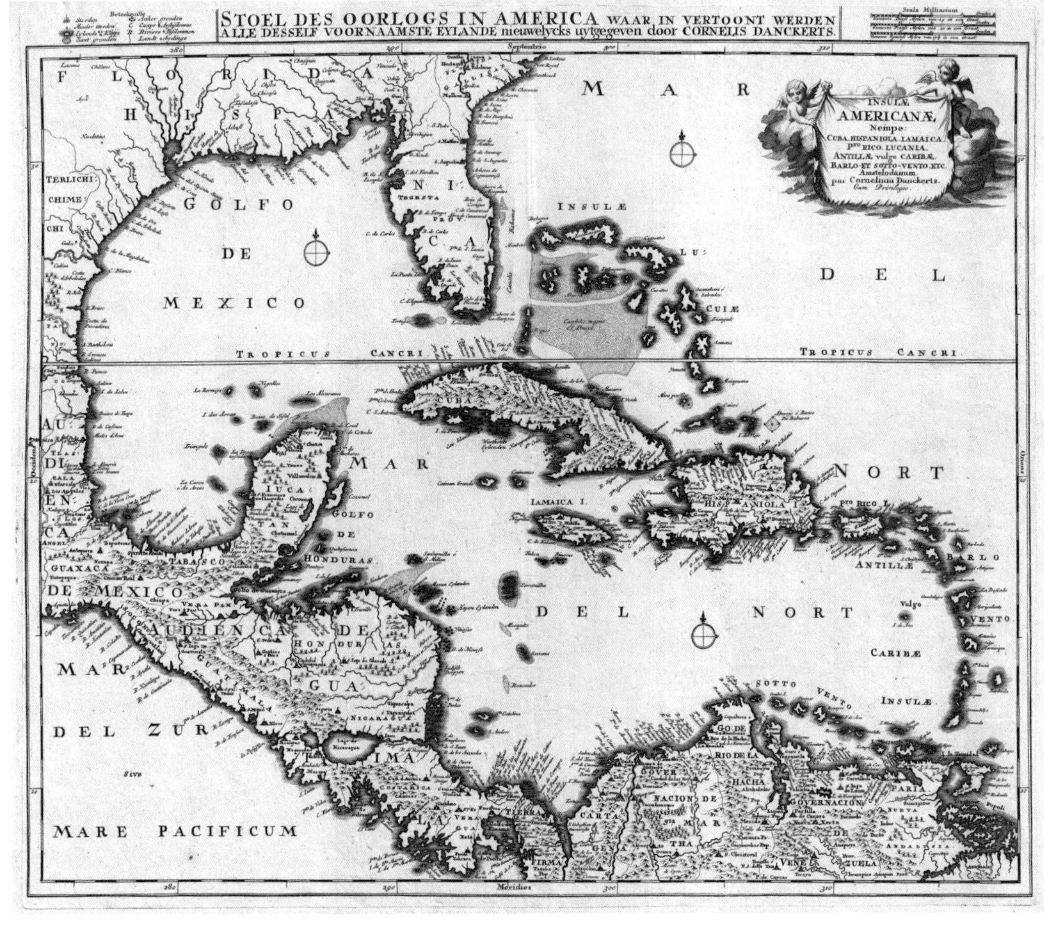

↑一幅 19 世纪的画中所描绘的米歇尔·德·格拉蒙（Michel de Grammont），他是后期的法国掠夺者中最为成功的掠夺者之一。从 1678 年起的十年内，他领导发起了对西属美洲大陆的一系列袭击，直至他的船在古巴北海岸附近的某地遭遇飓风

征队由来自布里斯托尔的经验丰富的水手伍兹·罗杰斯（Woodes Rogers）领导。接下来发生的事将在海盗史上写下浓墨重彩的一笔，并为一本半虚构的畅销书带来灵感。

远征队在 1708 年 8 月从布里斯托尔出发，在 11 月中旬抵达巴西海岸。到次年 1 月，他们已经安全绕过合恩角。1709 年 2 月 2 日，罗杰斯的两条船"公爵号"（*Duke*）和"公爵夫人号"（*Duchess*）抵达胡安·费尔南德斯群岛。他们在夜里看到一束光，罗杰斯于是派一艘船上岸展开调查。当登陆的这批人返回时，他们带回了一个长相奇特、穿着山羊皮的男人。这个人原来就是亚历山大·塞尔科克（Alexander Selkirk），私掠船"五港号"（*Cinque Ports*）的前主人，他五年前被遗留在这个岛上。塞尔科克很快成为"公爵号"的大副，后来成为罗杰斯所截获的一条船的指挥官。他的经历为丹尼尔·笛福写《鲁滨孙漂流记》（1719 年）提供了灵感。[1]

接下来，罗杰斯向秘鲁海岸前行，在那里他截获了一艘大型商船。之后他袭击了厄瓜多尔港口城市瓜亚基尔，收获了大量战利品。为躲开西班牙人的追捕，他返回太平洋，并于 5 月抵达加拉帕戈斯群岛。当时他的半数船员都得了坏血病，因此他在那里停留了两个月，以便船员休养身体。在此次逗留中，他决定尝试拦截当年的马尼拉大帆船来为自己的航行画上一个句号。马尼拉大帆船是一年一度从菲律宾群岛驶往阿卡普尔科的珍宝船。

罗杰斯很幸运。他听从了丹皮尔的建议，向东北方向前进，来到了今天墨西哥的下加利福尼亚，大帆船从马尼拉出发后正是在那里靠岸的。他在那里停留了一个月，最终在 1709 年 12 月中旬，当他快要放弃搜寻大帆船的踪迹时，一名瞭望员发现了大帆船"转世与失落的圣母号"（*Nuestra Señora de la Encarnacióny Desengaño*）。"公爵号"与"公爵夫人号"即刻追击，并在一场激烈的战斗后截获了这艘珍宝船。罗杰斯的下巴在战斗中受伤。他俘虏

1 同前注，pp.329–330。

的囚犯告诉他后面还有一艘大帆船，因此他留下一队优秀的船员后，自己便出发去寻找这艘帆船的下落。他在圣诞节那天发现了“贝戈尼亚圣母号”（*Nuestra Señora de Begoña*），但这艘大帆船战斗力很强，掠夺者们被击退了。然而，伍兹·罗杰斯至少截获了一艘珍宝船。船上装载了大量的铸币、瓷器、香料和中国丝绸，足以令罗杰斯、他的船员和他们的英格兰支持者心满意足。这艘珍宝船被重新命名为“单身汉号”（*Bachelor*），并被编入了罗杰斯的舰队。1709 年 1 月 10 日，这三艘船朝着关岛出发，之后继续向东印度群岛的巴达维亚航行，在跨越太平洋之后抵达好望角。在 1711 年 11 月他们带着大量掠夺物回到了伦敦，据同时代一些人估算，这些掠夺物价值 1600 万枚“八片币”。丹皮尔自己分到了 3000 枚比索，这对一名作家——甚至是畅销书作家——而言，不失为一笔巨款。

伍兹·罗杰斯被称为历史上最成功的私掠者之一，他也是历史上最后一批掠夺者之一。事实上，掠夺者的黄金时代早已过去，丹皮尔是唯一一个和这个惊心动魄的时代保有最后联系的人。他后来继续记录了自己的几次航行经历，而现在人们对伍兹·罗杰斯最为熟知的是，他从一个狩猎者变成了一个“守门人”，是他清除了巴哈马群岛中的“黑胡子”等海盗。

法国掠夺兵

随着英格兰掠夺者逐步退出历史舞台，法国人却正在迈入他们血雨腥风的掠夺年代。其中的部分诱因是殖民活动，17 世纪 60 年代，法国人在伊斯帕尼奥拉岛的西部建立了一连串法国定居点。[1]1664 年，法国政府正式宣布将该区域划归自己所有，将该地重新命名为“圣多米尼克”（现在的海地）。尽管西班牙依然坚称他们拥有对整个伊斯帕尼奥拉岛的控制权，但他们在 1697 年放弃了这一说法。托尔图加岛在 17 世纪 70 年代初期仍然是一个掠夺者避风港，但圣多米尼克的小戈阿沃（Petit Goâve）取代了它的主导地位。随着 17 世纪慢慢进入尾声，托尔图加岛成了一个停滞不前的地方，一个残存着过去血腥历史的遗址。

基地的变化也带来了一类新的法国掠夺者。其中最为知名的就是米

1 虽然艾斯克默林刻意未提及太多关于法国掠夺者在加勒比海的活动，但 Louis le Golip 在 *The Memoirs of a Buccaneer* (London, 1954) 中提供了完整记载。Marley 和 Apestegui 也对这一主题作了深入探讨。

↑在霍华德·派尔的另一幅画中，掠夺者们在审问一名俘虏隐藏贵重物品的下落，这种对掠夺者的戏剧性描述在很大程度上是不真实的

歇尔·德·格拉蒙。艾斯克默林表示他出生于巴黎，后来在法国海军服役。到1672年初，德·格拉蒙成为法国加勒比海的一艘私掠船的指挥官。然而，他因越界从私掠活动转而从事海盗活动，因此无法回到体制更加健全的法国殖民地。于是他将自己的基地设在麻烦更少的圣多米尼克。他很快成为这个殖民地最为成功的私掠者之一，虽然这些人更愿意自称为“掠夺兵”（filibusters，法语：flibustiers），这个词源自荷兰语，意为“强盗”（freebooter）。他们准备对抗他们所认为的法国敌人，而不论这些国家是否在与法国交战。到1678年，德·格拉蒙成为圣多米尼克掠夺兵事实上的领导者，他采用了“骑士”的头衔，以作为对自身地位的一种非正式承认。

1678年5月，德·格拉蒙启程出海，对荷兰的库拉索岛展开袭击。他首先与来自马提尼克岛的由让·德斯特雷（Jean, the Comte d’Estrées）指挥的一支法国海军舰队会合。然而，这支远征队遭遇了飓风，许多船都损毁严重。飓风过后，德斯特雷便挣扎着回到了马提尼克岛，留下掠夺兵在海难中抢救财物。[1] 只剩下六条船和700人的德·格拉蒙势单力薄，无法攻击库拉索岛，因此他决定攻击西班牙的属地。1678年6月他抵达马拉开波湖沙洲。那里新建了一座堡垒，德·格拉蒙用船上的一组大炮轰击西班牙人，令其投降。他留下几条船守卫这个潟湖的入口，然后继续前行。在进入马拉开波湖后，他发现马拉开波和直布罗陀还未从十年前的袭击中恢复过来。但他借助截获的马匹将他的袭击者运往内陆，并于9月1日占领特鲁希略。他将特鲁希略和直布罗陀夷为平地，之后回到马拉开波。他在那里待到12月初，试图找出隐藏的贵重物品。之后他的船满载着掠夺物，回到了圣多米尼克。

一年半后，德·格拉蒙对委内瑞拉海岸发起了另一次袭击，这次袭击的目标是首都加拉加斯的港口拉瓜伊拉。这座港口被占领了，但第二天西班牙救援部队就抵达并围攻了这座港口城市。西班牙人发起了几次进攻，法国人虽然伤亡不断增加，但抵御了进攻。德·格拉蒙自己在一场疯狂的攻击中受伤严重。最后，在黄昏时刻他下令撤回到船上。这些掠夺兵得以逃脱，但却空手而归。

三年后德·格拉蒙又组织了另一次大型规模袭击。1683年5月，他决定与荷兰掠夺者劳伦斯·德·格拉夫（Laurens de Graaf）联手，袭击新西班牙（墨西哥）的主要港口韦拉克鲁斯。这支法荷突袭队总共有13艘船和1300人。首先，德·格拉蒙确认了这一年的珍宝船不在港口。这意味着如果他们进攻，掠夺者们的人数可能会超过港口的守卫者。当天晚上掠夺者们偷偷登陆，并于5月18日黎明时分从两个方向对城市发起进攻，荷兰人从北方进攻，法国人从南方进攻。战斗在几分钟后就结束了，袭击者们开始掠夺这座城市。虽然一支西班牙防守部队仍然据守着要塞岛屿圣胡安德乌鲁阿，但却只能眼睁睁地看着他们本应守卫的港口遭到全面洗劫。为了增加掠夺的财物，德·格拉蒙将这座城市的居民困在附近的一座岛上，向他们索要赎金，否则就不放人。掠夺者们再次满载着掠夺物启程回家了。尤其令人惊讶的是，法国、荷兰和西班牙三个国家当时处于和平状态，因此德·格拉蒙的行动无异于海盗行为。这说明了越过边界仍无和平。

---

1 Exquemelin, p.223.

1685 年夏天，德·格拉蒙和德·格拉夫再次联手进攻新西班牙，这次的袭击目标是坎佩切，十年前这个地方曾多次遭到攻击。7 月 6 日，约 30 艘掠夺船在坎佩切城外的小渔村比格（Beque）抛锚，但登陆者最终被西班牙军队击退。次日早晨，掠夺者们试图再次登岸，但仍被守卫军队击溃。于是德·格拉夫带领一队掠夺者绕到城市北面，德·格拉蒙则留下善后，两人将城市包围，以防人员逃出。掠夺者们在短短几小时后就占领了这座城市。两天后，掠夺者们又击退了另一支前来救援的西班牙军队，完全掌控了这个区域。之后，德·格拉蒙又派出人手骑上截获的马匹，掠夺内陆地区。掠夺者们最后在 9 月初返回家中。虽然所获的掠夺物价值不大，但“骑士”现在声名大噪。圣多米尼克的总督让·杜·卡斯（Jean du Casse）甚至提出要任命他担任中将，让他守卫法国殖民地。但德·格拉蒙选择继续进攻。在 1686 年 5 月，在对西班牙定居点圣奥古斯丁的一次侦察航行中，他的旗舰在佛罗里达西海岸的某处失踪了。

↓富庶的港口卡塔赫纳有坚固的防御城墙，并且内港和外港都建有堡垒。图中可看到外海港的入口处建有横江铁索，且有堡垒守卫

最后的大偷袭

1688年，法国人卷入了奥格斯堡同盟战争（1688—1697），这场冲突导致法国需要同时应对英格兰、西班牙与荷兰三个国家。由于这场冲突以及接下来的西班牙王位继承战争[1]，法国政府将掠夺兵视为一种战略资产，而不是把它当作一种国家的麻烦。

随着第一场战争接近尾声，法国战略家们开始寻找机会对西班牙的海外帝国发起攻击，以此来影响后续的和平谈判。作为西属美洲大陆上最富庶的城市，卡塔赫纳被视为完美的目标。在此之前，这座城市坚不可摧的防御系统曾多次击退掠夺者。然而，这次，法国决定将掠夺兵与专业的法国陆军和海军的力量相结合。最后形成了一种包含私人投资者、皇家军队和私掠者的行动形式。1695年3月，法国上将德·波蒂斯男爵伯纳德（Bernard）抵达小戈阿沃，成为这支远征队的指挥官。他还带来了一支由10艘战舰和运输船组成的舰队，以及一支3000人的军队。掠夺兵共有11条船和1200人，由小戈阿沃总督让·杜·卡斯亲自领导。遗憾的是，这名傲慢的法国上将不久之后就与掠夺兵闹翻了，掠夺兵们担心他计划骗取他们的掠夺物。在签署书面合同后，得到安抚的掠夺兵最终同意在航行时听从上将的命令。4月13日，舰队抵达卡塔赫纳。德·波蒂斯男爵准备立即发起攻击，但杜·卡斯建议首先展开侦察。经过侦察之后，他们发现这座城市的海边有暗礁，冲锋船无法抵达岸边。最后德·波蒂斯男爵和杜·卡斯遵循1586年德雷克的计划。舰队强行进入卡塔赫纳港湾，之后经城市西边的海岸支脉卡莱塔（La Caletta）对城市发起攻击。唯一的问题是港湾的入口现在由卡莱塔西端雄伟的圣路易斯堡（Fort San Luis）守卫。4月15日，1200人在卡莱塔堡垒大炮射程之外的地点登陆。第二天他们围攻了城堡，圣路易斯堡的守卫在短暂抵抗后投降了。

法国人现在可以进入卡塔赫纳港湾，但城市的内港仍然有两座堡垒保护，其中一座是位于岔路卡莱塔上的圣克鲁斯堡垒，另一座是港湾入口对面的曼萨尼约（Manzanillo）堡垒。德·波蒂斯下令沿着卡莱塔前进，圣克鲁斯在法国军队到达之前的几分钟就被遗弃了。他之后下令掠夺兵在卡塔赫纳港的东北边登陆，沿着曼萨尼约堡垒占领俯瞰卡塔赫纳陆路的小山“船尾”（La Popa）。

---

1 西班牙王位继承战争（1701—1714）是因为西班牙哈布斯堡王朝绝嗣，王位空缺，法国波旁王朝与奥地利哈布斯堡王朝为争夺西班牙王位，而引发的一场欧洲大部分国家参与的大战。战争实质上是为遏制法国吞并西班牙而再次独霸欧洲的局面。因而引发半个欧洲组成新大联盟对抗法国。——译者注

→1697年，德·波蒂斯男爵领导的一支法国远征队围攻了西班牙美洲大陆上的港口城市卡塔赫纳。这座城市被围困住，但以法国掠夺者领头的远征队对城墙展开猛烈攻击后，很快将其占领

掠夺兵心怀不安地执行了命令，但到4月20日他们就已经占领了制高点，并且已经从内陆将卡塔赫纳封锁。这座城市已被团团围住。接下来，掠夺兵从舰队上卸下重型大炮，开始布阵，停靠在城市海边的战舰则为其提供支持。两天后陆地方向的防御系统出现缺口，德·波蒂斯下令发起进攻。他们在5月1日黎明时分开始进攻，但遭到抵制，且被曼萨尼约港口的纵射炮火轰击而损失惨重。但法国人在第二天再次发起攻击，卫戍部队在5月2日傍晚投降了。掠夺兵于是占领了卡塔赫纳。

此时一场骗局开始上演。德·波蒂斯声称有一支救援队正在赶往城市的路上，下令掠夺兵阻挡他们的去路，并由法国军队为他们提供支持。这是一场虚张声势的进攻，到掠夺兵返回卡塔赫纳时，他们发现城门紧锁，并且上将已将大部分掠夺物带回到他们船上，只给掠夺兵留下约4万枚“八片币”。因此，在5月30日法国卫戍部队撤离了，掠夺兵独自围攻了卡塔赫纳并占领了这座城市。他们很快采用了老办法，向西班牙人索要赎金。三天后他们就收

集了 100 万枚“八片币”。最后掠夺兵们在 6 月 3 日返回小戈阿沃，每个人都分到了约 1000 枚“八片币”。

但故事到这里并没有结束。在 6 月 4 日，德·波蒂斯的舰队被一支由海军中将内维尔（Neville）指挥的英荷舰队拦截。这支联合舰队追击了德·波蒂斯一周，但他最后还是得以逃脱。内维尔的船队转而向卡塔赫纳出发，遇到了正在返程的掠夺兵。11 艘法国私掠船中有 4 艘船被截获或被迫靠岸，而那些回到小戈阿沃的人也无意进一步展开袭击，或与法国王室合作。大部分掠夺兵成为低级的私掠者，其他一些则放弃继续在加勒比海活动，来到印度洋寻找更有利可图的猎物。

对卡塔赫纳的攻击标志着掠夺者最后的狂欢和一个时代的终结。到 17 世纪和 18 世纪之交，掠夺者的时代已经过去，一个私掠者独立行动的阶段即将到来。不可避免的是，其中一些人将抛弃加之于私掠者身上的严格控制，成为彻头彻尾的海盗。

6
第六章
海盗活动的黄金时代

一个黄金时代?

近年来，18 世纪初到 1730 年左右的这段时间在海盗活动历史上被称为“海盗活动的黄金时代”。一些历史学家甚至给出了更加精确的定义。例如，海洋史学家大卫·科丁利（David Cordingly）认为这一时代始于 1698 年，那一年由私掠者转变为海盗的基德船长截获了“奎达商人号”（*Quedah Merchant*）商船。同时他认为这一时代结束于 1722 年，这一年“黑男爵”罗伯茨的海盗船员在西非的海岸角奴隶堡（Cape Coast Castle）被集体处以绞刑。在我的人物传记《黑胡子：美国最臭名昭著的海盗》（*Blackbeard: America's Most Notorious Pirate*，2006 年）一书中，我提出了一个更紧凑的历史区间——从 1714 年到 1725 年。但说到底这些定义都是主观的，因为我们都是依照个人观点使用了不同的参数。大家都同意的一点是在 18 世纪的头十年，美洲海域、非洲海岸和印度洋的海盗活动显著增加。“黄金时代”这一短语就是用来描述这种历史现象的简称。

← 19 世纪画家让·里昂·热罗姆·费里斯（Jean Leon Gerome Ferris）这幅内容激烈的绘画描绘了 1718 年 11 月“黑胡子”在奥克拉科克岛的最后一场惨烈战斗。画中显示了这个臭名昭著的海盗与英格兰皇家海军上尉梅纳德（Maynard）的决斗中殊死奋战（SuperStock/Getty Images）

这个短语从未出现在任何同时代的报纸、法院记录、官方信件、海盗传记或同时代的任何其他通信中。这意味着这个短语是“黄金时代”结束以后发明的。现代海盗历史学家都使用了这个短语，但却不是这个短语的创造者。事实上，首次引用这个短语的是《铁血船长》（*Captain Blood*，1922）和《黑天鹅》（*The Black Swan*，1932）等海盗小说的作者拉斐尔·萨巴蒂尼（Rafael Sabatini，1875—1950）。这两本小说都被改编成了好莱坞的侠盗电影。这一明显具有讽刺意味的短语是如何起源的并不重要，其在今天的重要性在于帮助定义了一个时代。

↓这幅大型版画的细节部分描绘了1722年身穿优雅服饰的“黑男爵”巴沙洛缪·罗伯茨（Bartholomew Roberts）准备在非洲西海岸与皇家海军战舰“燕子号”（*Swallow*）的船员作最后一战

在某种程度上，海盗和他们的受害者都是欧洲官方政策的产物。我们已经知道了政府是如何逐渐控制掠夺者们的。到17世纪70年代，除非发生战争，否则掠夺西班牙人将成为非法活动。英格兰人在摩根1670—1671年袭击巴拿马后，得以确立对掠夺者的严格控制，摩根自己也参与制定了防止非法袭击的法律。法国人花了更长时间才控制住掠夺者，但在17世纪末也实现了对他们的控制。这意味着到西班牙王位继承战争（1701—1714）开始时，所有主要的海上强国都已经确立了对私掠者活动的控制，确保他们在法律许可的范围内行事。[1]

这场战争又被称为“安妮女王战争”，法国在这场战争中成为另外三个海上强国的敌人。虽然荷兰和西班牙并没有太多的私掠者在加勒比海活动，但加勒比海有大量的法国和英格兰（或者说1707年后的英国[2]）私掠者。在欧洲，法国的敦刻尔克和英国的布里斯托尔都成了私掠者的避风港。而在加勒比海，马提尼克岛的法兰西堡、巴巴多斯岛的布里奇顿和圣多米尼克的小戈阿沃和牙买加的皇家港都充斥着持有私掠许可证的船长。

1　关于这些冲突的更详细记载，见 John A. Lynn, *The Wars of Louis XIV, 1667–1714* (London, 1999)。
2　根据《1707年联合法案》，苏格兰王国与英格兰王国共同组成单一王国。

在那些年，私掠活动是获利极高的业务，皇家港等地吸引了成百上千的水手，他们都希望能寻找赚大钱的机会。皇家港再次成为一个繁荣的城市，所有人都能从那里获利，当然除了那些船只被截获的船主。然而，在1711年，随着战争逐步结束，英国政府开始与法国秘密进行停战会谈。结果是两国于1713年4月签订了《乌德勒支和约》，结束了所有主要海上强国之间的敌对状态。

↑大部分海盗都来自繁忙的大型港口城市，在这些城市做水手为生帮助他们摆脱了出生地的贫困和恶劣环境。贺加斯（Hogarth）的这幅绘画中就描绘了伦敦金酒巷（Gin Lane）的脏乱破败

和平状态充分暴露了英国给自己带来的问题。当战争结束时，所有现有的私掠许可证都即刻失效。有6000名此前的私掠者现在都失业了，港口很快又充斥着找工作的水手。许多人都幸运地找到了工作，因为在战争结束后，英国的商船队伍在迅速扩张。随着海上有了更多商船，对水手的需求也在逐渐增长，许多此前的私掠者都心甘情愿地接受了更为恶劣的环境和向他们提供的薪酬。其他人则决定继续利用他们的私掠技能，就当和平状态不存在。换句话说，他们变成了海盗，但他们试图通过打造合法的假象来掩盖他们的行为。尽管这些由此前的私掠者变成的海盗只攻击他们的老对手——法国人或西班牙人，但“黑胡子”和巴沙洛缪·罗伯茨这些人毫无顾忌，对任何他们想要攻击的人下手。

因此战争的结束意味着海盗和他们潜在受害者的数量都增加了，尤其是英国海盗和英国（或美洲殖民地）商人。虽然受影响最严重的地区是加勒比海和美洲的大西洋海岸，但这类新型海盗涉猎的范围更加广泛，非洲西海岸和印度洋都成了海盗“热点地区”。换言之，尽管这些海盗不像17世纪的掠夺者那般以大型舰队的方式活动，但他们的攻击范围并不限于加勒比海。这意味着他们明显影响了国际贸易，从这一时期保险费用的急剧上升就可以看出。

另一个因素是缺乏管理。海盗活动一般在政府没有权限或无意管理的区域滋生和泛滥。这一时期许多美洲殖民地都缺乏强有力的政府管理，导致大西洋海岸吸引了众多海盗，直至政府采取了强硬措施。通常政府采取强硬措施的原因是，船只损毁的成本和上升的保险价格已经远超海盗和殖民者非法贸易带来的利益。[1] 这些海盗被一个个追杀，"海盗活动的黄金时代"随之走向终点。高调的海盗处决也产生了震慑作用，令水手们不敢轻易选择海盗这一职业。最晚到 1730 年，这一"时代"就已经终结。

海盗的职业生涯则吸引了媒体的高度关注，因为海盗审讯和处决都增加了小报和大报的销量。这在某种程度上创造了海盗富有魅力的形象，虽然在大部分情况下这并非事实，而且海盗生活的残酷真相也全然没有得到讲述。这一"黄金时代"出现了历史上一些最为知名的海盗。几个世纪以来，人们对他们的活动进行浪漫化的讲述，这使得他们现在看起来带着不太真实的英雄主义色彩。甚至"海盗活动的黄金时代"这一短语也具有误导性，因为它暗示着这是一场浪漫主义的运动，而非十年的残酷攻击和经济动乱。在海盗肆虐早已成为历史之后，那些相关的书籍通常都未能描述这一"黄金时代"的真实状况。

↓西印度群岛的背风群岛在"海盗活动黄金时代"是一个经常发生海盗袭击的地方。贝拉米（Bellamy）、罗伯茨和蒂奇（Teach）等船长都曾对沿着群岛岛链航行的船只展开袭击，并且时常藏身在隐蔽的港湾中。例如位于瓜德罗普岛上的这个港湾就曾是罗伯茨的藏身之地（John Burcham/Getty Images）

1 Angus Konstam, *Blackbeard: America's Most Notorious Pirate* (Hoboken, NJ, 2006), pp.41–43.

新普罗维登斯岛

做海盗的众多不利条件之一是掠夺的赃物通常不是铸币，因此不方便在船员之间分配。遭到海盗袭击的商船通常是小船——双桅横帆船或单桅帆船。大型船只有可能是从西非海岸前往牙买加的奴隶贩卖船，从加勒比海运送朗姆酒或糖前往欧洲或美洲殖民地的船只，或将制造品运往美洲殖民地的船只或运载烟草、棉花、皮草、木材或焦油返程的船只。甚至在纽芬兰和大浅滩附近活动的大渔船队都成了目标。

←虽然霍华德·派尔描绘的海盗可能并不都符合历史事实，但这些绘画反映了时代的特征，并且助长了对这一时期的海盗进行浪漫化描绘的风气

在大多数情况下，海盗会自己把船上的罗姆酒喝了，但有时他们会肆意破坏其他货物。如同其他罪犯一样，为了将物品换为金钱，海盗们需要找到愿意购买盗窃财物的人。由于抵制海盗和非法贸易的规定越来越严格，许多港口都禁止海盗出入。因此他们只能前往小型的定居点和岛屿。当然，海盗希望能有自己的城镇，一个遍布不法商人、妓院、酒馆和赌场的地方。在1715年，他们找到了这个地方。

巴哈马新普罗维登斯岛上的海盗避风港是因为一场西班牙海难而形成的。1715年6月30日，一年一度的西班牙珍宝船队开启返程，从佛罗里达和大巴哈马岛之间的巴哈马海峡向北出发。船队启程后海风四起，当晚船队就遭遇了飓风。十一艘船在佛罗里达海岸附近失事，珍宝船队中只有一艘船还在海上漂浮。这艘船将消息带回了哈瓦那，西班牙总督立即派出一支远征队援救幸存者和打捞遗失的白银。[1]

其他人也有同样的想法。11月底，300名突袭者攻击了救助营，赶走了人单力薄的卫戍部队，并抢占了打捞回来的财物。这些之前来自皇家港的私掠者带着至少6万枚“八片币”离开了。对许多人来说，这好像回到了从前的私掠者年代。当月月初，牙买加总督派私掠者亨利·詹宁斯（Henry Jennings）回到佛罗里达，看看是否能打捞到财物。詹宁斯以此为借口袭击了救助营。

1 同前注，pp.36–40。

→ 17 世纪的一幅写意画中描绘的哈瓦那港口入口。这个大型港口守卫森严，是西班牙珍宝船队启程返回西班牙的最后集结地点

他在 1716 年 1 月回到佛罗里达海岸，并再次袭击了救助营。这次，他收获了 12 万枚“八片币”。然而，这是最后一场袭击。因为西班牙很快派重兵把守他们的救助营。当年夏天，两艘大帆船将打捞的珍宝运回了西班牙，营地也被抛弃了。然而，还有约 25 万枚“八片币”遗失在失事地点。当时整个加勒比海都掀起了一股寻宝热潮。几周后，亨利·詹宁斯和其他打捞者都回来了，并开始在失事地点寻找财物。佛罗里达当时是西班牙的领地，因此迫于外交压力的牙买加当局宣布与这些打捞者脱离关系。

这导致这些打捞者无法在皇家港处理他们的赃物，但他们现在有了另一个选择。1716 年年初，一些非法的牙买加商人来到巴哈马新普罗维登斯岛上破败的英国定居点。他们愿意为打捞者提供一个交易偷盗物品的市场，因此詹宁斯和其他打捞者开始与他们交易。到当年夏天，新普罗维登斯岛就已经发展成一个繁荣的海盗巢穴，充斥着寻宝者、走私者和非法贸易者。1716 年 6 月，弗吉尼亚总督写信给伦敦，抱怨海盗已经控制了巴哈马群岛，这意味着这一新的海盗巢穴已经非常完善。

新普罗维登斯岛地理位置优越。该岛靠近主要的贸易路线和佛罗里达的失事地点，顺风风向便于海盗船只进入这些袭击地点。岛屿的天然港湾拿骚港足以容纳100多艘船。岛上食物、水和木料供应充足，有供戒备瞭望的有利位置，甚至还有一个由岛上的原住民、现在人数不多的定居者建造的小型港口。重要的是，新普罗维登斯岛有一个繁忙的贫民窟，可以满足海盗的一切需求。这座岛屿大小约为60平方英里（约97平方千米），刚好足以建立一个定居点。虽然它名义上是一个英国殖民地，也是英属巴哈马群岛的首府，但并未设立行使英国王室权力的总督。换句话说，没有什么能够阻止海盗控制这座岛屿。

到1717年夏天，据称有500多名海盗将这座岛屿用作基地，在十几条小船上活动。本杰明·霍尼戈尔德（Benjamin Hornigold）、查尔斯·韦恩、亨利·詹宁斯、“白棉布”杰克·拉克姆、爱德华·蒂奇（“黑胡子”）和萨姆·贝拉米（Sam Bellamy）都在新普罗维登斯岛繁荣发展的这几年内从此经过。商人们与这些人交易，之后将商品走私至美洲殖民地和加勒比海发展成熟的市场上。截获的船只可在此处倒卖。与此同时，造船工人以修补海盗船或修理战利品为生，而铁匠们可以修补枪炮和武器。新普罗维登斯岛必定是一个欣欣向荣的地方，领头的海盗船长们根据集体意愿进行管理，此外再无其他的管理形式。

随后这场海盗的狂欢也走向了终点。随着这些海盗活动遭到投诉，伦敦方面决定采取相应措施。因此，1717年9月5日，乔治一世国王签署了《镇

↓现在位于巴哈马普罗维登斯岛上的拿骚是一个热门的旅游目的地，很难想象18世纪初那里曾是一个小型定居点，之后发展成一个海盗避风港。现在几乎找不到古老的海盗社区的踪迹（Adermark Media/Getty Images）

本杰明·霍尼戈尔德的航行

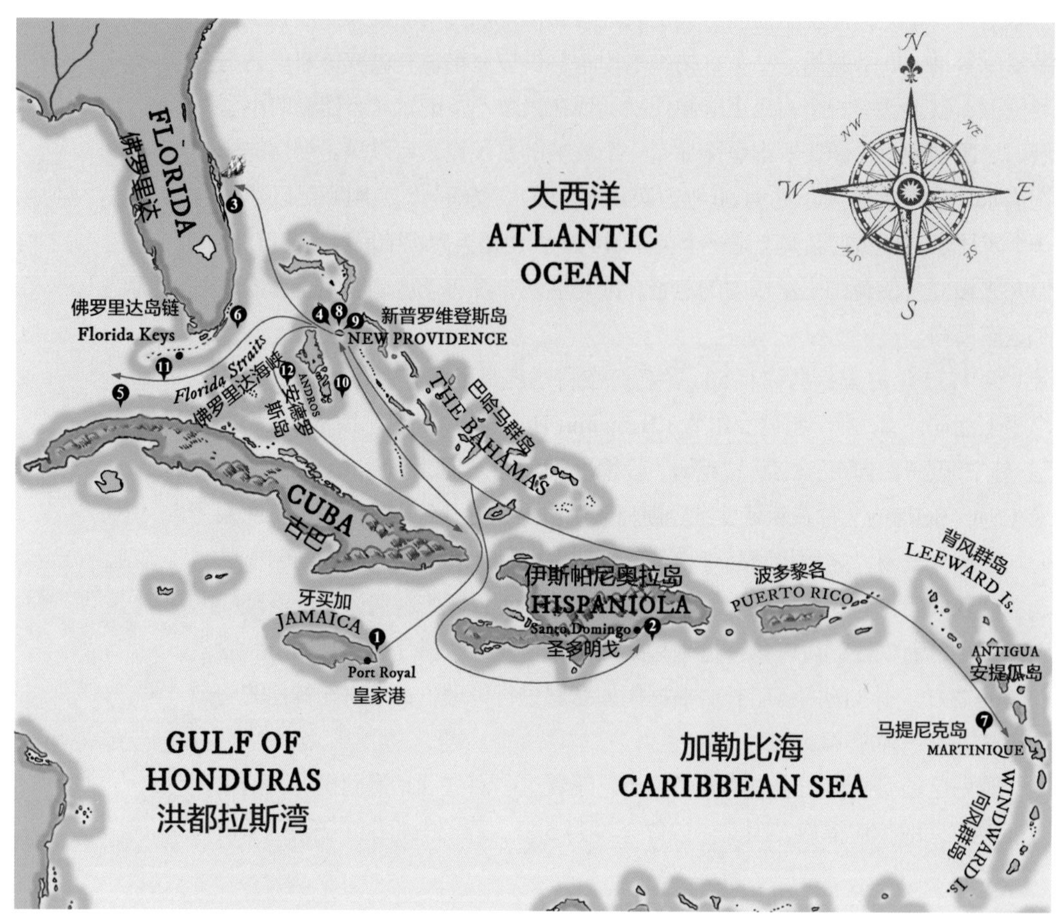

→后页图：1718 年伍兹·罗杰斯作为新任英国总督抵达巴哈马群岛。然而，他对海盗活动并不陌生。这幅版画描绘了当时还是私掠者的罗杰斯在 1704 年的瓜亚基尔（现在的厄瓜多尔）掠夺西班牙女人的珠宝

压海盗公告》（*A Proclamation for Suppressing Pyrates*）。[1] 如果海盗在 1718 年 9 月 5 日前投降，他们在当年 1 月之前犯下的罪行将得到全部赦免。拒绝接受赦免的海盗将被追捕。这是典型的软硬兼施的政策，因为他们认为，如果有第二次机会，许多海盗将会改变他们的行为方式。这份公告的副本于 1717 年 12 月抵达新普罗维登斯岛。其影响是海盗们形成了两个政治类别：第一类以霍尼戈尔德和詹宁斯为首，他们倾向于接受当局的条件。而第二类以查尔斯·韦恩为首的“强硬派”则拒绝接受任何形式的投降。1718 年 3 月，皇家海

1 Captain Charles Johnson, *A General History of the Robberies & Murders of the Most Notorious Pyrates* (London, 1724, reprinted by Lyons Press, New York, 1998), pp.13–14. 另见 Konstam, p.107。

图 例

西班牙海难

1. 1713 年：英国和西班牙之间签订和平协议的消息传到牙买加，因此本杰明·霍尼戈尔德的私掠许可证被取消了。
2. 1714 年 6 月：西班牙人报告霍尼戈尔德在圣多明戈附近攻击西班牙船只。
3. 1715 年 11 月：霍尼戈尔德参与了对佛罗里达海岸的西班牙救助营的掠夺，这座救助营在 1715 年西班牙珍宝船队失事后建立。
4. 1716 年 2 月：霍尼戈尔德在新普罗维登斯岛上安顿下来，并帮助将其建成一个海盗避风港。
5. 6 月：他在佛罗里达海峡附近航行，掠夺西班牙船只。
6. 8 月：他在巴哈马海峡附近航行，船员中还有蒂奇和贝拉米。
7. 1717 年夏天：现在被描述为新普罗维登斯海盗头目的霍尼戈尔德在西印度群岛附近航行，掠夺法国船只。
8. 12 月：英国王室赦免海盗的消息传到新普罗维登斯岛，霍尼戈尔德鼓励他的同伴接受赦免条件。
9. 1718 年 7 月：霍尼戈尔德签署了赦免令并为新任英国总督伍兹·罗杰斯提供支持，罗杰斯任命霍尼戈尔德追捕海盗。
10. 9 月：霍尼戈尔德追捕查尔斯·韦恩，但并未成功，但他捕获了在巴哈马安德罗斯岛附近活动的海盗。
11. 1719 年 1 月：他追捕佛罗里达岛链附近的海盗。
12. 夏天：霍尼戈尔德和他的船只在巴哈马海峡遭遇飓风后失踪。

↑新普罗维登斯岛上的“强硬分子”海盗头目查尔斯·韦恩拒绝接受赦免，他最终遭遇海难，并被捕获。后来他被审讯，并于1721年春天被处决

军战舰“凤凰号”（HMS *Phoenix*）抵达，其船长急切地想要了解海盗们对当局的条件有怎样的反应。皮尔斯（Pearce）船长意外受到了热烈欢迎，他在离开时带走了一份接受临时赦免的200多名海盗的名单。这份名单中包含霍尼戈尔德和詹宁斯。皮尔斯告诉海盗，当局将派出一名总督，总督将正式批准临时赦免令。英国政府选择的人是伍兹·罗杰斯，他此前是一名私掠者，并且曾截获一艘马尼拉大帆船。罗杰斯从一个狩猎者变成守门人。自从他于1711年初回到布里斯托尔后，他开始大力发展奴隶贸易事业。在接受总督职位的同时，他也希望进一步寻找业务机会。因此，在7月26日晚，罗杰斯带着七艘船抵达新普罗维登斯岛，其中包括三艘战舰和两艘军队运输船。他打算在港湾外停留一晚，第二天上午得到热烈欢迎后再登陆。然而，查尔斯·韦恩却有不同的想法。

当天晚上凡恩和90名“强硬分子”登上了他的单桅帆船“漫游者号”（*Ranger*），韦恩还将另一艘截获的法国船改造成火攻船，随后向海港入口出发。韦恩乘坐的“漫游者号”隐藏在熊熊燃烧的火攻船之后。他看到英国船员为避免引火上身而切断锚索，准备开航。在混乱之中，“漫游者号”漂流到港湾之外，淹没在夜色之中。韦恩的这一举动令人惊讶，但也令詹宁斯和霍尼戈尔德牢牢掌控了这座岛屿。当罗杰斯第二天早上登陆时，这两名船长护送他来到堡垒，罗杰斯在这里升起了英国国旗。英国人现在控制了新普罗维登斯岛。大部分的海盗都遵守了诺言。詹宁斯隐退至百慕大群岛，霍尼戈尔德则成了罗杰斯的海盗猎手，追捕那些重操旧业的海盗。12月份罗杰斯政府迎来了第一场考验，当月他对几名霍尼戈尔德抓获的海盗“强硬分子”处以绞刑。但处死这几名海盗后并未发生叛乱，这场处决也证明了罗杰斯和英国法律的地位。很显然，新普罗维登斯岛作为海盗避风港的日子已经过去了。

遗憾的是，由于没有了海盗活动的经济刺激，巴哈马群岛的经济迅速衰退。罗杰斯再也未能将这一群岛建设成一个带来经济利益的殖民地。到1721年时，他的钱已经用完。他回到了英国，并且因为债务问题而被短期囚禁。他后来回到了新普罗维登斯岛，并于1732年在当地逝世。当时“海盗活动的黄金时代”已经过去，罗杰斯也恰如其分地被人们铭记为打击猖獗海盗的第一人。

查尔斯·韦恩和他的“强硬分子”

在查尔斯·韦恩戏剧性地离开新普罗维登斯时，他已经成为同时代人们眼中最强硬的海盗。他在海盗职业生涯之初追随了亨利·詹宁斯，攻击西班牙珍宝营地。但在此之前，他是一个以皇家港为基地的私掠者。到1718年年初，他已经有了自己的私人单桅帆船“漫游者号”，并于当年4月开启了首次独立航行。他截获了两艘百慕大单桅帆船，其中一名船长声称凡恩殴打了他，并折磨了其中一名船员，将燃烧的火柴插入他的眼中。凡恩对另一艘单桅帆船上的一名船员处以绞刑，之后用他的弯刀猛砍这名船员。查尔斯·韦恩很快因残忍而出名。[1]

在1718年7月逃离普罗维登斯岛后，查尔斯·韦恩一直在潜逃之中。但霍尼戈尔德并不是唯一追捕他的海盗猎手。南卡罗来纳殖民地还派出两艘船追捕他。虽然凡恩避开了这两艘船，但另一名海盗斯蒂德·邦尼特（Stede Bonnet）就没有那么幸运，他在开普菲尔河（Cape Fear River）被围捕。邦尼特和他的手下被带回查尔斯城（现在的查尔斯顿），他们在那里被审讯并被处决。

到9月时，“漫游者号”停靠在北卡罗来纳外滩群岛（Outer Banks）的奥克拉科克岛（Ocracoke Island）沿岸，这里是“黑胡子”的避风港。这两组海盗船员在一起共度一周，举行了一个聚会。他们在聚会上豪饮朗姆酒，与从邻近城镇溜进来的女人寻欢作乐。之后“黑胡子”和韦恩各自上路，韦恩向北航行，前往纽约附近的海域。到10月底时他已经抵达长岛，并在此截获了一艘双桅横帆船。然而，冬天快要来临，因此海盗们决定返回加勒比海更加温暖的海域。这是海盗的惯常操作，他们像候鸟一般，在冬天前往南方。到11月底时，查尔斯·韦恩已经在伊斯帕尼奥拉岛和古巴之间的向风海峡航行，海盗们已经在长达一个月的时间内没有收获任何战利品或掠夺物。

之后在11月23日，他们以为自己发现了一艘法国商船。凡恩的运气似乎又回来了。然而，这艘船其实是一艘在引诱海盗进入陷阱的法国军舰。韦

↓ 1718年末“绅士海盗”斯蒂德·邦尼特在南卡罗来纳殖民地被处决。图中显示他手握一束花，这是为自己的罪行感到忏悔的象征

1 Johnson, pp.103–110；另见 Konstam, pp.158–159。

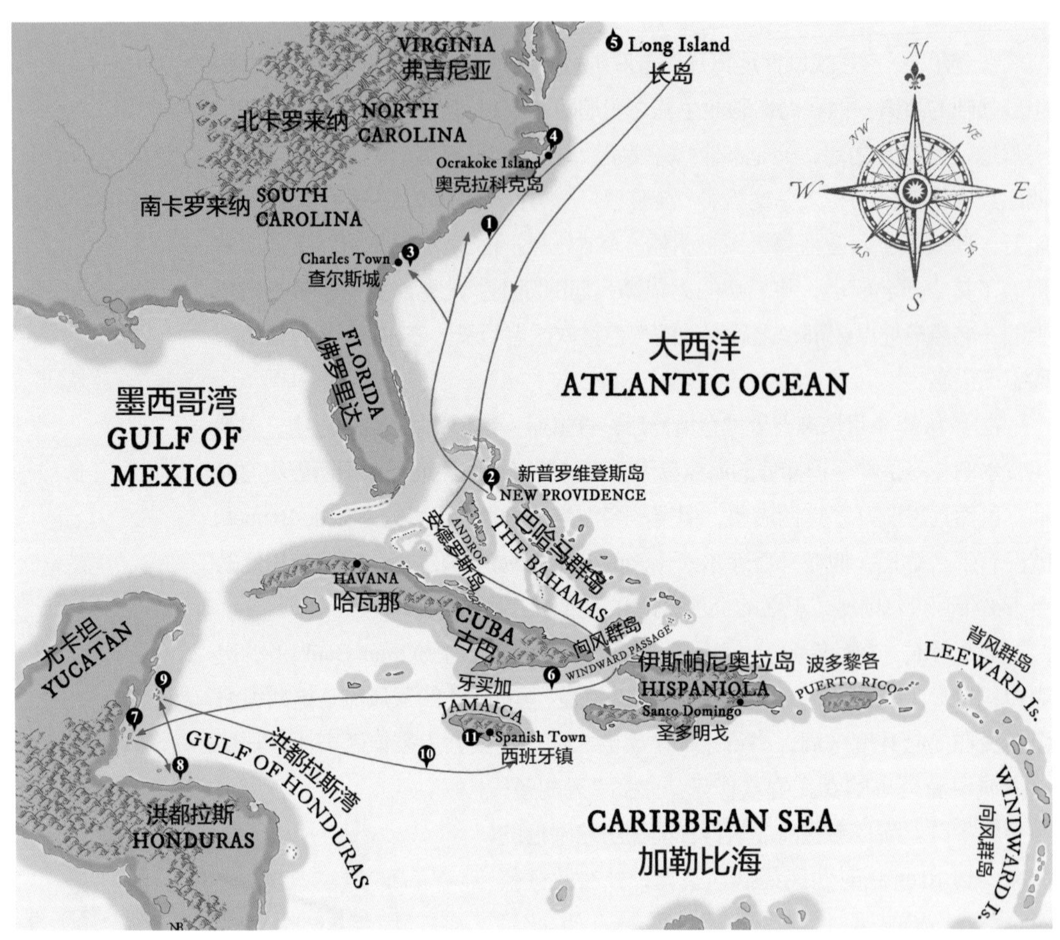

→下页图：一幅19世纪的版画显示海盗们正在海滩上享受聚会或（野餐派对），他们临时找来一些女人与他们做伴。1718年，当“黑胡子”和查尔斯·韦恩的船员在奥克拉科克岛上相会时，据说他们举办了为期一周的野餐派对

恩离开之后法国战舰穷追不舍。在被军舰持续追捕的过程中，舵手杰克·拉克姆（Jack Rackham）领导的一些船员感到韦恩被吓坏了。[1] 尽管“漫游者号”逃脱了追捕，但却留下了怯弱的污点。拉克姆发起一场投票，并通过决议，给韦恩贴上了懦夫的标签，并撤销其船长职务。拉克姆接替他成为船长。当时“漫游者号”还有一艘在长岛附近截获的小船。韦恩和他的16名支持者被转移到这艘船上，拉克姆则乘坐“漫游者号”起航了，任韦恩自生自灭。

韦恩并未气馁。他向南航行，在途中截获了一艘单桅帆船。到1719年1

1 Johnson, p.107.

1. 1718 年 4 月：韦恩驾驶单桅帆船“漫游者号”开启了他的首次单独航行，在卡罗来纳附近截获了两艘船。
2. 6 月：韦恩在伍兹・罗杰斯到达新普罗维登斯岛时向其开火，之后逃离。
3. 8 月：韦恩在查尔斯城附近截获了几条船。
4. 9 月：韦恩在奥克拉科克岛遇到了“黑胡子”（爱德华・蒂奇），这两队船员在当地狂欢了一周。
5. 10 月：韦恩在长岛附近航行时截获了另一艘船。
6. 11 月：他前往南方过冬，但在向风群岛遇到了一艘法国战舰，之后逃离。他的船员接替他成为船长，他只剩下一艘截获的小船和 16 名船员。
7. 12 月：韦恩在伯利兹海岸航行，后前往洪都拉斯湾。
8. 1719 年 1 月：他在一个称为“Barnacko”的岛上建立基地，并截获了几艘在该区域航行的船只。
9. 2 月：韦恩在伯利兹海岸的灯塔礁（Lighthouse Reef）遭遇飓风，船只失事。他和他的两名船员幸免于难。
10. 4 月：韦恩和他的同伴获救，但他被人认出，并被带回牙买加接受审讯。
11. 11 月：韦恩在西班牙镇因从事海盗活动而遭到审判，他被判处死刑，并最终于 1721 年 3 月被处以绞刑。

“白棉布”杰克·拉克姆的路线

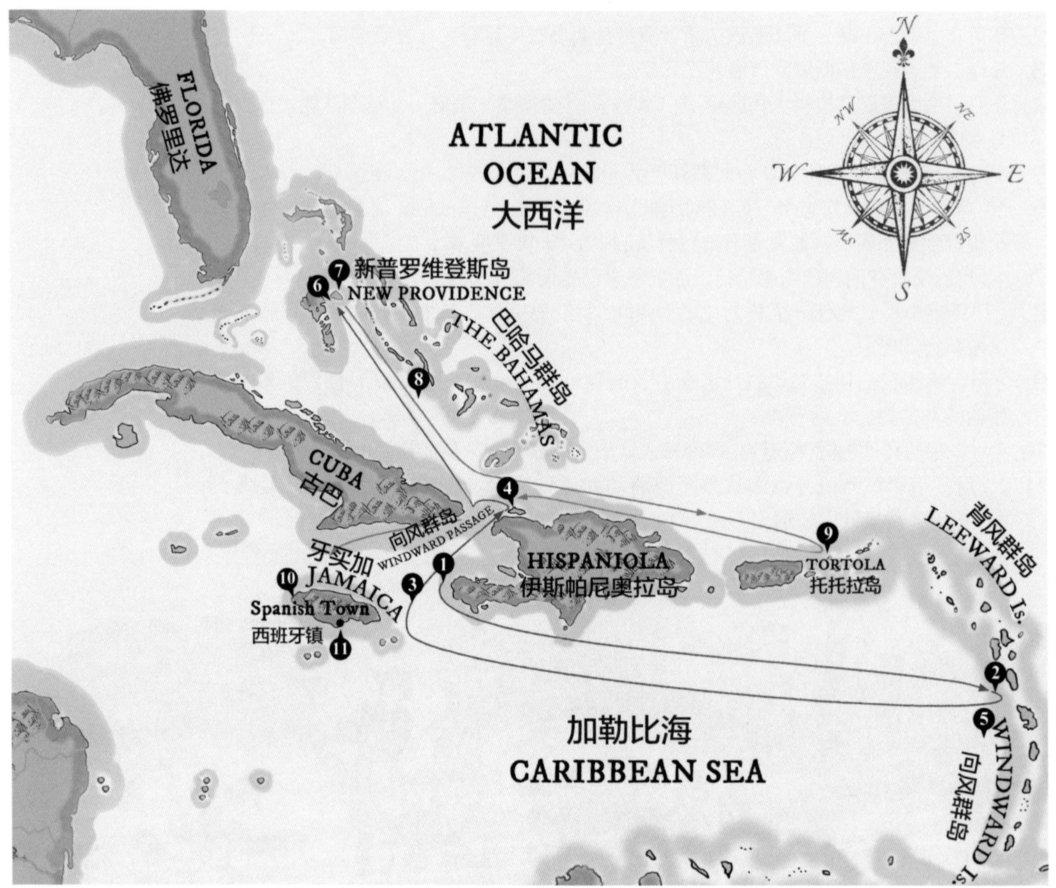

月，他已经抵达洪都拉斯湾。他打算掠夺在当地活动的伐木船，但却遭遇了飓风。韦恩和其他两名幸存者遭遇海难，被困在一个小岛上。他们等了几周才遇到一艘船。不幸的是，霍尔福德（Holford）船长认出了他，并拒绝帮助他。好在第二艘船上的人热心，于是这几个受困之人获救了。之后，在不可思议的命运安排之下，救助他们的人遇到了霍尔福德的船只，一名船长邀请对方共进晚餐。霍尔福德发现了韦恩，一切便都结束了。海盗们被转移到霍尔福德的船上，戴上镣铐，被带至牙买加。

1719 年 11 月时，查尔斯·韦恩被监禁在西班牙镇。他的审讯在 1721 年 3 月 22 日开始，结果是意料之中的。毕竟，韦恩拒绝了国王的赦免，并对罗杰

图 例

◀— 1718—1719 年航行 ◀— 1720 年航行

1718—1719 年

1. 11 月：查尔斯・韦恩在向风群岛逃离一艘法国军舰的追捕后，他的船员罢免了他的船长职务，并选择杰克・拉克姆担任船长。
2. 12 月初：拉克姆在背风群岛航行，并截获了几艘小船。
3. 12 月中旬："漫游者号"截获了一艘运酒船，船员把这些酒都喝光了。
4. 12 月末："漫游者号"在伊斯帕尼奥拉岛北海岸发生侧倾。
5. 1719 年春天：拉克姆回到西印度群岛，但未能截获任何重要的战利品。
6. 5 月：他回到普罗维登斯岛，并接受了伍兹・罗杰斯的赦免。在接下来一年中，他以合法私掠者的身份航行。

1720 年

7. 8 月 22 日：拉克姆偷盗了单桅帆船"威廉号"（*William*），并带着 13 名船员重启海盗活动。他的同伴中还包括两名女海盗安妮・伯尼（Anne Bonny）和玛丽・里德（Mary Read）。
8. 9 月：他在巴哈马群岛附近掠夺了一支渔船队，之后向东前进。
9. 10 月：他在托托拉岛附近截获了两艘单桅帆船，之后继续向西前进，躲避追捕。
10. 11 月 15 日：拉克姆在牙买加的西端抛锚。当天晚上他遭到一名海盗猎手的攻击，这名猎手在一场不对等的短暂战斗后，截获了"威廉号"。这些海盗被带至西班牙镇接受审讯。
11. 11 月 26 日：拉克姆和他的大部分船员获罪，并被处以绞刑。两名女海盗因为怀孕而逃过死罪。

斯总督开火。这名死刑犯被带至俯瞰皇家港的盖洛斯角（Gallows Point）处以绞刑。之后他的身体被放在一个笼子里，用于警告他人。

凡恩的另一艘单桅帆船由韦恩的得力助手罗伯特・迪尔（Robert Deal）指挥。这艘船在风暴中与韦恩走失了。迪尔在与他的船长走失后的几周就被一艘英国战舰抓获了。他和他的船员在盖洛斯角被处以绞刑。此时韦恩仍然被困在孤岛上。韦恩当然不是最后的"顽固分子"。他的死对头"白棉布"杰克・拉克姆仍然逍遥法外。

"白棉布"杰克・拉克姆

查尔斯・韦恩的处决给所有希望成为海盗的人敲响了警钟。正如基地位于牙买加的海军军官弗农（Vernon）船长所说："这些惩罚措施在这里产生了极好的革新效果。"[1] 然而，韦恩只是一个有名无实的领袖，大部分"强硬分子"

1 引自 Konstam, p.117。

↑“白棉布”杰克·拉克姆是一个不太成功的低级别海盗。他在新普罗维登斯岛接受了赦免，但很快又重操旧业。然而，他在1720年被捕后名声大噪，因为当时人们发现他那十几个实力强劲的海盗船员中有两个是女人

仍然在海上活动。在1718年11月“漫游者号”发生叛变后，“白棉布”杰克·拉克姆成为船上50名实力强劲的海盗船员的新头目。这使得“白棉布”杰克·拉克姆成为“强硬分子”的新领导。

我们对拉克姆与韦恩航行之前的生平经历一无所知，除了知道他的绰号是“白棉布杰克”。白棉布是一种用原色棉花制成的纺织品，不像帆布那么粗糙，并且远比加工棉布便宜。1700年，英国政府为保护英国棉布产业的发展，禁止从印度进口白棉布，因此拉克姆的绰号可能是因为走私白棉布而来的。然而，这只是猜想，他的绰号背后的真实原因我们不得而知。在与韦恩分道扬镳后，拉克姆在背风群岛附近航行，他在那里截获了几艘船。他还在牙买加和圣多米尼克之间截获了一艘运载马得拉白葡萄酒的船，他的船员们两天就把这些酒喝光了。他们在伊斯帕尼奥拉岛上举办了一个沙滩派对庆祝圣诞节。此后他们在向风群岛附近航行，但除了截获一艘前往牙买加种植园的罪犯流放船外，他们并没有其他收获。

之后他的运气来了。那年12月，英国对西班牙宣战，再次需要私掠者。伍兹·罗杰斯重新发出了他的赦免要约。当拉克姆和他的“顽固分子”得知后决定接受要约，因此他们可以成为合法的私掠者。

因此“强硬分子”降下他们的黑旗，售出了“漫游者号”，并在船员之间平分利润。拉克姆和他的船员签约成为私掠者，但结果这只是一场短暂的战争，两国在1720年2月签订了和平协议，结束了私掠者们获利丰厚的职业生涯。拉克姆正是在这段时间遇见了安妮·伯尼，两名震惊上流社会的女性之一。8月22日，拉克姆和包括安妮·伯尼在内的13名追随者偷走了安装有12门大炮的巴哈马单桅帆船“威廉号”，并在别人发现之前逃离了新普罗维登斯岛。奇怪的是，他的水手中原来还有另一个女人，玛丽·里德，她乔装打扮成男人混迹其中。伍兹·罗杰斯将她们全部认定为海盗，他的名单上包括这两个女人。[1]

1 见 Konstam, p.120。

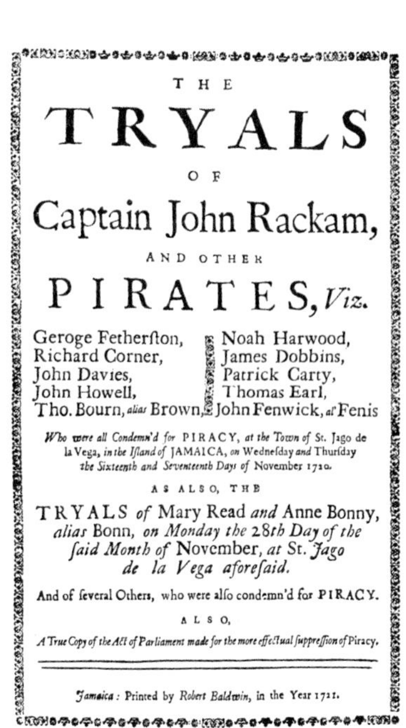

THE

TRYALS

OF

Captain John Rackam,

AND OTHER

PIRATES, *Viz.*

Geroge Fetherſton, Richard Corner, John Davies, John Howell, Tho. Bourn, *alias* Brown, Noah Harwood, James Dobbins, Patrick Carty, Thomas Earl, John Fenwick, *al'* Fenis

Who were all Condemn'd for PIRACY, *at the Town of* St. Jago de la Vega, *in the Iſland of* JAMAICA, *on* Wedneſday *and* Thurſday *the Sixteenth and Seventeenth Days of* November 1720.

AS ALSO, THE

TRYALS *of* Mary Read *and* Anne Bonny, *alias* Bonn, *on Monday the* 28*th Day of the ſaid Month of* November, *at* St. *Jago de la Vega aforeſaid.*

And of ſeveral Others, who were alſo condemn'd for PIRACY.

ALSO,

A True Copy of the Act of Parliament made for the more effectual ſuppreſſion of Piracy.

Jamaica: Printed by *Robert Baldwin*, in the Year 1721.

拉克姆驾驶“威廉号”向南穿过向风海峡，10 月 1 日，他在托尔图加岛附近截获了两艘单桅帆船，并在牙买加附近截获另一艘船。牙买加当局派出海盗猎手乔纳森·巴尼特（Jonathan Barnet）和安装有 12 名大炮的单桅帆船“老鹰号”（*Eagle*）寻找拉克姆。而拉克姆则继续沿着牙买加北部海岸航行来到该岛的西端内格里尔角（Negril Point）。11 月 15 日，这些海盗在这里抛锚，开始喝截获的朗姆酒。几个小时后，巴尼特在听到火枪的声音后，向内格里尔角驶来。他改变航线展开探查，但碰上了“威廉号”。那一枪可能是一名喝醉的海盗放的。拉克姆将锚索切断，试图逃跑，但“老鹰号”很快赶上了他们。喝多了朗姆酒的海盗们明显航行不当。巴尼特命令海盗投降，但海盗们发射了一枚小口径的回旋炮弹。于是他用大炮攻击“威廉号”的舷侧，将船的纵帆下桁击成碎片。这艘海盗单桅帆船被卷入风中，巴尼特得以靠近并登船。只有伯尼和里德似乎还处于能够抵抗的清醒状态，在抵抗的同时还在一边咒骂他们喝醉了的船员。据约翰逊船长所说，他们“呼吁甲板下的船员像个男人一样出来战斗”。[1] 这两名煽动者很快被制服，海盗们被戴上枷锁，带至西班牙镇。

↑上图：作为巴哈马的总督，伍兹·罗杰斯统治该岛三年，并将这个岛屿从一个海盗避风港成功转变为一个守法的英国殖民地。贺加斯这幅绘于 1729 年的画中显示他正在和他的儿子研究一张新普罗维登斯岛的地图

↖左上图：对“白棉布”杰克·拉克姆、安妮·伯尼和玛丽·里德以及他们其他 10 名船员的审讯的报告公布，审讯于 1720 年 11 月在牙买加举行

1 Johnson, p.121.

1720 年 11 月 16 日，海军中将法院对拉克姆和他的男性船员进行审讯，并对其定罪。“白棉布杰克”和其他 10 人按时在金斯敦外的盖洛斯角按时被执行绞刑。至于剩下的两名女海盗，她们的逮捕引起了轰动。此后公众对于伯尼和里德的生平经历一直抱有浓厚的兴趣。

安妮·伯尼和玛丽·里德

↓安妮·伯尼和玛丽·里德这两名女海盗在 1720 年被捕，这在一个认为女性不应成为水手、海盗或参与打斗的社会里，成了一桩骇人听闻的事件。结果这两名女海盗成了“黄金时代”最为知名的两个海盗

1720 年 11 月 28 日，两名女海盗在西班牙镇接受审讯，如同她们的男性船员一样，她们被判处绞刑。然而，她们俩后来都宣称自己怀孕了。一名医生证实了她们的说法，于是她们的判决被推迟执行。孩子的父亲究竟是谁我们不得而知，可能是拉克姆，也有可能是与她们私通的狱卒，这两名女海盗希望以此逃离绞刑台。玛丽·里德在五个月后连同她未出生的孩子死于狱中。安妮·伯尼则“继续在狱中服刑，但她后来怎么样我们并不清楚，我们只知道她没有被处决”。[1]

1 同前注，p.131。

无论安妮·伯尼和玛丽·里德究竟有怎样的生平经历，这两名女性似乎都在同等程度上令社会感到震惊和刺激。最令人惊讶的事实之一是她们都将自己扮成男人，以此来摆脱那个时代对女性的种种限制。她们也从事犯罪活动，像男人一样战斗。当时的报纸全都是她们的故事，这也不足为奇，因为人们乐于杜撰那些我们其实并不知晓的故事。这两名女海盗的存在令公众感到震惊。[1]然而，这并不是女性第一次从事海盗活动。

↑这幅画中对安妮·伯尼的描绘可能较为准确——她穿着当时水手的标准服饰——画家为了凸显她的性别，给她画了一件低领衬衫

14 世纪布列塔尼的贵族女性简·德·贝勒维尔（Jane de Belleville）手下有三艘私掠船，她带着这三艘船在法国海岸展开掠夺。17 世纪还有一个名叫夏洛特·德·贝莉（Charlotte de Berry）的英国女人，她穿上男装，跟着她的丈夫出海。后来她被一艘私掠船俘虏，并被船长强暴，之后她发动叛变，导致她的助手被谋杀。这些传说的问题在于，这些故事不像 16 世纪爱尔兰海盗格蕾丝·奥马利的故事，或同时期在英格兰海峡附近指挥一条私掠船活动的基利格鲁夫人（Lady Killigrew）的故事，它们无法得到证实。然而，这些女性都是个例，女性海盗仍然非常少见。

因此，这两名女海盗都在约翰逊船长的修订版海盗传记中占据了一章的内容。遗憾的是，虽然同时代的报纸对她们进行了较多报道，但我们仍然对她们知之甚少。约翰逊船长可能对媒体中流传的故事进行了改编，但他仍然是关于伯尼和里德的最佳信息来源。

据约翰逊所说，安妮·伯尼是爱尔兰人，是一名律师和他的女仆的私生女。约翰逊表示安妮在出生时被他父亲冒充为男孩，以此得到一份专为男孩而设的补贴。最终安妮的父亲移居至卡罗来纳，他的女仆也成了他的妻子。安妮本应该有一桩很好的婚姻，但她和一名“连四便士银币都没有”的水手私奔了。1719 年末，这对逃亡者来到了新普罗维登斯岛。

1 同前注，p.131。

→与同一位画家对安妮·伯尼的描绘一样，画中的玛丽·里德穿着当时典型的欧洲水手服饰。同时代的一个人表示这两个女人“穿着男人的夹克和长裤子，头上戴着头巾”

约翰逊对安妮·伯尼和拉克姆之间的关系进行了详细的描述。“在这里（新普罗维登斯岛），安妮认识了海盗拉克姆，拉克姆开始追求她，安妮很快不再爱她的丈夫，并同意与拉克姆私奔，扮成男装与他一起出海。”约翰逊表示这发生在拉克姆接受更新的赦免令之前，但他们更有可能是在拉克姆1719年初回到新普罗维登斯岛之后认识的。在拉克姆重新从事海盗活动之后，约翰逊表示，“没有人比安妮行动更迅速、更勇敢”。约翰逊补充道，当她在拉克姆处决当天早上到他的监狱看望他时，她告诉他“她很遗憾看到他沦落至此，但如果他曾经像一个男人一样战斗，他就不会像一条狗一样被绞死”。约翰逊几乎没有提及她怀孕的事情，但他暗示，她的父亲可能帮助她获得了缓刑，并表示她从狱中释放后可能回到了她父亲的家中。[1]

约翰逊提供的关于玛丽·里德的信息更少。她是英格兰人，也是她母亲的第二个孩子。她母亲的第一个孩子是一个男孩，是婚姻内合法所生，但他的水手父亲出海后再也没有回来。这个男孩在他母亲生下私生女玛丽不久之后就夭折了。此后，为获得孩子已故父亲家中的一份补贴，她母亲将玛丽冒充为她去世的哥哥。这个故事与安妮·伯尼的童年故事太过相似，以至于很难让人相信这是真的。很显然，玛丽在青少年时期便离家出走，曾在海军和军队中服役。约翰逊从审讯时报纸上耸人听闻的故事中摘取了这一段可能不太真实的生平经历。

故事很快变得更不可信。据说玛丽在军中服役时爱上了一个来自佛兰德的士兵。他们后来退役结婚，在布雷达开了一家餐馆。之后她的丈夫在 1697

1 同前注，p.131。

年去世。她登上了一艘开往西印度群岛的船，但却被英国海盗俘虏，海盗们还将其招入队伍之中。在这群海盗接受新普罗维登斯岛的赦免之前，玛丽一直与他们待在一起。在那里，她认识了安妮·伯尼和杰克·拉克姆。遗憾的是，这经不起推敲。没有任何一名已知的海盗船员能够持续逃亡二十年。据约翰逊所说，她丈夫去世时她应该是 20 岁出头，加入拉克姆船队时应该是 40 岁中旬，这时她几乎已经不可能怀孕。

如果要从这种讲述中找到些许真相，更合理的一种解释是她的丈夫在 1713 年西班牙王位继承战争结束时去世，此后她去往西印度群岛。在那段时间她曾短暂地从事海盗活动，获得赦免，并遇见了拉克姆和伯尼。然而，约翰逊的讲述基于夸张的报纸故事，几乎纯属虚构。

约翰逊接着描述了里德如何装扮成一名水手，只向安妮·伯尼、可能还有拉克姆和一名她喜欢的年轻水手透露了她的真实身份。在加入拉克姆船队的三个月后，这名年轻水手和他的船长被认定为海盗，被处以绞刑。而怀孕的玛丽·里德仍被关押在狱中，她在“审讯后发高烧，并因此死于狱中”。她在 1721 年 4 月 21 日被埋葬，连同腹中未出生的孩子。拉克姆的一名受害者称这两名女性“身穿男人的夹克和长裤子，头上戴着头巾，手中握着一把弯刀和一把手枪”。[1] 另一个人声称这两名女性“都很放荡，经常说脏话”。也正是这种耸人听闻的形象令伯尼和里德成为这一时期所有海盗故事中必然出现的人物。然而，我们对她们被抓获之前的了解都是推测和猜想。

↓在这幅 19 世纪的插画中，玛丽·里德在一场决斗中击败另一名海盗后，露出她的胸部，告诉她快死了的对手他是被一个女人射杀的。在她和安妮·伯尼被抓获后，据说与拉克姆的其他海盗水手相比，她们的抵抗更为激烈

1 引自 David Cordingly, *Under the Black Flag: The Romance and the Reality of Life Among the Pirates* (London, 1995), p.64。这一信息以及关于这场诉讼的所有其他信息都来自 1721 年出版的诉讼文字记录。

“黑胡子”的崛起

现如今，大部分人在想象一名真实海盗的形象时，他们会想到“黑胡子”。他因约翰逊船长而闻名，约翰逊船长对他的生动描写引人遐想：

> 我们的主人公蒂奇船长因他那浓密的胡子而有了“黑胡子”的绰号。[1]他的胡子遮住了他的整张脸，像一阵令人恐惧的流星雨，在很长一段时间内比此前出现的任何彗星都令美国感到害怕。他的胡子是黑色的，长到夸张的程度，宽到遮住他的眼睛，令他不堪忍受。他习惯用丝带将胡子编成小辫子，按照现在拉米伊式假发（ramilies wigs）的样式，梳在耳边。
>
> 在战斗时，他肩膀上吊着吊带，上面挂着用子弹带一样的手枪皮套装着的三支手枪。他的脸两侧的帽檐下还粘着点燃的火柴。他的眼睛天生看起来凶猛而狂野，人们无法想象一个比他看起来更可怕的来自地狱的复仇者。……如果他看起来像一个复仇者，他的幽默和热情则非常适合这种形象。

“黑胡子”或爱德华·蒂奇显然在刻意打造一个令人恐惧的形象。他意识到恐吓是海盗活动取得成功的关键。如果你的受害者惧怕你，那么你的任务就更容易完成。“黑胡子”将他的形象当作一种武器。如同许多海盗一样，我们对他开启海盗职业生涯之前的生平经历知之甚少。约翰逊船长声称他在1680年左右出生于布里斯托尔，但也有证据表明他在牙买加出生和长大。约翰逊声称蒂奇“在法国战争末期曾经驾驶私掠船在牙买加以外的海域航行；虽然他常因不同寻常的果决和个人勇气而表现突出，但他从未做到指挥官的位置”。[2]也有证明表明他曾短暂地在护卫舰皇家海军战舰“温莎号”（*Windsor*）上服役。新普罗维登斯岛上的大部分海盗都曾做过私掠者，与他们一样，蒂奇很快开始从事海盗活动。他的海盗职业生涯始于1716年，他在当年成为本杰明·霍尼戈尔德的一名船员。但在看到“黑胡子”的潜力后，霍尼戈尔德“给了‘黑胡子’一艘他此前截获的单桅帆船，“黑胡子”在霍尼戈尔德投降前一直驾驶着这艘随行船”。

---

1 Johnson, p.60.

2 同上注， p.46。

“黑胡子”刻意打造出一个凶残的形象来震慑他的敌人。据说他在他的帽檐下粘着几根点燃的导火线来进一步强化他的魔鬼形象。在这幅同时代的铜版画的背景中，可以看到他的旗舰船“安妮女王复仇号”（*Queen Anne's Revenge*）

↑上图：这幅同时代画中描绘的爱德华·蒂奇或“黑胡子”表明了这一绰号是怎么来的——他那长而浓密的胡子令他看起来尤为面目狰狞

↗右上图：弗兰克·施科维纳（Frank Schoonover）所描绘的笼罩在烟雾和火焰中的“黑胡子”，体现了约翰逊船长对这名海盗的描述：“人们无法想象一个比他看起来更可怕的来自地狱的复仇者。”

官方首次在 1717 年 3 月提到蒂奇，当时一个名叫芒蒂（Munthe）的船长的单桅帆船在巴哈马西部边缘搁浅。在解救船只时，他与当地的一个渔民聊天，渔民告诉了他新普罗维登斯岛上海盗的情况。在一封写给卡罗来纳官员的信中，芒蒂报告说：“有五名海盗将普罗维登斯港湾用作他们的会面地点。[1] 他们分别是：霍尼戈尔德，手下有一艘安装 10 门大炮的单桅帆船和 80 名水手；詹宁斯，手下有一艘安装 8 门大炮的单桅帆船和 100 名水手；布吉斯（Burgiss），手下有一艘安装 8 门大炮的单桅帆船和约 80 名水手；怀特（White），手下有一艘小船，30 名水手和小型武器；蒂奇（Teach），手下有一艘安装 6 门大炮的单桅帆船和约 70 人。”这意味着最迟在 1717 年的春天，黑胡子就有了自己指挥的船只。

当时蒂奇仍与霍尼戈尔德共同航行，但不和谐因素正在发酵。[2] 霍尼戈尔德一直声称自己是一名私掠者，而不是一名海盗，他表示他只攻击法国或西

1　引自 Konstam, p.64。
2　Johnson, p.46.

班牙船只，并用这种说法来支撑他的谎言。“黑胡子”却没有这样的顾虑，因此当年秋天，在霍尼戈尔德的船员罢免了他的船长职位后，蒂奇与这些船员站在了一边。霍尼戈尔德回到了新普罗维登斯岛，领导“支持赦免”派。“黑胡子”则开始以自己的名义活动。

到 1717 年 9 月底时，“黑胡子”已航行至弗吉尼亚的查尔斯角（Cape Charles）附近，他在那里截获并击沉了单桅帆船“贝蒂号”（*Betty*）。在 10 月中旬，《波士顿新闻通讯》（*Boston News Letter*）从费城发布的报道称一艘商船在特拉华河河口“被一艘名为‘复仇者号’的海盗单桅帆船截获，这艘单桅帆船配备 12 门大炮和 150 名船员，指挥官是一个名叫蒂奇的人，此前他的人手航行时也从这个港口出发”。这隐晦地指出了“黑胡子”早先与费城存在关联，暗示他之前某段时间可能是商船上的一名水手。这份报纸还报道了同一地区的其他三起海盗袭击事件。向北航行的蒂奇在弗吉尼亚海角附近截获了另外三艘船，给他的队伍中增添了一艘单桅帆船。

↑在这幅不同寻常的画像中，“黑胡子”穿着一件船长的外套，他戴着一个三角帽，而非 18 世纪早期水手的典型头饰——皮草帽

《波士顿新闻通讯》解释了事情的经过。在提到“复仇者号”后，报道表示“邦尼特少校在这艘海盗单桅帆船上，但没有指挥权”。[1] 这毫不奇怪，因为邦尼特（实为斯蒂德·邦尼特）是“复仇者号”的所有者，“黑胡子”最有可能在新普罗维登斯岛遇到了这艘海盗单桅帆船，但也有可能在卡罗来纳附近的海域。蒂奇提出邦尼特缺乏经验，应该让蒂奇的海盗替他驾驶这艘船，于是邦尼特成了自己船只的囚徒。“黑胡子”很快将邦尼特的“复仇者号”变成了他自己的旗舰船。

到 10 月底时，“黑胡子”已经航行至新泽西附近。海盗们在这个时节一般会往南航行过冬，因此蒂奇准备前往背风群岛。到 11 月 17 日时，他的两艘单桅帆船已航行至距马提尼克岛西岸 60 英里（约 97 千米）的位置。海盗们发现了一艘大型商船，他们穷追不舍，商船在象征性地抵抗之后便投降了。这艘截获的商船是“协和号”（*La Concorde*）。这艘船是一艘建造坚固的 200

1　引自 Konstam, pp.69–70。

吨级奴隶船，从南特出发前往马提尼克岛。蒂奇将“协和号”带至一个隐蔽的锚地贝基亚（Bequia），在那里他将这艘船改造成他的新旗舰船。

安妮女王复仇号

“黑胡子”在持续往他的单桅帆船船舱中安装大炮。他利用这些大炮将他截获的帆船改造成他最终的海盗船。首先，蒂奇降低了船尾和前甲板的高度，令船只更适合战斗，之后安装了更多的大炮。到他完成改造时，这艘配备 40 门大炮的海盗船已经成为美洲海域战斗力最强的船只之一，他将这艘船重新命名为“安妮女王复仇号”。他将“复仇者号”留作己用，令他的法国囚犯们

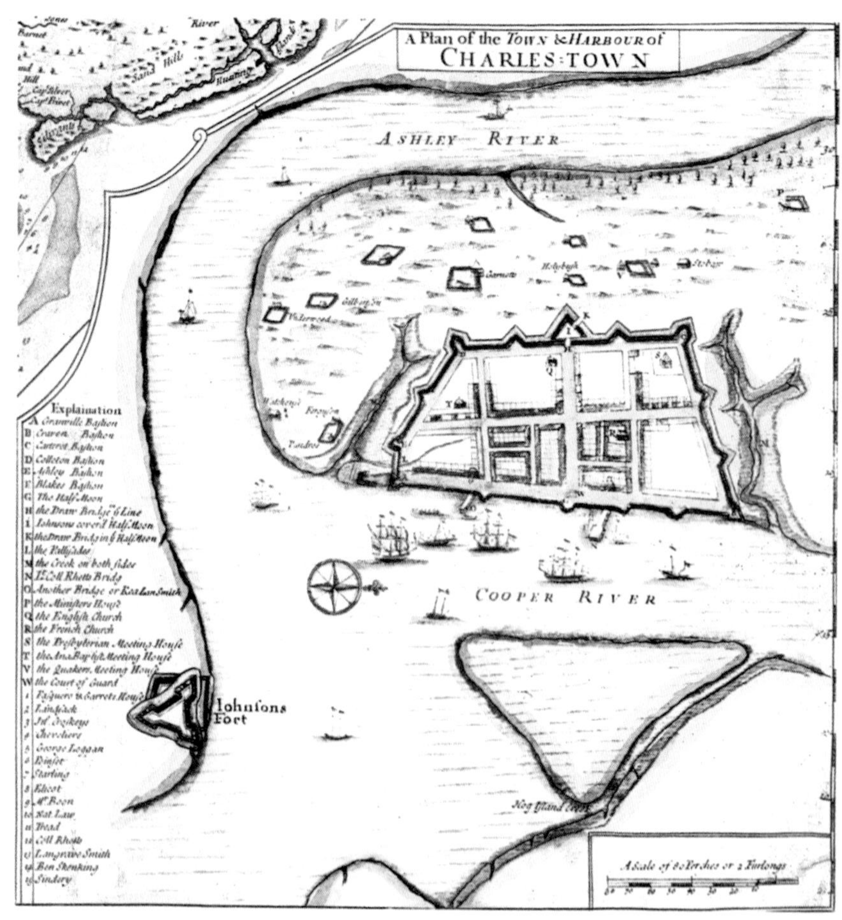

→查尔斯城在 18 世纪早期的平面图显示了这是一个熙熙攘攘、防御良好的港口城市，但当“黑胡子”在 1718 年抵达查尔斯城时，这座城市防御系统仍较为薄弱

驾驶他未命名的小型单桅帆船前往马提尼克岛。蒂奇出发前往寻找另一个掠夺目标，“协和号”上的奴隶则被留在了贝基亚。

时间到了1717年11月。他截获的第一艘船是一艘小型单桅帆船，他将这艘船加入他的船队中。之后他在圣卢西亚（St Lucia）附近截获了前往牙买加的一艘波士顿商船“大艾伦号”（*Great Allen*）。海盗们在这艘船上搜刮了一天，掠夺了他们想要的所有东西，之后放火烧了这艘船。“黑胡子”在安圭拉岛附近遇到单桅帆船“玛格丽特号”（*Margaret*）之前还截获了三艘小型船只。遇到“玛格丽特号”的重要性在于这艘船的船长向官方当局详细描述了这名海盗。据他描述，“蒂奇船长”是“一名又高又瘦的男子，留着很长的黑胡子”。约翰逊船长正是基于这一描述创造了他内容更为丰富的故事版本。这一描述也造就了这名海盗的绰号。此后他将以“黑胡子”的绰号而为人所熟知。

约翰逊还描述了“安妮女王复仇号”和护卫舰皇家海军战舰“斯卡伯勒号”（*Scarborough*）之间一场实际并未发生的战斗，虽然两艘船当时是在同一海域航行。这艘战舰到来的消息可能促使蒂奇离开了西印度群岛。他在伊斯帕尼奥拉岛东岸的萨马纳湾（Semana Bay）过完圣诞节后，带领“安妮女王复仇号”和单桅帆船“复仇者号”前往洪都拉斯湾。此后一个月内，“黑胡子”攻击了频繁从海湾经过的伐木船。到4月底时，他再次北上，经过古巴的西端，之后航行经过佛罗里达海峡。他在哈瓦那附近截获了一艘小型西班牙单桅帆船，之后在1715年珍宝船队的失事地点徘徊了几天。他还在佛罗里达附近截获了另一艘双桅横帆船，并决定将这艘船据为己有。

这意味着他现在有了四艘船，包括他安装了40门大炮和配备250名人手的旗舰船。在拥有这些力量后，仿佛整个大西洋海岸都处于他的掌控之中，他将对此加以充分利用。1718年5月22日，“黑胡子”出现在南卡罗来纳省的查尔斯城（现在的查尔斯顿）附近。一连串的沙丘将查尔斯城海湾与海洋分离开来，因此“黑胡子”只要守住沙洲中

↓弗兰克·施科维纳这幅精准烘托气氛的绘画描绘了1718年“黑胡子”的分遣队在查尔斯城的海滨登陆的场景，他们后来向当地的居民索要赎金

唯一可航行的缺口，便可封锁这个港口。第一个遭到他掠夺的是护送前往伦敦的大型商船“克劳利号”（*Crowley*）领航艇，“黑胡子”把这两艘船都截获了。海盗们在接下来的几天内还截获了几艘船。在无船可劫后，“黑胡子”决定作出更加大胆的行动。

约翰逊船长描述了他的下一步行动：

> 蒂奇扣押了所有船只和囚犯，由于需要药品，他决定要求殖民地的省政府送来一箱药物，并威胁省政府，如果不立即送来这箱药物，并让海盗信使毫发无伤地回来，他们将处决所有囚犯，并将他们的人头送给总督，焚毁扣押的船只。[1]

自掠夺者的时代结束后，还未发生过占领城市后索要赎金的举动。尽管南卡罗来纳的总督派出人手求助，但他知道这次时机对他不利。最近的皇家海军战舰在弗吉尼亚的詹姆斯河（James River），到查尔斯城要花费一周。这个港口防御完备，但当地民兵组织的军事价值不大。因此：

> （卡罗来纳）政府并没有花太多时间考虑这一信息。……他们收集了必要物品，送出一箱价值300—400英镑的药品，海盗们也安全返回船中。[2]

↓ 1718年5月，在封锁查尔斯城后，“黑胡子”沿海岸向上航行至外滩群岛，故意令“安妮女王复仇号”在北卡罗来纳州的现代城市博福特附近搁浅（Diane Cook和Len Jenshel/Getty Images）

1 Johnson, p.49.
2 同上注。

升起黑旗

17 世纪的掠夺者们在战斗时不使用国旗或私掠旗帜。他们的旗帜通常使用红色，象征着格杀勿论。一些掠夺者使用其他死亡或威胁的标志物装饰这些旗帜。在法语中，这些旗帜名为“La Jolie Rouge”，意为“鲜红色”，英文翻译为“Jolly Roger”。

有记录的第一面黑旗使用于1700 年，当时的法国海盗艾曼纽·温（Emmanuelle Wynne）升起了一面装饰有一个头骨、交叉的骨头和一个沙漏的黑旗。到“海盗活动的黄金时代”，黑色已经与海盗活动紧密相关。与此前的红旗一样，这些黑旗代表暴力威胁、格杀勿论和危险降临。当黑旗升起时，所有水手都懂得其中的含义。现在人们一般认为海盗旗上有一个头骨和交叉的骨头。但装饰有其他图案的海盗旗——一个头骨和交叉的剑、一个骨架、一个沙漏（代表时间快到了）和酒杯（敬死神）在这一时期都很常见。这些死亡标志物强调了黑旗的信息，都对海盗的掠夺对象产生了威慑作用。

海盗旗的象征意义还可以更加明确。“黑男爵”·罗伯茨设计了一面旗帜，来表达他对来自巴巴多斯岛和马提尼克岛的两名海盗的憎恨。这两名总督曾向他发起挑战。这面旗帜上画着一个站在两个头骨上的海盗，其中一个头骨上写着“ABH”，另一个头骨上写着“AMH”，分别代表“一个巴巴多斯岛人头”和“一个马提尼克岛人头”。

罗伯茨的主旗画着一个举着沙漏的海盗，这名海盗站在一具拿着矛的骨架旁边。“黑胡子”的旗帜上画着一名举着沙漏和拿着矛的骨架，旁边还画着一颗流血的心，而“白棉布杰克”·拉克姆的旗帜上则画着一个位于交叉的剑上方的头骨。斯蒂德·邦尼特的旗帜上画着一个头骨，头骨下面还画着一根骨头，两边有一颗心脏和一把匕首。事实上，唯一采用类似于头骨和交叉骨头图案的海盗是爱德华·英格兰（Edward England）。

“黑胡子”拿到了药品，但从来没有人对他需要药品的原因作出合理解释。在“安妮女王复仇号”的失事地点找到的用于治疗性病的注射器可能说明了原因；他的船员在伊斯帕尼奥拉岛上过冬时可能染上了性病。之后他们在最近一次前往洪都拉斯湾时可能暴发了传染病（黄热病）。我们只能加以推测，但显然海盗们认为这箱药品比掠夺物更加重要。当然，他们没有空手离开：“克劳利号”上的乘客报告他们被掠夺了价值 1500 英镑的银币。

→1996 年，北卡罗来纳的博福特湾发现了一艘帆船的残骸。后来这艘船被确认为是“黑胡子”的“安妮女王复仇号”，这艘船于 1718 年 5 月在此处搁浅。图中的锚从失事地点收集而来，是后来被保存的成百上千个物件之一，现在陈列在博福特的北卡罗来纳海洋博物馆（Robert Willett/Raleigh News & Observer/MCT via Getty Images）

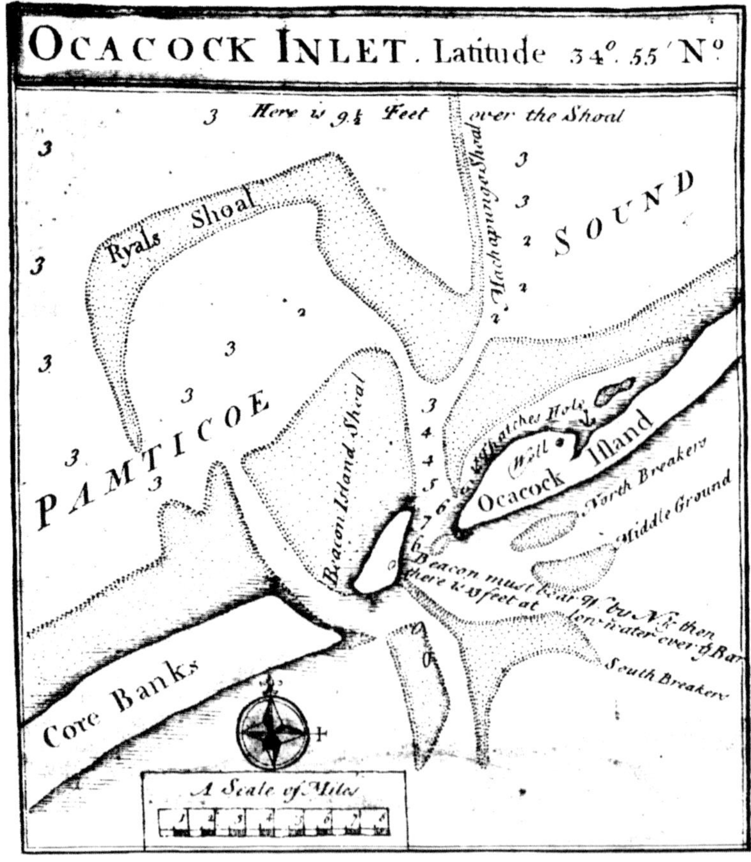

→1718 年 11 月，黑胡子的单桅帆船在奥克拉科克岛西侧常用的锚地抛锚，即图上标注的“茅草洞”（Thatches Hole）。从公海抵达该地的唯一的方法是通过奥克拉科克湾，即该岛南侧的狭长通道

遵守诺言的“黑胡子”解开封锁，向北航行。他认识到如果他推迟启程，那他被战舰追捕的概率将增加。他现在需要找到一个他能够隐伏、分赃和计划下一步行动的地方。虽然伍兹·罗杰斯不可能给予他赦免令，他也刚刚惹恼了南卡罗来纳殖民地的总督，但他还有其他的选择。北卡罗来纳殖民地仍然向他发出了赦免令。这个小型殖民地缺少力量强大的商人游说团体，反海盗的情绪不如邻近的弗吉尼亚那般激烈。然而，“黑胡子”遇到了一个小问题。他的旗舰船太大，无法在卡罗来纳隐蔽的海域活动，皇家海军也将其视为一个引人注目的挑战。他需要以某种方式遗弃这艘船。

他想出了一个完美计划。6 月 2 日，“黑胡子”出现在今北卡罗来纳州的城市博福特附近的上桅帆湾（Topsail Inlet），这个海湾当时有一些渔民小屋。这一海峡只有 300 码（274 米）宽，还有一条难以捉摸的通道。“黑胡子”的“安妮女王复仇号”的舵手猛地向右一转，船便搁浅了。蒂奇叫上单桅帆船“冒险号”（*Adventure*）的指挥官伊斯雷尔·汉斯（Israel Hands），命其将“安妮女王复仇号”拖走。在这一过程中，汉斯的单桅帆船也搁浅了。可以肯定的是，“黑胡子”和汉斯策划了整件事情。尽管“冒险号”可以修复，但“安妮女王复仇号”完全损坏了——这正是“黑胡子”所希望的。

1996 年 6 月，博福特附近发现了“安妮女王复仇号”的残骸，此后人们对残骸的发现地做了勘测和系统挖掘。一座 1705 年制造的铜钟浮出水面，还有无数的大炮、武器、圆球形炮弹和一支小型性病注射器。但我们并不确

←奥克拉科克岛是一座障壁岛，属于现在北卡罗来纳外滩群岛的一部分。1718 年“黑胡子”曾将该岛用作巢穴，因为从该岛可以便捷地抵达大西洋，并且靠近他位于附近的巴斯城（现在的北卡罗来纳州巴斯）的合法基地。1718 年 11 月，正是在这个岛附近，“黑胡子”在与皇家海军的一场战斗中身亡（wbritten/Getty Images）

↑ 1718 年末，弗吉尼亚殖民地总督亚历山大·斯波茨伍德（Alexander Spotswood，约 1676—1740）忙于入侵邻近的北卡罗来纳，对“黑胡子”重新从事海盗的证据置若罔闻

定这支注射器是否来自“黑胡子”从查尔斯城的居民要来的医药箱。该地还发现了抵达西非海岸的奴隶船的船员们经常携带的金粉薄片。此后这艘船被最终认定为“黑胡子”损失的旗舰船。北卡罗来纳的海洋博物馆也因此成为海盗物品的宝库。[1]

外滩群岛之王

“黑胡子”的计划是带着他的掠夺物合法退休，他的下一步行动是摆脱邦尼特。因此“黑胡子”派他去见巴斯城（现在的北卡罗来纳州）的行政长官，命令行政长官为所有人发放赦免令。与此同时，蒂奇和他的手下从损毁的船上尽可能收集掠夺物，将掠夺物转移到一艘小型单桅帆船上。之后“黑胡子”便开始行动了。他将邦尼特留下的人手汇聚在一起，将他们放逐到附近一个荒芜的岛上。在损毁“复仇者号”之后，他乘着截获的西班牙船只航行，只随身携带了 30 个选中的人手。其他 200 名海盗则被留下。当邦尼特返回时，他震怒不已，发现“黑胡子”夺走了他的船，流放了他的船员，还带着掠夺物逃走了。这就是信任一名海盗的下场。

邦尼特花了一周的时间整理“复仇者号”的残骸，之后便开始追击黑胡子，但他没能追上。当时“黑胡子”已经安全地躲在北卡罗来纳的外滩群岛。在分赃完毕后，蒂奇自己前往巴斯城，并在 6 月中旬接受了查尔斯·伊顿（Charles Eden）总督的赦免令。“黑胡子”从各个方面看起来都洗心革面，似乎已经改过自新。这种风平浪静的日子持续了几个月，其间“黑胡子”在外滩群岛附近的奥克拉科克岛上建立了另一个更加安全的基地。他在巴斯城租了一间房子，找了一个年轻的情妇，他的船员则驾驶他的单桅帆船（后来他重

1 对残骸的挖掘和遗迹的保护由北卡罗来纳州、合作考古团队和最初发现残骸的打捞者合作进行。受保护的打捞物现藏于北卡罗来纳州州立博物馆。

新命名为“冒险号”）在巴斯城和奥克拉科克岛之间来回穿梭。在9月，他在奥克拉科克岛上宴请了查尔斯·韦恩和他的手下。也正是这个时候，“黑胡子”开始重操旧业。他前往更远的地方航行，这次他在特拉华湾截获了两艘法国商船。但他在向伊顿提供的证词中称，他发现这两艘商船被遗弃了，他登船只是为了回收船上的残余物品。“黑胡子”在法律上处于进退两难的境地，如果传出他参与海盗活动的消息，那么他会立即失去所有的法律保护。

↑在这幅描绘爱德华·蒂奇（或“黑胡子”）的画中，画家在背景中以非写实的风格展现了他在奥克拉科克岛的最后一战，地点设在一个不相称的热带岛屿，而不是北卡罗来纳殖民地的外滩群岛

对弗吉尼亚总督亚历山大·斯波茨伍德而言，这场进攻将是最后一根稻草。他决定在“黑胡子”成为更大的威胁前与之交锋，而不论其法律地位如何。因此，他组织了一场双管齐下的进攻。皇家海军的布兰德（Brand）上校从陆路带领一支军队前往巴斯城，而另一支小型海军远征队则前往奥克拉科克岛搜捕“黑胡子”。这支海军队伍的负责人是布兰德在护卫舰皇家海军战舰“珍珠号”（*Pearl*）的副指挥官罗伯特·梅纳德（Robert Maynard）上尉。由于珍珠号和它的随行船皇家海军战舰“莱姆号”（*Lyme*）太大，无法穿过外滩群岛，斯波茨伍德雇了两艘小型单桅帆船“漫游者号”和“简号”（*Jane*）。这两艘船都没有安装大炮，但配备有57名船员，他们来自两艘皇家海军战舰，且全副武装。为了鼓励他们，斯波茨伍德提出将为消灭或俘获海盗的船员提供奖励，还为捕获“黑胡子”设定奖金。

这两艘单桅帆船在11月21日傍晚抵达奥克拉科克岛。梅纳德决定在当晚抛锚，并在次日清晨发起进攻。当天傍晚“黑胡子”有客人作伴。那天下午一艘来自巴斯城的单桅帆船抵达奥克拉科克岛，25名海盗整晚都在喝酒。黑胡子剩下的24名船员还在巴斯城。在1718年11月22日星期五的清晨，梅纳德开始行动。由于当天无风，他用大艇将单桅帆船拖至水湾。双方势均力敌。虽然梅纳德的人手是“黑胡子”的两倍，但海盗单桅帆船上安装了八门大炮。大艇在绕过岛屿南端被“冒险号”的一名哨兵发现。距离更近的一艘大艇被大炮攻击，船上的船员们迅速撤回到他们的单桅帆船上。战斗开始了。

梅纳德升起了英国国旗，并向海盗开进。幸运的是，在他靠近时海盗并没有再次开炮。当双方距离一百码（约91米）时，两名船长向对方打招呼。梅纳德记录下了对话：“在我们首次交锋时，他（‘黑胡子’）咒骂我和我的

臭名昭著的“黑胡子”的航行

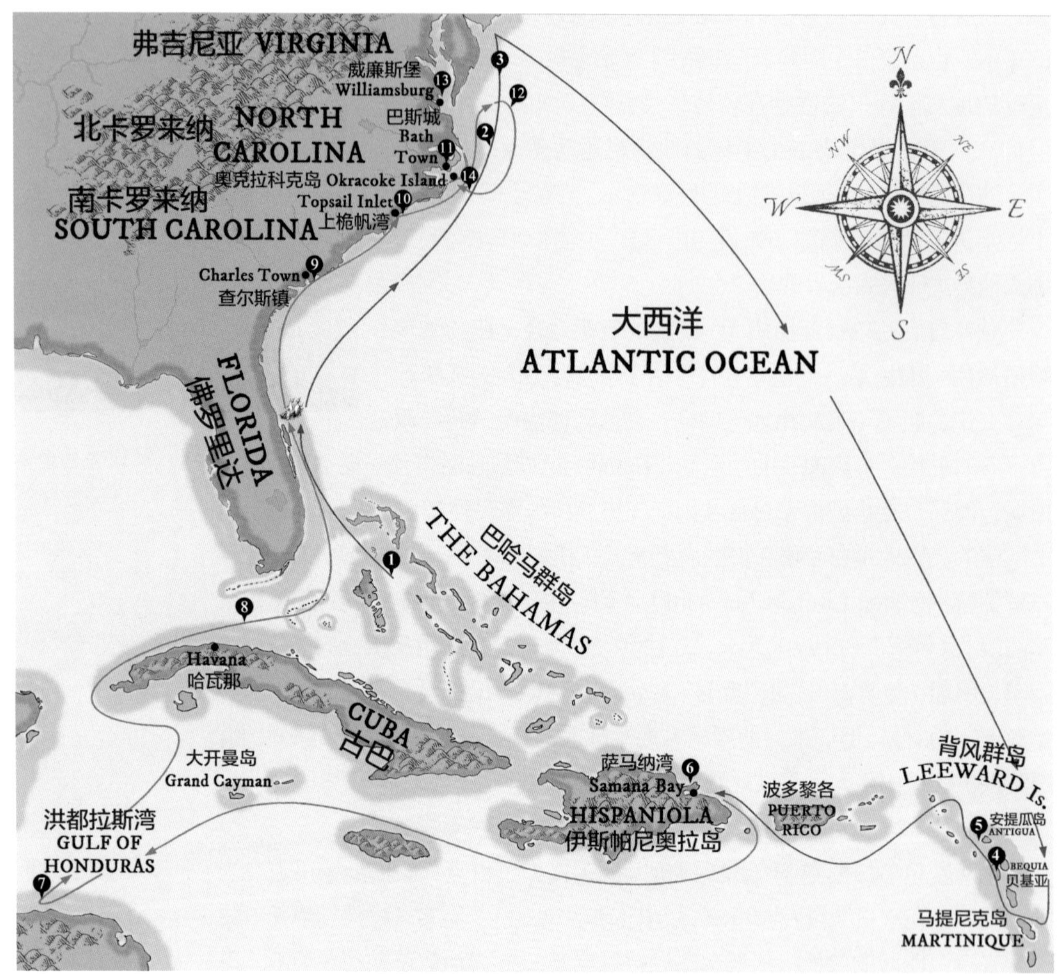

船员，他骂我们是懦弱的小狗，并表示他将格杀勿论，不留一个俘虏。”[1]双方小规模交火，但后来海盗们开炮，“简号”遭到重击，船长身亡，5 名船员受伤，船尾被炸毁，在战斗快结束时才重新加入战斗。“漫游者号”则遭到舷炮攻击，导致 6 人身亡，10 人受伤。

梅纳德预想海盗们会试着登船，因此在靠近对方之前，他将他的大部分船员都藏在甲板之下。在这两艘单桅帆船交战之时，“黑胡子”的人手向“漫

1 引自 Konstam, p.251。

图 例

← 1717 年航行 ← 1718 年航行 西班牙海难

1717 年

1. 3 月：“黑胡子”与本杰明·霍尼戈尔德分道扬镳，开始独自在巴哈马海峡航行。
2. 9 月：他在弗吉尼亚海角和特拉华湾航行，并截获了几艘船。
3. 10 月：“黑胡子”遇到了斯蒂德·邦尼特，并抢占了他的单桅帆船。他们一同向北航行至新泽西，之后前往南方过冬。
4. 11 月 17 日：“黑胡子”在马提尼克岛附近遇到了法国奴隶船“协和号”。他截获了这艘船，并将其改造成一艘私人旗舰船，并命名为“安妮女王复仇号”。
5. 12 月：他在背风群岛海域航行，在那里又截获了 4 艘船。
6. 12 月底：“黑胡子”进入伊斯帕尼奥拉岛东北海岸的萨马纳湾，将船倾侧（用于清洁或修理）。

1718 年

7. 3 月：“黑胡子”前往洪都拉斯湾，在当地待了一个月，截获了几条船。
8. 4 月：他向北返航，在哈瓦那附近截获了一艘西班牙单桅帆船。他在继续向北航行前搜劫了西班牙珍宝船队的救助营。
9. 5 月 22 日：“黑胡子”抵达查尔斯城，用“安妮女王复仇号”和两艘单桅帆船封锁了港口。他在那里截获了更多船只，并在离开前向城市索要赎金。
10. 6 月：“安妮女王复仇号”在上桅帆湾搁浅。邦尼特被派往巴斯城请求总督颁发赦免令。这时“黑胡子”驾驶一艘单桅帆船离开，留下了大部分人手，并带走了所有掠夺物。
11. 7 月：“黑胡子”接受了伊顿总督颁发的赦免令，在巴斯城租了一间房子，并在附近的奥克拉科克岛建立了一个海盗基地。
12. 9 月：他在特拉华海岸附近截获两艘法国船。
13. 11 月：弗吉尼亚总督斯波茨伍德派出两艘单桅帆船追捕“黑胡子”，并派出一支陆地军队抓捕巴斯城的海盗。
14. 11 月 22 日：“黑胡子”的单桅帆船在奥克拉科克岛抛锚时遭到突袭。梅纳德上尉的两艘单桅帆船向他发起进攻，在接下来的战斗中“黑胡子”被杀，他幸存的人手被俘。他们如期被带往威廉斯堡接受审讯。

游者号”的甲板上扔手榴弹，之后便蜂拥而上。[1]那时梅纳德的人手才从甲板下面出来。战斗非常血腥，对所有人格杀勿论。在令人眩晕的打斗中，蒂奇和梅纳德两个人展开了他们之间的决斗。“‘黑胡子’和上尉向对方各开了一枪，“黑胡子”受伤了。‘黑胡子’后来拿出一把短刀，刺向梅纳德。”

《波士顿新闻通讯》报道称：“梅纳德和蒂奇自己开始用剑比试，梅纳德向前进攻，剑尖刺穿了蒂奇的子弹盒，弯至刀柄。蒂奇躲开了，梅纳德伤到了手指，但并未致残，然后他后退，扔了剑并开枪，伤到了蒂奇。”蒂奇现在是

1 Johnson, pp.56–57.

↑这幅霍华德·派尔的插画描写了"黑胡子"职业生涯最后的混乱时刻。他在与皇家海军的最后一战中倒下了。可以看到，背对我们的梅纳德上尉正在抵挡蒂奇和他的手下

第二次受伤，但他仍然继续战斗。在梅纳德的剑损毁之后，"黑胡子"向前发起致命一击。就在这时，梅纳德的人手挥剑向"黑胡子"砍去，一剑封喉。"黑胡子"踉跄几步倒了下去，摔在甲板上死了。

剩下的海盗，或他们中的大部分都失去了斗志。约翰逊船长称，'黑胡子'"命令一个意志坚定的同伴、一个他抚养的黑人在他下令时用点燃的火柴将火药库炸毁"。幸运的是，他在点燃引线之前就被制服了。到战斗结束时，8 名海盗身亡，剩下的要么伤势严重，要么在海里向岛上游去。最后他们连同还在"冒险号"上的 5 名海盗被围捕。

然而，梅纳德也付出了惨重代价。他的人手中有 11 人在战斗中身亡，22 人受伤。得胜的梅纳德在奥克拉科克继续停留了三天，修补单桅帆船、埋葬死者、治疗伤员和抓捕逃走的海盗。在到巴斯镇后他又返回弗吉尼亚，并将"黑胡子"的头颅砍下，挂在船首斜桅上。

布兰德上校在巴斯镇逮捕了其他海盗，并押送他们回到威廉斯堡。北卡罗来纳的伊顿总督非常气愤——布兰德的行动等同于一个殖民地入侵另一个殖民地。虽然诉讼时间持续了好几年，但斯波茨伍德对清除了家门口的海盗威胁感到非常高兴。对余下海盗的审讯于 1719 年 3 月 12 日在威廉斯堡举行。除一人获得缓刑外，其余 15 人都被判处死刑。获得缓刑的例外是在错的时间来错地方的巴斯镇单桅帆船船主。就在集体行刑开始前，舵手伊斯雷尔·汉斯以他的膝盖被他的船长射伤说服了法庭，他并没有参与攻击法国船只，因此他在最后一刻获得了缓刑。他被允许自由离开。几天后，其余人就被送上了威廉斯堡和詹姆斯镇之间道路旁的绞刑台。

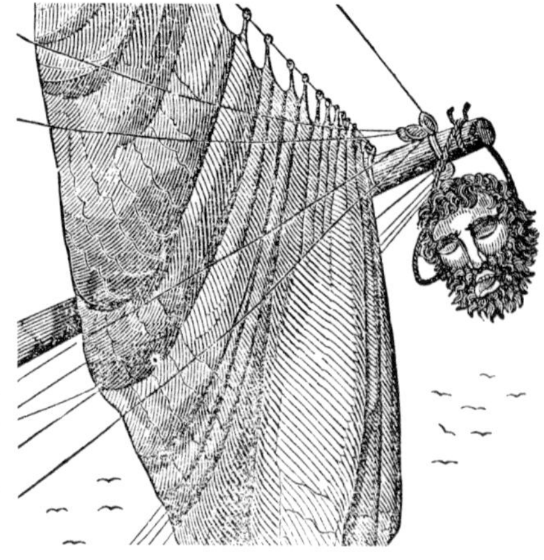

→在击败"黑胡子"和逮捕剩下的海盗船员后，梅纳德上尉返回弗吉尼亚，将"黑胡子"的头颅砍下，挂在船首斜桅上

关于"黑胡子"比较奇怪的一点是，虽然他以残忍著称，但没有证

据证明他杀了任何人。约翰逊船长通过"黑胡子"射伤伊斯雷尔·汉斯等故事打造了他令人恐惧的形象。事发时"黑胡子"和汉斯正在与客人玩牌，"黑胡子"突然掏出一把隐藏的手枪射中了汉斯的膝盖。约翰逊称，当问到他为什么要这么做时，"黑胡子"回答道："如果他不时不时地杀个人，他们就会忘记他是谁。"

今天人们记住的是"黑胡子"的容貌和他的残忍，而非他的行为。与他同时代的大部分其他海盗相比，他似乎是一个更具传奇色彩的人物，他的形象更加接近一种海盗漫画形象。在本书作者撰写的这名海盗的传记中，作者描写了爱德华·蒂奇戏剧性的真实经历，并展现了他的海盗职业生涯为何比现代传说更加精彩。

绅士海盗斯蒂德·邦尼特

在大多数情况下，我们对海盗违法前的经历知之甚少。斯蒂德·邦尼特却是个例外，因为他留下了一连串的证据。事实上，邦尼特的背景细节丰富，引起了很大轰动，以至于在他接受审讯时，报纸上充斥着对他生平经历的描写。他的新奇之处在于，他完全没有必要从事海盗活动，他是一位绅士，是上流殖民地社会的一个显赫人物。审讯他的法官将他描述为"一名绅士，有着受过通识教育的有利条件，通常意义上被视为一个有学问的人"。[1] 这种描述基本正确。邦尼特出生在英格兰，在18 世纪早期移居至巴巴多斯岛。他在布里奇顿外购买和开发了一座糖料种植园，到 1717 年时他已经成为一个经济富裕的种植园园主。他非常受人尊敬，婚姻幸福，还在巴巴多斯岛民兵组织中担任少校。后来他抛弃了一切，成为一名海盗。

↓虽然缺乏海上经验，但来自巴巴多斯岛的种植园园主斯蒂德·邦尼特在 1717 年还是决定成为一名海盗。他很快碰到了"黑胡子"，在两人分开之前，"黑胡子"实际上囚禁了他。之后邦尼特开启了自己短暂的海盗职业生涯，直到 1718 年末被捕并被处决

人们对于他的这种选择提出了多种原因，包括"心态紊乱"，但不管原因是什么，邦尼特还是决定成为一名罪犯。他确实以一种独

1 同前注，pp.63, 77。

特的方式开启了海盗职业生涯。他买了一艘带有十门大炮的大型单桅帆船，他将这艘理想的海盗船命名为“复仇号”。之后他在布里奇顿全城招募船员。虽然所有其他海盗招募的都是志愿者，但邦尼特还是雇佣了他们，并给他们发放工资。“复仇号”上的 70 名船员可能是历史上唯一有固定收入的海盗。

他避开了他有可能被认出的西印度群岛，选择前往美洲殖民地，并于 1717 年夏天抵达当地。他用了一个月的时间在弗吉尼亚海角附近航行，并在那里截获四艘商船，其中一艘来自他的家乡巴巴多斯岛。为了掩盖行踪，他在偷窃船上的货物并将船员运上岸后，将这艘名叫“多宝鱼”（*Turbet*）的单桅帆船焚毁。之后他往北航行，并在长岛附近截获一艘单桅帆船。之后邦尼特将“复仇号”带回巴巴多斯岛群岛。他正是在那里，或者可能就是在卡罗来纳附近遇到了“黑胡子”。《波士顿新闻通讯》10 月 24 日从费城发出的一篇报道称蒂奇在特拉华湾附近活动，并且他的单桅帆船就叫作“复仇号”。报道还写道：

> 在海盗单桅帆船上的是邦尼特少校，但他没有控制权。[1] 他穿着晨袍散步，去船上的图书馆读书。他此前因为攻击一艘西班牙军舰而受伤，现在伤势还未痊愈。那次进攻导致三四十人伤亡。此后他航行至海盗们的汇合点普罗维登斯，前文所提到的蒂奇船长控制了此次海上航行。

邦尼特少校显然是斯蒂德·邦尼特，但他攻击西班牙战舰的报道并非出自

↓现在南卡罗来纳的查尔斯顿因其引人入胜的南北战争前的建筑而著称，但在 1718 年，查尔斯顿被称为查尔斯城，曾遭到黑胡子的封锁，后来成为海盗斯蒂德·邦尼特和他的船员的审讯地，他们在离图中地点不远的地方被处以绞刑（图片由 Visions of America/UIG 通过 Getty Images 提供）

1 引自 Konstam, p.70；另见 Johnson, p.64。

西班牙档案。但他很有可能航行至新普罗维登斯岛，在那里遇到了蒂奇，或者在不久之后两名海盗都在海上航行时相遇。他穿“晨袍”的描述符合约翰逊对两名海盗之间关系的描述：

> 如前所述，少校并不是水手，因此为了更好地掌握航海事务相关知识，不得不接受海盗事业中加之于他身上的许多事情。……对他（“黑胡子”）而言，邦尼特的船员加入了他们，邦尼特自己被搁置在一旁，虽然单桅帆船是他自己的。

邦尼特在八个月的时间里都无异于是“黑胡子”的囚犯。1718 年 6 月，他才被结束监禁。当时他航行前往巴斯镇，希望获得伊顿总督的赦免令。这份赦免令不追究“黑胡子”（等同于邦尼特）在洪都拉斯湾或查尔斯城附近的攻击行为。然而，省级总督可以在他们认为合适时免除这一条款。“黑胡子”先派邦尼特去见伊顿，希望这名总督对“黑胡子”会更加仁慈。“黑胡子”的计划奏效了，他带着一份赦免令航行回到上桅帆湾。这时他才发现“黑胡子”已经带着所有掠夺物逃走了。[1]

↑一份 18 世纪早期报纸中的插画将美洲殖民地描绘为一个半裸的女战士。她正在抓捕和处决海盗，抵制海盗对其贸易产生的影响。她的行动得到了顺风的帮助

在营救出他的人手后，邦尼特对“复仇号”重新进行人员配备，并准备再次出海。这次邦尼特成为这艘单桅帆船名副其实的主人。当时邦尼特气愤不已，但并未意识到自己是在枉费心机。他本来有机会远离海盗职业，但一旦“复仇号”出海，这一机会便付诸东流。然而，当蒂奇在奥克拉科克岛的消息传来时，邦尼特决定背水一战。“复仇号”启程追捕“黑胡子”，但他并没有找到他。他的人手向北航行至弗吉尼亚，继续开展海盗活动。事实上，当时“黑胡子”在巴斯城，得到了他自己的赦免令。

邦尼特截获的第一艘船是一艘运载朗姆酒的单桅帆船。他的手下把船上的朗姆酒都喝了。后面他还接连截获了四艘船。“复仇号”继续前往特拉华湾，邦尼特在这里又截获了另一艘运载皮草的单桅帆船。这些掠夺物都价值

1 Johnson, p.65.

→单桅帆船可能是当时最常见的海盗船。这种船速度快、吃水浅，是海盗船近乎完美的选择。图中的这艘单桅帆船1718年停泊在波士顿灯塔附近

不高，并不值得为此放弃赦免令。然而，在7月他又在特拉华河河口截获了五艘船，邦尼特决定保留其中的两艘单桅帆船。邦尼特料想到他的进攻将吸引海军的注意，于是决定再次向南航行。

→双桅横帆船是18世纪常见的船只类型，也是美洲海域最流行的商船形式。这种船也可以改造成装备精良的海盗船

海盗司法审判

官方当局在“海盗活动的黄金时代”采用软硬兼施的方法来抗击海盗。一方面颁发官方赦免令，另一方面追捕违法犯罪者，对其公开审讯和处决。劝阻更多的水手从事海盗活动的方法是向他们证明从事海盗活动代价高昂。

如果海盗被抓，他们将面临一场备受瞩目的审讯，如果被认定有罪，他们将被处以绞刑。在英国，审讯根据《海事法》进行。这意味着审讯没有陪审团参加，将由一组官员对案件进行审讯。被告有义务证明他们自己的清白。大部分被告基本上都是文盲，整个过程与其说是司法审判，不如说是一种惩罚。

一旦一名海盗被定罪，他通常在海事法庭所管辖的海滩上被处决。海滨沿岸将竖立起绞刑架，例如伦敦沃平地区的处决码头（Execution Dock）。海盗可以发表最后的讲话、祷告，之后他们将被处以绞刑。他们的身体将在绞刑架上停留一天半，之后尸体会被卸下，埋在无名墓地中。通常情况下，死去的海盗还得不到这种体面。为了执行震慑他人的政策，死去海盗的尸体将放在一个俯视大海的笼子里。这些笼子放置在过往船只都能看到的地方，以起到警示他人的作用。因此海盗们的尸体被用来证明海盗活动代价高昂。

开普菲尔河之战

“复仇号”需要维修，于是邦尼特航行至开普菲尔河。他在那里停留了两个月，但到 9 月中旬时，“复仇号”已经可以启程了，这艘船还得了一个新名字——“皇家詹姆斯号”（*Royal James*）。然而，在蒂奇封锁查尔斯城后，查尔斯城殖民地总督派出武装的单桅帆船“亨利号”（*Henry*）和“海上仙女号”（*Sea Nymph*）出海追捕“黑胡子”。这两艘船的指挥官是威廉·瑞特（William Rhett）上校。他的主要目标是蒂奇和韦恩，但同时也在寻找邦尼特。9 月 26 日，瑞特的两艘单桅帆船进入开普菲尔河，如约翰逊所述，“隔着一片陆地，看到三艘停泊抛锚的单桅帆船，这正是邦尼特少校和他所截获的船”。瑞特决定在黎明涨潮时进攻。邦尼特和他的手下也发现了他们，于是当天晚上双方都在备战。

在黎明之前，“皇家詹姆斯号”就悄悄进入开普菲尔河，同时负责大炮的船员也做好了准备。邦尼特有 45 名人手，这意味着他人手不足，需要以一敌三。他唯一的希望是令敌人出其不意，从他们船边经过时向舷侧开火，然后逃到公海去。然而，在“皇家詹姆斯号”靠近海盗猎手们时，刚好就在敌船前面严重搁浅。“亨利号”和“海上仙女号”准备行动，但同样因为触碰到隐藏的沙滩而搁浅。三艘单桅帆船都等着涨潮来脱身，令人啼笑皆非。

尽管没有办法发射大炮，但双方都开始用步枪射击对方。双方持续战斗了五个小时，当时瑞特已经损失了十几个人。但当时“亨利号”首先脱身，它的船长迅速越过“皇家詹姆斯号”的船首，来到近距离平射射程内。博弈开始了，邦尼特别无选择，只能投降。瑞特接下来的一天内都在追捕囚犯，照料他的伤员。之后他启程前往查尔斯城，截获的三艘船跟随其后。

舰队在 10 月 3 日抵达港口，海盗们被关了起来。尽管邦尼特犯了罪，但他仍被视为一名绅士，因此被关在当地陆军的一间单人房中。几天后他的两名军官加入了他。这间房子守卫不严，因此在 10 月 24 日夜间，邦尼特和他的航海官逃跑了。官方提出对重新抓获他的人给予奖励，不论他是生是死，12 天后，一名巡逻员发现了躲在沼泽中的他们。在打斗之中，邦尼特的同伴被杀，邦尼特则被捕并被戴上了镣铐。这次邦尼特与他的船员关在一起。

等到邦尼特回来时，审讯实际上已经持续了一周。除两名海盗外，其余海盗都提出自己无罪，但他们的犯罪证据确凿。在被指控的 33 人中，29 人被判死刑。邦尼特并不在这 29 人之中。作为一名绅士，他理应获得自己的审讯。在 8 月 24 日黎明，24 名海盗被驱赶至城市的南端，并在人群的围观下被处以绞刑。审讯在 10 月 10 日继续进行，两天后邦尼特被认定有罪。因此，在 11 月 13 日，此前是上校的绅士海盗斯蒂德·邦尼特连同他最后的五名船员，在白点（White Point）被处以绞刑。[1]

黑萨姆

本杰明·霍尼戈尔德在很大程度上是巴哈马海盗的创始人，几个后来的海盗船长都是在他手下开启了他们的犯罪生涯。除了“黑胡子”外，这些人中最成功的是萨姆·贝拉米（Sam Bellamy）。贝拉米约 1689 年出生于德文郡。我们对他的早年经历知之甚少，但他在加入霍尼戈尔德的船队时已经是一名富有经验的水手，并且是船长的人选。和新普罗维登斯岛的许多其他人一样，他曾经在皇家港做私掠船船员。据科德角的传说，他与来自马萨诸塞的玛利

1 同前注，p.79。

亚·哈利特（Maria Hallett）相爱了，但他当时是一名一贫如洗的水手，哈里特的父母不同意他们结婚。因此，他出发去外面闯荡世界。不管怎样，他曾是亨利·詹宁斯1715年袭击西班牙救助营的远征队的一员，并且可以推断他与詹宁斯和他的救助人员一同来到巴哈马群岛。到1716年时，贝拉米来到了新普罗维登斯岛，与“黑胡子”一起做霍尼戈尔德的船员。

贝拉米在1717年夏天与霍尼戈尔德一同出海航行，并成为一艘截获的单桅帆船——“玛丽·安妮号”（*Mary Anne*）的船长。不久之后，霍尼戈尔德和贝拉米分道扬镳。到当年夏末，贝拉米开始与被称为“La Buse”（秃鹰）的法国海盗奥利佛·莱维塞尔（Olivier le Vasseur）一同活动。这两名海盗在维尔京群岛附近的海域航行，在1717年初回到新普罗维登斯岛之前截获了几艘小船。1717年夏天，“秃鹰”已经和海盗克里斯托弗·穆迪（Christopher Moody）组队，在卡罗来纳附近的海域活动。穆迪后来接受了伍兹·罗杰斯颁发的赦免令，但在几个月后又重启海盗生涯。穆迪将在1719年年初与“秃鹰”继续组队，在西非海岸附近合作。

萨姆·贝拉米截获了商船“苏丹娜号”（*Sultana*），并将其改造成一艘安装24门大炮的海盗船。他将他的单桅帆船交给他的舵手帕尔格雷夫·威廉姆斯

↓由萨姆·贝拉米指挥的海盗船“维达号”1717年4月在马萨诸塞科德角附近失事。沉船在1984年被发现，无数船上的物品重见天日，包括这些大炮。这些大炮陈列在船上，是与这艘船和其海盗船员相关的旅游展览的一部分（图片由John Ewing/Portland Press Herald 通过Getty Images提供）

萨姆·贝拉米的航行

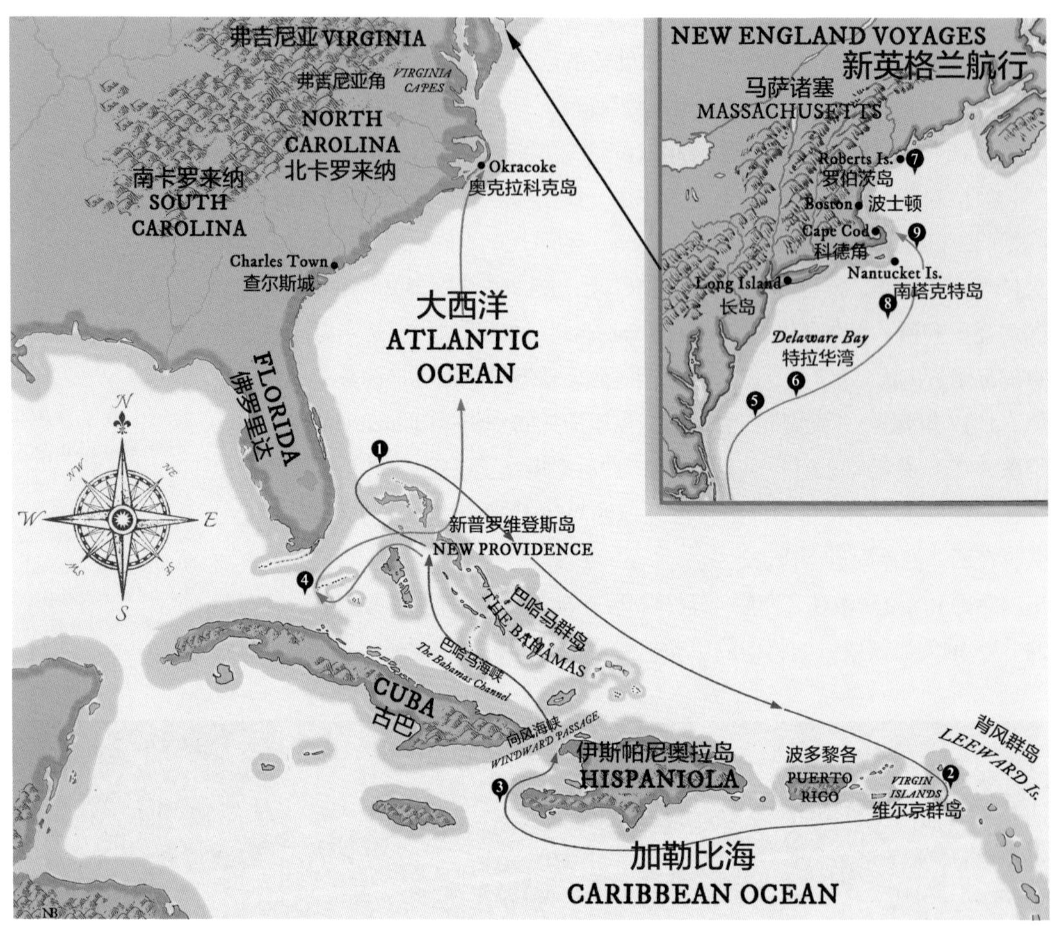

（Palgrave Williams），这两艘船一同航行。1717 年 2 月，贝拉米在巴拿马海峡截获了英国奴隶船“维达号”（*Whydah Galley*），他再一次变更了他的旗舰船。“维达号”以西非海岸的一个奴隶港口命名，是一艘航速快、建造精良的 300 吨级船只，据称船上装载了朗姆酒、金粉和钱。这是一批获利颇丰的掠夺品。

贝拉米将“维达号”改造成他的旗舰船，并安装了 28 门大炮。他用“苏丹娜号”与“维达号”之前的船长进行交换，而贝拉米和威廉姆斯则继续乘坐“维达号”和“玛丽·安妮号”向北航行。在 3 月，他们在弗吉尼亚附近又截获了四艘船。约翰逊船长记录了贝拉米和其中一艘商船的船长之间据称进行的

图 例

←1716 年航行 ←1717 年航行

1716 年

1. 8 月：本杰明·霍尼戈尔德把截获的单桅帆船“玛丽·安妮号”交给萨姆·贝拉米指挥。贝拉米之后与他的导师分道扬镳，开始独自航行。
2. 9 月：贝拉米在法国海盗奥利佛·莱维塞尔的陪同下在背风群岛附近航行。他们截获了几艘船。
3. 11 月：贝拉米在向风海峡截获了英国商船“苏丹娜号”，他将这艘船占为己有。

1717 年

4. 2月：贝拉米截获了英国奴隶船“维达号”，并将它改造成他的旗舰船。他将船上的奴隶放到“苏丹娜号”上。
5. 3月：“维达号”和“玛丽·安妮号”在弗吉尼亚海角附近截获了几艘商船。
6. 4 月初：贝拉米的船遭遇风暴的袭击，向北边的新英格兰移动，两艘海盗船分开了。
7. 据传贝拉米计划在缅因海岸附近的罗伯茨岛建立一个海盗基地。
8. 4 月中旬：贝拉米在南塔克特附近截获一艘运酒船。他的船员把船上的酒喝光了。
9. 4 月 26 日在科德角附近，“维达号”遭遇飓风，被裹挟到一个沙洲上。船失事后只有两名船员幸存。

谈话。贝拉米对体制的痛斥并不像出自他的口中，而更像是伪造的。尽管如此，这段话确实体现了当时许多海盗的观点。贝拉米斥骂道：

> 这帮恶棍诋毁我们，但我们之间只有一点不同。[1]他们实实在在地打着法律的幌子掠夺穷人，而我们在自我勇气的保护下掠夺富人。你应该成为我们的一员，而不是成为这些恶棍的走狗！

当被船长驳斥时，据称贝拉米反驳道：

> 你是一个恶魔般的流氓，我是一个自由的王子，我有能力对整个世界发动战争，我在海上有一百艘帆船，在陆地上有 10 万人手；我的内心告诉我：我不需要与这些哭哭啼啼的小狗争辩，这些小狗只会任由他们的上级随意摆布。

在此次交锋不久之后，海盗们遭遇了一场风暴，在风暴消退前，“维达号”和两艘随行船被裹挟向北，经过了长岛。到 1717 年 4 月 26 日，他们已经来到科德角附近。之后他们又遭遇了第二场风暴。贝拉米命令他的三艘船继续航行，但“维达号”航速太慢，被飓风卷至海岸。“维达号”在从海滩

---

1 这段话也收录在约翰逊书籍 1724 年初始版本中（第 28 章）。引自 David Cordingly (ed.), *Pirates: Terror on the High Seas* (Atlanta, GA, 1996), p.111。

→“维达号”和“黑胡子”的“安妮女王复仇号”的残骸为我们了解鼎盛时期的海盗活动开启了一扇窗。例如这些来自“维达号”的手榴弹与1718年末奥克拉科克岛战役中“黑胡子”和他的船员向对方船上投掷的手榴弹相同（图片由 *Kathryn Scott Osler/The Denver Post* 通过 Getty Images 提供）

可见的一片沙洲上搁浅，船身翻了。汹涌的波涛又拍打船底，“维达号”解体了，船上146名海盗被卷进海浪中。只有两个人活了下来：一艘威尔士船上一个几个月前被强行征召的木工和一个来自蚊子海岸的当地混血儿。这个混血儿被关押，但此后并未在官方记录中出现；木工托马斯·戴维斯（Tomas Davis）在波士顿受审，最终被宣判无罪。

至于他们同船的船员，附近的村庄韦尔弗利特（Wellfleet）的村民报告称，在海岸线上发现了一百多具尸体，但并未找到萨姆·贝拉米的尸体。他截获的那艘单桅帆船被裹挟至更远的海岸边，船上的九名幸存者被围捕，其中有七名在波士顿被处以绞刑。威廉姆斯和“玛丽·安妮号”却逃之夭夭。这艘船挺过了风暴，威廉姆斯甚至在几天后还回到了失事地点，看能否收回一些掠夺物。5月他在科德角附近截获了两艘商船，但那年冬天他接受了赦免令，因此退出了海盗行业。

1984年沉船打捞者巴里·克利福德（Barry Clifford）发现了“维达号”的残骸。克利福德和他的团队在过去的二十年一直在挖掘残骸，从船上打捞的物品现在放置在马萨诸塞州普罗温斯敦一个专门的海洋博物馆里。在这里，游客可以看到这艘海盗船的铜铃、之前的船主人使用的奴隶镣铐、船上运载的武器，甚至还有一些掠夺品，这些掠夺品让“维达号”船员在短短几个月内就成为美洲地区最富裕的海盗。

不起眼的小人物

约翰逊那本通史中提到的海盗并不都是在巴哈马群岛开启了他们的职业生涯，也并不是所有人都取得了辉煌的成功。许多都是并不起眼的海盗，他们的职业生涯非常短暂，缺乏那些知名的海盗人物所具备的天资。理查德·沃利（Richard Worley）就是这样一名海盗。1718 年 9 月末，他和八名同伴从纽约港偷了一艘船附载的大艇，并航行出海。他们向南航行，最终抵达特拉华湾。在纽卡斯尔（特拉华威灵顿以南）附近，他们截获了一艘前往费城的小船和一艘小型单桅帆船。这些海盗占用了单桅帆船，强行征召了一些船上的船员，将船上剩余的人转移到他们偷来的大艇上，任其在海上漂流。

随后他们又截获了一艘前往英国的更大的单桅帆船，海盗们再次升级了自己的船。之后他们航行前往巴哈马群岛。约翰逊称，沃利在巴哈马群岛截获了一艘单桅帆船和一艘双桅横帆船，并强行征召了更多的船员。沃利当时指挥着一艘装有 6 门大炮的单桅帆船和 25 名海盗，然而并不是所有海盗都是自愿的。他们再次向北出发，到 1719 年 1 月末时，他们已经抵达弗吉尼亚海角。这次沃利的运气用光了。瑞特上校的两艘老牌海盗追捕船“亨利号”和“海上仙女号”仍在海上活动，2 月 16 日，它们在詹姆斯河河口发现了沃利单桅帆船的踪迹。

约翰逊称：“沃利和他的船员决定杀到最后，片甲不留。……所以他们要么死，要么杀死敌人。”[1] 这完全是捏造的。这些船员大部分都是被强行征召来的，因此他们极度厌战。海盗猎手们封闭了单桅帆船上的所有船梁，放火焚烧舷侧，在浓烟中登上了海盗船。这场单方面的战斗在几分钟后就结束了，结束时除两

↓伦敦沃平海滨，一名海盗在专设的绞刑架上被处刑。根据《海事法》的规定，海盗处决地点要低于高水位线

1 Johnson, p.273.

人外，所有其他海盗都死了。沃利在战斗中身受重伤，但活了下来，他和另一名幸存者被带回查尔斯城接受审讯。他们在四个月前处死斯蒂德·邦尼特的地方被处以绞刑。

另一名不起眼的海盗是来自威尔士的游艇领航员约翰·埃文斯（John Evans），他在1721年9月来到皇家港，是个无业游民。他聚集了三个朋友，他们一起偷了一条大型独木舟。一开始，他们沿着牙买加海岸打家劫舍，但他们很快遇到了一艘安装四门大炮的单桅帆船，他们截获了这艘船，将其重新命名为"Scowerer"。现在埃文斯和他的手下需要的就是一支船队。他们向东出发，在波多黎各附近截获了来自新英格兰的商船"鸽子号"（*Dove*）。船上的四名船员加入了海盗的行列。之后在1722年1月，他们在瓜德罗普岛截获了一艘商船，后来又截获两艘单桅帆船。到目前为止，他们已经是一支大获成功的船队。

埃文斯再次向东航行前往大开曼岛，他计划在这里与人决斗。他与水手长之间产生了矛盾，他们决定用剑和枪解决冲突。到了决斗之时，水手长拒绝战斗，激怒埃文斯用一根棍子打他。水手长掏出一支手枪，射杀了埃文斯。之后他跳下船向岸边游去，但同船的船员追上了他并把他杀了。海盗们来到岸上安葬了埃文斯，只留了一名从商船强行征召来的船员和一名侍者在

→贺拉斯的这幅画名叫"懒散的学徒"，描绘的是年轻的水手出海时，带他出海的水手戏谑他如果他变成海盗，将面临怎样的下场

“Scowerer”上。在他们的合谋之下，他们割断锚索，航行前往牙买加，徒留海盗们在海滩上怒吼哀嚎，嚷嚷着要报仇。

疯子爱德华·罗

另一名尤其令人讨厌的海盗也以同样的方式开启了他的职业生涯，他就是爱德华·罗（Edward Low）。他在做海盗之前是伦敦的一名扒手，后来他在美国殖民地改头换面，做了一名水手。1721 年末，他在一艘驶往洪都拉斯湾的伐木船上做船员。抵达洪都拉斯后，他发起了一场失败的叛变，被迫与 12 个同伙乘着船上附带的小船逃走。如约翰逊所说，“第二天他就乘着一艘小船，竖起一面黑旗，向全世界宣战了”。到 12 月时，他们已经抵达开曼群岛，他们在那里遇到并加入了海盗乔治·劳瑟（George Lowther）的船队。罗当时被选为担任劳瑟的舵手。他们的合作关系持续了五个月，到 1722 年 5 月 28 日结束，那天劳瑟在新泽西海岸截获了来自波士顿的双桅横帆船“丽贝卡号”（*Rebecca*）。

他将这艘船的指挥权交给罗，罗将这艘船改造成一艘海盗船，之后便出发开始了自己的独立航行。罗首先在长岛附近截获了第一艘船，后来又在罗德岛附近截获了两艘。殖民地的总督派出两名海盗猎手，但罗躲开了他们，又出现在马萨诸塞殖民地的马布尔黑德。约翰逊称，他掠夺了几艘船，自己占用了一艘斯库纳纵帆船，将其重新命名为“范茜号”（*Fancy*）。虽然这并没有历史记录的支持，但罗肯定在某个地方截获了一艘来自新英格兰的斯库纳纵帆船。他将自己的双桅横帆船交给他的舵手查尔斯·哈里斯（Charles Harris），自己留下了安装了 10 门大炮的“范茜号”。

↑在这一时期，斯库纳纵帆船是一种单桅或双桅横帆船，尽管在 18 世纪中期，三桅帆船更为常见。这种船为纵向帆船，是流行的商船类型，因此海盗们经常抢劫这种船

在认识到新英格兰海岸很危险后，他出发前往西印度群岛。“范茜号”和双桅横帆船在 8 月末抵达，恰巧赶上了一场飓风。两艘船都在飓风的猛烈袭击中逃过一劫，在修补好船后，罗决定横渡大西洋。他在 9 月末抵达圣米格尔岛。在蓬塔德尔加达（Ponta Delgada）港，罗截获了几艘商船，并将所有商船损毁，只留下单桅帆船“玫瑰号”（*Rose*），加入了他的海盗舰队。

后来罗又截获了一艘法国商船，在洗劫这艘船后，任其在海上漂流。任何抵抗的人都会被杀或遭受折磨。约翰逊甚至还表示，罗和他的手下“以一种野蛮的方式对他们乱杀乱砍”。更糟糕的是，罗在几周后截获了另一艘船，但对一名法国船上强行征召的厨师烹饪的食物不满。他认为“这个油腻的男人，在火中被油炸的场面很好看”，因此这个人被架在船上的主桅上，随船一起被焚烧了。在继续向大西洋行进之前，海盗们还在佛得角群岛截获了几艘船。

1722 年末，罗和哈里斯再次出现在巴西海岸。哈里斯的船在那里失事了，但船员们都被“范茜号”救起。后来他们遇上了一艘来自葡萄牙的单桅帆船，这次相遇又产生了一个残忍的传说。在罗得知这艘船的船长把他的钱扔到海里后，据说他命令他的手下割掉船长的舌头，“当着船长的面在火上烤他的舌头，然后把他和他的船员都杀了”。

罗把这艘新的单桅帆船交给安东尼·斯普里格斯（Anthony Spriggs）指挥，现在船队带着截获的两艘船前往洪都拉斯湾。他们在那里截获了一艘西班牙的巡逻舰，并把船上的船员都杀了。因为某些原因，哈里斯得到了斯普里格斯单桅帆船的指挥权，他将船重新命名为“漫游者号”。海盗们之后向北出发，并于 1723 年 5 月抵达卡罗来纳，他们在那里又截获了两艘船，罗折磨并杀了其中一个船长。

6 月 21 日，海盗们已经在长岛附近航行，他们在那里发现了一艘帆船，这艘船原来是安装了 20 门大炮的单桅帆船皇家海军战舰“灰狗号”

→ 19 世纪的这幅插图展示了海盗们令一名囚犯“挥汗如雨”的场景。这名囚犯可能是一艘刚截获的商船的船长，海盗们用干草叉和水战矛刺向他，迫使他围绕着主桅奔跑

←另一幅展现海盗残忍的 19 世纪绘画，这幅画中描绘的是一个俘虏被用作海盗练习的靶子。这是发生在奴隶船“卡多根号”（*Cadogan*）的斯金纳（Skinner）船长身上的真实事件。海盗们用朗姆酒瓶子砸向他，然后将其射杀

（*Greyhound*）。罗乘着“范茜号”逃离了，留下哈里斯独自应战。7 月 19 日，哈里斯和他的 24 名手下在罗德岛殖民地的纽波特被处以绞刑。然而，罗仍然逍遥法外。他逃往北边，截获了一艘来自南塔克特的小型单桅帆船，“海盗们残忍地鞭打船主人的脖子，扯断他的舌头，后来割掉了他的耳朵，最后射击他的头部，刺穿他的血管”。罗对他船长的极度暴力行径表明他精神变态，以及对权威当局的深切憎恶。

他在 7 月末截获了大型商船“圣诞快乐号”（*Merry Christmas*），他将其改造成一艘安装 34 门大炮的旗舰船。他还采用了“海军上将”的称号。他乘着这艘旗舰船横渡大西洋，并在亚速尔群岛附近截获了一艘单桅帆船，处死了船上一半的船员。在佛得角群岛航行后，他抵达西非海岸的塞拉利昂，他在那里又截获了一艘单桅帆船。此后，神秘的是，所有记录都提到罗在 1724 年 1 月死了。其中一种说法是他的船在飓风中沉没了。然而，更有可能的是，罗被罢黜，并被放逐到非洲海岸的某个地方自生自灭。无论如何，斯普里格

↓荷兰定居点库拉索岛在西班牙美洲大陆海岸附近约 40 英里（约 64 千米）处，但海盗们避开了这个地方，因为重商主义的荷兰人对海盗毫不留情。1726 年，这是在这里举行了最后一场海盗集体处决（Westend61/Getty Images）

1722 年，爱德华·罗开始从事海盗活动，一开始在新斯科舍活动，后来向南至苏里南活动。他在 1724 年之后的命运我们不得而知，一种说法是他的船像图中描绘的那样，在飓风中沉没了

斯被选为海盗的新领导。在将旗舰船重新命名为“单身汉的快乐号”后，他继续横渡大西洋，前往加勒比海。

约翰逊追踪他们的踪迹至洪都拉斯湾，之后到西印度群岛，最后到开曼群岛。他们在这一途中截获了更多的小型单桅帆船，所到之处皆留下残暴的名声。然而后来在 1725 年 1 月，轮到斯普里格斯自己被罢黜和流放在洪都拉斯湾；菲利普·莱恩（Philip Lyne）之后被选为新船长。但事实证明他是一个无用的指挥官，截获的船只也不多。他的航行在 1726 年 3 月结束，当时“单身汉的快乐号”被两个在库拉索岛活动的海盗猎手截获，他被捕并被审讯。莱恩和他的 19 名手下后来被处以绞刑，这是在加勒比海举行的最后一场集体海盗处决。罗开创的血腥之路终于走到了终点。

乔治·劳瑟

我们对乔治·劳瑟知之甚少，虽然他的名字表明他是苏格兰裔。1721 年 5 月时，他是“冈比亚城堡号”（*Gambia Castle*）的二副，这艘船属于皇家非洲公司，安装了 16 门大炮。“冈比亚城堡号”来到位于冈比亚河河口的加拉赛（Gallassee，现在的班珠尔），为那里的堡垒运来一批新的卫戍部队。这支分遣队由约翰·梅西（John Massey）船长指挥，他与在加拉赛做生意的贸易者失和。梅西与劳瑟密谋夺取这艘船，并成功发起一场叛变，他们竖起黑旗，向大海进发。

↓乔治·劳瑟在非洲海岸发动叛变后开始从事海盗活动。他三年后在一座遥远的加勒比岛上死去，他那短暂但并不特别成功的海盗生涯也随之终结

海盗们将他们的船重新命名为“快乐解救号”（*Happy Deliverance*），船上 50 多个船员选举劳瑟担任船长。他决定前往他截获第一艘船的西印度群岛。他们在伊斯帕尼奥拉岛附近截获了另一艘船，但梅西带着十个人乘着这艘船逃走了。梅西后来被牙买加总督俘获，只能听凭其处置，之后被运往伦敦，并在 1723 年 7 月被审判、获罪，并被处决。

当劳瑟 1721 年 12 月抵达开曼群岛时，他遇到了爱德华·罗。两人开始合伙行动，罗成为劳瑟的舵手。他们向洪都拉斯湾出发，并于 1 月 10 日在那里截获了来自波士顿的“灰狗号”。约翰逊称，海盗们“不仅

用步枪射击这艘船，还用残忍的方式鞭笞、殴打和砍杀船员”，这种暴力行径明显是罗的行为方式，而非劳瑟。他们在洪都拉斯湾又截获了两艘双桅横帆船和四艘单桅帆船。他们将两艘单桅帆船加入了海盗舰队。劳获得了其中一艘船的指挥权，但劳瑟不允许他单独行动。他们将“快乐解救号”侧倾（用于清洁或修理），但当地部落成员围攻了海盗营地，并将船焚毁。现在海盗们只有两艘单桅帆船了——一艘由劳瑟指挥（他将其重新命名为“漫游者号”），另一艘由罗指挥。

他们前往西印度群岛碰运气，并在瓜德罗普岛截获了一艘双桅横帆船，但战舰在同一片海域巡逻的消息传来，于是海盗们北上前往弗吉尼亚海岸。1722 年 5 月，罗在弗吉尼亚海岸开始单独航行。6 月 3 日，劳瑟截获了一艘来自新英格兰的大船，之后向南出发前往卡罗来纳。他们在那里遇到了“艾米号”（*Amy*），“艾米号”强力抗击海盗，以至于“漫游者号”为了躲开它的大炮而故意搁浅。由于无法靠近继续战斗，这艘商船便离开了。被教训的劳瑟将沉船浮起，然后将船带至一座隐蔽的小岛上维修。维修持续了一整个冬天。[1] 到 1723 年春天时，“漫游者号”重回大海，在纽芬兰大浅滩附近截获了几艘小船。7 月，他们回到西印度群岛，但在两个月内只截获了三条船。

在 9 月末，劳瑟决定将“漫游者号”侧倾，因此他将其航行至委内瑞拉海岸的布兰科（Blanco，布兰基亚岛）。海盗们将船上的大炮和存储物卸下，将船拖至隐蔽处。在这一关键时刻，一艘武装的商业单桅帆船“老鹰号”出现了，它的船长驶进港湾，抛锚后轰击了停靠在海滩上的毫无防备的“漫游者

↓ 1725 年初，二等海盗约翰 · 高（John Gow）来到他家乡奥克尼群岛的小镇斯特罗姆内斯，假装成一名商船船长。但他的身份被揭穿了，他被迫逃至奥克尼群岛北部，但在那里被捕（*J-P Lahall/Getty Images*）

1 同前注，pp.286。

号”。劳瑟和其他十几个海盗逃进了岛上的腹地，留下十几个被俘虏的伤员。“老鹰号”的船员后来还俘虏了五名海盗，但劳瑟逃之夭夭。被俘虏的海盗全部在圣·克里斯托弗（圣基茨）被审讯，大部分人在那里被处以绞刑。西班牙人还派出一艘战舰前往布兰科，但只捕获四名海盗。劳瑟和他最后剩下的三名手下没有被抓获。他们可能饿死在某座偏僻的岛上。

海盗约翰·高

我们对海盗会产生的一种浪漫想象是，在蔚蓝的大海上，海盗在种着棕榈树的漂亮岛屿间航行。海盗约翰·高的职业生涯在与此相似的环境下达到顶峰，只是岛上没有棕榈树，以及蔚蓝的海水是冷的。这名海盗与苏格兰北部的奥克尼群岛紧密相关，而非西印度群岛。约翰·高在 1695 年出生于奥克尼群岛的斯特罗姆内斯，与许多奥克尼人一样，他出海谋生。1724 年，他在安装 24 门大炮的战舰“卡洛琳号”（*Caroline*）上做水手。可能从一开始他的目标就是“做海盗”。他和一名同伙开始为叛变做准备。在 11 月 3 日晚，高和三名同伙袭击了船长，枪杀了他，并将他的尸体扔进海里。两名船上领导和医生也被杀了。叛变者们后来威胁船上的船员，如果他们反对，他们将受到同样的对待。高将船重新命名为“复仇号”，竖起黑旗，开始寻找猎物。

海盗们九天后截获了第一艘船——一艘开往西班牙的运鱼单桅帆船。他们还在直布罗陀附近截获了另一艘前往意大利的运鱼船。高来到马德拉补给物品，但疑心重重的总督拒绝与他交易。他后来航行至附近的圣岛港（Ilha de Porto Santo），绑架了那里的总督，向总督索要他需要的物资作为赎金，之后海盗们继续出海航行。12 月 18 日，他们在葡萄牙南端截获了一艘行速缓慢的运木船，高的运气仍不怎么好。然而，九天后，他们在菲尼斯特雷角截获了第一艘像样的船——一艘运载西班牙酒的法国商船。高的船员喝光了船上的酒，然后把船放走了。“复仇号”再次向南出发，1725 年 1 月 6 日高截获了他最后一艘船——另一艘运鱼船。此后两个月约翰·高几乎没有成功，到目前为止，30 多名船员身无长物，已经极度不满。他的解决方法是向北出发，回到他的家乡奥克尼群岛。他希望能在他从小就熟悉的岛屿间藏身。在航程中，他将船名更改为“乔治号”（*George*），教他的船员编造托词，说他们是在一条前往斯德哥尔摩的商船上，现在被风暴所困。

↑在被处决后，海盗的尸体通常悬挂在港口附近主要海岬的一个铁笼里，以警示水手们。尸体会被留在笼子里自然腐烂

他在1月末抵达斯特罗姆内斯。不可避免的是，事情开始向坏的方向发展。“玛格丽特号”（*Margaret*）的瓦特（Watt）船长认出这艘船是此前的“卡洛琳号”，并且知道他之前的两名船员现在这艘船上工作。当他在街上碰到其中一个人时，他知道了整件事情的来龙去脉，意识到高是一名海盗。他马上向当局汇报。后来，十个高强行征召的手下乘坐船上负载的小船逃走了，还有三名海盗则躲在斯特罗姆内斯，直到高离开。最后，高不再小心翼翼，强行征召了八名补充船员，其中包括自己还未成年的侄子。这引起了骚动，于是2月10日高在人们围堵他的船之前乘船离开。他需要找到一个更加安全的避风港，计划他的下一步行动。

高在奥克尼本土周围航行，这块陆地将岛屿分成了两个群岛。航行至北部群岛后，他们继续航行至伊迪岛（Eday）北端的一个锚地。

岛上最大的土地所有者是克雷斯托（Clestrain）的詹姆斯·费亚（James Fea），他的家俯瞰整个海湾。在向海湾靠近时，高把船舵交给一个强行征召的本地水手，他很快令“乔治号”在锚地北部的一座小岛上搁浅了。如果高有一艘大艇，“乔治号”还有可能被拖出来，但快艇被逃兵偷走了。剩余的船太小，无法运载锚固装置，需要人力将船拖至更深的水中。高需要一条船。与此同时，费亚看着这一切在眼前发生，猜测这些水手是谁。他拥有岛上唯一适用的一条船，他命令他的手下凿穿木板，令船不再可用。他还派出一条渔船寻求帮助。

等到海盗们登陆时，费亚已经做好准备。他招待他们在卡夫海峡（Calfsound）的村庄喝酒，并邀请高的水手长去他的家中做客。在去的路上，费亚的人手突然袭击并抓住了这名水手长。接着费亚带着他的人手回到卡夫海峡，很快控制住剩下四名海盗。高意识到发生了什么，但没有一艘船，他无计可施。于是他试着用自己的方式解决问题。在后面的协商过程中，高和其他两名手下被抓。在失去领导后，剩余的海盗很快投降了。

等到单桅帆船皇家海军战舰“黄鼠狼号”（*Weasel*）2月26日抵达时，一切都结束了。31名海盗全被关押，“乔治号”也重新浮起。到3月底时，高和他的手下已经被安全关押在伦敦的王室内务法庭监狱（Marshalsea Prison）。高

海盗准则

海盗船员在选举他们的领导后，他们通常会制定一套规章制度来管理船上的生活。

几个海盗使用过此类准则，这些准则可能源自17世纪的掠夺者们制定的章程。从私掠者变成海盗的水手也习惯于这种类型的文件，其中规定了如何划分金钱或掠夺物，或说明了负伤的补偿标准。由于海盗船长、舵手和其他领导通过选举产生，并且在大多数情况下海盗船都按照民主方式行事，因此他们也无法索要过多份额的掠夺物。此外，正如从前的海盗巴纳比·斯拉施（Barnaby Slush）所指出的那样，为了正当地获得多余份额的掠夺物，船长们需要向选举他们的人证明他们的勇气："海盗和掠夺者对于水手而言是王子，因为他们都需要经历辛苦和危险；因此如果领导比他的同伴得到的份额都要多，那是因为在每次大胆的行动中，他们都是领头人；虽然他在所有其他行动中都很勇敢，他也不敢违反通行的平衡法；但每个同伴都能得到他应有的份额。"[1] 现存最为详细的海盗准则是1721年由巴沙洛缪·罗伯茨和他的同伴起草的，约翰逊船长全文引用了这些准则。

1. 每个人都对当下事务有投票权，对在任何时候获得的新鲜补给品或烈酒都有享有平等权利，可以随意使用，除非物资紧缺，出于所有人的利益考虑，有必要投票缩减支出。

2. 每个人在登上截获的船时都按照名单顺序点名，因为他们在这些场合可以换衣服：但如果他们私藏美元、金属盘、珠宝或金钱，流亡就是他们的下场。

3. 任何人不得用纸牌或骰子赌钱。

4. 晚上八点熄灯或熄蜡烛。如果八点过后，还有人想要喝酒，需要在露天甲板上喝。

5. 保持物件、手枪和刀叉餐具清洁和适用。

6. 船上不允许有未成年男性或女性。如果发现有任何人引诱异性、带她出海或伪装成男性，她将被处以死刑。

7.遗弃船或在战争中遗弃营房，将被处以死刑或流放。

8. 不得在船上打斗，所有人的矛盾需要在岸上使用刀剑和手枪解决。因此，当船上各方无法达成和解时，船上舵手需要陪伴他们上岸，给予他认为合适的协助，让有矛盾的双方隔着一段距离背对背站着。在舵手的命令下，他们立即回头并开火，（以打中对方手中的枪为胜）。如果两人都没打中，他们就要使用弯刀，先下手者获胜。

9. 在所有人的份额未达到1000英镑前，任何人不得退出。如果为了贡献份额，任何人在服务过程中失去四肢或残疾，他将获得公共份额之外的800美元；如果伤势更轻，则按比例计算。

10. 船长和舵手每人将获得两份掠夺物；操作员、主水手和炮手一人获得1.5份，其他官员一人获得1.4份。

11. 乐官在安息日休息，但在其他的六天六夜里，任何人没有特殊优待。

1 同前注，pp.180–181。

和他的手下在 5 月 26 日被审讯，法庭很快作出了应有的判决。6 月 11 日，高和他的六名船员在处决码头被处以绞刑。第八名海盗在一周后被处决，而其余海盗向当局证明他们是被强行征召，于是被释放。他们很幸运，因为当局很少如此仁慈。高和他手下在伦敦举行的最后一场多人海盗处决中迎来了结局。此后三年内还有两个不知名的海盗被处决，但伦敦人再也没法争先恐后地看到海盗船长和他的船员被处决的场景了。“海盗活动的黄金时代”在逐渐接近尾声。

豪厄尔·戴维斯

1718 年 9 月，单桅帆船“塞缪尔号”（*Samuel*）和“巴克号”（*Buck*）抵达伊斯帕尼奥拉岛北部海岸。这两艘船是前来贸易的，但由于他们的大部分船员在接受赦免令前都是海盗，“巴克号”的布里斯克（Brisk）船长对他们的忠诚度存在怀疑。他的忧虑是对的。当天晚上船员们叛变了，并掌控了两艘船。罪魁祸首都是此前的海盗：沃尔特·肯尼迪（Walter Kennedy）、托马斯·安斯蒂斯（Thomas Anstis）、克里斯托弗·穆迪（Christopher Moody）和豪厄尔·戴维斯（Howell Davis）。他们选举戴维斯为他们的船长。

↓对威尔士海盗豪厄尔·戴维斯的描绘首先出现在约翰逊船长的《知名海盗抢劫与谋杀简史》（1724）一书中。图中描绘了戴维斯正在攻击位于冈比亚河河口的皇家非洲公司的堡垒

约翰逊船长称，戴维斯出生于彭布罗克郡的米尔福德港，“自小在海边长大”。1718 年，他在布里斯托尔的奴隶船“卡多根号”（*Cadogan*）上担任大副，这艘船在非洲海岸被海盗爱德华·英格兰截获。英格兰很青睐来自威尔士的戴维斯，于是他将“卡多根号”交给戴维斯，命令戴维斯航行至巴西，他要在那里出售这艘船和船上的奴隶。然而，船上守法的船员控制住了戴维斯，并将船航行至巴巴多斯岛。戴维斯被关押入狱，在狱中待了三个月。被释放后，他来到新普罗维登斯岛，并在那里加入了“巴克号”的船队。

在叛变之后，两名船长和那些不愿意加入海盗的船员被允许乘“塞缪尔号”回到新普罗维登斯岛。戴维斯剩下 60 名海盗和一艘安装有 6

门大炮的单桅帆船。他来到古巴东端的考克森洞（Coxon's Hole），将"巴克号"侧倾，之后航行通过向风海峡，海盗们在那里截获了两艘法国商船、一艘来自费城的船和几艘单桅帆船。戴维斯知道他不宜久留，因为伍兹·罗杰斯将会追捕他。因此他决定横渡大西洋，在非洲西海岛碰碰运气。

西非"海湾"是 18 世纪早期大部分奴隶船装运奴隶的地方。他们要么与建好的交易站交易，要么直接与维达和卡拉巴尔等城市的非洲统治者交易。比起加勒比海域，戴维斯更加了解这里的海域。海盗们到访了佛得角群岛，他们扮成英国私掠者，在那里待了一个月。

1719 年 2 月，他们截获了安装有 26 门大炮的"忠诚商人号"（*Loyal Merchant*），停泊在英格雷港（Porto Inglês）。戴维斯将这艘船重新命名为"皇家詹姆斯号"，并抛弃了"巴克号"，以这艘截获的船为旗舰船。2 月 23 日，海盗们来到冈比亚河河口的加拉赛（现在的班珠尔）。皇家非洲公司在那里建了一座防御堡垒，但当戴尔斯抵达时，防御堡垒还处于半建成状态。堡垒的指挥官住在停泊在港湾的"皇家安号"（*Royal Ann*）上。戴维斯扮成一名商人，趁着夜色攻击了"皇家安号"，在短暂的战斗后截获了这艘船。之后戴维斯占领了这座未建成的堡垒和城市，在接下来的几天里，加拉赛成了一个海

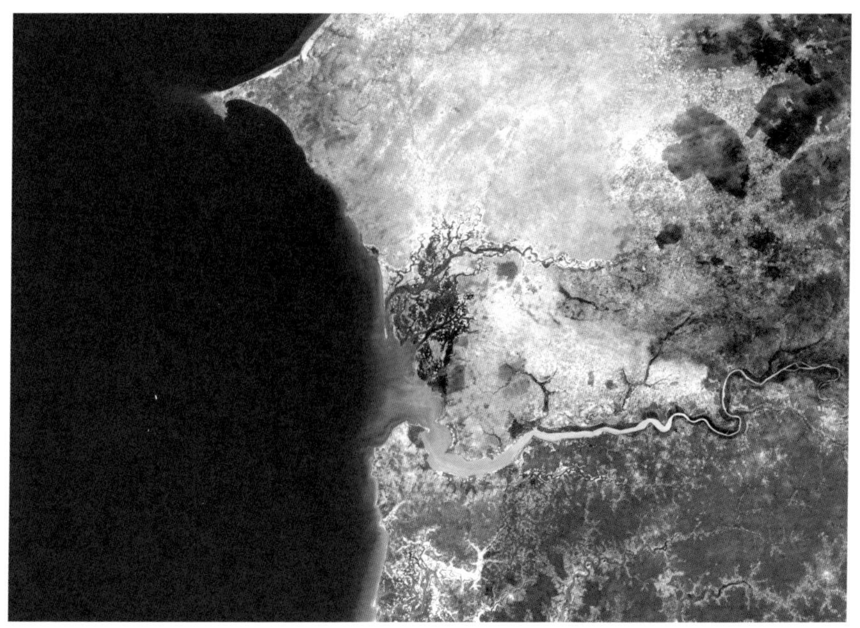

←西非海岸的冈比亚河口是一个流行的海盗船停靠点。1718 年末，豪厄尔·戴维斯来到这里寻找掠夺物，他占领了一座半建成的堡垒，并将加拉赛港口变成一个临时的海盗聚集地（Planet Observer/Getty Images）

豪厄尔·戴维斯的航行

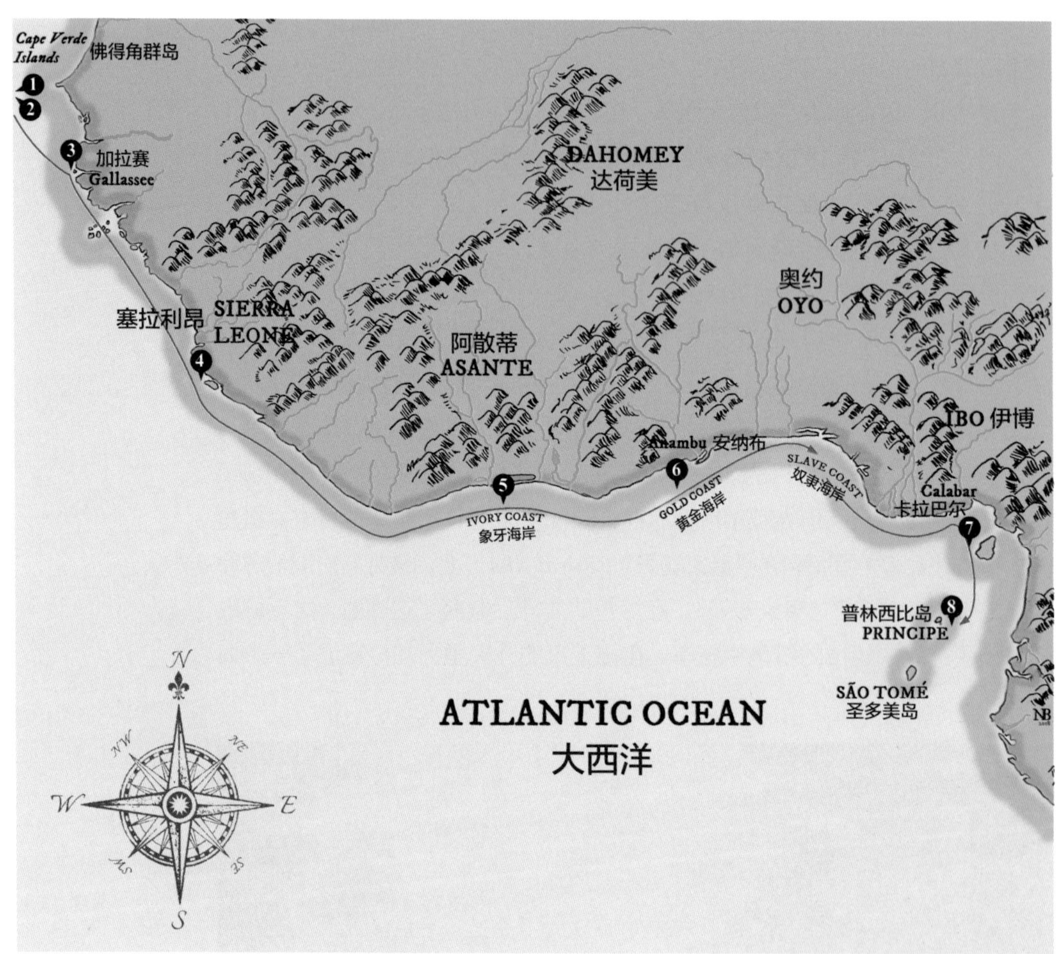

盗巢穴。几乎恰好在这个时候出现了一艘安装 14 门大炮的双桅横帆船，船上飘扬着鲜红的海盗旗。新来的这个人是法国海盗奥利佛·莱维塞尔，他也被称为“秃鹰”，两名海盗在一起庆祝了一周，然后一同向南出发。他们在那里与另一名海盗——指挥安装 24 门大炮的“丧钟号”（*Mourroon*）的托马斯·康克林（Tomas Cocklyn）合伙。戴维斯现在成了一支强大的海盗舰队的成员。

1717 年，康克林和“秃鹰”都是克里斯托弗·穆迪的海盗船员，在新普罗维登斯岛活动。穆迪将康克林视为一个疯子，并且乐于将他自己的战舰“旭日号”（*Rising Sun*）交给康克林指挥，康克林将这艘战舰重新命名为“丧钟

1. 1719 年 1 月：豪厄尔 · 戴维斯乘单桅帆船“巴克号”抵达佛得角群岛，伪装成一名海盗猎手，在那里待了一个月。
2. 2 月：戴维斯袭击了英格雷港，并截获了“忠诚商人号”。他将这艘船占为己有，并将其重新命名为“皇家詹姆斯号”。“巴克号”被遗弃了。
3. 3 月：戴维斯来到非洲海岸的加拉赛，并占领了皇家非洲公司在当地的一座堡垒。一名法国海盗加入了他。
4. 4 月：两名海盗一起航行，在邦斯岛附近截获了六艘船。戴维斯留下其中一艘，将其重新命名为“皇家流浪者号”（*Royal Rover*）。
5. 5 月：海盗们绕过海岸角城堡，沿海岸往下航行，寻找掠夺物。
6. 6 月：戴维斯在安纳布（现在的阿诺玛布）附近截获了三艘英国奴隶船，其中一些船员加入了海盗的队伍。其中一人是巴沙洛缪 · 罗伯茨（Bartholomew Roberts）。
7. 6 月末：老朽的“皇家詹姆斯号”在卡拉巴尔附近被遗弃，戴维斯乘“皇家流浪者号”向南航行前往普林西比岛。
8. 7 月：戴维斯假扮成一名海盗猎手。然而，葡萄牙人识破了他的骗术，伏击了戴维斯，把他和几名船员杀了。幸存者乘着“皇家流浪者号”逃离出海。

号”。之后穆迪的船员罢黜了他，选择“秃鹰”担任他们的新船长。由于穆迪曾经是“巴克号”上叛变的船员，这意味着三个曾经同船的船员重逢了，但是他们可能并不信任彼此。

然而，“秃鹰”和康克林将戴维斯称为他们的海盗“准将”，他们决定袭击塞拉利昂（狮山）海岸边邦斯岛（Bunce Island）上的另一座皇家非洲公司堡垒。真正的掠夺目标并不是这座堡垒，而是在堡垒大炮庇护之下的六艘商船。海盗们登陆并攻击了这个地方，防御者在用完他们所有的火药后投降了。然而，这是三支海盗船队唯一一次的共同行动。他们在随后的庆祝中便发生了矛盾，“烈酒激起了不和谐的声音”。

↓生于威尔士的豪厄尔 · 戴维斯是一艘奴隶船上的二副，他后来发动一场叛变，转而从事海盗活动。他曾在大西洋的两岸活动，死于 1719 年夏天

这三支船队分道扬镳，约翰逊称，豪厄尔在离开时这样说道：“康克林和‘秃鹰’，你们听着，是我令你们变得更加强大，我在你们手里放了一根棍棒，让你们鞭笞自己，但我仍能打败你们两个；但也让我们好聚好散，因为我发现三人同行，永远无法意见一致。”这三名船长之间可能存在太多嫌隙。更糟糕的是，一帮标榜自己是“贵族”的人自封为戴维斯的副官，自认为自己

比其他海盗船员高人一等。戴维斯留下其他人的装备，自己带着“皇家詹姆斯号”向南航行，并在路上截获了两艘英国奴隶船。之后他遇上了一艘拒绝向他投降的荷兰奴隶船，在一场耗时较长的战斗后截获了这艘船。戴维斯将这艘船占为己用，将其重新命名为“皇家流浪者号”。沃尔特·肯尼迪获得了“皇家詹姆斯号”的指挥权。

随后他的两艘船避开了防御森严的海岸角城堡，沿海岸向下来到了安纳布的奴隶交易锚地。三艘英国奴隶船停在那里，所有人都被围捕了，海盗们截获了金粉、钱和贸易品，发了一笔小财。其中几个水手还加入了戴维斯的船队，包括一个名叫巴沙洛缪·罗伯茨的威尔士人，他是其中一艘奴隶船的二副。他日后将成为“黄金时代”最成功的海盗。

↑生于威尔士的海盗巴沙洛缪·罗伯茨据说擅长穿衣打扮，据称他在西非海岸的战斗中被杀时穿着这件镶嵌金属的优雅外套

→后页图：这艘18世纪的法国奴隶船是海盗截获的典型奴隶船，有时会被海盗改造成海盗船。这种船以航速快而著称，其主要活动是运载奴隶横渡大西洋

两艘海盗船继续向东行进，但“皇家詹姆斯号”漏油严重，他们不得不在卡拉巴尔附近遗弃它。船上的船员挤进“皇家流浪者号”，调转船头向南，前往葡萄牙的普林西比岛。戴维斯再次扮成一名英国的私掠船船长。起初他的骗术奏效了。葡萄牙总督欢迎了戴维斯，此后的两周他的船队在那里修船和补充船上物资。

之后在七月初，他的骗术被识破了。一名会说葡萄牙语的奴隶从“皇家流浪者号”逃了出来，告诉了总督这些到访者的真实身份。他还披露了戴维斯的计划是绑架总督并向他索要赎金。这次轮到戴维斯被算计了。第二天上午，他像往常一样登岸，他的十名主要官员——“贵族”做陪同。这些海盗接受邀请前往总督家中，但在路上被伏击了。当地的民兵向海盗杀去，戴维斯受了重伤。他挣扎着逃走，但死在了路上。只有沃尔特·肯尼迪和另一个人逃离了伏击，后来被“皇家流浪者号”的小船接走了。

海盗们要逃走就必须先通过守卫海港入口的炮台。肯尼迪向堡垒和城市开火。不到几分钟，卫戍部队就放弃了炮台，海盗们航行离开，留下一座被焚烧的城市、一座被损毁的堡垒和他们船长的尸体。

黑男爵的崛起

虽然很多人都听说过“黑胡子”，但巴沙洛缪·罗伯茨（或“黑男爵”）对很多人而言比较陌生。然而，他却比“黑胡子”更为成功，并且在他最终在西非海岸被围攻之前，造成了更大的威胁。他是“黄金时代”的最后一批海盗之

一，他被他同时代的人称为“伟大的海盗”，他的死去实际上标志着一个时代的终结。

罗伯茨在 17 世纪 80 年代初出生于菲什加德附近小纽卡斯尔的威尔士小村庄。他的本名是约翰·罗伯特，但他在成为海盗前改了名字。他的绰号“黑男爵”缘于他肤色较黑。从各方面来说，他都算得上当时标准意义的美男子。1719 年 5 月，他在英国奴隶船“公主号”上当二副，当时这艘船在西非海岸被海盗截获了。他立即加入了海盗豪厄尔·戴维斯的船队。

从普林西比岛逃走后，海盗们需要选出一名新船长。活下来的“贵族”在船员中不受欢迎，因此如约翰逊船长所说，“于是罗伯茨当选了，虽然他加入他们还不到六周时间”。7 月 26 日，他在洛佩斯角截获了第一艘船——一艘荷兰奴隶船。他在当天掠夺了船上的物品后放走了这艘船。第二天他们又截获了一艘英国奴隶船，船上的船员被强行征召。船主人托马斯·格兰特(Tomas Grant) 讲述道，海盗们抢走了重 50 磅（23 千克）的金粉，船员们被强行征召，做了六个月的海盗。之后海盗们又截获了两艘船。至此航行已相当成功，但罗伯茨决定此时他们应该离开非洲海岸。

在决定选择巴西还是印度洋时，船员们选择了向西出发。他们花了一个月的时间横渡大西洋，但接下来在沿巴西海岸航行的两个月内，他们没有截获一条船。之后在 11 月末，他们来到巴伊亚（现在的萨尔瓦多）附近。巴沙洛缪·罗伯茨在日暮降临时抵达海港入口附近，这时他看到这个地方到处都是船。这是葡萄牙自己的珍宝船队——里斯本船队。罗伯茨决定发起进攻。

罗伯茨将“皇家流浪者号”扮成一艘商船，在夜幕掩盖下进入锚地，停在其中一艘船旁边，并在警报未响时占领了这艘船。他询问船长哪艘船上的物品价值最高，他回答是全副武装的“圣家族大教堂号”（*Sagrada Familia*）。罗伯茨决定向他的新目标发起进攻。但这名葡萄牙船长也不是傻瓜，他唤醒了他的手下。在意识到无法突袭后，罗伯茨向船的舷侧开火，把自己的船开到这艘船的旁边。他的手下登上了这艘葡萄牙船，在短暂而血腥的战斗后，他们占领了这艘船。然而，马上就要天亮了，葡萄牙船队已经做好了战斗准备。在罗伯茨拖着他截获的船往公海开去时，一艘葡萄牙军舰出来拦截他。罗伯茨四处躲避着逃出了港口。“皇家詹姆斯号”切断与“圣家族大教堂号”之间的绳索，两艘船各自航行，留下葡萄牙人在后追赶。

对巴伊亚的偷袭是一场大胜。“圣家族大教堂号”运载了价值 24 万枚“八片币”的物品，以及为葡萄牙国王准备的镶嵌有钻石的十字架。当海盗们来到现在法属圭亚那的恶魔岛时，罗伯茨将这个十字架献给了法国总督，以换取他在当地躲避几周。在前往恶魔岛的路上，罗伯茨截获了一艘双桅横帆船，他将其重新命名为“财富号”，并加入自己的船队中。一天晚上他的哨兵发现了一艘船。罗伯茨带着“财富号”去拦截这艘船，但在夜色中跟丢了，一场风暴令“财富号”离恶魔岛越来越远。等他回来时，他发现“皇家漫游者”和“圣家族大教堂号”已经消失了，罗伯特·肯尼迪带走了这两艘船，连同所有的掠夺物。罗伯茨和他的手下气愤不已，但已无能为力。海盗们被自己的同伴抢劫了。

←这幅巴沙洛缪·罗伯茨的插图出自约翰逊船长1724年首次出版的《知名海盗抢劫与谋杀简史》。据称他脖子上戴的镶嵌珠宝的十字架是他从葡萄牙珍宝大帆船“圣家族大教堂号”上掠夺的

背风群岛的舰队司令

巴沙洛缪·罗伯茨带着安装有10门大炮的单桅帆船“财富号”和40名手下重启海盗职业生涯。为了防止再次有人逃走，他制定了一套规则。规则的目的是通过一份连坐的文本将所有人绑定在一起，从而强制执行纪律。

1720年1月，罗伯茨向北出发，在多巴哥岛附近洗劫了单桅帆船“菲利帕号”（*Philippa*），之后又在巴巴多斯岛附近截获了两艘单桅帆船和一艘双桅横帆船。这些攻击引起了官方的注意，于是官方派出两艘海猎手船追捕罗伯茨。其中一艘船就是“菲利帕号”，它现在重新武装，前来复仇，另一艘是更大型的“萨默塞特号”（*Somerset*）。这两艘船上共有120人，是“财富号”船员人数的三倍。然而，罗伯茨现在实力增强了，他已经和巴巴多斯岛的法国海盗蒙蒂尼·德·帕利斯（Montigny de Palisse）联手。

当海盗们看到两艘船靠近时，他们发起追击，但到最后才意识到它们是海盗猎手船。德·帕利斯立即逃走了，“财富号”和“萨默塞特号”舷侧交火。更小型的“菲利帕号”几乎没有参与随后短暂的战斗。罗伯茨拉开了距离，但他意识到自己的船火力不足，于是他掉转船头向北出发。“萨默塞特号”发起追击，但约翰逊称，海盗们“扔掉他们的大炮和其他重型物品，因此减轻了船身重量”，逃过一劫。

↓纽芬兰和大浅滩的渔场证明是巴沙洛缪·罗伯茨收获颇丰的猎场，他在那里航行时截获了几十艘船

在成功躲避海盗猎手的追捕后，罗伯茨来到多米尼克，将“财富号”倾

侧，但发现那里有 13 名被法国人流放的水手。所有这些水手都自愿加入了他的船队。马提尼克岛的总督在得知有一艘海盗船在海上航行后，派出法国海军巡逻船追捕这艘船。海盗们在接下来的几周内都在躲避追捕。这导致罗伯茨设计了一面新旗帜，旗帜中的他手拿一把像沙漏的剑，双脚踩在两个头骨之上。其中一个标记为“ABH”（“一个野蛮人的头”），另一个标记为“AMH”（“一个马提尼克岛民的头”）。

罗伯茨现在知道了西印度群岛是一个危险的地方，因此他向北出发，前往攻击纽芬兰的捕鱼船队和捕鲸船队。捕鱼和捕鲸在 18 世纪 20 年代都是获利颇丰的行业，因此海盗们希望能发一笔横财。“财富号”在 6 月抵达纽芬兰海岸，罗伯茨首先攻击的是纽芬兰东北部特里佩西的大型渔场。6 月 21 日，海盗们驶入港湾，“船上飘扬着黑色旗帜，鸣笛打鼓”。守卫船“比迪福德”（Bideford）逃离了海岸，港湾无人防守，双方并未交战。如约翰逊讲述的那

↓海盗们无法使用修船厂或修船设备。当船底生长的水草开始减慢船速时，海盗们将船带至偏僻的海滩将船倾侧——将船拖上岸除去船底的水草。这个在托托拉岛的海滩被认为是一个合适的侧倾地点（Walter Bibikow/Getty Images）

巴沙洛缪·罗伯茨的航行

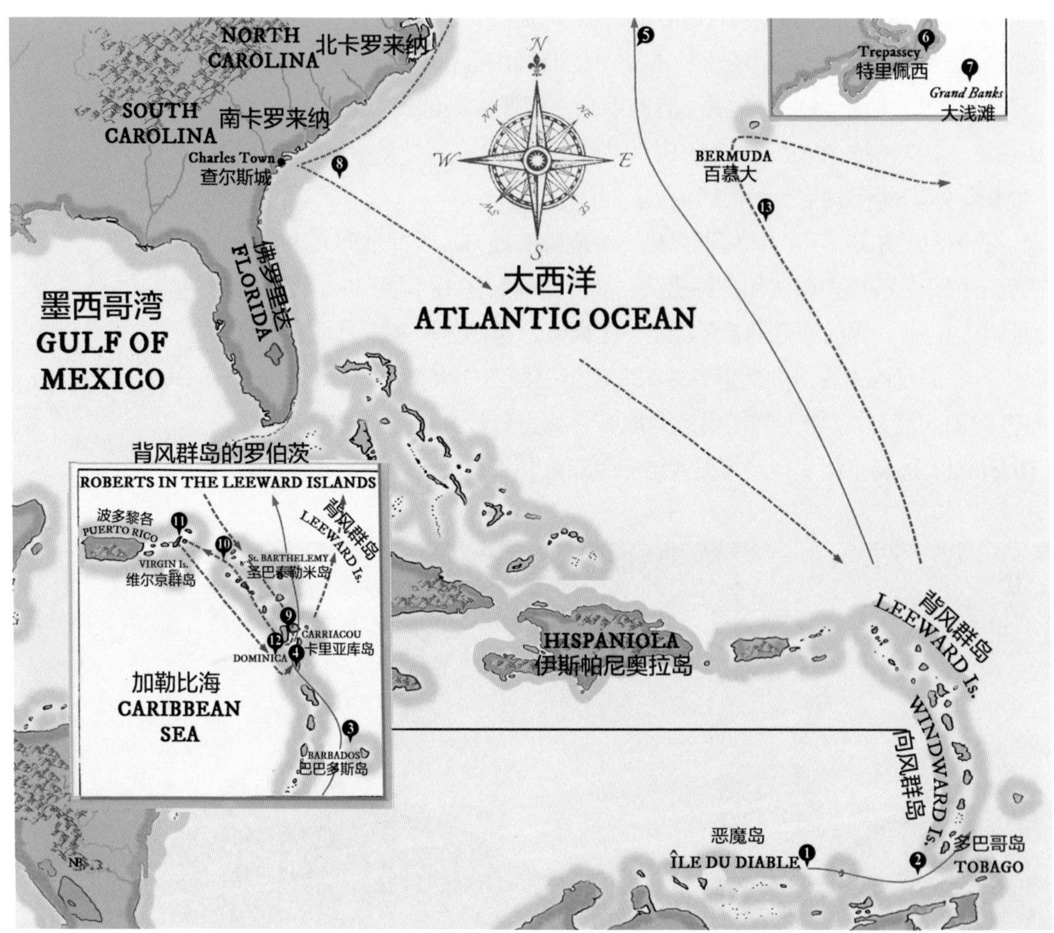

样，“无法具体描述他们在那里造成的破坏和浩劫，除了一艘布里斯托尔战舰外，他们毫无悔意地焚烧和沉没了所有的船只，破坏了渔场和那些可怜的渔场主的浮动码头”。当天有 22 艘船和 250 艘小渔船被截获。

罗伯茨抛弃了他破旧不堪的单桅帆船，开始使用安装 16 门大炮的布里斯托尔战舰。之后海盗们在纽芬兰浅滩附近航行，又截获了 10 艘船，这 10 艘船大部分是法国船。其中有一艘火力强大的商船，安装了 26 门大炮，罗伯茨将这艘船据为己有，将布里斯托尔战舰给他的船员使用。他将这艘商船重新命名为“好运号”（*Good Fortune*）。就在这时，德·帕利斯带着他的单桅帆船

图 例

←— 前往加勒比海的航行 ←--- 从纽芬兰返回的航行

1. 1719 年 11 月：巴沙洛缪·罗伯茨截获了一艘葡萄牙珍宝大帆船，他将船航行至恶魔岛以分配船上的物品。后来他发现了一艘船并发起追击。他的副官查尔斯·肯尼迪（Charles Kennedy）抓住机会，带着葡萄牙大帆船逃跑了。
2. 1720 年 1 月：失去珍宝帆船的罗伯茨带着剩下的单桅帆船航行至多巴哥岛，他在那里截获了一艘船。
3. 2 月：他们又在巴巴多斯岛附近截获了三艘船。他与法国海盗蒙蒂尼·德·帕利斯联手，但他们很快被巴巴多斯的海盗猎手驱散了。
4. 3 月：罗伯茨在多米尼克将他的单桅帆船倾侧，但他再次被海盗猎手驱逐出向风群岛。
5. 5 月：他向北航行前往纽芬兰，寻找更容易捕获的猎物。
6. 6 月 21 日：他攻击了纽芬兰特里佩西的渔场，截获了一条船，毁坏了 22 条船。
7. 7 月：在德·帕利斯重新加入之后，罗伯茨在大浅滩附近截获了几艘船。他之后又再次向南航行。
8. 8 月：罗伯茨在查尔斯镇附近截获了一艘船，之后向西印度群岛出发。
9. 9 月初：在抵达西印度群岛后，罗伯茨在卡里亚库岛将船倾侧。
10. 9 月末：罗伯茨和德·帕利斯再次联手，攻击了巴斯特尔和圣巴泰勒米岛。他们还截获了两艘船。
11. 10 月初：罗伯茨将他的一艘船重新命名为“皇家财富号”（*Royal Fortune*），并将其用作旗舰船。他在维京群岛航行，并在那里截获了一艘双桅横帆船，这艘船成为他最新的“皇家财富号”，之前的那艘被弃用。
12. 10 月末：罗伯茨在多米尼克截获了一艘大型荷兰商船，这艘商船成为新的“皇家财富号”。他和德·帕利斯之后又毁坏了停在这座岛周围的 15 艘船。
13. 11 月：罗伯茨离开加勒比海，为了防止追击，逃跑的德·帕利斯向北航行前往百慕大。罗伯茨之后横渡大西洋前往非洲西海岸。

“海王号”（*Sea King*）出现了，并为自己在巴巴多斯岛的战斗中逃跑道歉。两艘船开始重新一同航行。很快他们又陆续截获了几艘船。罗伯茨在纽芬兰的航行导致 40 多艘船和几百条小船遭到掠夺或损坏。然而，罗伯茨知道将会有战舰被派到该地，于是他再次向南出发。

8 月末，他已经抵达南卡罗来纳。他在那里截获了一艘小船，并抢走了船上的水桶。到 9 月，罗伯茨和德·帕利斯已经回到西印度群岛，来到圣文森特和格林纳达之间的卡里亚库岛（现在的拉代西拉德岛）修船。10 月，罗伯茨乘“财富号”航行至圣·克里斯托弗（圣基茨）巴斯特尔。“那里的政府拒绝向他们提供所有救援物品和帮助，于是他们向城市发起报复，焚烧了挡道的两艘船。”这些船上的一些船员加入了罗伯茨的队伍。

之后罗伯茨向北航行至圣·克里斯托弗和安圭拉岛之间的法国小岛圣巴泰勒米岛。岛上的法国总督无力抵抗，因此如约翰逊所述，海盗们在畅饮朗姆酒和享受当地女人陪伴的同时，还能够交易掠夺的物品，而不受惩罚。罗伯茨再一次给他的船改了名字，这次将它叫作“皇家财富号”。罗伯茨还给自己取了一个更花哨的头衔，如报纸上所报道的那样，“他们从圣·克里斯托弗发出的信件称，罗伯茨船长是在这些海域活动的最危险的海盗，现在他将自己称为‘背风群岛的舰队司令’”。但当报纸发出时，这名舰队司令距离当地已经有几千英里，正在肆虐非洲海岸。

“伟大的海盗”

在离开圣巴泰勒米岛后，海盗们在托托拉岛附近截获一艘配备 22 门大炮的双桅横帆船。由于这艘船的条件比他们自己的船要好得多，罗伯茨将旗舰船换成了这艘船，于是它又成了新的“皇家财富号”。10 月末，他来到圣卢西亚，并在那里截获了一艘双桅横帆船和一艘单桅帆船。他将单桅帆船留作储备船，之后向北航行回到多米尼克。在那里的主港附近，“皇家财富号”遇上了一艘全副武装、配备有 42 门大炮的荷兰商船，发生战斗。双方奋力争夺，这次德·帕利斯留下来施以援手。海盗们最终截获了这艘荷兰商船，并屠杀了船员。这艘船后来成为第三艘“皇家财富号”。在见证这场屠杀后，港湾里的 15 艘小船全部温顺地投降了。

在多米尼克时，罗伯茨宣布他决定航行至西非。他指出现在美洲所有的战舰都在追捕他们，因此非洲是更安全的选择。因此在 11 月初，他们航行至百慕大，他们从那里顺着信风向东航行。12 月初，他们在佛得角群岛遇到了一支葡萄牙护航队。罗伯茨发起追击，但护航队不仅逃走了，罗伯茨船队还遭遇了逆风，导致他的船队无法抵达非洲海岸。因此罗伯茨回到西印度群岛，在那里又截获了几艘船，后来他们来到伊斯帕尼奥拉岛上的萨马纳湾修船。罗伯茨在那里射杀了一组逃亡者，很明显他的船队现在士气低沉。罗伯茨需要一些更大的成功来提振士气。

1721 年 2 月 18 日，“皇家财富号”和“好运号”出现在圣卢西亚附近，罗伯茨在那里截获了一艘荷兰商船。他将这艘船用作诱饵，装扮成一艘奴隶船。他们又截获了当地的几艘单桅帆船，士气大振。他在西印度群岛待到三月末，之后向北航行至弗吉尼亚。那时德·帕利斯决定自己单独行动。只剩下两艘船的罗伯茨决定再一次前往非洲。然而，4 月末在百慕大附近，“好运号”的船

↑画中显示巴沙洛缪·罗伯茨出现在非洲西海岸附近。在他身后的是他的旗舰船"皇家财富号"，这是他所命名的第四艘"皇家财富号"。这艘船旁边还有一艘更小的海盗船"大漫游者号"，它们即将截获停泊在维达港附近的一支奴隶船队

长托马斯·安斯蒂斯带着船逃走了，与海盗旗舰船分开航行。这次逃跑令罗伯茨只剩下"皇家财富号"、他的掠夺物和228名手下。

罗伯茨在5月末抵达佛得角群岛，在装运完船上的补给品后，他终于在塞内加尔河河口登陆非洲。他在那里截获了两艘法国单桅帆船。罗伯茨将船留用作侦察船，将其中一艘船重新命名为"漫游者号"。他抵达塞拉利昂时已经是6月末，锚地空空荡荡。他们在那里待了六周，修船、"狎妓和饮酒"（约翰逊的描述）。最终他们沿着海岸继续航行，在塞斯托斯河（现在在利比里亚）河口他们遇见了由吉（Gee）船长指挥的皇家非洲公司的"昂斯洛号"（*Onslow*）。当海盗抵达时，大部分船员都已经上岸，因此他们轻易地截获了这艘船。很多船员甚至自愿加入罗伯茨的队伍。罗伯茨用自己的船与吉交换安装有40门大炮的"昂斯洛号"，这艘船成了第四艘也是最后一艘"皇家财富号"。

巴沙洛缪・罗伯茨在非洲

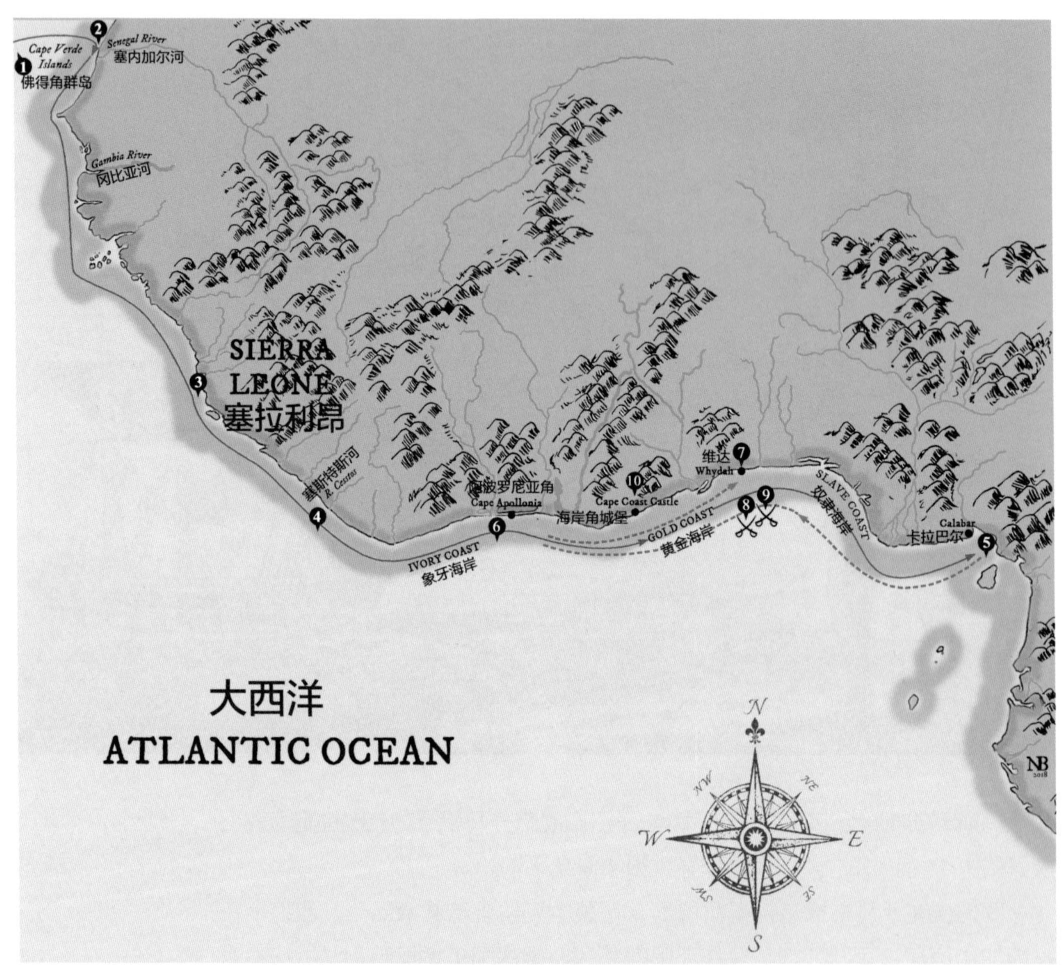

海盗们继续航行，新的“皇家财富号”和“漫游者号”沿着海岸航行至老卡拉巴尔（现位于尼日利亚）。他们于十月抵达，并在那里截获了三艘奴隶船，但当地人对他们充满敌意，这促使他们很快离开，继续航行至洛佩斯角。在补充淡水后，罗伯茨返回阿波罗尼亚角，海盗们又截获了两艘奴隶船。他们从那里出发前往维达，并于 1722 年 1 月抵达。锚地中挤满了 11 艘奴隶船，海盗们一出现便全部投降了。其中一艘被收入海盗舰队，成为配备 32 门大炮的“大漫游者号”，原来的单桅帆船“漫游者号”被重新命名为“小漫游者号”。

图 例

←— 1721 年航行 ←- - - 1722 年航行 ⚔ 战斗

1721 年

1. 5 月末：巴沙洛缪·罗伯茨乘“皇家财富号”抵达佛得角群岛，并在那里补给船上用品。
2. 6 月：他在塞内加尔河附近登陆非洲。他在那里截获了两艘法国单桅帆船，并将其中一艘重新命名为“漫游者号”。
3. 6 月末：罗伯茨在塞拉利昂海岸将船倾侧，在那里待了六周。
4. 8 月：他在塞斯托斯河附近截获了皇家非洲公司的奴隶船“昂斯洛号”。这艘船成为第四艘也是最后一艘“皇家财富号”。
5. 10 月：在抵达卡拉巴尔后，海盗们截获了三艘英国奴隶船。他们希望在那里将“皇家财富号”倾侧，但遭到充满敌意的当地人的阻挠。

1722 年

6. 1 月初：罗伯茨在阿波罗尼亚角附近又截获了两艘奴隶船。
7. 1 月 11 日：罗伯茨抵达维达，截获了 11 艘奴隶船。他将其中一艘重新命名为“大漫游者号”，而“漫游者号”被重新命名为“小漫游者号”。其中一艘奴隶船因其船长拒绝向海盗支付保护费而被焚烧。
8. 2 月 5 日：英国护卫舰皇家海军战舰“燕子号”抵达维达，不知道这艘船来历的罗伯茨派出“大漫游者号”追击这艘船。“燕子号”的奥格尔（Ogle）船长引诱“大漫游者号”穿过地平线，然后调转船头、发起进攻并截获了这艘船。
9. 2 月 10 日：当“燕子号”重新出现在维达附近时，罗伯茨驾驶“皇家财富号”前来应战。当“燕子号”在接下来的战斗中向对方舷侧开火时，罗伯茨被击中身亡。他的船员继续战斗，但最终这艘海盗旗舰船被占领。
10. 4 月：剩余的海盗在海岸角城堡被审讯，其中有 52 人被处以绞刑。

---

2 月 5 日黎明时分，海盗船仍停泊在维达。哨兵发现一艘船正在靠近。罗伯茨和他的手下前一晚彻夜饮酒，当时他们正在睡觉。新来的这艘船是安装 50 门大炮的皇家海军战舰“燕子号”，由查洛纳·奥格尔（Chaloner Ogle）船长指挥。罗伯茨派出“大漫游者号”追击这艘船，“燕子号”假装闪躲，直至地平线。奥格尔然后慢了下来，趁着“大漫游者号”距离过近无法逃避时，奥格尔立即行动，向舷侧开火。接下来是两个小时的海战，到战斗结束时“漫游者号”已经成了一片血腥的废墟。海盗们最终降旗投降。2 月 10 日，“燕子号”再次在维达出现，这次罗伯茨驾船出来应战。罗伯茨穿上了他最精致的衣服：“深红色锦缎的背心和马裤，帽子上别上一根红色羽毛，脖子上戴着一条金链子，链子下有一个钻石十字架吊坠。”当他开始行动时，罗伯茨下令升起黑旗。

奥格尔回忆道，“海盗的航海技术比我们好，飞速向前航行约半个射程”。他向海盗船的舷侧开火，之后，“我们持续（不间断）对准海盗船开炮”。巴沙洛缪·罗伯茨在第一组火炮齐射中被杀。海盗船长身亡瓦解了船员的斗志：“许多船员从他们驻守的位置逃跑。”“燕子号”持续开炮，“直到借助风力两艘船再次并排，在几次交火之后，约一点半，海盗船的主桅被击中倒了下来。……两点船已经无法移动，投降求饶”。

→ 1722 年 2 月 5 日，查洛纳·奥格尔（1681—1750）船长指挥安装 50 门大炮的护卫舰皇家海军战舰“燕子号”在西非海岸追捕巴沙洛缪·罗伯茨。他的护卫舰与罗伯茨的“好运号”交火，罗伯茨在奥格尔第二次舷炮轰击中被杀

↑巴沙洛缪·罗伯茨的船员在西非海岸（现在的加纳）走到了穷途末路。1722 年 3 月 28 日，52 名海盗在那里被处决。另外 37 名海盗被监禁在英格兰，或被判处在海岸角矿场服役（MyLoupe/UIG/Getty Images）

“伟大的海盗”巴沙洛缪·罗伯茨已经死了，活下来的船员被戴上手铐脚镣，押解至维达海岸边的海岸角城堡。77 名非洲海盗被卖给奴隶贩子，其他船员则因罪行而遭到审讯。他们的审讯在 3 月 28 日开始，持续了三周时间。最终，在 1722 年 4 月 20 日，52 名海盗被判死刑，37 人被判在海岸角的矿场中长期服役或监禁于伦敦监狱。另外还有 79 人在证明自己被迫加入罗伯茨的海盗船队后被无罪释放或判缓刑。其余的人因伤病死于狱中。对一些历史学家而言，这场集体处决标志着“海盗活动的黄金时代”的终结。尽管如同往常一样，但仍有一些零散的海盗有待清除，猖獗的海盗活动仍在继续。

黑色准男爵的贵族：肯尼迪和安斯蒂斯

两名曾经跟随巴沙洛缪·罗伯茨一同航行的海盗后来开启了自己的海盗事业。其中一人是沃尔特·肯尼迪，他于 1695 年生于伦敦，父母是爱尔兰人。他通过做扒手走上了犯罪道路，后来沦落为一名入室抢劫犯。之后他成为一名水手，1718 年参加了伍兹·罗杰斯航行前往巴哈马群岛的远征队。当年年末，他参与了单桅帆船“巴克号”在伊斯帕尼奥拉岛附近的叛变活动。之后他与豪厄尔·戴维斯一同航行，后又加入了巴沙洛缪·罗伯茨的船队。1719 年 11 月末，罗伯茨从恶魔岛出发追捕一艘船，将旗舰船“皇家流浪者号”交给肯尼迪指挥。肯尼迪虽然有指挥权，但他不受欢迎，而且是个文盲，缺乏船长所

海盗贵族沃尔特·肯尼迪

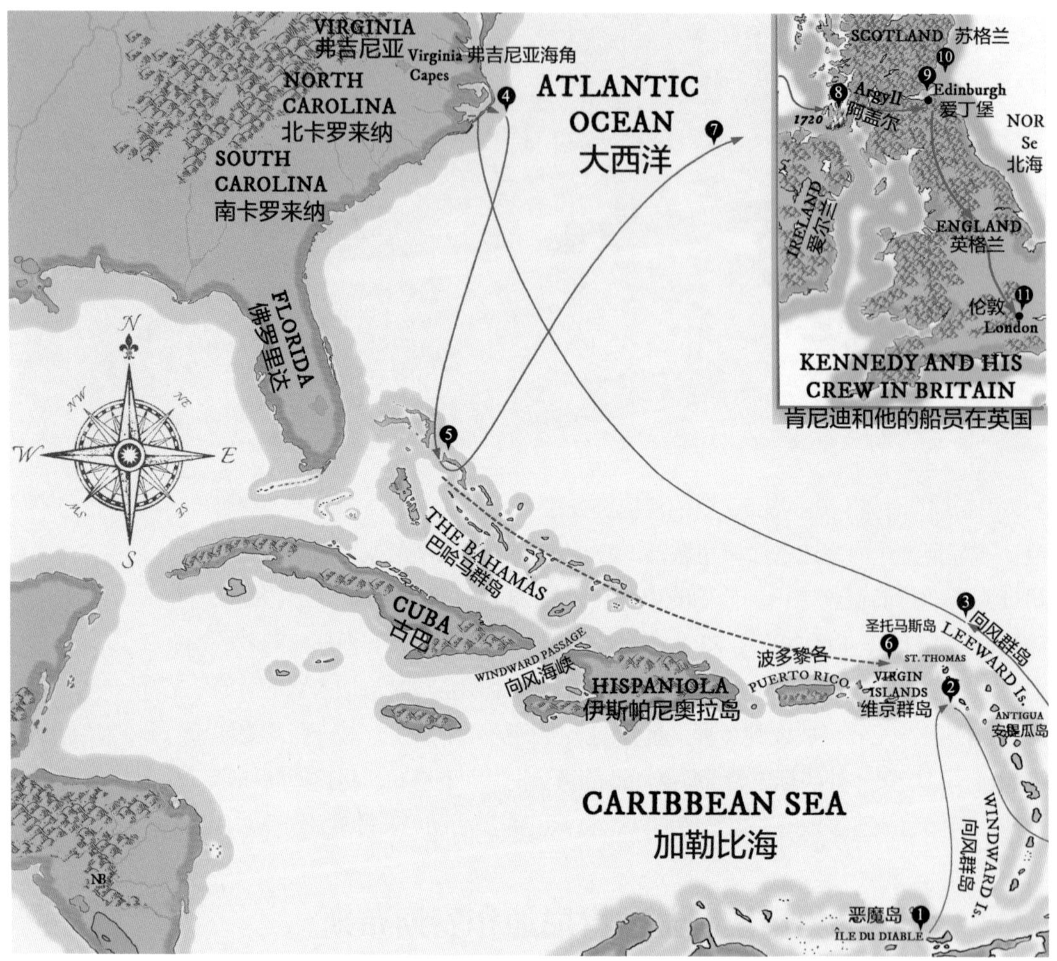

需具备的航海知识。他领导船队的唯一方式就是残暴。

肯尼迪将自己的意愿强加于不愿接受他领导的船员之上。他将“圣家族大教堂号”上的珍宝转移到“皇家流浪者号”上，并将这艘珍宝船交给他的囚犯，囚犯们乘这艘船航行至安提瓜岛。之后肯尼迪驾驶罗伯茨的海盗旗舰船逃跑了。12 月 15 日，他在巴巴多斯附近截获一艘小型商船，随后他前往弗吉尼亚，在切萨皮克附近航行了一个月却毫无收获。他最终放弃，航行前往南边更温暖的海域。其间他遇上一艘商船，但所得掠夺物不多，并且还有八

1. 1719 年 11 月，海盗巴沙洛缪・罗伯茨带着两艘船和他截获的葡萄牙珍宝船“圣家族大教堂号”来到恶魔岛。罗伯茨发现了一艘船的踪迹，他发起追击。这时指挥另一艘船“皇家流浪者号”的沃尔特・肯尼迪控制了“圣家族大教堂号”，并带着珍宝船上的掠夺物逃跑了。
2. 12 月初：肯尼迪在向风群岛的某个地点将掠夺物转移到“皇家流浪者号”上，之后将珍宝瓜分。随后他放走了葡萄牙囚犯，囚犯们驾驶空空如也的珍宝船来到安提瓜岛。
3. 12 月 15 日：肯尼迪在巴巴多斯附近航行时截获了双桅横帆船“海仙女号”。他的一些船员希望带着他们的那份掠夺物离开，因此他把这艘截获的船交给了他们，自己则向北航行。
4. 1720 年 1 月：肯尼迪出现在弗吉尼亚海角，他在那里截获了一艘小船。他的一些船员再次带船出逃了，导致“皇家流浪者号”上人手不足。
5. 2 月中旬：肯尼迪再次向南航行，在巴哈马群岛附近截获了来自纽约的商船“老鹰号”。当大部分海盗都在喝船上的朗姆酒时，肯尼迪将他那份掠夺物转移到“老鹰号”上，并带着 48 人驾船离开了。
6. 3 月初：剩下的海盗航行“皇家流浪者号”至向风群岛，将船停在圣托马斯岛。当他们大部分人登岸后，他们的海盗船被海盗猎手截获了。然而，“皇家流浪者号”在被押送至尼维斯岛的途中遭遇了一场风暴，沉没了。
7. 3 月—4 月：与此同时，肯尼迪乘“老鹰号”横渡大西洋，希望能在自己的家乡爱尔兰登陆。
8. 5 月：“老鹰号”在靠近爱尔兰海岸时遭遇了一场风暴，在风暴中损坏的船在苏格兰阿盖尔的西海岸登陆。肯尼迪和他的船员抛弃了“老鹰号”，带着他们的掠夺物登陆了。
9. 6 月：海盗内部发生分裂。肯尼迪和少数海盗向南航行，他的大部分船员却向爱丁堡航行。然而，他们的财富引起了注意，于是他们被逮捕了。
10. 12 月：海盗们在爱丁堡被审讯，其中九人被处以绞刑。
11. 1721 年 7 月：身无分文的肯尼迪在伦敦因盗窃而被捕。他被认定为一名海盗，并被审讯和判刑。7 月 21 日，他在沃平的处决码头被处以绞刑。

名海盗背叛了他。他们宁愿选择冒险与商船船长航行，也不愿待在肯尼迪的船队。他们中的六人最后被审讯并处以绞刑。

1720 年 2 月，乘“皇家漫游者号”航行的肯尼迪截获了商船“老鹰号”，他将这艘船据为己有。他抛弃了他的老海盗船，乘着这艘在巴伊亚截获的船走了，留下“皇家漫游者号”和船上的核心成员。“皇家漫游者号”最终在圣托马斯岛被来自尼维斯岛的英国海盗猎手捕获了，但在被押送至港口的途中在圣克洛伊岛附近遭遇风暴而沉没。与此同时，肯尼迪乘着“老鹰号”横渡大西洋，但他的船在风暴中被损坏，海盗们将这艘船遗弃在苏格兰西部的阿盖尔海岸。他们分裂为两派，肯尼迪和其中一组人向南前往英格兰，其余的人则前往爱丁堡。第二组人在喝酒时使用了葡萄牙铸币，引起了当地人的怀疑，因此当他们在 12 月抵达爱丁堡时，他们被逮捕并被审讯。其中九人被处以绞刑。肯尼迪则抵达了伦敦，但他因偷盗而被捕，在狱中时被认定为一名海盗。1721 年 7 月 21 日，他在处决码头被处以绞刑。

巴沙洛缪·罗伯茨船队中的第二名叛逃者是托马斯·安斯蒂斯。他也参与了1718年“巴克号”的叛变事件。如同肯尼迪一样，他是“贵族”之一，或者说是豪厄尔·戴维斯船队的内部阴谋集团成员。他受到罗伯茨的信任，一直担任他的副官，并最终获得了装有18门大炮的海盗双桅横帆船“好运号”的指挥权。然而，1721年4月，在一次横渡大西洋的航行中，他从罗伯茨的船队中逃走，之后开启了自己的海盗生涯。他在西印度群岛截获了几艘小型商船，但在马提尼克岛附近遇到了两艘法国战舰，被迫逃至坎佩切湾。在一段时间内，蒙蒂尼·德·帕利斯曾在那里与他联手行动。10月末，他截获了两艘大型商船，他将其中一艘名为“晨星号”（*Morning Star*）的商船留作他的随行船，并将这艘船的指挥权交给他的一名副官约翰·费恩（John Finn）。

他们接下来于12月攻击了多巴哥岛，后来他们在西印度群岛间航行，但一无所获，之后据称他们航行至委内瑞拉海岸。然而，到1722年初，大部分海盗都彻底丧失了斗志。他们罢免了安斯蒂斯的船长职务，又迎合牙买加的官方当局，希望被从轻发落和获得赦免令。他们在古巴躲了四个月，等待当局的回复，但却没有等到。约翰逊称，海盗们举办了模拟海盗审讯，任命了法官和陪审团，并对他们中的一人进行审讯。最终在8月底，他们放弃了等待，重新启程航行。

他们在古巴的南海岸航行，但并未出现值得他们攻击的船只。之后在9月末，费恩驾驶的“晨星号”在小开曼岛附近搁浅。几个小时后，英国战舰抵达，虽然“好运号”逃走了，但留下的40名海盗被逮捕。当年冬天，费恩驾驶“好运号”穿过向风群岛，并于1723年春天抵达多巴哥岛。他们登岸后将船倾侧，但5月17日皇家海军战舰“温切尔西号”（HMS *Winchelsea*）出现了，这次尽管“好运号”逃走了，但留下的费恩和五名海盗被逮捕。他们最终都在安提瓜岛被审讯并处决。

安斯蒂斯试图重新掌握指挥权，但一些船员叛变了，趁安斯蒂斯在吊床上睡觉时将其射杀，并将海盗船航行至库拉索岛。那里的荷兰当局赦免了叛变者，并将其余人囚禁。[1] 由于荷兰的检察官需要搜集证据，他们的审讯推迟了几个月，最终在1726年初举行，18名海盗被定罪和处以绞刑。这标志着八年前“巴克号”海盗船上的叛变所引起的一系列事件真正结束了。

安斯蒂斯船员的处决是那一时期最后一场集体处决。到那时人们可以清

1 同前注，p.268。

楚地看到从事海盗活动得不偿失。同时期在伦敦、波士顿、西非和西印度群岛举行的一系列高调的审讯和处决也说明了这一点。因此这些海盗成为这一时期最后的海盗。那时人们开始更多地关注关于海盗活动的神秘传说，而非其残酷真相。1724 年 5 月 24 日，约翰逊船长出版了他的首版《知名海盗抢劫与谋杀简史》。从那时起，海盗活动成为一种他人讲述的刺激故事，而非一手的恐怖经历。

←当海盗托马斯·安斯蒂斯和他的船员在 1722 年申请赦免令时，他们在古巴逗留了几个月的时间等待回复。约翰逊称，海盗们扮演同伴的法官和陪审团，通过举办模拟海盗审讯来打发时间

7

第七章 海盗圈

印度洋的诱惑

海盗活动不局限于加勒比海和西非。在 17 世纪的最后几十年里，海盗们开始来到印度洋探险。在印度洋活动的一大优势是，在印度或远东和欧洲之间来往的船上运载了价值不菲的货物。自从瓦斯科·达·伽马（Vasco da Gama）在 15 世纪末开辟了前往东印度的航线后，欧洲的航海家开始将东方的香料运往欧洲的高价市场。

起初是葡萄牙人垄断了香料贸易。他们的船只通过海运运送这些来自异国的货物，从而打破了阿拉伯人的沙漠陆运对香料的控制。因此，与印度尼西亚的香料群岛或印度次大陆的大型海岸城市贸易可以获得巨额财富。自 17 世纪初起，其他欧洲沿海国家也开始进入印度洋活动。其中一个便是成立于 1602 年的荷兰

←科摩罗群岛位于莫桑比克海峡北端入口处两旁，位于东非和马达加斯加之间。该群岛经常被来往商船和海盗船用作取水处。图中所示的乔安娜岛（Johanna Island，现在的昂儒昂岛）是科摩罗群岛最受欢迎的取水处（John Seaton Callahan/Getty Images）

东印度公司（称为“Vereenigde Oostindische Compagnie”或“VOC”）。次年它在印度尼西亚设立了第一个交易站，到 1640 年，荷兰取代葡萄牙，主导了欧洲和东印度之间的贸易。

东印度公司被认为是世界上最大型和富有的私人公司，拥有一支超过 150 艘商船和近 50 艘战舰的舰队。然而，它也有竞争对手。1600 年英格兰的伊丽莎白一世女王签署了一份特许状，授予一家新公司——“可敬的东印度公司”（HEIC）在印度的独家贸易权。1617 年，印度的莫卧儿帝国皇帝与他们签署了一份协议，在接下来的几十年里，HEIC 巩固了其对印度贸易的控制。起初，它的主要贸易物品为棉花、丝绸、靛蓝和茶叶，但很快开始进军香料贸易。

贸易量的巨大增长意味着到 17 世纪末，印度洋已经成为海盗的完美猎场。当然，欧洲或美洲殖民地的海盗并不是第一批攻击印度洋船只的水手。小型海盗群体分布在印度、波斯和阿拉伯半岛的海岸。土耳其人在该地区维持定期的海军巡逻，印度的莫卧儿帝国皇帝也同样如此。但到 17 世纪末，大部分这些反海盗活动都已不再进行，只有重要的船队才能得到护送。因此，欧洲人需要自己保护他们的贸易基地和船只。

↓从 17 世纪 90 年代起的几十年里，印度洋马达加斯加东北海岸附近的圣玛丽岛（St Mary's Island 或 the Île Sainte-Marie）成为一个受海盗欢迎的避风港，虽然这个岛上没有交易偷盗物品的市场（Olivier Cirendini/Getty Images）

↑关于海盗们能够获得大批金币和其他铸币的流行传说始于红海海盗（Red Sea Roundsmen）的成功，海盗通常不会隐藏所获得的财物，而会在船员之间分配

荷兰人和英格兰人需要与欧洲国家竞争，保护自身利益，这已经令他们捉襟见肘。抵御海盗则更令他们难以应付。因此，当欧洲的海盗首次出现时，两大贸易公司的资源已经完全耗尽。海盗们在一定程度上享受到了别处没有的自由。

17 世纪过去后，非洲奴隶贸易开始迅速发展。葡萄牙人对非洲西海岸奴隶贸易的垄断在一个世纪以前就被打破，自此英格兰和法国的奴隶贸易者在该地区建立了自己的业务。英格兰人通过另一个贸易组织——皇家非洲公司开展奴隶贸易。这一组织如同印度的东印度公司一样，拥有自己的堡垒、交易站和船只。尽管如此，海盗们必定仍会认为西非是一个获利丰厚的狩猎场。很快一些海盗将沿着海岸继续航行至好望角和更远处的印度洋。他们找到了海盗的梦想之所——这片海域有保护充分和缺乏保护的船只、众多适合躲避追捕者的藏身之所，还有一些忙于互相争斗也无法顾及海盗威胁的欧洲贸易公司。结果是自约 1690 年起到 18 世纪 20 年代，印度洋成为世界上最有利可图的海盗目的地，在这片海域航行的人能够获得别的地方所没有的机会。

红海海盗

17 世纪 90 年代席卷印度洋的海盗威胁始于百慕大。来自罗德岛纽波特的托马斯·图正是在那里找到了自我。图所拥有的财富足以入股当地一艘名叫“阿米蒂号”（*Amity*）的单桅帆船。没人真正知道他的钱来自哪里，但一名官员后来报告称“臭名昭著的一件事是，他曾经是一名海盗”。1691 年末，一名“图船长”偷袭了科德角附近的一座岛，虽然我们无法证明是同一个人，但同样的名字令人生疑。然而，1692 年，大同盟战争（1688—1697）正值高潮之时，图说服百慕大的里奇（Ritchier）总督授予他允许攻击法国人的私掠许可证。他决定在西非海岸航行，因此他在另一艘百慕大私掠船的随行下开始横渡大西洋，这艘随行船由一名德鲁（Drew）船长指挥。然而，图无意将攻击

→霍华德·派尔所绘的刀疤船长（Captain Scarface），虽然用作一本童书中虚构的海盗人物画像，但却是基于托马斯·图（Thomas Tew）、亨利·埃夫里（Henry Every）和威廉·基德三个人的样貌绘制的

对象仅限于法国人。[1]

他的船员似乎完全同意。当两艘单桅帆船在西非海岸因风暴走散后，“阿米蒂号”前往好望角。进入印度洋后，他们向北航行前往红海。东非和阿拉伯半岛之间17英里（约27千米）宽的曼德海峡在阿拉伯语中名为“Bab-el Mandeb”（意味“眼泪之门”），是红海与印度洋之间的分界线。图和他的手下正是在那里截获了他们的第一艘船。

1693年7月，他们看见一艘“高船”向北航行进入红海。据约翰逊所述，

1 关于他决定成为海盗的描述，详见查尔斯·约翰逊船长1924年初始版本的 *A General History of the Robberies & Murders of the Most Notorious Pyrates* (London, 1724, reprinted by Lyons Press, New York, 1998) (Chapter 22). 这一记载同样引自 David Cordingly (ed.), *Pirates: Terror on the High Seas* (Atlanta, GA, 1996), p. 122; Jan Rogozinski, *Pirates! An A–Z Encyclopedia* (New York, 1995), pp.337–338。

这艘大船上运载了300名士兵，“然而图顽强地登上了这艘船，并很快占领了它，截获这艘船后，他的手下每人瓜分了近三千英镑”。这是一项惊人的成就。这艘船原来是伟大的印度莫卧儿帝国皇帝阿拉姆吉尔一世（1618—1707）的战舰，船上有铸币、宝石、象牙、香料和丝绸等大量珍宝。海盗们得知这艘船属于一支船队，附近还有五艘船。图希望发起追击，但被船员否决了，他们希望保护好已获得的掠夺物。正如约翰逊所述，“观点的分歧导致他们之间产生了不和，于是他们决定分赃散伙，而最适合他们做这件事情的地方莫过于马达加斯加”。[1]

据说图在那里遇见了另一名海盗。詹姆斯·梅森（James Misson）船长和她的船“维多利亚号”（*Victoire*）已经在近期抵达该地，这名法国海盗似乎已经在马达加斯加西北方的圣玛丽岛（现在的波拉哈岛）建立了一个海盗定居点。图和他的手下必定在岛上待了几个月。然而，这个神秘的梅森船长有可能只是约翰逊杜撰的一个文学人物。

↑霍华德·派尔所描绘的托马斯·图正在招待纽约殖民地的总督本杰明·弗莱彻（Benjamin Fletcher），他正在向总督讲述他作为一名“红海海盗”的业绩。这类亲善活动直接导致威廉·基德和另一名纽约总督贝洛蒙特伯爵（the Earl of Bellomont）之间达成协议

当图决定回到美洲时，他一半的船员都留在马达加斯加。1694年4月，他抵达罗德岛的纽波特。由于殖民地总督的船曾被非欧洲国家的海盗所截获，他将图更多地视为一个成功的私掠者，而非一名真正的海盗。图受到宴请，在将他的那份掠夺物售出后，他受邀前往拜访纽约的弗莱彻总督，因为这位总督希望为图之后的冒险活动提供支持。当他因为陪同一名公开的海盗而遭到批评时，弗莱彻写道他认为图是一个有趣的人，“有时在完成我的日常工作之余，听图谈话是一种消遣，也是获得信息的一种方式”。

正如同时代的《纽约客》中所写的那样，“在这些地域有一群被称为‘红海人’的海盗，他们获得了大量的阿拉伯金币”。除了弗莱彻，其他的殖民地商人也希望为去往红海的冒险提供资助，一条获利颇丰的“私掠”航行路线很快被冠以“红海圈”（Read Sea Round）的名称。图在1694年11月带着弗莱

1 Johnson, p.34

托马斯·图的航行

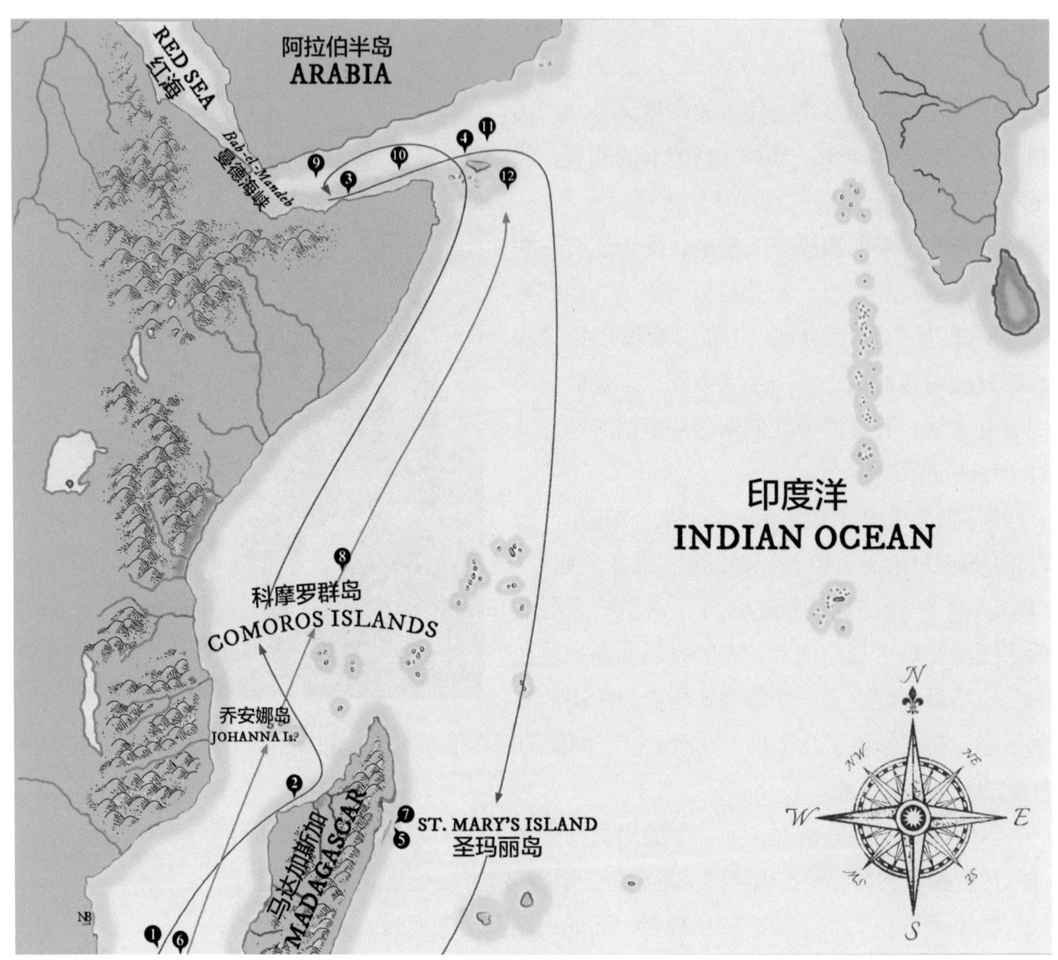

彻签署的私掠许可证回到海上航行。这次他与四艘新英格兰的“私掠船”一同航行，船员迫切希望探索东方的财富。图成为这支海盗舰队的队长，约翰逊将他称为“舰队司令”。在他们进入印度洋后，由亨利·埃夫里指挥的另一艘船“范茜号”加入了他们。

1695 年 6 月，海盗们回到了曼德海峡。在那里，图决定攻击一艘向南航行的大型印度商船，这艘船属于前往苏拉特的一支船队。他的目标是莫卧儿帝国的珍宝船“冈依沙瓦号”，这艘船由全副武装的印度战舰“法塔赫·穆罕默德号”（*Fatch Mohammed*）护卫。“阿米蒂号”靠近护卫舰，但遭到猛烈的舷

图 例

←1693 年航行 ←1695 年航行

1693 年

1. 5 月：托马斯 · 图和他的单桅帆船“阿米蒂号”进入印度洋。
2. 6 月：在马达加斯加补给物品后，图向北出发前往红海。
3. 7 月：图截获了莫卧儿帝国皇帝的一艘印度战舰，获得价值不菲的掠夺物。
4. 图希望继续航行，但他的手下希望带着掠夺物回家。
5. 图可能来到圣玛丽岛，开始将这座岛用作海盗基地。

1695 年

6. 5 月：图回到印度洋，再次向北航行。
7. 据称图将圣玛丽岛用作一个基地和与其他海盗的汇合地点，但这未被证实。
8. 5 月末：图在科摩罗群岛附近遇到了亨利 · 埃夫里，两名海盗开始合伙行动。
9. 6 月：海盗们进入曼德海峡，红海从此处开始变窄。他们将此处视为一个理想的狩猎场。
10. 7 月：图发现了印度船，并予以追击。商船“冈依沙瓦号”（*Ganj-i-Sawai*）逃走了，因此图决定攻击战舰“法塔赫 · 穆罕默德号”，他相信这艘船载满宝藏。
11. 图在接下来的战斗中身亡，剩余的海盗被逮捕。
12. 亨利 · 埃夫里攻击和截获了“法塔赫 · 穆罕默德号”并解救了图的手下。他之后又截获了满载宝藏的“冈依沙瓦号”。

侧攻击。约翰逊称，“在战斗中，一颗子弹刺穿了图的肚子，他用手拿着他的肠子，倒了下去”。最初的“红海海盗”已经死了。这“在他的手下之间引起了恐慌，他们没有抵抗，接受俘虏”。[1] 从那时起，亨利 · 埃夫里续写了“红海海盗”的故事。

埃夫里被誉为最成功的海盗之一，但我们对于他加入图的海盗船队之前的经历所知甚少。约翰逊称他出生在德文郡的普利茅斯，并且“在海边长大”。其他的记录将他描述为一个旅馆老板的儿子，出生于 17 世纪 50 年代。另一个有趣的事实是他少年时的名字是约翰 · 埃夫里（John Every），但所有的现存文件，包括出自他自己之手的文件中出现的都是“亨利”这个名字。在 17 世纪 80 年代末，他以一名伐木船船长的身份出现在加勒比海。1693 年，皇家非洲公司的文件中提到了“隆 · 本（Long Ben）还有埃夫里”，埃夫里被描述为一个未获许可的奴隶贸易者。在 17 世纪末以前，皇家非洲公司垄断了

1 同上注，p.35. 关于图与埃夫里之间关系的详细描述，见 Cordingly, pp.147–51。

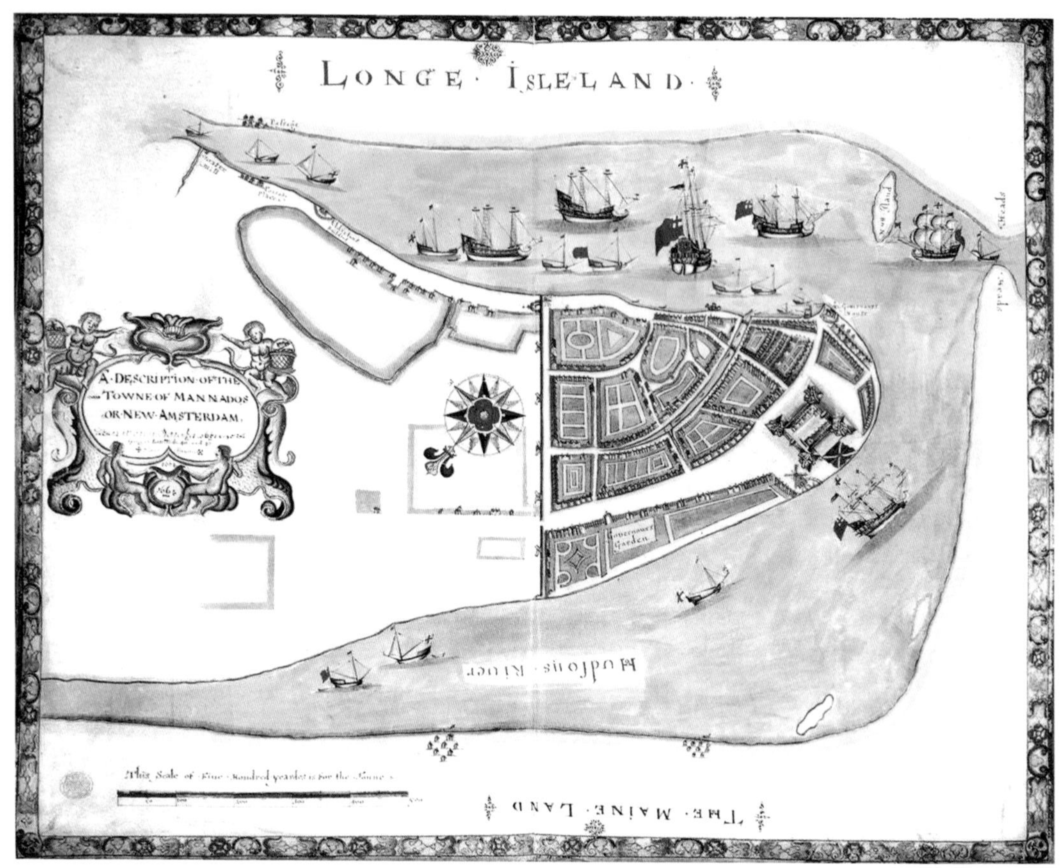

↑ 1664 年的纽约，当年英格兰人从荷兰人手中占领纽约，纽约因此成为英格拉殖民地。虽然这座城市在图和基德的时代规模并未很大，但已成为一个繁荣的港口。纽约在 1694 年之后快速扩展

西非海岸的奴隶贸易，但“隆·本”等“入侵者”的活动导致贸易遭受损失。最终在 1698 年，皇家非洲公司不得不向非公司的船只授予在其港口活动的许可，以换取一定份额的收益。1694 年，埃夫里成为安装 46 门大炮的快速私掠船“查尔斯二号”（*Charles II*）的大副。当年 6 月，这艘船从布里斯托尔航行出发，前往马提尼克，船长持有授权掠夺法国船只的许可证。

“查尔斯二号”来到西班牙东北部的拉科鲁尼亚，但船员已经非常不满，因此埃夫里在船长登岸时借机发动叛变。叛变的船员选举埃夫里担任他们的船长，埃夫里将这艘私掠船重新命名为“范西号”，之后便出发前往印度洋寻找掠夺物。在向南航行的途中，他们在佛得角群岛洗劫了三艘来自英格兰的船和两艘来自丹麦的船。在绕过好望角后，“范西号”来到科摩罗群岛的乔安娜岛（现在的昂儒昂岛）取水。埃夫里正是在那里截获了另一艘法国私掠船。

↑海盗亨利·埃夫里通常被认为是所有海盗中最成功的海盗之一。在截获一艘印度珍宝船上的珍宝后，他将掠夺物在船员间瓜分，后来便从历史记录中消失了。有人称他死于贫困，其他人则声称他后来成了一名富有奢侈的地主

埃夫里之后向所有在印度洋活动的英格兰船长写了一封信，在信中他宣称，“我没有不公正地对待任何英格兰人或荷兰人，在我担任指挥官期间也不打算这样做”。他似乎仍然试图假装成一个遵纪守法的私掠船船长，而不是一支叛变船队的海盗头目。但没有人上他的当。

正是在这个时候他遇到了托马斯·图，并与他合伙行动。埃夫里参与了对莫卧儿帝国船队的攻击（图在攻击中身亡）。尽管舰队中其他船只退缩了，但他一直尾随船队，直到天黑。当“法塔赫·穆罕默德号”掉队时，他发起攻击。埃夫里靠近，将这艘莫卧儿帝国战舰倾斜，率领船员登船。战斗在几分钟后就结束了。埃夫里的手下杀害了印度船员，释放了来自图的“阿米蒂号”的囚犯，并获得了

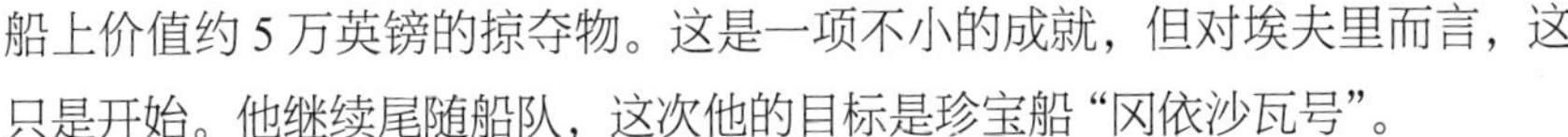

船上价值约 5 万英镑的掠夺物。这是一项不小的成就，但对埃夫里而言，这只是开始。他继续尾随船队，这次他的目标是珍宝船“冈依沙瓦号”。

这艘船是个难以战胜的对手，船上安装了 62 门大炮，还运载了 500 名莫卧儿帝国士兵。然而，“范茜号”却更容易操控，船上安装了 46 门大炮，且船上的 190 名船员在贪婪的驱动下干劲满满。埃夫里看准时机，驶向“法塔赫·穆罕默德号”，双方开始舷侧交火。之后“范茜号”幸运地打中了珍宝船的主桅，导致船几乎无法航行。埃夫里得以将珍宝船倾斜，对其大肆破坏。之后他将“范茜号”停靠在珍宝船一旁，带领船员登船。

这是一次仓促的行动，并且他的人手严重不足。然而，在接下来的酣战中，海盗们逐渐占了上风。在两小时后，剩余的印度船员终于投降了。埃夫里现在占领了“法塔赫·穆罕默德号”，即使是最贪婪的船员也会被船上的掠夺物所震撼。船上有价值约 60 万英镑的铸币、宝石和丝绸等珍宝，还有近五十万枚金币和银币。海盗们随后开启了两天的狂欢，折磨和强暴船上富裕的印度乘客，寻找隐藏的金钱或珠宝。之后他们航行离开，而船上的幸存者还未从他们所遭受的袭击和暴力中缓过来。

埃夫里航行前往法国的留尼汪岛，他在那里瓜分了大部分的掠夺物，并给每人少量的珠宝作为奖金。之后他离开印度洋，航行前往西印度群岛，并来到维尔京群岛的圣托马斯岛，在这里售卖了部分掠夺物。在这里他发现他攻击船只的新闻已经传到了美洲，他成了一个通缉犯。他解散了船队，抛弃

亨利·埃夫里的航行

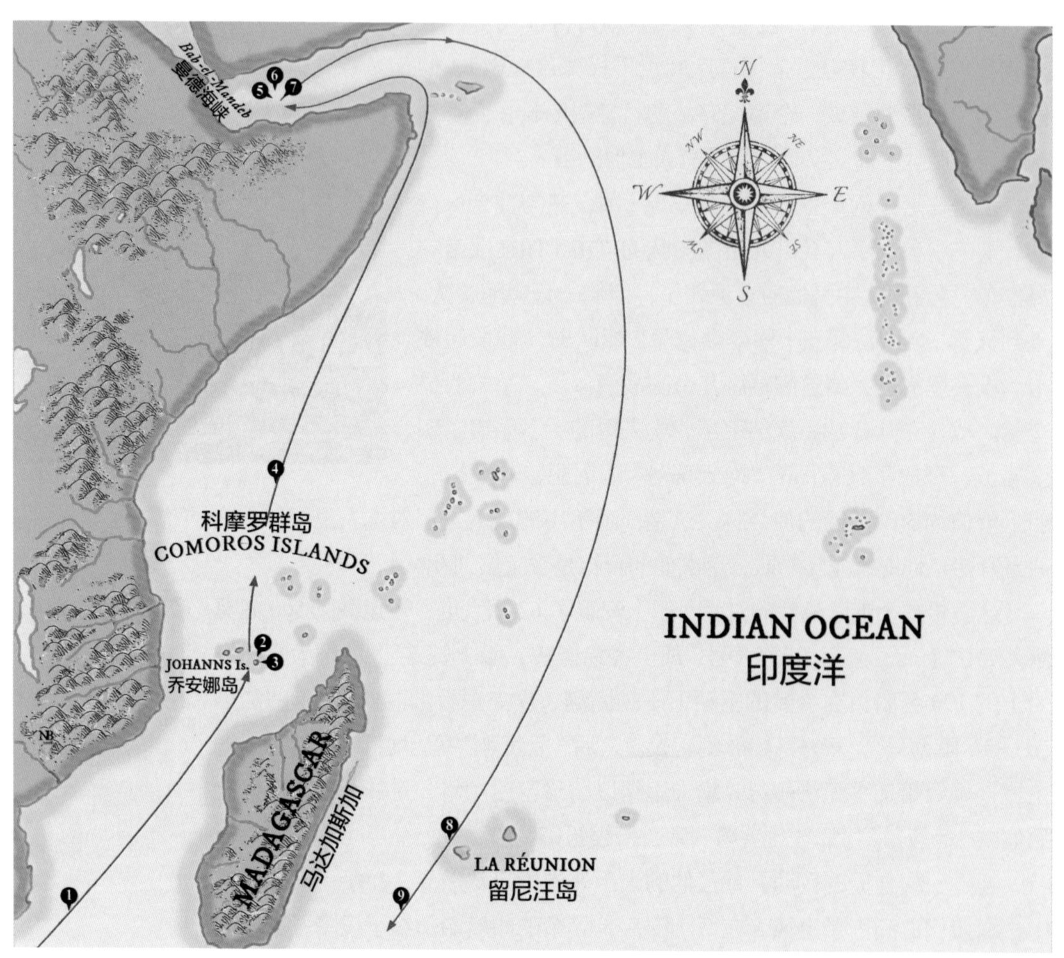

了“范西号”，船员各奔前程。

亨利·埃夫里自己则乘单桅帆船“艾萨克号”（*Isaac*）前往爱尔兰，并在1696年夏天抵达。之后他便了无踪迹。有些人看见过他，还有关于他命运的多种猜测。约翰逊船长声称他被人骗光了钱，死于贫困。真相是没有人真正知道他发生了什么。历史上亨利·埃夫里被称为“海盗王”：一个未受惩罚的海盗。他有可能确实如此。与很多追随他脚步的海盗不同的是，亨利·埃夫里知道在他海盗事业的顶峰时期金盆洗手。这可能令他成为最成功的海盗。

1. 1695 年：亨利·埃夫里乘此前的私略船“范茜号”进入印度洋。
2. 6 月初：他在乔安娜岛登陆。
3. 在乔安娜岛，他截获了一艘法国船，但放走了这艘船和船上的船员，声称他是一名遵纪守法的私掠者，而不是一名海盗。
4. 5 月末：他遇到了托马斯·图，两名海盗一同前往红海。
5. 7 月：在曼德海峡，他们攻击了一支两艘船的船队，但图在攻击印度战舰“法塔赫·穆罕默德号”时身亡。
6. 埃夫里发起追击，在一场酣战后截获了“法塔赫·穆罕默德号”。随后他开始追击这艘战舰护卫的印度珍宝船。
7. 埃夫里攻击了珍宝船“冈依沙瓦号”，并在一场血腥的登船行动后截获了这艘船。他发现这艘船满载珍宝。
8. 埃夫里航行前往留尼汪，在那里将掠夺物瓜分。
9. 之后他离开了印度洋，在抵达西印度群岛后他的船队散伙了。埃夫里此后的命运是一个谜。

←出自约翰逊船长的《知名海盗抢劫与谋杀简史》（1724）的这幅图描绘的是亨利·埃夫里，背景是他与莫卧儿帝国珍宝船“冈依沙瓦号”战斗的场景

私掠者基德

另一个不那么幸运的人物是威廉·基德，他可能是“黑胡子”之后最为人熟知的海盗。然而，他的臭名昭著来源于他审讯和处决时的情景，而非他真正所取得的任何成就。他也是最后一批“红海海盗”之一。事实上，可以说他完全不是一名海盗，而只是一个因为错误判断而丧生的私掠者。

基德1654年1月出生于苏格兰的敦提，他的童年非常艰苦，父亲在五岁时去世了，母亲沦落至靠一个水手慈善组织的救济品为生。他年轻的时候出海做水手，接下来的几十年都以此为生。1689年2月，他加入了以小戈阿沃为基地的法国私掠船“圣罗斯号”（*Sainte Rose*）的船队。之后法国对英格兰和苏格兰王国宣战，基德参与了法国对英国的圣克里斯托弗岛的进攻。当大部分法国人都在忙于攻击查尔斯堡时，基德和他的同伙罗伯特·库利福德（Robert Culliford）以及另外六名英国人控制了一艘安装有16门大炮的双桅横帆船的守卫，并将船航行至英格兰所有的尼维斯。

↓霍华德·派尔的这幅画描绘了私掠者时期的基德，他身后是他基地位于纽约的船队。他成为纽约上流社会一个备受推崇的人物，但后来他在最后一次私掠航行中被指控从事海盗活动

一名心存感激的总督允许基德保留这艘双桅横帆船，为向国王表示敬意，他将这艘船重新命名为“上帝保佑的威廉号”（*Blessed William*）。他同时还获得了私掠许可证。然而，在1690年2月2日，库利福德趁着基德登陆安提瓜岛时，将这艘双桅横帆船偷走，基德被困在岛上。几个月过后基德才截获了另一艘法国船，他将这艘船命名为“安提瓜号”（*Antigua*）。他孤注一掷，将船航行至纽约，希望能追上库利福德。

他在纽约遇到了一名有钱的寡妇，莎拉·奥尔特（Sarah Oort），1691年他们结婚了。基德的命运改变了，他现在被视为一名有名望的船长，纽约上流社会的人物。他成为一艘商船的船长，航行至西印度群岛后又返回，中间还进行了几次私掠航行。之后在1695年他乘“安提瓜号”航行至英格兰，希望能获得一份更大范围的私掠许可证。他的命运正是从这时开始又发生了变化。

在伦敦，他遇见了纽约的一名旧相识理查德·利文斯顿 (Richard Livingston), 他将其介绍给贝洛蒙特伯爵理查德·库特（Richard Coote）。伯爵正在建造一艘安装 34 门大炮的私掠船“冒险帆船号”（*Adventure Galley*），利文斯顿认为伯爵基德合适做指挥官。贝洛蒙特伯爵同意了，并提出和他政治上的一些朋友为船的航行提供资金。他的这些朋友包括罗姆尼勋爵（Lord Romney）、索尔兹伯里伯爵（the Earl of Salisbury）、约翰·萨默斯勋爵（Lord John Somers）和海军上将爱德华·罗素（Edward Russell），所有这些人都是辉格党执政政府成员。因此，基德陷入了一个他无法逃脱的网。他卖了“安提瓜号”来为航行筹钱。然而，他所签订的协议令基德和他的船员几乎无法从航行中收获不错的利润。

↑第一任贝洛蒙特伯爵（1635—1701）理查德·库特是威廉·基德的主要支持者，并承诺为他的私掠航行提供政治和法律保护。然而，当基德被指控从事海盗活动时，贝洛蒙特和他的朋友们却任由基德自生自灭

基德被授予一份私掠许可证，这份许可证允准他攻击法国人和海盗。最终在 1696 年 4 月初，他沿着泰晤士河航行进入大海。在纽约他招募了更多船员。总督将他们描述为“亡命之徒”，并且说道，“在没有报酬的情况下，基德将无法领导这么一大帮人”。[1] 私掠者严格按照“没有收获，没有报酬”的政策行事，没有掠夺物船员将产生不满情绪。基德最终在 9 月启航前往印度洋。这是一个令人困惑的决定——他明显决心要追捕“红海海盗”，而不是在西印度群岛更容易捕获的法国商船。

1697 年 1 月 28 日，“冒险帆船号”抵达马达加斯加。他本来打算攻击圣玛丽岛上的海盗基地，但由于航行过程中他的船队中暴发了“血痢”，他没有足够的人手完成此次任务。因此他在马达加斯加附近逗留，希望会有一艘海盗船出现。最终他厌倦了等待，向北出发前往乔安娜岛，他在那里遇到了英国商船“斯卡布罗号”（*Scarborough*）。基德向这艘商船航行，但发现一个新来者——东印度公司战舰“雪莉号”（*Shirley*）挡住了他的去路。基德撤退了，但这艘东印度公司战舰的船长后来报告称他确定基德是一名海盗，或至少他准备成为一名海盗。当时“冒险帆船号”上的船员正遭受疾病的折磨，因此基

1　引自 Richard Zacks, *The Pirate Hunter: The True Story of Captain Kidd* (New York, 2002), p.20。

基德船长的航行

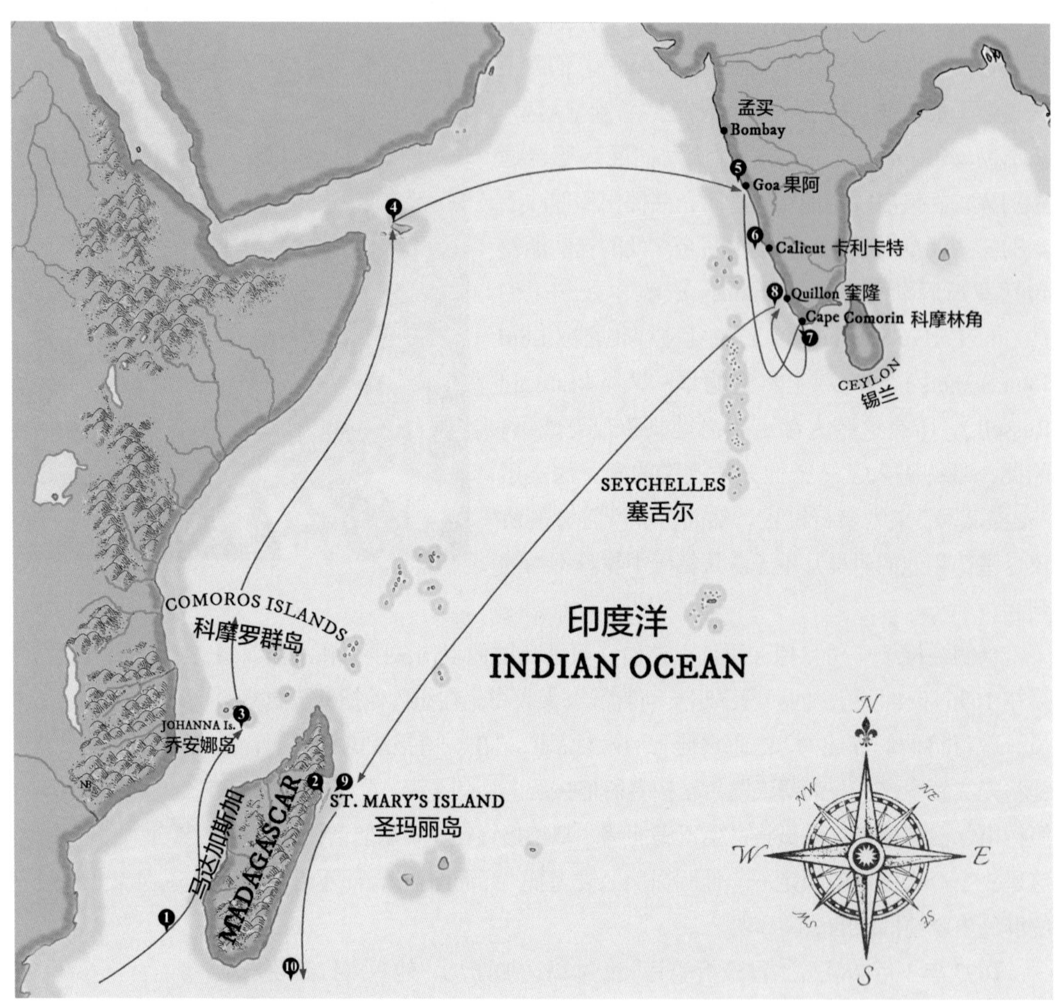

德在科摩罗群岛停留了两个月，等待瘟疫结束。等到他能够再次出发时，时间已经到了 7 月，他出发前往红海，希望在那里拦截隐藏在曼德海峡的海盗。现在他人数大减的船队已经焦躁不安。他需要截获一艘船。

8 月 15 日，“冒险帆船号”在曼德海峡遇上了一支莫卧儿帝国的船队。基德追上了一艘挂着法国旗帜的船，并向其发起攻击，这是公然的海盗行径。然而，这支船队由东印度公司的战舰“赛普特号”（*Sceptre*）护卫。基德不知道的是，莫卧儿帝国皇帝雇佣了东印度公司保护他的船只。基德一发现“赛

1. 1697 年 1 月，基德乘“冒险帆船号”登陆马达加斯加。
2. 基德打算攻击圣玛丽岛上的海盗，但没有足够的人手发起进攻。
3. 3 月：基德到乔安娜岛上取水，他和船员正遭受疾病的折磨，便待在那里养病。
4. 8 月：基德试图在红海入海口攻击一支印度船队，但他在发现船队由东印度公司战舰的护卫后放弃了进攻。战舰船长报告称基德已经成了一名海盗。
5. 10 月：基德航行至马拉巴尔海岸，并截获了一艘荷兰商船“鲁帕雷尔号”（*Rupparell*）。
6. 11 月：他躲开了两艘把他当成海盗，要攻击他的战舰。
7. 1698 年 1 月 30 日：他在科摩林角附近截获了运载法国纸币的印度船“奎达商人号”。他用船上的掠夺物来收买叛变的船员。
8. 2 月：基德航行至奎隆出售了他的部分货物。他在那里停留了几周。
9. 4 月：基德航行至圣玛丽岛，他在那里遗弃了老旧的“冒险帆船号”和“鲁帕雷尔号”。他的许多船员都逃跑了，并加入了驻扎在那里的海盗。
10. 基德乘“奎达商人号”踏上返程。

←圣玛丽岛位于马达加斯加东北海岸 5 英里（约 8 千米）附近。这座岛成为一个海盗避风港，但这里也是自由主义者的集聚地这种说法过于夸张

普特号”就调转船头离开，然而他已经对船队造成了损害。在东印度公司的眼中，基德已经成了一名海盗。

海盗基德

基德现在很绝望，因为他的船队处于叛变的边缘。他前往马拉巴尔海岸，在果阿附近闲荡，希望能遇上一艘没有护卫的印度商船。他截获了一艘小型阿拉伯商船，躲开了两艘葡萄牙战舰，但却没有任何可能获利的商船出现。基德知道他的船队准备叛变，因此当他听到他的炮手威廉·摩尔（William Moore）策划叛变时，基德决定采取行动。两人短暂地对骂了一阵，这时基德抓起一个木桶，用木桶砸向摩尔的头。[1] 这名炮手第二天就死了。这件事和 11 月截获的荷兰商船“鲁帕雷尔号”阻止了叛变的发生。

他的好运在 1698 年 1 月 30 日到来，当时“冒险帆船号”正在印度南端附近航行。从远东返回印度的“奎达商人号”出现了，基德追上了这艘挂着法国旗帜的船，命令这艘船停下。“奎达商人号”的英国船长遵从了，基德和他的手下洗劫了这艘船，将船带至附近葡萄牙人运营的奎隆港。基德出售了一些货物，用这笔钱支付了船员的酬劳。酬劳并不多，但足以换取他们的忠诚，帮助基德顺利回到家。他留下剩余的掠夺物，准备用这些掠夺物回报他的支持者，但他也承诺他的手下，在船回到纽约后，他们将得到他们应得的份额。最好的是，“冒险帆船号”有证明这艘船受到法国保护的通行证，严格来说，这是一艘合法截获的船。

现在他有三艘船：“冒险帆船号”“鲁帕雷尔号”和“奎达商人号”。他运气还算好，因为他的旗舰船在印度洋航行一年后已经老朽不堪。4 月 1 日，基德来到圣玛丽岛。境况改善后的他现在毫无畏惧地驶进海盗巢穴，而不担心遭到攻击。然而，港口中一艘海盗船是“复仇号”，船长是偷走基德第一艘船的罗伯特·库利福德。基德的船员现在大部分都叛逃了，剩下的人手不足以将船航行回家。船员们必定是群情激愤，但基德现在人手不足，没有别的选择。“冒险帆船号”已经修不好了，因此他将这艘船和“鲁帕雷尔号”遗弃，乘“奎达商人号”航行回家。

基德必定知道他将遭到敌视。他寄希望于他那些有影响力的支持者，希

→下页图：威廉·基德船长是一名成功的私掠者，但他 1697—1698 年在印度洋活动期间可能跨越了私掠活动和海盗活动之间的界限。无论如何，他被指控从事海盗活动，并因此在 1701 年的一场形式上的审讯后被处决

1 Johnson, p.352.

望他们能支持他，理解他遭到了叛变船员的强迫。在抵达伊斯帕尼奥拉岛后，他发现他被认定为一名海盗，但他的支持者贝洛蒙特伯爵现在是纽约的总督。因此他决定将“奎达商人号”留在安提瓜，带着他大部分剩下的掠夺物向北出发。他来到长岛南端的加德纳斯岛（Gardiner's Island），为了防止贝洛蒙特不支持他，他将大部分掠夺物埋藏在这个岛上。然后他向总督写信，寻求帮助。贝洛蒙特当时在波士顿，因此在拜访过他的家人后，基德出发前往波士顿，于1699年7月1日抵达。如果他预想的是友好的欢迎，那么他要失望了。伯爵拒绝见他，五天后，基德被捕了。

↑在回到纽约前，基德意识到自己将面临从事海盗活动的指控，因此他将大部分掠夺物埋藏在长岛附近的加德纳斯岛。在他被捕后，贝洛蒙特伯爵和殖民地当局收回了这些掠夺物

他交代了藏匿偷盗物品的地点，几周后，贝洛蒙特收回了价值约14000英镑的掠夺物。麻烦的是，在基德离开的那段时间，政治环境发生了变化。英格兰和法兰西停战了，私掠者们都被召回。这不可避免地导致了海盗活动的增加，因此政府采取了更加强硬的立场。因此与任何一名已知的海盗产生关联都将影响贝洛蒙特和其他支持者的职业发展。换句话说，基德被出卖了。对基德船长的审讯可能比他的海盗活动更为人所熟知。1700年3月，他抵达英格兰，并立即成为一场政治风暴的中心。

他在新门监狱关了两个月，在野的托利党要求基德说出他在辉格党中的支持者。而贝洛蒙特伯爵的同僚销毁了他们与基德有关的所有证据，从而避免了一场政治丑闻。基德还是相信自己会被免罪，因此在两场议会听证会上都保持沉默。审讯在5月8日开始，基德被指控犯下五桩海盗行径和一桩谋杀案（杀害了威廉·摩尔）。由于诉讼受海事法管辖，基德必须为自己辩护。“奎达商人号”合法截获的证据恰好丢失了。由于基德无法获得支持他说辞的证据，并且被东印度公司和政府提前定罪，审讯结果是毫无疑问的。基德被正式认定犯下海盗罪和谋杀罪。

整场审讯只持续了三天。[1]审讯的真正目的是防止进一步产生政治丑闻，

1 同前注，p.358。

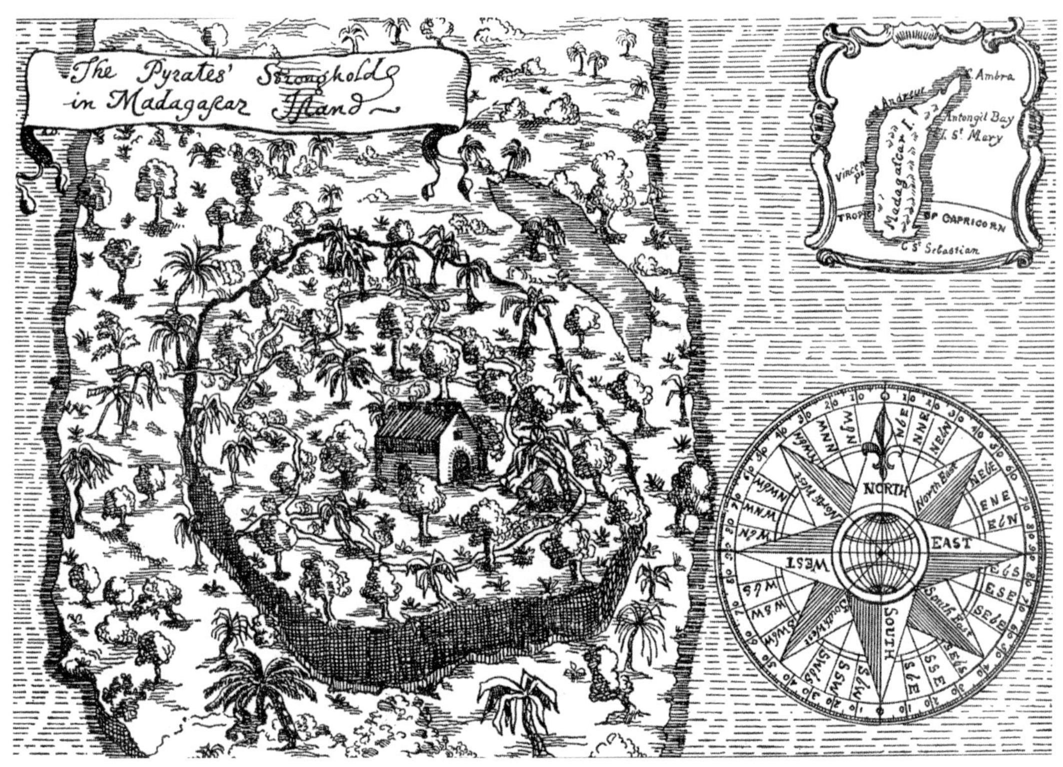

↑此图是对马达加斯加附近圣玛丽岛上的海盗避风港的想象性描绘，这可能是这座避风港在18世纪的样子。人们曾对这一定居点以及港湾中抛弃的海盗船做过研究，其中一艘船是基德的“冒险帆船号”

而非实现公正。法官将处决日期定在两周后。基德可能还希望获得缓刑，但他的支持者始终与他保持距离。因此，1701年5月23日星期五，一辆大车将威廉·基德带至沃平的处决码头，主持行刑过程的官员拿着一支象征海军法庭权威的桨。据说基德在前一晚获准借酒浇愁，他喝朗姆酒喝醉了。河的前滩竖立起绞刑架，一群嘲笑的旁观者看着基德被带至绞刑架，一名牧师为他的灵魂祈祷。他最后含糊不清地说了几句话，申辩自己的无辜，当赞美诗唱起时，垫头砧被踢开，他开始了最后的挣扎。

然而，事情到这里还未结束。基德的尸体被悬挂在泰晤士河岸边的一个笼子里，以警示其他想要成为海盗的人。之后还有关于掠夺物的索赔、诉求和反控——一场涉及贝洛蒙特伯爵、政府和海事法庭及长期法律的纠葛。争议并未得到妥善解决。

后面一个是罗伯特·库利福德。1698年9月，他截获了莫卧儿帝国的珍宝船“伟大的穆罕默德号”（*Great Mohammed*）。当他回到圣玛丽岛时，一队

→基德曾经埋藏掠夺物的事实导致了此后四个世纪的寻宝热，1929年据称是属于基德的藏宝地图的发现更是激起了寻宝热潮。这些地图基本可以肯定是假的，但却并没有令人们打消寻找基德隐藏的掠夺物的念头

英国战舰出现了，他被捕了。库利福德受到了审讯，但因为某种原因他获得了缓刑，并被释放了。据称他提供了对基德不利的虚假证据来换取自由。威廉·基德和他的死对头罗伯特·库利福德可能是最后的“红海海盗”。在他们被捕后，东印度公司加大了对印度洋的巡逻力度，防止任何海盗发起攻击。虽然圣玛丽岛仍然是一个海盗避风港，但那些不成气候的海盗永远不可能再获得图、埃夫里或甚至是基德曾经所获得的机会。

马达加斯加海盗

约翰逊船长所讲述的田园诗般的海盗社区“利伯塔利亚”（Libertaria）是杜撰的。他宣称在1695年左右，法国海盗米绅（Mission）船长在圣玛丽岛成立了“利伯塔利亚”殖民地。这座岛的主要锚地福班斯湾（the Baie des Forbans）是一个很好的避风港，岛上有充足的食物和水，当地居民也不排斥

到访的水手。最重要的是，马达加斯加地理位置优越，位于欧洲和东方的主要航海路线之间。换句话说，圣玛丽岛是海盗的天堂。将这座岛与海盗乌托邦联系在一起不足为奇。[1]

关于米绅船长的传说实际上是一个理想主义的传说。据说詹姆斯·米绅（James Misson）来自普罗旺斯，他曾在法国海军服役，服役期间他遇到了卡拉奇奥利（Caraccioli）神父。这名异教徒牧师主张建立一个平等主义的公社，在这个公社里人人平等，没有种族、阶级和教义之分。除了约翰逊的这本书外，没有任何记录表明这些值得赞扬的价值观由一个极端的牧师和海盗船长变成了现实。这更有可能是文学上的杜撰。

尽管如此，海盗们所采用的社会结构在当时已经非常自由，这个海盗定居点按照民主规则运行，遵循普遍接受的海盗行为准则，这可以说是一种社会实验。约翰逊的讲述只是迎合了广泛流传的关于海盗王国的传说，这些传说源自许多欧洲人对充满财富和物产的印度洋的想象。在圣玛丽岛，如同该地区已知的海盗聚集地[如马达加斯加东海岸的兰特湾（Ranter Bay，现在的安通吉尔湾）和圣奥古斯丁湾，东边更远的留尼汪岛和毛里求斯和西北边的乔安娜岛]一样，来访的海盗船员似乎受到了早先到来的海盗的欢迎。实际上，这个海盗乌托邦只是按照海盗准则中制定的原则行事。

↓科摩罗群岛中的乔安娜岛位于马达加斯加和东非大陆之间，是海盗和守法的水手们常去的取水处。这幅乔安娜岛草图绘于17世纪70年代

这个海盗乌托邦远远不是一个社会乌托邦的典范，而只是掌控法外之地生活的一套实用方法。有人指出，约翰逊的描述只不过是一篇伪装成海盗历史的政论文。他提出，他的设想是基于英格兰的平权主义者在17世纪40年代所推崇的观点：“所有土地共有，所有人平等。”这一信条听起来不像是设计用来指导一群绝望的

1　同上注，pp.35–40。关于马达加斯加作为海盗天堂的讨论见 Cordingly, pp.124–39; Jan Rogozinski, *Honour Among Thieves* (London, 2000), pp.165–84。

海上叛逃者和罪犯的生活的。事实上，有清晰的证据表明，如同在任何犯罪团体一样，有些人自立为王。在17世纪90年代末，海盗亚伯拉罕·塞缪尔（Abraham Samuel）将自己标榜为“海豚港之王”（海豚堡，位于现在马达加斯加南部的陶拉纳鲁），而另一名海盗詹姆斯·普兰滕（James Plantain）自称为“兰特湾之王”。一个平等的海盗乌托邦也不过如此。

目前清楚的一点是，圣玛丽岛和这些其他锚地为海盗提供了一个相对安全的藏身处。近期在圣玛丽岛福班斯湾的一场勘探活动不仅挖掘出了可能是“冒险帆船号”的残骸，还有其他几艘疑似海盗船的残骸，这几艘船可能与基德的旗舰船一样，因为老旧而被遗弃。皇家海军舰队在1699年到访福班斯湾可能标志着马达加斯加作为一个海盗避难所的鼎盛期结束了。那里的许多海盗都接受了赦免令，而其他人放弃了海盗职业，开始做殖民者。当伍兹·罗杰斯1711年到访好望角时，他曾与两名此前来自圣玛丽岛的海盗谈话，他们告诉他现在马达加斯加还有不到70名海盗，“大部分人都很贫穷，并且很卑劣，甚至比当地人还窘迫”。

↓在这幅荷兰人于1665年绘制的马达加斯加地图中，可以看到圣玛丽岛位于马达加斯加岛东边。本岛更隐蔽的海湾也可以看到其他更小的和更临时的海盗藏身处

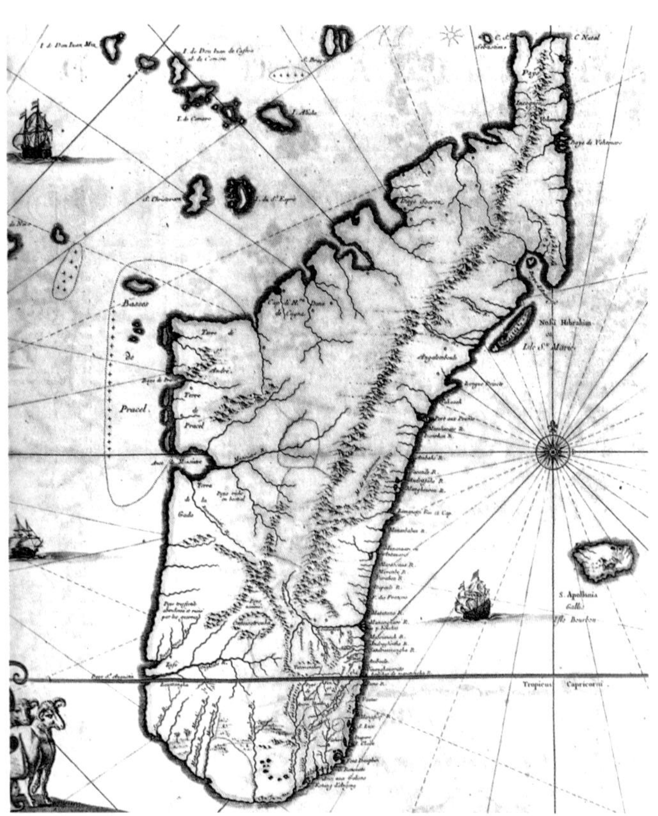

到18世纪初，印度洋似乎出现了最后一批海盗。然而，他们会作最后一搏。所有这一切都始于约翰·哈尔西（John Halsey），这名美洲海盗此前是一名私掠者。他在1706年来到圣玛丽岛，在之后两年多的时间里他将这个衰落的海盗避风港用作基地。他在1707年8月撞了大运，当月他在穆哈（Mocha，现位于也门）截获了两艘英国船，但之后在返程途中，他遭遇台风，船和掠夺物在台风中被损毁。不久后，哈尔西死在了圣玛丽岛，他的船员加入了岛上其他“贫穷又卑劣”的海盗群体。

第二个登场的是英格兰人克里斯托弗·康登特（Christopher Condent），他是1718年随查尔斯·韦恩逃到新普罗维登斯岛的“顽固分子”之一。他很快开始独立行动，并在佛得角群岛附近截获了一艘小型荷兰单桅战船，他将其重新命名为“飞龙号”（*Flying Dragon*）。他在1719年夏天抵达圣玛丽岛。他在那里遇到了哈尔西船队中的幸存者，他充分利用了他们对当地的了解，并在接下来的一年中在印度洋航行，搜寻猎物。1720年10月，他在孟买附近截获了一艘阿拉伯商船，船上的掠夺物价值不菲，可能价值约15万英镑。

↑在这幅霍华德·派尔的绘画中，海盗们在埋藏宝藏时互殴。事实上，除了基德船长外，并没有其他已知的海盗曾经埋藏过他们的掠夺物

康登特也是一个知道该何时收手的海盗。他航行至圣玛丽岛，遣散了“飞龙号”的船员。事实上，考古学家们认为他们已经发现了“飞龙号”在福班斯湾的残骸，就位于“冒险帆船号”不远处。康登特和他船队中的四十人向东出发，前往法国的留尼汪岛，他与那里的法国总督商讨，希望能获得赦免令。据说他与总督夫人的姐妹结婚，之后退休，来到布列塔尼的圣马洛，成了一名商人。

后面一个来碰运气的是爱德华·英格兰。虽然他叫英格兰，但他是一个爱尔兰人，原名叫爱德华·西格（Edward Seegar）。在西班牙王位继承战争（1701—1714）期间，他在牙买加担任私掠者，此后在1716年流落至新普罗维登斯岛。英格兰接受了伍兹·罗杰斯的赦免令，之后又重操旧业。1719年年初，他在西非海岸附近活动，他有可能在航行途中遇到了豪厄尔·戴维斯，这两名海盗都被认定为曾在几内亚海岸附近活动。这时他的单桅帆船已经换成了一艘名为“珍珠号”（*Pearl*）的大船。

他留下了另一艘截获的船，将船重新命名为“胜利号”（*Victory*），并将船交给他的舵手约翰·泰勒（John Taylor）指挥，泰勒也是一名新普罗维登斯岛上的叛逃者。他们决定在印度洋碰碰运气。约翰逊船长声称他们在马达加

↑约翰逊船长早期版本的《知名海盗抢劫与谋杀简史》中描绘的爱尔兰海盗爱德华·英格兰。他曾是新普罗维登斯岛的“顽固分子”之一，但最终来到印度洋活动

斯加登陆，他们在那里“放纵地待了几周，与黑人女性寻欢作乐”。从他的描述来看，这个地方听起来像是在圣玛丽岛。最终英格兰和泰勒厌倦了这些消遣，回到了大海，在印度西北海岸结伴而行。英格兰后来又将他截获的一艘船换成旗舰船，他将这艘安装 34 门大炮的三桅船命名为“范茜号”。

1720 年 8 月 27 日午后不久，海盗们在乔安娜岛登陆，他们来到这里取水。然而，还有其他人也来到了这里。海盗们发现锚地已经停着三艘船，一艘小型荷兰印度商船和两艘更大的英国东印度商船。两艘英国船中更小的“格林威治号”（*Greenwich*）和荷兰船都切断锚索逃跑了，但东印度商船“卡珊德拉号”（*Cassandra*）的船长詹姆斯·麦克雷（James Macrae）选择留下来战斗。在泰勒乘“胜利号”追击两艘逃跑的船时，英格兰驾驶“范茜号”向东印度商船进攻。正如这名苏格兰船长在他的报告中所写的那样，另外两艘船“留下我们与野蛮凶残的敌人战斗，他们的黑色和鲜红的旗帜在船上方飘扬”。[1]

风力不足导致船难以移动，因此双方只是向对方连续射击。战斗持续了三个小时，双方都在近距离向对方的舷侧开火，直到两艘船的船身都布满孔洞、伤痕累累。英格兰在某一刻试着用长桨（“借助推力令船移动”）将“范茜号”移动至“卡珊德拉号”的旁边，但正如麦克雷所说，“我们运气很好，将他们所有的桨都炸成碎片，阻止他们继续行动，由此也救了我们自己的性命”。然而，装备更精良的海盗船明显取得了战斗的胜利，因此麦克雷船长决定令他那破损不堪的船靠岸。他的船员爬上岸，在向海盗投降前在岛上躲了几天。

向海盗投降意味着任由杀人凶手摆布。令麦克雷惊讶的是，英格兰原来

1 Johnson, pp.85–87.

是一个仁慈的胜利者，他释放了这群英国水手。泰勒气愤不已，指责英格兰过于仁慈。英格兰无视他的指责，允许麦克雷和他的手下乘着破旧又漏油的“范茜号”艰难地离开了，后来他们安全抵达孟买。英格兰广受赞誉，成为一名英雄，后来成为马德拉斯的总督。

与此同时，英格兰令泰勒驾驶“胜利号”将“卡珊德拉号”拉下海，之后着手将这艘船改造成他的新旗舰船。然而，心软的英格兰与残忍的泰勒之间的裂缝在六个月后的1721年年初到了无法弥合的地步。正如约翰逊所说，“他（英格兰）的政府职位很快被罢黜，并和其他三人被流放在毛里求斯岛上”。被他自己的手下流放和抛弃后，英格兰和他的同伴乘着“一艘由桶材和

←在这幅爱德华·英格兰的绘画中，背景是一场海战，代表了1720年他的海盗船“范茜号”和东印度船“卡珊德拉号”之间的战斗。这场战斗实际上是一场平局，两艘船都在战斗中严重损毁并搁浅

英格兰和泰勒的航行

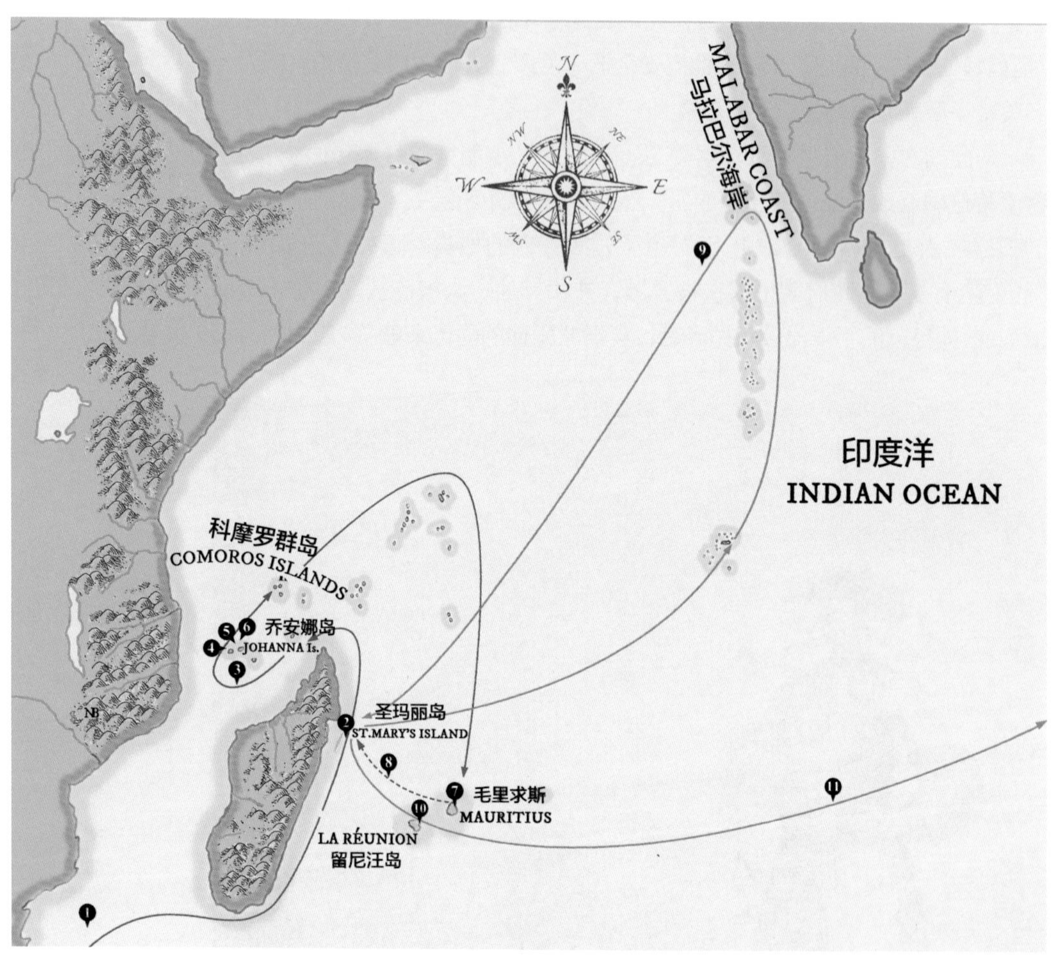

几块松木制成的小船”来到圣玛丽岛。“现在（1724 年）他靠着一些教友的接济过活。”[1] 据说英格兰不久之后就死了。

约翰·泰勒在流放他先前的船长后，继续带着“胜利号”和“卡珊德拉号”航行，在印度洋海岸截获了几艘船。他回到圣玛丽岛，在那里遇见了此前与豪厄尔·戴维斯和山姆·贝拉米一同航行的法国海盗奥利佛·莱维塞尔（“秃鹰”）。泰勒将“胜利号”的指挥权交给这名经验丰富的法国海盗。这两名海盗之后航行至留尼汪，他们在那里遇到了一艘在风暴中失去船桅的葡萄牙商船。

1　同前注，p. 89。

图 例

←— 英格兰的航行 ←-- 代用船的航行 ←— 泰勒的航行

1. 1720 年春天，爱德华・英格兰乘单桅帆船“珍珠号”，约翰・泰勒乘“胜利号”进入印度洋搜寻掠夺物。
2. 海盗们在圣玛丽岛上闲荡了几个月。
3. 7 月：海盗们在非洲和马达加斯加之间航行，截获了几艘船。英格兰留下其中一艘船，将其重新命名为“范茜号”。
4. 8 月：他们向北出发，并于 8 月 27 日来到乔安娜岛取水。
5. 他们在那里遇到了三艘船——一艘荷兰船和两艘东印度船。泰勒追击其中两艘船，英格兰则向留下来战斗的东印度船“卡珊德拉号”发起攻击。在一场酣战后，“卡珊德拉号”被截获了。
6. 英格兰释放了他的囚犯，将“范茜号”交给他们，将“卡珊德拉号”留作己用。
7. 1721 年 3 月：英格兰和泰勒因为英格兰对囚犯的仁慈而产生矛盾。英格兰的船员支持泰勒，英格兰和其他三名支持者被流放至毛里求斯。
8. 5 月：英格兰建造了一艘船，将船航行至圣玛丽岛。他在几个月后死在岛上。
9. 6 月：泰勒在马拉巴尔海岸航行，截获了几艘船，之后回到圣玛丽岛。
10. 泰勒与奥利佛・莱维塞尔联合行动，他们一起在留尼汪附近截获了一艘葡萄牙商船。
11. 泰勒决定横渡太平洋回家。在巴拿马附近登陆后，他的船员带着掠夺物离开了。

这艘船在短暂反抗后被截获，海盗们发现船上载满了掠夺物，包括献给葡萄牙约翰五世国王的一批钻石。海盗船员们瓜分了这些珠宝。

莱维塞尔用这艘船取代了老旧的“胜利号”，并将其重新命名为“维克托瓦尔号”（*Victoire*），海盗们航行至东非海岸，他们潜伏于此，而一支英国战舰队则在印度洋搜捕他们。之后两个人分道扬镳。莱维塞尔毁坏“维克托瓦尔号”后消失了，可能是乘船回到了法国。泰勒认为回到圣玛丽岛肯定不安全，因此他向东出发横渡太平洋，于 1723 年 5 月抵达巴拿马。虽然西班牙和英国处于和平状态，巴拿马总督接受了泰勒上交的“卡珊德拉号”，并给他颁发了赦免令，令其安全通行。泰勒在此后发生了什么仍然是一个谜。

英格兰、泰勒和莱维塞尔是最后的马达加斯加海盗。1721 年，泰勒和莱维塞尔躲避的同一支舰队除掉了马达加斯加海盗避风港中剩余的海盗，法国人也清除了毛里求斯和留尼汪的海盗。英国、法国和葡萄牙在几十年来第一次实现了和平状态，三国政府开展合作，努力清除印度洋的所有海盗。海岛圈由此终结，如同在加勒比海或西非海岸一样，印度洋中有组织的海盗活动也成了过去式。事实上，被称为海盗活动的“黄金时代”的这一个大海盗时代也由此走向了终点。

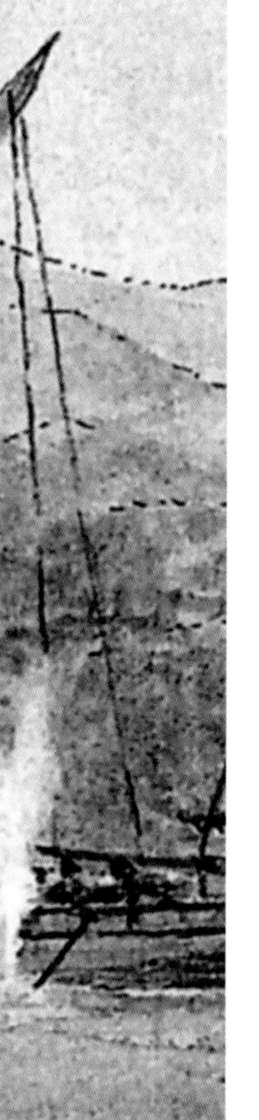

8
第八章
最后的海盗

拉丁美洲的问题

“海盗活动的黄金时代”的结束并不意味着海盗攻击的终点。然而，海盗活动变成孤立事件，任何爆发的大型海盗攻击都很快会被主要的海上强国的海军消灭，英国在其中发挥了最重要的作用。政府对海盗发起的清扫活动显然是成功的，船主们现在可以放心赚钱。遗憾的是，生活永远没有那么简单。英国和法国之间不断发生的战争意味着在18世纪的大部分时间里，私掠者仍有市场。

在奥地利王位继承战争（也被称为“詹金斯的耳朵战争”，1740—1748）期间，私掠者在地中海、加勒比海和英吉利海峡被广泛使用。之后是七年战争（1756—1763），英国海军在大西洋两岸建立霸权。法国人寻求报复，因此在美国独立战争（1775—1783）期间，他们的私掠者加入美洲私掠者的队伍。在法国大革命战争（1792—1802）推翻路易十六之后，英国和法国之间重回

←海军准将波特（Porter）的反海盗舰队攻击了一艘海盗纵帆船，这艘帆船属于基地位于古巴，外号叫“小恶魔”（Diabolito）的一名海盗。在这场1823年的战斗中，有超过70名海盗被美洲水手和士兵所杀

战争状态，双方在拿破仑战争（1805—1815）期间激烈交战。在此期间还有许多其他小冲突，其中最重要的是拉丁美洲的一系列独立战争和 1812 年的英美战争（1812—1815）。对水手而言，这些战争意味着私掠活动所获的利润变得非常丰厚，到这一系列冲突结束时，这种国家赞助的海盗活动形式已经成为一种大型业务。[1]

当这些战争在 1815 年结束时，成千上万的私掠者发现自己失业了。大部分人找到了常规的工作，其他人则转而从事海盗活动，或者在拿着不被世界其他地方认可的叛军军政府颁发的私掠许可证行事。私掠许可证主要来自拉丁美洲的新兴国家。当法国人在 1808 年入侵西班牙，对其造成毁灭性打击后，许多美洲的西班牙殖民地抓住机会反抗他们的殖民宗主国。此后的拉丁美洲解放战争很快波及大部分南美洲地区，委内瑞拉、哥伦比亚和厄瓜多尔的叛军军政府都将私掠活动作为反抗西班牙宗主国的一种方式。

到 1826 年，秘鲁和智利已经成为独立国家，而厄瓜多尔、哥伦比亚和委内瑞拉已经成功摆脱了西班牙的控制。尽管墨西哥在 1821 年独立，中美洲的

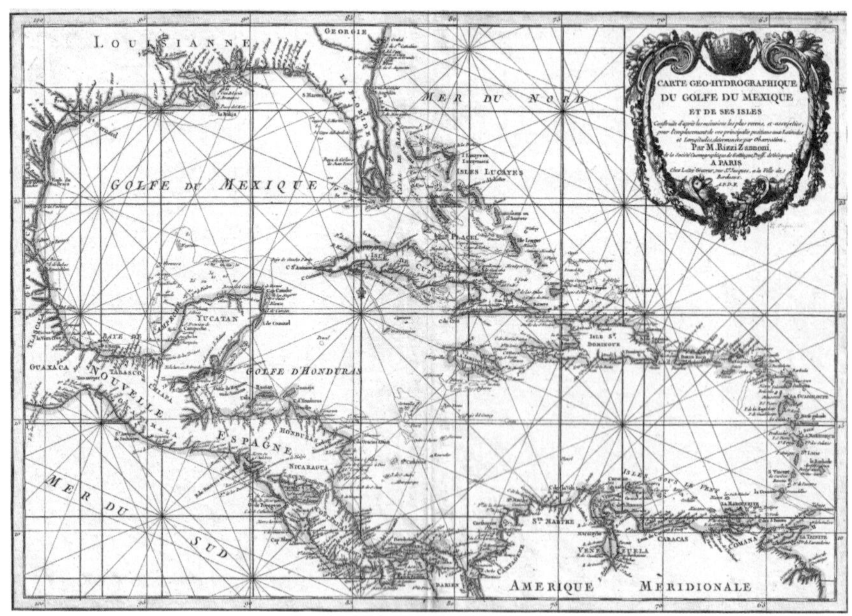

→ 1815 年拿破仑战争的结束迎来了加勒比海海盗活动的一个新时代，因为当时西班牙帝国分裂，海盗们对随之而来的政治混乱加以利用

1　关于这些战争中私掠元素的记载见 David Cordingly (ed.), *Pirates: Terror on the High Seas* (Atlanta, GA, 1996), pp.164–187; David J. Starkey, E. S. van Eyck and J. A. de Moor (eds), *Pirates and Privateers* (Exeter, 1997), pp.10–28。

← 一艘小型海盗船被一艘装备精良的商船驱赶。1815 年后商船航运的快速发展导致犯罪活动也随之兴起，因为许多此前的私掠者都转而从事海盗活动

其余地区仍然动荡不安。只有古巴仍处于西班牙的控制之下，但它同时遭受游击战的摧残。这些私掠者引发的问题在这些国家独立之后并没有得到解决，因为许多人声称他们仍然持有为独立而斗争的军政府所颁发的私掠许可证。其他人则只是跨越了私掠活动与海盗活动的界限，随心所欲地发起攻击。并不是所有这些海盗都有在公海活动的能力——一些人只是当地的渔民和强盗，他们攻击过往的船只来补贴收入。实际上，加勒比海已经成了一个半无政府的危险之地，这里此前强大的中央政权已经被一群军阀、革命军政府和一些不成气候的统治者所取代。

与此同时，战后的船运量也在迅速增加。由于欧洲和美国的战时经济向制造业倾斜，工业革命对材料需求的增长意味着世界航海路线上的船运量迅速增长。在多数情况下，这些船只的航行不受阻碍。然而，那些航行通过加勒比海等海盗“热点区域”的船员却处于危险之中。其中一个遭受此类攻击的例子是美国双桅横帆船“华盛顿号”（*Washington*），这艘船在 1822 年被海盗在古巴海岸截获。这艘船的船长兰德（Lander）报告称，那些爬上船的拉美海盗偷了食物、炊具、衣服和一个指南针，以及 16 美元的现金。这是这一时期的机会主义者对加勒比船只的典型攻击形式。这名美国船长幸运地逃脱了，因为在几起攻击事件中，以“死无对证”为格言的海盗屠杀了船员。

在少数情况下，海盗向更远的地方航行，攻击公海中的船只。然而，不

→这幅画中描绘了海盗对停泊在加勒比海西班牙港口的一艘船的袭击，这一描绘可能过于夸张，但也反映了19世纪第二个十年中该地区不断增加的海盗威胁

像一个世纪前海盗活动的鼎盛时期，这些来到大洋中活动的海盗是例外情况。这时的海上强国准备更加充分，也更愿意相互合作，将海盗正法。在大多数情况下，这一时期主要抗击海盗的军队是英国皇家海军。然而，自从美国1783年获得独立后，美国已经成为一个主要的贸易大国。到1820年时，美国的商船已经主导了加勒比海的海洋贸易。这意味着，美国船只尤其受到了增长的海盗攻击的影响。

随着海盗攻击事件越来越多，航海保险的保费也在迅速增长，因此美国船主要求他们的政府采取行动。从1820年起，美国海军和英国皇家海军采取联合行动，以清除加勒比海的海盗活动。这一行动分为三个阶段。第一阶段是在佛罗里达海峡和巴哈马海峡等主要航道巡航。之后英美海军在海盗出没的海域加大巡航力度，追捕并摧毁各种型号的海盗船。最后，他们对已知的海盗基地发起攻击，尤其是在墨西哥湾海岸和古巴北部海岸的海盗基地。这项行动还得到了古巴的西班牙当局和中美洲和南美洲的新兴国家的外交使团支持，英美鼓励这些国家在各自管辖区域内解决海盗问题。结果是到19世纪20年代末期，海盗问题得到了彻底解决，加勒比海的航海贸易再次变得安全。这一成功在伦敦大型航海人组织劳合社（Lloyds）的政策变化中有所体现，1929年他们取消了加勒比海航行的特殊保险关税。

←虽然这幅19世纪初的绘画主要目的在于娱乐大众，但画中的情景代表了所有时代的许多海盗都曾使用的策略，即佯装成无罪的商船来吸引他们的猎物靠近

加勒比海最后的海盗

海盗活动已经变成了一个不可忽视的问题。1823年，美国报纸《奈尔斯周报》(*Niles Weekly Register*)上的一篇报告指出，在1815年和1823年之间，墨西哥湾和加勒比海发生了3000多起海盗袭击事件。仅在1820年，在佛罗里达海峡就发生了52起海盗袭击，其中27起攻击了悬挂美国国旗的船只。当年保险费上涨至高于1812年战争期间的水平，当时英国和美国的船只频繁遭到对方私掠者的攻击。

当时的报纸充斥着恐怖故事。例如，1819年2月，《波士顿日报》刊登了一份美国双桅横帆船“艾玛·苏菲号”(*Emma Sophia*)发来的报告：[1]

> (1818年12月)19日星期六，我们在巴哈马浅滩和大萨尔岛(Key Sal)被一艘约30吨的小型纵帆船登船并占领，这艘船上的枢纽点安装了一门大炮，船上有30人。这艘船的12人控制了我们的船，其中有西班牙人、法国人、德国人和美国人，并将我们带至佛罗里达海岸……其中每人携带约一英尺长的刀子，他们挥舞着刀子，口中咒骂着我们，表示如果他们没得到钱或者更贵重的东西，他们就会杀了我们每一个人。

1 引自 the *Boston Daily Advertiser*, February 1819. Also see Colin Jameson, ‘Porter and the Pirates’, 见 *Florida Keys Sea Heritage Journal*, 4:4 (1994), pp.4–11。

其中一名无足轻重的海盗就是法国人路易斯 - 迈克尔·奥里（Louis-Michel Aury），在拉丁美洲解放战争期间，他曾经是基地位于卡塔赫纳的一名私掠者。当西班牙人在 1815 年重新征服这座城市时，他开始从事海盗活动，对他能找到的任何国家的船只发起攻击。之后在 1817 年，他抵达佛罗里达东北部的阿米莉亚岛（Amelia Island），当地发生了一起反对西班牙统治的叛乱。他将当地变成一个海盗避风港，将奴隶非法出售给佛罗里达大陆上的买家。两个月后，一支美国海军军队登陆，围捕了海盗，终结了奥里的岛国。一年之后，美国兼并了佛罗里达。

另一个海盗肆虐的区域是墨西哥湾。当时当地臭名昭著的海盗是让·拉菲特（Jean Laftte），这是一名由走私者变成的海盗，他与新奥尔良这座城市关系密切，并已经成为城市民间传说的一部分。今天，他被视为一个浪漫主义的英雄，一个从英国人手中拯救这座城市的人。当然真相是另一回事。他通常被认为在 1780 年左右出生于法国南部的巴约讷。他在法国革命之初离开了法国，到 1809 年时，他和他的兄弟皮埃尔（Pierre）来到新奥尔良，据说他们在那里做铁匠。如果这是事实，那也只是一种表象，因为他们的真正业务是走私。

1810 年，让·拉菲特被列为在“巴拉塔利亚王国”（the Kingdom of Barataria）活动的一组走私者的头目，这一海湾位于新奥尔良南部密西西比河三角洲的西边。之后在 1812 年，这对兄弟被捕并被指控参与走私——海盗活动的指控由于缺乏证据而被取消。这对兄弟后来获得保释，之后逃到巴拉塔利亚，重新恢复了海盗活动。据新奥尔良的一个知名传说，当新当选的路易斯安那总督威廉·克莱本提出用 500 美元悬赏拉菲特的人头时，这名走私者回应要用十倍的价格来悬赏总督的人头！遗憾的是，没有证据表明这桩交易发生过。

巴拉塔利亚海湾通过一系列河流与河口网络同密西西比河相连，拉菲特和他的同伙使用这些水道在墨西哥湾和城市之间运输货物，并准备在当局搜捕他们时通过这些水道逃生。拉菲特的主要基地是一座叫作格兰德特雷岛（Grand Terre）的障壁岛，奴隶主和商人从城市来到这里与拉菲特和他的人手直接交易。官方当局在 1814 年 9 月突袭了这座岛，虽然拉菲特逃脱了，但他的兄弟被捕，这个基地也被摧毁了。三个月后，一支小型英国军队来到这里，准备袭击新奥尔良。这次拉菲特和他的手下与美国当局合作，并帮助美国当局在一场称为新奥尔良战役（1815 年）的行动中击退了英国进攻。

回过头来看，拉菲特可能站错了队。在美国取得胜利后，安德鲁·杰克逊（Andrew Jackson）将军和克莱本（Claiborne）总督拒绝接纳"巴拉塔利亚王国"成员，让·拉菲特两年后被迫逃离路易斯安那。他逃至现在得克萨斯的加尔维斯敦（当时被称为坎佩切），这是墨西哥的西班牙政府管辖范围边缘的一个港口。拓荒者、奴隶贸易者、海盗和墨西哥商人将这座港口用作交易市场。其中一名奴隶贸易者是吉姆·鲍伊（Jim Bowie），他后来因为他手中的利刃和参与保卫阿拉莫而闻名。到 1818 年时，据称有 20 艘海盗纵帆船在这座港口之外活动，包括拉菲特的那些船。然而，当年晚些时候一场飓风将这座港口夷为平地，拉菲特的海盗活动遭受了重大挫折。

在这一时期并没有打击海盗活动的舰队，但对在新奥尔良之外活动的美国船只的攻击导致美国海军派出美国军舰"企业号"（*Enterprise*）的船长科尔尼上尉（Lieutenant Kearney）来解决这一问题。"企业号"是一艘安装 14 门大炮的双桅横帆船，1821 年 5 月，科尔尼威胁要将港口炸毁，除非海盗解散。然而，他们做出了极具挑衅的回应。如同科尔尼所说，"拉菲特在坎佩切放火。[1] 美国军舰'企业号'上的人看着它被熊熊火焰包围……当他们在黎明时分登岸时，他们只看到了灰烬和瓦砾。拉菲特的船已经离开了……"让·拉菲特在此后的经历仍然是一个谜。

←这一戏剧性的场景描绘了让·拉菲特的海盗职业生涯中可能发生的一场战斗。当时他向持续抵制他的一艘英国东印度船开炮。防卫者们可能投降了。遗憾的是，没有证据表明这一战斗真正发生过

1 Jameson, p.14. Also see Cordingly, pp.82–84.

让・拉菲特的路线

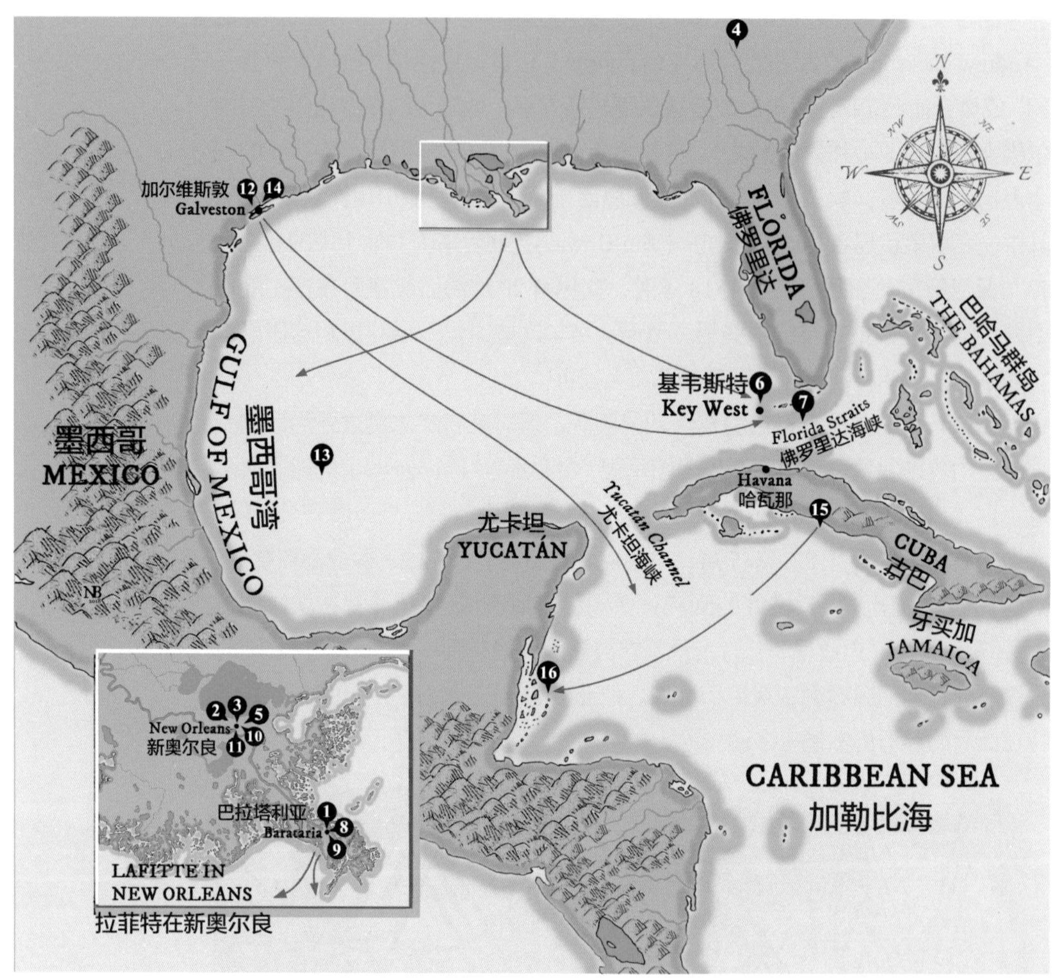

1821 年 10 月，美国军舰“企业号”截获了来自罗德岛的查尔斯・吉布斯（Charles Gibbs）的舰队。查尔斯・吉布斯此前是一名私掠者，此时是古巴海岸臭名昭著的海盗之一。虽然吉布斯和他的手下逃离至岸上，但科尔尼成功截获或摧毁了他的所有海盗舰队。虽然此次美国海军大获成功，但这只是孤立事件，仍然需要针对美洲海域的海盗威胁采取更有组织性的应对措施。

之后在 1822 年 11 月，美国海军纵帆船“短吻鳄号”（*Alligator*）的船长在与古巴海盗多明戈（Domingo）的一场冲突中被杀。这引发了美国人的众

1. 1809 年：让·拉菲特在新奥尔良南部的格兰德特雷岛建立一个走私基地。
2. 1810 年：拉菲特在官方记录中被认定为一名走私犯，但政府未能阻止他将走私品运入新奥尔良。
3. 1812 年：让和他的兄弟皮埃尔现在参与了一个非法奴隶贸易行动。
4. 1812 年 6 月：美国与英国开战。
5. 10 月：拉菲特对私掠许可证的申请被驳回。
6. 1813 年春天：拉菲特被认定为是一场海盗攻击中的始作俑者——在基韦斯特附近截获了一艘西班牙奴隶船。
7. 夏天：佛罗里达海峡和墨西哥湾发生了更多海盗袭击。
8. 1814 年 9 月：路易斯安那军方摧毁了让·拉菲特在格兰德特雷岛的基地，皮埃尔·拉菲特被捕获了。
9. 1814 年 9 月：英国人邀请让·拉菲特协助他们参与对新奥尔良的攻击，但他拒绝了。
10. 1815 年 1 月：英国人进攻新奥尔良，拉菲特和他的手下与美国人联手，击退了这次进攻。
11. 2 月：拉菲特兄弟获得赦免令，但被命令离开路易斯安那。
12. 1817 年：拉菲特在现在得克萨斯的加尔维斯敦建立一个新基地。
13. 1818 年：拉菲特的船使用伪造的私掠许可证继续在墨西哥湾开展海盗攻击。
14. 1821 年 5 月：美国军舰“企业号”轰炸了加尔维斯敦，这一海盗基地被摧毁。拉菲特兄弟得以逃脱。
15. 1822 年：谣言四起，称让·拉菲特在古巴南海岸建立基地，开展海盗活动。
16. 1823 年 2 月：据称拉菲特在洪都拉斯湾对一艘西班牙船发起攻击，他在战斗中身亡。但这未被证实。

怒。因此，四周后，门罗总统下令组成一支反海盗舰队，命其清除古巴和墨西哥湾附近海域的海盗。这是美国海军在和平时期最大规模的舰队，由海军准将大卫·波特（David Porter）指挥。大卫·波特是 1812 年战争的老将，此前也参与抗击巴巴里海盗。聚集在佛罗里达基韦斯特的舰队也是参与这一行动的完美选择。

这一舰队的代号为“蚊子舰队”，主要包含吃水浅、速度快的小型纵帆船和双桅横帆船，还配备了一艘明轮艇，甚至一艘带有隐藏大炮的诱捕商船。波特在 1823 年 4 月开始行动，他在几天后首次获得成功，当时他的两艘纵帆船在古巴的马坦萨斯附近截获了一艘海盗船。一个月后波特就向海军部长写信，报告称“我现在可以肯定，在古巴这一带没有任何一个乘着比敞舱船更大的船进行活动的海盗”。但他没有提到是英国人截获了臭名昭著的古巴海盗“小恶魔”的旗舰船。

古巴是一个难以控制的地方，因为西班牙人厌恶美国人的存在，并且一些地区管理者还纵容海盗行为。美国领事报告称，马坦萨斯和凯瓦连两座港口城市的西班牙市长以及西部省份比那尔德里奥的总督已经同海盗建立同盟。两个区域都位于佛罗里达繁忙的航道附近。可以肯定的是，查尔斯·吉布斯

↑图中所示的是 1821 年追捕海盗的双桅横帆船美国军舰“企业号”，这艘军舰当时在古巴海岸附近攻击和摧毁令人棘手的海盗查尔斯·吉布斯的小型舰队。这类行动帮助清除了加勒比海的海盗活动

等海盗似乎在同地方当局瓜分掠夺品，以换取政治上的保护。另一个问题是，海盗和当地渔民通常很难区分。然而，随着波特的舰队开始占据上风，古巴商人开始游说西班牙当局使用他们自己的军队支持他的行动。到 1813 年 12 月，门罗总统在推出他的“门罗主义”时，他特别提到“要与充满活力的古巴政府合作”。

西班牙人很快开始抱怨波特的行动过于成功。许多之前的海盗只是放弃在海上活动，转而在古巴陆地上做起了强盗。其中之一就是属于最后一批古巴海盗的查尔斯·吉布斯。在被波特驱逐上岸后，他成了一名成功的强盗。1830 年，他重返海洋，在试图截获一艘船但失败后被捕。他被带至纽约接受审讯，在审讯中他承认自己曾谋杀了 400 多个人。他于次年年初在埃利斯岛（Ellis Island）被处以绞刑。那时海盗活动已经成为过去式。事实上，到 1825 年年初，古巴海域实际已不存在海盗攻击，国际船只也可再次安全通过佛罗里达海峡，而不用担心会遭到攻击。

“黑色笑话号”

↑ 1827 年，生于西班牙的贝尼托・德・索托在领导发起一场叛变后成为海盗，开启了一段血腥暴力的海盗生涯，但三年后他在直布罗陀被处以绞刑，其海盗生涯也随之结束

虽然海盗危机已经过去，但在加勒比海或大西洋仍然发生了几起孤立的海盗攻击事件。由于当时海盗活动已经较为少见，这些事件变得更为耸人听闻，因此那些仍在逃亡中的海盗获得了他们本不应获得的名气。其中臭名昭著的是贝尼托・德・索托（Benito de Soto），他是一名出生于西班牙的水手，说服了他的船员从事海盗活动。1827 年末，他在阿根廷的一艘奴隶船“佩德罗的防守号”（*Defense de Pedro*）上工作，这艘船从巴西出发开往非洲海岸，在安哥拉的罗安达抛锚。在大副的支持下，德・索托发起了叛变，控制了这艘双桅横帆船。船长和忠于他的船员被刺杀并被扔下船。德・索托带着嘲讽的意味将这艘船重新命名为“黑色笑话号”（*Burla Negra / Black Joke*）。[1]

海盗们航行至加勒比海，在圣多明戈的奴隶市场出售了船上运载的奴隶。海盗们之后向南出发，沿着小安的列斯群岛岛链行进，追捕和拦截他们遇到的每一艘船。他们杀害了所有截获船只上的船员，将船烧毁或沉没。这意味着没有任何活着的人能够报告他们的最新情况或描述谁攻击了他们。“黑色笑话号”留下的唯一踪迹是一连串失踪的船只。

在抵达特立尼达拉岛后，他们继续向南航行，沿着南美洲海岸向船员家乡的海域——巴西和阿根廷行进。这时当局已经知道发生了什么，并向拉丁美洲港口报信，警告商船不要单独航行。事实上，巴西政府已经开始组织提供保护的舰队，所有这一切都是因为一艘小小的海盗船。

由于德・索托发现这片海域没有船只航行，他决定走一条横渡大西洋的航海路线，这条路线从巴西出发，前往好望角。在航海时代，从非洲前往印度洋的船只将航行至大西洋的南部，从而充分利用信风，信风将帮助他们快速抵达巴西海岸。那里的西风带将帮助他们往东南方航行至非洲的南端。相似地，前往欧洲的船只会走另一条靠近非洲海岸的路线，但并不进入大西洋。这两条贸易路线的交叉处将是拦截船只，同时又远离陆地的绝佳位置，“黑

1 Angus Konstam, *The History of Shipwrecks* (New York, 1999), pp.160–161.

↑德·索托的犯罪手法是杀害所有受害者，不留下任何能够指控他与海盗攻击存在关联的人。这幅图显示他和他的手下正在处决英国商船“晨星号”的船长，之后他们将其他所有人扣留羁押，并在船上焚火

色笑话号”将在此处活动。随着越来越多的船在大西洋中部失踪，沿海各国政府开始担心是否有海盗在该区域活动。因此，返程中的英国东印度公司船只得到命令在圣海伦娜岛（St Helena）等待海军护航，海军舰队将把它们护送到更安全的海域。

1832年2月21日，德·索托遇到了从锡兰返回英国的三桅帆船“晨星号”。“黑色笑话号”在近距离射程内向这艘商船开炮，杀死了几名船员，并强迫“晨星号”逆风停船。德·索托命令船长划汽艇到他这边，船长遵从了，但被德·索托用弯刀杀害，显然是因为这名海盗认为船长用时过久。据报纸讲述，他在刺向这名英国船长时大声喊道“德·索托将对违背船长的人予以奖励”。海盗们之后乘汽艇登上了“晨星号”，开始肆意破坏船上物品，杀害了几名船员，强奸女乘客，并将幸存者扣留羁押。其中包括几名返程途中的负伤英国士兵，他们本应在回家后退伍。在掠劫船上的物品后，海盗将船沉没，之后航行到安全地带。德·索托航行离开，留下“晨星号”径直沉没。这是他在过去曾经使用过好几次的伎俩。

然而这次却出了点状况。船员得以逃脱，并将他们的船浮了起来。次日一艘英国商船出现了，船上的乘客和除骨干船员外的所有船员被带至安全地带。这意味着现在头一回有了目击者。这起攻击事件的消息最终传到了英国，德·索托强奸女乘客和杀害船上受伤士兵的行为引起了众怒。隔天德·索托和

→贝尼托·德·索托的船只“黑色笑话号”正在追赶小型英国商船“晨星号”。这次交锋被证明是德·索托所犯的一个错误，因为海盗离开这艘船后，船员们得以逃脱，堵住了船上的漏洞，后来指认了德·索托的身份和他的罪行

←在将“晨星号”上的乘客和船员羁押前，德·索托的手下强奸了船上的女乘客。这些活下来的女性后来指控了他们的暴行，引发了众怒，这促使了沿海各国开始镇压新一波的海盗活动

他的手下就成了通缉的罪犯。当然海盗们对此并不知情。他们仍以为船员和乘客都溺亡了，没有人能够指认他们。

之后又发生了一些奇怪的巧合。幸存的受伤士兵在直布罗陀下船，在当地一家大型军事医院接受治疗。时间已经到了 4 月初，“黑色笑话号”在西班牙港口城市加的斯（Cadiz）附近航行，海盗们希望在这里出售他们掠夺的丝绸和香料。之后发生了一场风暴，“黑色笑话号”被席卷至海岸的下风向。德·索托和他的大部分船员都活了下来，并决定前往附近的港口城市直布罗陀，他们希望在那里能控制一艘刚启航的船只。其中一名士兵和海盗的路线相同，德·索托被这名士兵认出，并被逮捕。总督统一将这些囚犯引渡至加的斯，后来他们在那里被审讯、判刑并处死。西班牙的处决形式不同寻常，被定罪的人乘着马车，坐在自己的棺材上前往绞刑架。在拉紧套索后，马车被拉走，犯人则被绞死。

另一个在 19 世纪上了头条新闻的海盗是唐·佩德罗·基尔伯特（Don’ Pedro Gibert），虽然他远远没有德·索托那么成功。奇怪的是，两名海盗都犯了同样的错误。他们都留下了日后指认他们的幸存者。尽管据称佩德罗·基尔伯特是西班牙的一个贵族的儿子，但“唐”是这名南美洲的海盗自己取的称号，而非他与生俱来的头衔。他曾做过一段时间的私掠者，为统治哥伦比亚的军政府服务，掠夺加勒比海的西班牙船只。然而，到 19 世纪 20 年代末，他抛弃旧业，成为一名走私犯和奴隶贸易者。他也拥有一艘非常适合从事这一职业的船只——一艘 150 吨重的名叫“熊猫号”（*Panda*）的巴尔的摩快船（纵帆船），船上有 12 名肆无忌惮的船员。

之后在 19 世纪 30 年代初期，佩德罗·基尔伯特决定尝试开展海盗活动。他已经有了一个基地——一个位于佛罗里达东海岸的隐蔽小岛。这个小岛可能位于圣露西河（the Saint Lucie River）河口或附近，可方便进入巴哈马海峡。1832 年 9 月 20 日，美国双桅横帆船“墨西哥人号”（*Mexican*）从马萨诸塞的塞勒姆前往阿根廷的布宜诺斯艾利斯，经过佛罗里达海峡。当船长艾萨克·布特曼（Isaac Butman）发现有一艘来自佛罗里达岛链的纵帆船试图拦截他时，他决定更改航线，与之拉开距离。这艘神秘的船只发起追击，最终美国双桅横帆船被追上了。布特曼船长试图开炮，但炮弹不适用于炮筒口径。意识到自己走投无路后，他走下甲板，将船上的钱箱藏起来。箱子里共有 20000 美元的铸币，他本打算用这笔钱购买船上的货物。

这艘神秘船原来是“熊猫号”。当基尔伯特和他的手下登上“墨西哥人号”后，他们将船员锁在前甲板，之后洗劫了这艘船。但他们没有找到任何钱财，于是他们将船长拖出前甲板，殴打和折磨他，直到他说出将钱财隐藏在哪里。基尔伯特现在得到了自己想要的东西，准备回到“熊猫号”上。这名美国船长称，当基尔伯特的一名船员问他要怎么处置囚犯时，他回答道：“死猫不会喵喵叫。你知道该做什么。”然而，海盗们并没有直接杀了他们，而是将他们锁在甲板内，放火烧船。之后他们航行离开，留下这群美国水手等死。

然而，其中一名水手通过天窗逃了出来。他将他的同伴放出来，一同努力控制住火势。他们不知如何竟控制住了火势，但布特曼让一团小火继续燃烧，以制造烟雾缭绕的场景，让海盗们以为船还在继续向吃水线焚烧。当海盗船航行穿过地平线后，美国船员们将火彻底熄灭，将船修好，再次向北出发，远离“熊猫号”。“墨西哥人号”最终跌跌撞撞地到家了，其遭到攻击的新闻引发了众怒。随后唐·基尔伯特和他的海盗船员便遭到全球通缉。

由于无法回到佛罗里达，基尔伯特决定在大西洋的更远一侧碰碰运气。八个月后，在 1833 年 6 月初，基尔伯特抵达西非海岸的洛佩斯角，他决定在那里运载一船加蓬的奴隶——当时奴隶贸易已被官方禁止，但仍存在非法贸易。这意味着英国等国家将在该区域开展打击奴隶贸易的巡航，战舰将追捕像基尔伯特这样的非法贸易者。当然他们也已经知道基尔伯特和他的活动，因为英国海军部已经通知船长们留意这些海盗的行踪。由亨利·托特

↑ 1832 年，美国双桅横帆船“墨西哥人号”被海盗纵帆船“熊猫号”追击并截获，这艘海盗纵帆船由这一时代最后一批海盗中的佩德罗·基尔伯特指挥。虽然这艘船被焚烧，但船员们活了下来，海盗们离开后他们将火扑灭，并在日后指认了基尔伯特和他的手下

（Henry Trotter）船长指挥的 10 吨重的皇家海军战舰“麻鹬号”（HMS *Curlew*）已经开展了三年抗击奴隶贸易的巡航。因此当水手们发现停泊在拿撒勒河（Nazareth River，现在加蓬奥果韦河北部河的 Olibatta）时，他们意识到这是一艘奴隶船。虽然大部分海盗逃上岸，但基尔伯特和其他十几名海盗仍然被捕获。

托特很快意识到这些囚犯是谁。“熊猫号”在一场意外爆炸中被损毁，但海盗们被带至英国，他们被捕的消息被报告给在英国的美国大使。双桅横帆船皇家海军战舰“野蛮人号”（*Savage*）将囚犯运送至马萨诸塞，囚犯们在 1834 年 11 月在那里接受了审讯。在波士顿的法庭里，海盗们与他们此前想要烧死的“墨西哥人号”上的船员相互对峙。其结果是不可避免的。其中两名海盗被无罪释放，其他六人被判处长期监禁，基尔伯特和其他三人则被判处死刑。1835 年 6 月 11 日，基尔伯特和他的同伴被处以绞刑——这是在美国领土上处决的最后一批海盗。这些海盗发起的攻击实际上是孤立事件，因为到那时公海上的海盗活动已经成为历史，至少在美洲海域是如此。然而，19 世纪航海贸易的快速发展意味着商船开始要定期从其他并不安全的海域经过。

布鲁克和马来海盗

虽然海盗活动是一个世界性现象，但却鲜少产生全球性影响。相反，海盗攻击事件往往在不同区域爆发，之后在海上强国找到解决问题的方法后又逐渐平息。然而，18 世纪海上贸易的发展意味着欧洲和美国商人开始在全球建立贸易路线，这导致他们接触到区域性海盗，此前这些海盗所产生的影响力很少波及他们所在海岸以外的区域。相似的，这些外国船只被许多海盗视为获利丰厚的掠夺品，如若没有这些船只的到来，他们中的许多人也只能安于勉强维持平静的海上生活。

↑詹姆斯·布鲁克在 1838 年作为一名贸易者来到沙捞越，后来他很快成为婆罗洲海岸这个小国的统治者。作为沙捞越的王侯，他对当地的达雅克人（Dyak）海盗发起了一场无情的战争

例如，18 世纪初在印度西海岸活动的安格尼亚王朝（the Angrian dynasty）如果没有掠夺欧洲东印度公司的船只，他们也不会被非印度的历史学家所发现。结果是，英国人在 18 世纪 50 年代发起了一场打击安格尼亚海盗的大型运动，摧毁了安格尼亚海盗的舰队和基地。相似的是，在欧洲贸易者成为海盗攻击的受害者之前，那些在红海和波斯湾活动的海盗对世界产生的影响也较小。他们对欧洲贸易者的攻击引发欧洲各国开展一系列惩罚海盗的远征，影响最大的是英国在拿破仑战争结束后的几年内发起了一场大规模抗击阿拉伯海盗的远征。

在 19 世纪与中国贸易的发展意味着在东印度群岛的香料群岛之外的海域开辟了一系列新的航海路线。这导致欧洲和美国的船只接触到了一些新的海盗团体——那些在中国南海、菲律宾群岛和马来群岛（现在的印度尼西亚）活动的海盗。这些海盗大部分是沿海海盗，在严格控制的地理区域内活动。然而，其中一些区域，如马来半岛和苏门答腊岛之间的马六甲海峡或婆罗洲岛与西里伯斯岛之间的望加锡海峡是航海路线上的瓶颈地带，欧洲贸易者在离海岸较近的位置航行。这使得它们成为马来海盗的掠夺目标。

19 世纪 50 年代英国博物学家阿尔弗雷德·拉塞尔·华莱士（Alfred Russell

Wallace）在游历马来半岛期间，描述了他同当地海盗的遭遇：[1]

> 在我们对面的巴充（Batchian）海岸分布着一些完全无人居住的岛屿。每当我问到为什么没有人去那里居住时，回答总是“害怕马京达瑙（Maguindanao）海盗”。半岛上的海盗每年都会沿着一个方向游荡，造访某个无人居住的岛屿，导致周围的居住地一片荒芜……他们人员充足的快速三角长帆船在顶风航行时总能躲开航行帆船的追捕，在看到轮船的烟圈后，他们会藏在某个浅海湾或狭窄河道旁，或一座森林密布的小岛上，等待危险过去。

在另一段中他写道：

> 来了一艘被海盗攻击过的快速三角帆船，船上还有一个人受伤……当地人当然非常害怕，这些掠夺者攻击他们的村庄，烧杀抢夺，掳走他们的妇女和儿童充当奴隶……他们有四艘大型战船，他们先派出小船攻击，在行进的过程中用步枪扫射。还有另外两条无甲板小船也被掠夺，船员除一人外都被杀害。[2]

↑詹姆斯·布鲁克在皇家海军战舰“迪多号”（HMS *Dido*）的水手和士兵的帮助下，攻击婆罗洲西南部沙里拨河（Saribas River）的一个达雅克人海盗据点。这场发生于1843年5月的战斗以海盗基地的摧毁而告终

婆罗洲岛、西里伯斯岛（现在的苏拉威西岛）、苏门答腊岛、爪哇岛和菲律宾群岛海岸都是完美的海盗避风港，这些区域缺少中央集权，能够方便抵达航海路线上的瓶颈地带，导致海盗活动发展迅速。[3] 例外的地方是一些由欧洲人控制的小型飞地，例如由荷兰人建立的交易站，或部落领袖使用自己的军队控制海盗的一些区域。婆罗洲岛取人头的达雅克人通常被认为是该区域最恶毒的海盗，他们便是华莱士描述的凶狠的袭击者。他们遍布整个区域，以攻击在婆罗洲岛和马来半岛之间航行的欧洲船只而出名。

此外还有菲律宾群岛的伊兰纳人（the Ilanun people），他们时常侵扰在菲律宾海域活动的西班牙船只。他们也在整个区域内抓捕奴隶，将他们俘虏的

1 Alfred Russell Wallace, *The Malay Archipelago* (London, 1869), Vol. I, pp.264–265.

2 同上注，pp.264–265。

3 Cordingly, pp.189–192.

↑英国1846年发起了一场针对达雅克人海盗在婆罗洲岛据点的惩罚性远征，图中的达雅克人海盗在偷袭英国炮舰"鸢尾属号"（*Iris*）和"地狱火河号"（*Phlegethon*）派出的小船和当地的独木舟上的水手和士兵

奴隶在东印度的奴隶市场上出售。另一个令人生畏的海盗群体是婆罗洲岛北部（现在的沙巴）的巴拉尼尼（Balanini）或苏禄（Sulu）海盗。他们的主要据点是婆罗洲岛北部苏禄半岛的霍洛岛，虽然他们也在整个区域活动。其他海盗群体包括苏拉威西岛的布吉人，他们一边贸易，一边从事海盗活动，被华莱士描述为"最唯利是图、嗜血无情的海盗"。[1]而亚齐（Atjeh或Achin）海盗和廖内（Riau）海盗在他们家乡苏门答腊岛的两边——具有战略地位的马六甲海峡和苏丹海峡活动。在大多数情况下，这些海盗乘一种叫作快速三角帆船（proas，也称为praos、praus或prahus）的吃水线浅的独木舟，但有时也使用其他类型的船只，如安装了舷外支架的快速航行帆船科罗科罗（corocoro），这种船可由帆或桨驱动。

虽然只要荷兰人自己的船未遭到攻击他们便会容忍海盗，但英国人更加积极主动。当时最知名的欧洲海盗猎手是詹姆斯·布鲁克爵士（1803—1868），

1 同前注，p.147。

“沙捞越的怀特·拉贾”。作为马来半岛中部一个小国的实际统治者，布鲁克在19世纪40年代和19世纪50年代发起了一场反对“海上达雅克人”的私人战争，英国皇家海军和荷兰人会不时为其提供支持。然而，直到1861年英国与荷兰才派出一支联合军队前往当地清除马来半岛的海盗，加之西班牙也派出了类似的远征军，马来半岛的海盗最终得以消除。虽然仍然存在海盗攻击的威胁，但对欧洲船只而言，已经不存在严重威胁，毕竟这才是外部为何如此关注马来海盗的首要原因。

←19世纪早期一幅欧洲版画中描绘的一名婆罗洲达雅克人武士。他们有几十个子群，其中一些是航海民族，他们在19世纪大部分靠从事海盗活动为生

←1845年7月，詹姆斯·布鲁克带领一支由英国皇家海军组成的惩罚性远征军来到婆罗洲岛北部的马鲁都湾（Marudu Bay），攻击当地的一个达雅克人据点。据英国炮舰“鸢尾属号”和“地狱火河号”上的船员报告，这幅战斗期间的防御草图由随军的一名外科医生所绘

9
第九章 中国的海盗

中国南海的海盗活动

几个世纪以来，海盗活动在世界范围内此起彼伏，其出现和消失取决于形势的变化、政府的管控力度和海军的力量。然而，在中国海域，船员们在一千年内，甚至是更长的时间里都面临着海盗的持续侵扰。在中国南海第一次有记录的海盗攻击事件发生于公元 589 年，在隋朝的隋文帝统一中国前后。然而，在此之前海盗活动猖獗发展几乎是必然的，因为当时的中国分裂出一些破碎的小王国，为海盗提供了适宜的政治环境。一些小军阀统治了中国沿海的狭长地带，他们的船只可方便地进行贸易、偷袭或开展海盗袭击。隋文帝时期中央集权得到了一定程度的发展，这些地方军阀的权力暂时得到了控制。但这种状况并未持续多久，直到 13—14 世纪的明朝，中央集权才完全渗透到中国的沿海省份。虽然这些统治者承认皇帝是他们的封建领主，但这并不意味着他们不会适时开展海盗活动。这可能是中国历史上的黄金时期，其

←中国厦门岛对面的鼓浪屿岩岬上矗立的郑成功巨型塑像。郑成功是明朝的忠实拥护者，同时也统治着一个庞大的海商帝国。在中国的海域，贸易、政治和海盗活动常常相互交织（图片由 Zhang Peng/LightRocket via Getty Images 提供）

商船航行范围远至印度洋，但也是海盗肆虐的时期。到了 15 世纪中国的皇帝们才想出了一个合理有效的解决方案。方案就是让当地的统治者去镇压他们所在海域的海盗活动，并给他们提供奖赏。由于他们中的许多人与发起海盗攻击的是同一批人，这一政策必定奏效，至少从他们的角度来看是如此。中国皇帝在接下来的五个世纪里都延续了这种实用性的方法。

事实上，古代中国的海盗活动与世界其他地方的海盗活动都有所不同。首先，海盗活动高度组织化。海盗们并不是在各自的船上活动，而是组成大型舰队。他们并非占据小型海盗避风港，而是倾向于控制大片海岸。其中一些海盗头目是所在地的行政长官，中央政府会为他们打击各自海域的海盗提供经费。当然，这并不会阻止他们经营海盗活动，或者他们只是命令舰队航行至更远的海域。在大部分情况下，这些中国海盗同盟远离政治，将他们的海盗封地当成一个独立的国家来进行统治。他们的优势在于人数，无论是区域统治者还是皇帝都缺乏充足的海军力量，无法在他们自己的海上航线之外的区域巡航。因此，在五个世纪里，海盗活动实际上并未受到控制。直到欧洲人带着他们的蒸汽战船到来后，这一问题才最终得到解决。

↓中国海盗的行事方式更像是海上黑手党，通过恐吓来向沿海社区和水手索要保护费，活动范围通常很广。图中的一名中国海盗正在攻击一个拒绝交保护费的村民，海盗脖子上挂着一个人头，以此来恐吓逃过他袭击的村民

当然，古代中国并不是远东唯一一个受到海盗侵扰的国家。日本周围的海域在 16 世纪仍然被海盗肆虐。另一个海盗“热点”区域是现在的越南海岸。在 10 世纪以前，这个区域只是中国的一个省份，但从公元 939 年开始，越南开始自治，至少持续至 19 世纪法国人的到来。尽管如此，越南每年需要向中国皇帝缴纳岁贡，这个国家也一直由一些半自治的小省份组成，与中国沿海的那些省份类似。地方统治者通 过海盗活动来侵扰邻省，从而保护他们自己的封地。海盗活动在越南叛乱频发和权力下放盛行的西山朝（1778—1802）时期达到顶峰。即使在阮朝统一越南后也

←1627 年，荷兰东印度公司的彼得・奴易兹（Pieter Nuijts）成为台湾的总督，对中国和日本商人施加贸易关税。实际上，他们将此视为一种中国海盗式的勒索保护费的组织。在 1628 年他们拒绝支付关税时，荷兰人拦截了他们的船。一名愤怒的日本商人兼私掠者头目通过武力扣押了奴易兹，直到他给所有的商船放行

未能削弱这些小的海盗王国的影响。只有在欧洲列强（主要是法国）介入后，越南海盗的势力才被摧毁。

16 世纪末第一批欧洲人的到来令贸易者们与这些海盗产生了接触，正如中国和越南统治者一样，欧洲人需要与他们达成某种形式的协议才能进行贸易。他们到来之时第一个大型海盗“帝国”正在崛起——明朝军阀郑芝龙在福建建立的海商“帝国”。他的势力表明，在中国，海盗活动与政治相互交织，因为郑芝龙自己既是一名海盗头目，又是一个省的长官，他还是商业贸易者的领袖，甚至是帝国海军的一位将军！他的儿子郑成功（又称“国姓爷”）将把他的海商帝国发展成为中国南海事实上最强大的一支海军。

直到欧洲列强将强大的现代战舰开进中国海域，这种状况才发生了变化。欧洲飞地在 19 世纪中期鸦片战争期间得以成功防卫也是由于这些海军军队的存在，这些海军舰队此后也一直驻扎在当地，保护欧洲商人的利益，免其遭受当地军阀和海盗的侵扰。相比中国（和越南）海盗，他们有技术上的优势，这意味着相对较小的海军军队也能够进行惩罚性的远征，成功摧毁这些海盗帝国的海军力量。这使得欧洲商业不会频繁遭受海盗的袭击，得以繁荣发展。

实际上，殖民警察的工作、海上蒸汽船的巡逻和可以发射炮弹的海军军械结束了在中国南海肆虐一千年的海盗活动。

国姓爷

中国的三大海盗帝国之一位于福建省。郑芝龙意外成为一名海盗头目。[1]毕竟，比起一名海盗，他更像是一个商人。起初他向一名中国富商学习经商，与日本（他娶了一个日本妻子，田川氏）和荷兰商人贸易。当时荷兰人已经在澎湖列岛和台湾海峡建立了一个贸易基地。他在17世纪20年代也可能涉足了海盗活动，使用荷兰港口作为基地，与一名海盗相比，他更像是一名荷兰私掠者。

↓郑成功（1624—1662），也称为“国姓爷”，是已灭亡的明朝的忠实拥护者，对清朝皇帝及荷兰人开展了顽强斗争，当时荷兰人对他分布广泛的贸易帝国产生了越来越大的威胁

他的贸易导师在1623年去世前，他将他的商船船队和护航的中式战船传给了郑芝龙。他在台湾周边发展事业，但荷兰人一方有一名发展迅速的竞争对手，这促使他将他的业务转移至主要港口厦门和福建的其他港口。虽然他海上帝国的商业分支要与荷兰人展开竞争，但欧洲人是商人，而不是海盗，并且只要郑芝龙不攻击荷兰的船只，他的舰队就能够不受限制地展开活动。在他最为大胆的一次冒险活动中，他对长江河口的船只展开了大规模的攻击。这为他获得了在中国海域无人匹敌的名声。十年后，他从事海上活动的中式战船就已经航行至越南海岸和黄河，商船船主为继续贸易不得不向其支付保护费。

这些船主并不是唯一收买郑芝龙的人。1641年，明朝皇帝朱由检（崇祯）在位期间发生了一场起义，这场起义将最

1 引自 Tonio Andrade, ‘The Company’s Chinese Pirates’ in the *Journal of World History* (December 2004), Vol. 15, No. 4, pp.415–444。

←1661 年，国姓爷未支持当地的一场反抗，攻击了荷兰在台湾地区的一个基地。次年他占领了热兰遮城（Fort Zeelandia），将欧洲殖民者从岛上赶走。图中的国姓爷在围城最激烈之时命令荷兰传教士安托纽思·亨布鲁克（Anthonius Hambroek）向城堡的卫戍部队提出他的条件

终推翻他的皇位。为镇压起义，他任命郑芝龙担任“海防游击”，命他负责镇压海盗活动。郑芝龙在后来的三年内都收受了明朝的俸禄，直到李自成的起义军占领北京，朱由检被迫自杀。1645 年，郑芝龙归附明朝的继任者南明唐王。他以灭亡的明朝的名义统治福建，但在 1649 年他被说服归顺清朝，因此让清军占领了福建省。他的行动结束了明朝最后的反抗，因此满族人新成立的王朝（清朝）给予了郑芝龙赏赐。

在之后的二十年内他继续统治着福建，直到 1661 年他被召往北京。在北京，他因他儿子的行为而被问责，后来被处决。他的儿子郑成功（国姓爷）生于 1624 年。他在福建长大，在 17 世纪 40 年代末，他代表明朝参与了他父亲的军事行动。从约 1650 年起，他同时开展家族的贸易和海上业务，让他父亲得以专心履行政治责任。

国姓爷是收复台湾的英雄，也是明朝的忠实拥护者，有很多关于他的著述。虽然关于他的很多传说经不起历史的检验，但他确实是反抗清军的名义领袖，也是古老的明朝文明的守护者。其中一个传说讲述了他如何从清军手中占领了泉州，却发现他的母亲已在围城中死去。据传他来到庙里，象征性地焚烧了他的旧衣服，并表明了他的决心：“过去我是一名忠实的儒家信仰者，也是一个好儿子。现在我是一个没有皇帝的孤儿——我没有国，也没有家。我发誓要与清军斗争到底，但我的父亲已经投降了，我唯一的选择就是

中式帆船

几个世纪以来，中式帆船（junk）是中国和东南亚航海的主要船只，适合充当商船或海盗船。葡萄牙人首次使用了印度尼西亚语“djong”一词的衍生词“junco”给这种船只命名。中国南海的海盗使用的中式帆船与几个世纪前马可波罗遇到的中式帆船有所不同，今天还能够看到由引擎驱动的中式帆船。

大部分海盗中式帆船都由贸易中式帆船改造而来，配备几门大炮（包括无数称为“lantakas”的轻型小炮），船员多达 200 人。一些最大型的海盗中式帆船超过 100 英尺（约 30.5 米）长，船宽 20 英尺（约 6 米），并且有三个桅杆。能够在海上航行的最大的中式帆船在船舱中有宽敞的储存货物的空间，部分用于储藏火药和子弹。中式帆船的甲板之下也被分为无数的小隔间，在遭到敌人攻击而进水时可以提供某种形式的保护。这令它们比看起来更加坚固。

虽然欧洲人有时将中式帆船描述为原始工艺品，但水手们认为这种船速度快、坚固宽敞，是适合在中国南海航行的理想船只。

做一个不忠的儿子。请原谅我。”[1]

起初他在福建活动，享受他父亲的保护。然而，作为家族舰队的新任指挥官，他集中火力攻击清军的船只。他还为南明军队策划了一系列两栖作战，攻击清朝的领土。清军势不可挡的攻势必然导致他最终不得不放弃福建。于是他在厦门海岸附近避难，清军并未找到他。此后军事僵局持续了十年，虽然国姓爷仍然是反清复明运动的焦点。

这场斗争的高潮在 1659 年到来，当时他带领一支舰队沿着长江溯流而上，并对南京展开攻击。这场行动是一个灾难，后来清军在长江拦截了这支舰队，并摧毁了它。国姓爷得以逃脱，但抗清斗争失败了。国姓爷的抗清的斗争得到了历史资料的证实，他的行动得到了后世的历史学家的肯定。他有时也被描绘为中国罗宾汉式的人物。

在当地活动的荷兰贸易者当然将他描述成一个不同的人物。虽然他们将国姓爷描述为一个反抗者，他们指出政治对于他而言只是次要因素。福建海岸附近的金门群岛为他的行动提供了一个理想基地。尽管清军统治着包括福

1 同上注，p.421. 另见 Jonathan Clements, *Pirate King: Coxinga and the fall of the Ming Dynasty* (Stroud, 2004), pp.126–127。

↑中国在福建省的厦门港被国姓爷用作攻击清朝和荷兰人的基地。这幅荷兰人的版画可追溯至1665年。当时，国姓爷已将他的基地搬迁至台湾岛

建省在内的大陆，但国姓爷统治着海洋，并经营着他的海商帝国。他延续他父亲的政策，向从朝鲜至越南的商人征收保护费，同时他的中式帆船则攻击拒绝向他支付保护费的船只。与他父亲不同的是，国姓爷准备攻击荷兰人，荷兰人向阿姆斯特丹报告称，国姓爷的中式帆船经常在台湾岛附近攻击荷兰船只。在十年多的时间内，国姓爷完全控制了从湄公河三角洲到长江河口的沿海海域。

1659年在南京的灾难性失败意味着国姓爷首次处于战略防守的境地。他的海军力量被削弱，并且不确定清军是否会集中他们的资源来攻击金门群岛，由于金门群岛离大陆较近，是清军的一个明显目标。他也失去了他在福建的支持者，1661年，清政府为了报复他的反抗斗争，将他父亲处决。这意味着国姓爷需要一个更安全的基地。

1661年，他对台湾发起两栖进攻，在台湾岛的南端今天的高雄市附近登陆。荷兰人在一个嘴状沙洲上建立了一个强大的堡垒——热兰遮城以守卫他

国姓爷的袭击

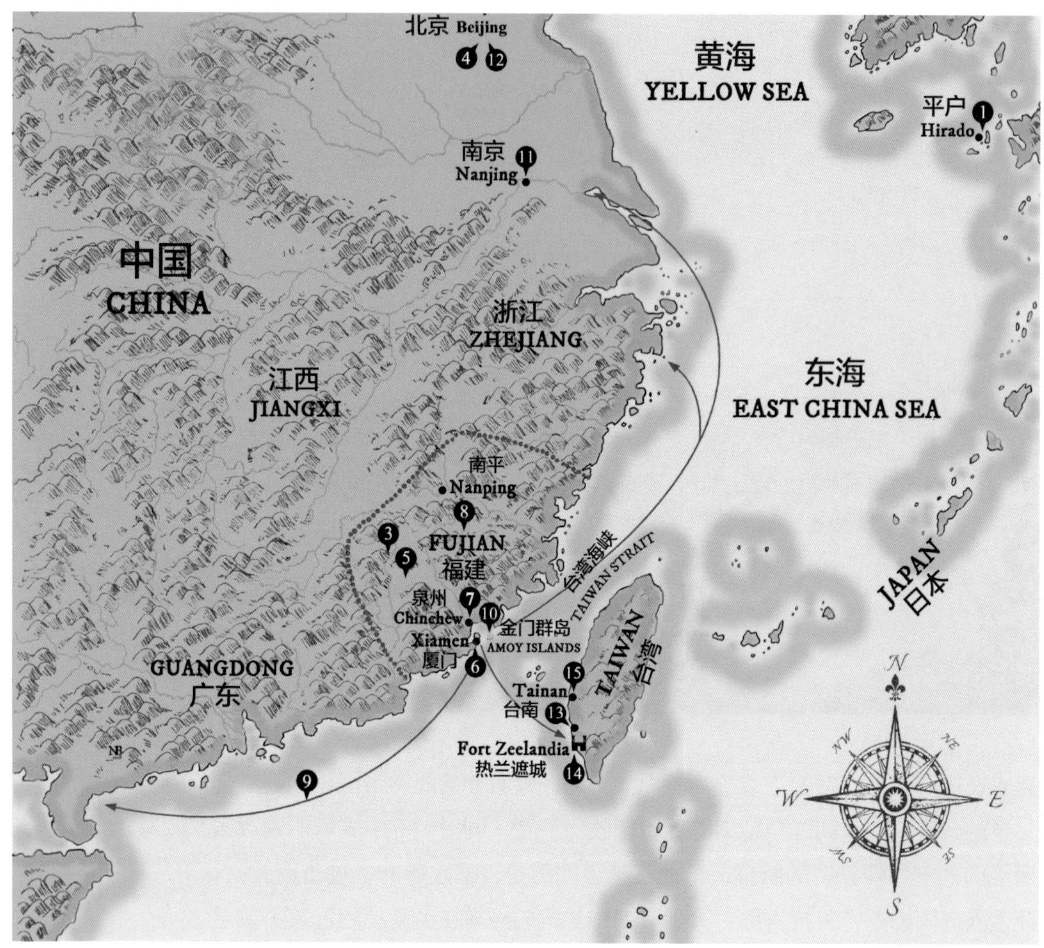

们的主要定居点奥伦治城（现在的台南）。4 月 30 日，国姓爷带领一支由 400 艘中式帆船组成的舰队封锁了这个定居点，而他的由 25000 人组成的陆军则围攻了这座堡垒。之后的围攻持续了几个月，荷兰者获救无望，2000 人的卫戍部队遭受饥渴和疾病的折磨，柯莱特（Coylett）总督别无选择，只能投降。1662 年 2 月 1 日，荷兰人将台湾拱手还给国姓爷，国姓爷以明朝的名义接受了对这座岛屿的控制。

收复台湾对于郑成功而言是一场伟大的胜利，但他还没有来得及享受胜利的果实就去世了。那年年末他死于疟疾，虽然有流言称他的死是由于他与

图 例

····福建省边界 ←— 对清军与荷兰人的攻击 防御工事

1. 1624 年：国姓爷生于日本平户。
2. 1631 年左右：国姓爷的父亲郑芝龙在福建省开展他的贸易和走私业务。
3. 1641 年：国姓爷的父亲被明朝皇帝任命为将军。
4. 1644 年：清军占领了北京。郑芝龙仍对此前的明朝效忠。
5. 1646 年：清军占领福建，强迫郑芝龙归顺。
6. 1647 年初：国姓爷拒绝投降，在金门岛建立一个抗清基地。他开始攻击清政府的船只和卫戍部队。
7. 1647 年末：国姓爷的母亲拒绝向清军投降，在泉州自杀。
8. 1650 年：国姓爷接管了他父亲的贸易帝国，专心经营贸易和走私业务。
9. 1651 年：国姓爷的中式帆船在整个中国南海收取保护费。只有台湾地区的荷兰人拒绝支付。
10. 1656 年：清军试图入侵金门群岛，但被国姓爷的军队击退。
11. 1659 年：国姓爷进攻南京，但被清军击退。
12. 1661 年：因为国姓爷的进攻，郑芝龙在北京被处决。
13. 1661 年 4 月：国姓爷围攻了台湾岛的荷兰定居点奥伦治城（现在的台南）。
14. 1662 年 2 月：荷兰殖民者在奥伦治城外的据点热兰遮城向国姓爷投降。
15. 7 月：国姓爷死于台湾，他的儿子接管了他的海商帝国。在死后的四十年中他还将继续从事海上贸易活动。

儿子不和，被他儿子挟制所致。今天，郑成功（国姓爷）在中国台湾地区和大陆都被视为一名英雄，在国姓爷去世后，他的海上帝国由他的长子郑经（1642—1681）接管，在此后的二十多年里，他持续统治台湾与清朝对抗。然而，他无法统一他父亲庞大的海上舰队，舰队在国姓爷去世后不久便分崩离析。这导致台湾容易遭到攻击，1681 年清军占领厦门和澎湖列岛，之后进攻台湾岛。郑经在抵御清军时去世，虽然他的追随者在他去世后继续斗争了两年，但台湾岛最终被清军攻克。

海盗大联盟

在国姓爷的海上大帝国分崩离析后，中国海域的海盗活动变得支离破碎，没有任何一名海盗头目或军阀能够在同一旗帜下统一不同的海盗组织。这种状况持续了一个世纪，在这一时期，各省的统治者既参与海盗活动又从事贸

→1806 年，郑一红旗帮的海盗攻击了东印度公司的“港脚船”——“泰河号”（*Tay*）的独桅纵帆船，并俘虏了大副约翰·特纳（John Turner）和六名在船上工作的印度水手。特纳被囚禁了数月，后来记录了他的痛苦遭遇

易，但也只是在他们各自管辖的海域内行事。之后郑一出现了，十年后他创建了能够与国姓爷的帝国相媲美的海盗帝国。[1]

郑一（1765—1807）的父亲是一个在越南海域活动的中国海盗，他生来就是一名海盗。他家好几代人也都从事海盗活动。这段时间越南处于混乱状态，当时西山朝的叛军正在与统治越南几个世纪的阮朝军阀斗争，欲夺回对国家的控制权。到冲突结束时，郑一对混乱局面加以利用，成为越南主要的海上力量。然而，在秩序重建之后，郑一很快被这个国家的新任统治者视为一个威胁。因此，在 1801 年，他将海盗业务沿海岸转移至中国的广东省，一

1 David Cordingly (ed.), *Pirates: Terror on the High Seas* (Atlanta, GA, 1996), pp.220–225.

个鸦片贸易中心。

1804 年 4 月，他封锁了葡萄牙的贸易港口澳门，并击退了一支派来驱逐他的小型葡萄牙舰队。这导致英国为在香港、澳门和欧洲在中国海岸附近航行的船只护航。然而，郑一带来的威胁不断增大。1805 年，他建立了一个海盗同盟，将在中国南海沿岸活动的中国海盗统一成一个强大的海盗帝国。他将这个同盟划分成六支舰队，每支以颜色命名——黑、白、红、蓝、黄和绿。他还为每支舰队划定一个特定的活动领域，以确保舰队之间不产生冲突，且不妨碍各自的活动。

郑一对其他海盗舰队只是保留名义上的控制，但他自己保留了他原来的舰队。这支包含约 200 艘海盗中式帆船的舰队成为“红旗帮”，基地位于广东省省会广州。在 1807 年郑一去世时，他的红旗帮的规模已经扩大了三倍，拥有约 600 艘海盗中式帆船，30000 名人手，成为中国南海最大的海盗舰队。当然这只是他的部分力量，在需要时他也能够调用海盗同盟中的其他舰队，因为舰队的指挥官们已达成协议，要在困难时互相帮助。这意味着郑一能召

↓虽然图中描绘的海盗戴着印度头饰，但他们是中国海盗，正在攻击一艘 1809 年在广州附近活动的东印度公司商船。这些海盗常常俘虏欧洲水手，向其索要赎金

大海盗同盟的路线

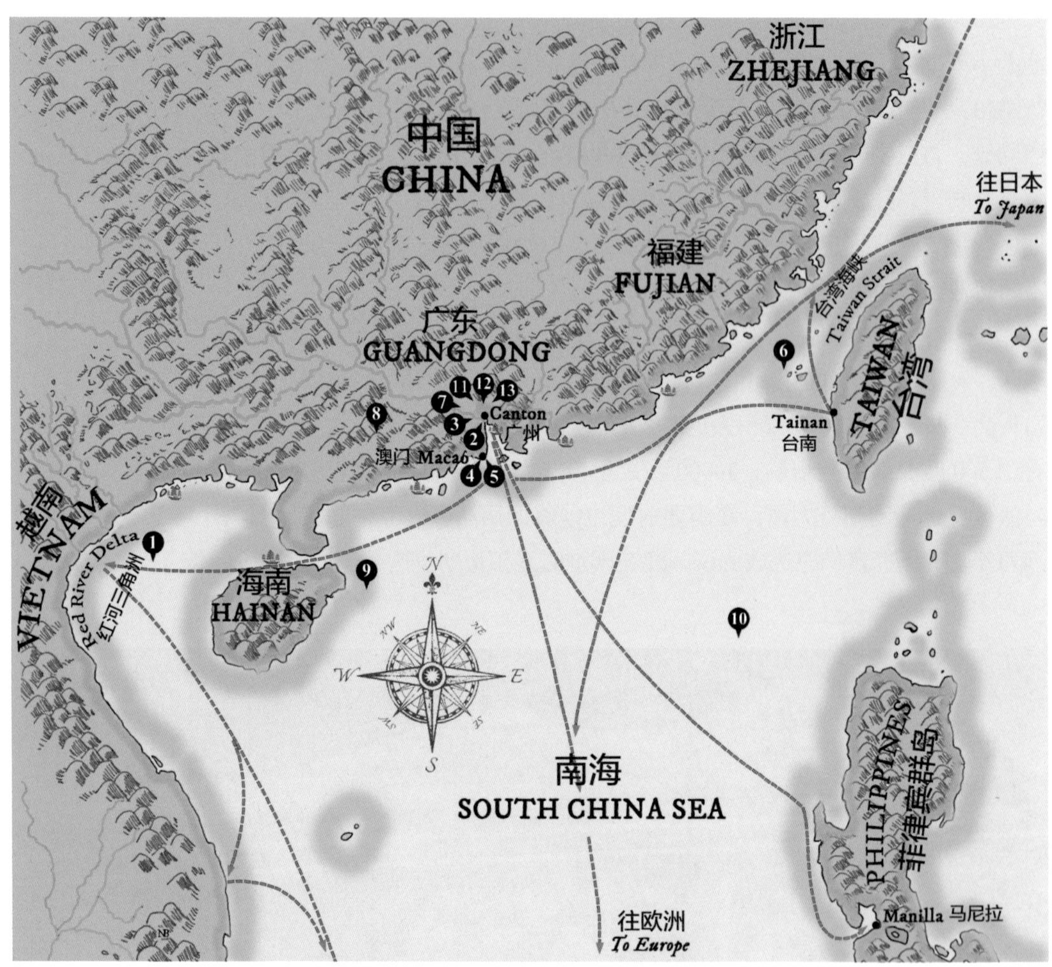

集多达1200艘中式帆船和15万人。这是历史上最大的海盗同盟。他们向中国商人和沿海社区索要保护费，而郑一的中式帆船似乎能够任意妄为，随意攻击船只或索要钱财，而完全不受惩罚。

郑一得以逃脱的原因是清政府在所有镇压海盗活动的尝试中都一败涂地。事实上，清政府更希望控制欧洲贸易者的影响，而不是保护自己国家的贸易路线。朝廷应对海盗威胁的任何行动都需要各省总督的支持，然而他们中的许多人要么与海盗结盟，要么自己就是海盗头目。如果朝廷集结一支军队发

图 例

◄--- 贸易路线 海盗舰队基地

1. 1801 年春天：郑一继承了他父亲在越南红海的海盗舰队。
2. 夏天：郑一将他的海盗业务转移至广东省的广州。
3. 10 月：郑一娶了广州的一名妓女郑石氏。
4. 1804 年 3 月：由于欧洲人拒绝支付保护费，他的海盗舰队封锁了澳门。
5. 9 月：海盗们将一支派来驱逐他们的小型葡萄牙舰队从澳门击退。葡萄牙人后来支付了保护费。
6. 10 月：郑一将收取保护费的活动范围扩大至福建和台湾地区。现在他的船只控制了从长江到红河的整个海岸。
7. 1805 年：郑一的同盟现在包括六支舰队，其中最大的一支为他自己的红旗帮，基地位于广州。
8. 1806 年：海盗攻击了广东的村庄，以建立对广东全省沿海地区的控制。
9. 1807 年：郑一在海南附近的海域失踪。他的红旗帮被他的妻子接管。她通常被人称为“郑一嫂”。
10. 1808—1809 年：郑一嫂控制了她丈夫的海盗同盟。
11. 1809 年 9 月：郑一嫂的海盗攻击了广州附近的英国船只，并绑架了船员。这引发了一场较大的外交事件。
12. 1810 年夏天：一支欧洲的海军舰队在广州附近摧毁了红旗帮，追击并摧毁了海盗同盟的其他舰队。
13. 10 月：清朝皇帝向海盗提出招安条件，郑一嫂接受招安。此后她不再从事海盗活动，开始专心经商，包括从事鸦片走私。

起一场惩罚性的远征，郑一只会派出一支更大的海盗舰队，皇帝的指挥官也只能让步。海盗同盟已经达成协议，如果一支海盗舰队遭到威胁，那么其他颜色的舰队将会前来援助。事实上这意味着这个海盗同盟不易受到攻击。然而，在攻击葡萄牙人后，郑一在阻击欧洲商人的进攻时却遭到挫折。毕竟，虽然他可以抵抗中国皇帝的军队，这些外国人的联合海军却是完全不同的一回事。

1807 年年末，郑一在他权力达到顶峰时去世了，有可能是在一场风暴中被冲击落海。他的妻子郑石氏（或郑一嫂）接管了他的红旗帮，并以某种方式维系了海盗同盟中的其他舰队。她有时也被称为“郑寡妇”或“郑夫人”。她在接管她丈夫的海盗帝国的过程中得到了张保仔（或张保）的支持。[1] 张保

---

1 同前注，pp.229–231。

↑图中为东印度公司的明轮战舰“复仇女神号”（*Nemesis*）在攻击广州附近的安森湾（Anson's Bay）的海盗巢穴，一支中式海盗帆船舰队被摧毁。海盗无法与英国蒸汽动力炮舰的机动性和现代火力抗衡

仔是她丈夫郑一年轻的男性情人（也是养子），后来张保仔把他的忠诚和感情献给了这名海盗头目的妻子。据传，郑夫人在广州做妓女时引起了这名海盗头目的注意。后来她成了这个庞大海盗帝国的统治者。

事实证明郑夫人是一个天生的海盗头目，在接下来的短短几年内，她已经树立起手段残忍和技艺高超的名声，将红旗帮和同盟的舰队打造成一支拥有 800 条中式海盗帆船的军队。在接下来的三年内，她完全控制了从海南到台湾的沿岸海域。与她丈夫不同的是，郑夫人并不畏惧欧洲人。1809 年 9 月，她从一艘停泊在广州附近的东印度船上绑架了七名英国水手。他们在支付赎金后被释放了。其中的一人理查德·格兰斯波尔（Richard Glasspole）留下了关于他被绑架经历的记录。他描述了在郑夫人统治下的法则：偷盗、违逆或强奸将被处以死刑，逃跑等更轻的罪行则会被割掉一只耳朵，被砍断拇指，甚至被砍断一只手或一条腿。据格兰斯波尔所述，这种严酷统治的结果是造就了一支纪律严明、坚定团结的军队。

↑郑石氏有可能是有史以来最有权力的海盗，她也被称为郑一嫂，或常被人称为郑夫人。她是一名海盗头目的妻子，在她丈夫于1807年去世后，她继承了她丈夫的红旗帮，将红旗帮扩张为一支拥有300条船和20000人的统一军队。然而，自1810年起，在与葡萄牙人和清朝皇帝的军队进行一系列斗争后，她接受了招安，不再从事海盗活动

然而，整个海盗帝国开始瓦解。由于无法镇压在公海上活动的海盗，清政府采用了软硬兼施的方法。首先是在新任两广总督百龄的领导下的硬方法。他对广州附近活动的海盗宣战，并且至关重要的是他向欧洲人寻求帮助来击败他们。首先他将海岸定居点成千上万的居民迁往内陆，因此令海盗失去了收入和补给品来源。在欧洲战舰的支持下，广东省舰队在当年年底就扫清了当地海域的海盗。之后官方又对海盗采用了软方法。皇帝向所有中国海盗提出招安，条件非常慷慨，足以令海盗动心。其中接受招安的一名海盗是张保仔，他在1810年年初带着红旗帮的大部分人叛投百龄。这对郑石氏造成了严重打击，她的海盗帝国将很快崩塌。

海盗同盟处于无秩序状态，因为许多海盗看到了接受招安带来的好处，接受招安将能够为他们带来此前未能获得的获利颇丰的帝国市场。更糟糕的是，剩下的其他帮派的舰队开始相互斗争，因为其中一些接受了招安，并获得了朝廷的赏赐，但另一些拒绝接受。还有一些人，如张保仔，成为海盗猎手，积极镇压之前的同伴。到当年年末，郑石氏被迫承认失败，并接受了招安。然而，她获准保留她自己的船和人手，在广东仍然是一个富有影响力的人物；在接下来的三十年内，经营着中国沿海最大的鸦片走私业务。张保仔后来则成为一名备受推崇的帝国将军，但据称他并没有完全远离海盗活动。

十五仔

海盗活动造成的威胁在19世纪初期略有消减，但并没有完全消失。清政府收买地区官员的政策持续带来了利好。然而，在郑石氏的海盗大同盟解体三十年后，欧洲和中国发生了冲突，起因是英国船只向中国输入印度鸦片。在中国人截获了运载鸦片的船只后，英国人以军事力量应对，引发了一场被称为“第一次鸦片战争”（1839—1842）的冲突。结果是清政府被迫签署了一份丧权辱国的贸易协议，进一步向欧洲开放贸易市场。香港岛在1841年被英国占领，并在一年后被正式割让给英国。广州也成了开放口岸，到1843年，它已成为一个繁荣的鸦片贸易中心。鸦片从广州开始沿着海岸走私到其他港口城市，鸦片贸易促进了走私的发展，同时也导致海盗活动滋生泛滥，许多走私者在业余时间也从事海盗活动。[1]

↓图中所绘的海盗头目名叫徐亚宝，是19世纪的大海盗头目十五仔的副官，但他也指挥自己庞大的海盗舰队。他的巢穴位于香港东部的大亚湾，这个地方直到20世纪初期仍是一个海盗避风港。徐亚宝最终在1849年被一支英国海军远征军击败。他后来被捕，并死于狱中

虽然清朝水师本有能力解决这一问题，但由于近期与英国皇家海军交战，其士气低沉，且无法在大型港口之外的海域开展一场大型反海盗行动。十五仔就是这样一个由走私者变成的海盗，他的基地在距离香港西部175英里（约282千米）、位于广东省西部一角的电白。他通过向走私者提供保护来赚钱，在19世纪40年代，他的业务扩大，能够向往来海南岛和广州之间的海岸船只索要保护费。

到1849年时，他的舰队已经拥有70艘中式海盗帆船，他索要保护费的范围已经拓展至越南。之后他犯了攻击“条约”船的错误——那些将鸦片运入通商口岸的欧洲和美国船只。他截获了运载鸦片的一艘美国快船和三艘英国快船，导致条约港口发生恐慌，贸易被中断了。如果十五仔只对中国人开展海盗攻击和索要保护费，那么外国人可能会无视他。然而，对西方船只开展攻击却是另一回事。

1849年9月，香港舰队的海军指挥官收到捣毁海盗巢穴的命令，这次惩罚性远征是东印度公司要求的，其商船遭到了海盗的侵扰。因此，来自苏格兰的指挥

1 同前注，pp.233–235。

←这幅英国海军医生爱德华·克瑞（Edward Cree）所绘的水彩画描绘的是一船的海盗。1849年10月十五仔的海盗舰队在红河三角洲被摧毁，这些海盗即是战争的幸存者

官约翰·海伊（John Hay）带领一支蒸汽战舰舰队前往电白，却发现海盗已经逃跑。十五仔经他在香港的间谍提醒，已经带领他的海盗舰队前往越南海防的安全地带，指挥官海伊除了夺回100艘中式贸易帆船后，鲜有所获。

→1849年10月，英国人在红河摧毁了十五仔的海盗舰队后，截获了他制作精美的海盗旗。海盗旗上描绘的是“天后”，一位神秘的天国女皇，能够平息风暴和保护水手。这面海盗旗现收藏于格林威治的国家海事博物馆

↓在英国皇家海军于1849年10月摧毁了十五仔的海盗舰队后，当地的科钦村民对海盗幸存者发起进攻，报复海盗对当地渔村的蹂躏。这一场景被一位英国海军医生画了下来，他所在的船皇家海军战舰“狂怒号”（HMS *Fury*）参与了战斗

根据海事法，这些截获的中式帆船现在属于皇家海军的财产，远征军一回到香港，这些船就在拍卖会上卖给了出价最高的人。但这个出价人结果是十五仔的一名经纪人，他只是将船重新买回而已。显然，不久之后又需要派出一支远征军来应对这支海盗舰队，因此海伊船长再次收到了行动的命令。

10 月底，他的舰队追击海盗至越南海防港口北部的红河三角洲。首先，指挥官海伊封锁了河口以防止海盗逃跑，之后他带领他的部分舰队与海盗战斗。在这次行动中，他的三艘蒸汽战舰（包括东印度公司的武装明轮“地狱火河号”）得到了一支清朝中式帆船舰队的支持。海盗遭到突袭，当海伊到达时，他们的中式帆船仍在港湾停泊。海伊取得了压倒性胜利，到战斗结束时，有 58 艘中式海盗帆船被截获或沉没，1800 名海盗被杀。

十五仔是这场战斗中的六名幸存者之一，他乘着一艘小型中式帆船逃走了。英国人无法沿着红河溯流而上追击他，于是他得以逃脱。中国之后通过招安来解决这名在逃海盗的问题。十五仔不仅接受了招安，还在清朝水师中任职，帮助在中国海域清扫海盗。这一事件也导致皇家海军此后常驻中国海岸，在接下来的几年内，皇家海军将与清政府和东印度公司合作，继续开展反海盗行动。因此，到 19 世纪中期时，中国南海的海域基本上已经不存在有组织的海盗活动，这是中国实用主义和西方炮火合作取得的胜利。

NO SMOKING
SAFETY FIRST

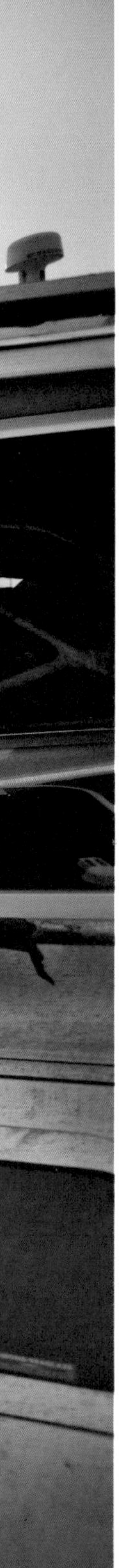

10
第十章
现代海盗活动

危险的海域

海盗活动并不是只存在于过去的事物，也并非历史故事中讲述的一种浪漫化的犯罪形式。海盗活动每天仍在发生，并非所有的受害者都能活下来讲述他们的遭遇。近年来，海盗攻击事件出现在新闻头条中，甚至是超大型的邮轮也成为海盗攻击的受害者。[1] 例如，2018 年国际商会（ICC）曾发布一则警示，称尼日利亚附近“所有海域都存在风险”。这则警示还说明在哈科特港（Port Harcourt）和邦尼岛（Bonny Island）附近“攻击、劫持和绑架船员事件明显增加……建议在这些高风险区域航行的船只采取额外措施”。

在过去的几十年内，ICC 等组织在持续监控海盗攻击事件，并已划定海盗攻击事件频繁发生的“热点”区域。印度尼西亚、索马里、孟加拉国、西非（尤其是尼日利亚）、菲律宾和委内瑞

←在一次对贝宁湾的海军巡航中，一名持有武器的贝宁海军水手在盯着两艘系泊油轮。西非海岸的这一区域正在成为一个主要的海盗“热点”区域（图片由 jason florio/Corbis 通过 Getty Images 提供）

1 关于现代海盗活动的有趣记载见 John S. Burnett in *Dangerous Waters* (New York, 2002). 另见 Jay Bahadur, *The Pirates of Somalia* (New York, NY, 2011), 以及国际商会分支机构国际海事局发布的报告。 报告可从以下网址获取：www.iccwbo.org 和 www.icc-ccs.org/imb/overview.php。

拉都已被划定为高风险区域。2017 年，全球共发生了 180 起海盗攻击事件，比自 2010 年以来的任何年份都更少。然而，虽然马来亚海域等区域变得更加安全，但是菲律宾等其他区域现在是主要的海盗“热点”区域。

这些危险海域的海盗活动并非新鲜事。在 19 世纪初，波斯湾海域海盗肆虐。英国东印度公司发起一场大型清扫行动才清除了海盗带来的威胁。中国在 20 世纪初也是同样的情况，当时中央政权瓦解，地方由军阀统治，与上一章描述的状况相似。以英国皇家海军和美国海军为代表的海上力量积极参与了清扫中国河域的海盗活动，他们在战前的马来半岛、中美洲和菲律宾等其他海盗“热点”地区也采取了同样的行动。大部分的海盗攻击都是孤立事件，在最坏的情况下，它们代表了海上犯罪活动的暂时复苏。全球各地也报告发生了其他海盗攻击事件——一艘英国的商业货船在北非的一个小港口遭到攻击，一艘澳大利亚渔船在南太平洋被抢劫，或者一个美国的游艇驾驶者在古巴海岸附近被杀。这些事件无需派出一支惩罚性的远征军来解决，但在必要时，海上势力要考虑开展反海盗行动。

↑菲律宾的一名海盗使用一艘带舷外发动机的悬臂梁小舟攻击过往的船只，并藏身在该地区无数的岛屿、港湾和沙洲中

从前，最易遭受攻击的水手是游艇驾驶者。现如今即使是世界上最大型船只上的水手在通过这些危险海域时，他们自身也处于危险之中。在第二次世界大战前，几乎并未发生过“现代”海盗活动，世界上只报告发生了零星的海盗攻击事件。自二战以来，海盗活动在逐渐增加，在过去三十年内，报告发生的海盗攻击事件急剧增长。造成这一现象的原因有很多。首先，战后海军的发展趋势是更加小型化和精细化。而在过去海上力量可派船巡逻可能存在海盗问题的区域，并且总是可以“派出炮舰”，现在的大部分商船却独自在公海航行。许多小国的政府缺少在本国海域巡航的资源或权力，更不用说在公海追捕海盗。如同在其他时候一样，当缺乏一个强有力的政府，没有有效的司法系统和海军支持时，海盗活动便泛滥猖獗。

←这些以尼日尔河三角洲为基地的海盗将他们自己描述为起义者——MEND（尼日尔三角洲解放运动成员）。虽然自2008年起，海盗攻击事件数量下降，但MEND已经来到几内亚湾活动

现代的海盗能够利用科技带来的所有便利——广播、雷达、卫星导航、自动化武器和高性能船只。这令他们比历史上的海盗更具优势。毕竟，由于缺乏利益、国际友好关系和资源，公海缺乏管理和规则。国家海军舰队的削弱也是部分原因。现今世界上大部分商船悬挂的都是方便旗，尤其是那些利比里亚、巴拿马或洪都拉斯的商船，而非悬挂大型海上力量的商船旗帜。事

←在很多情况下，索马里海盗使用截获的渔船充当小型快艇的母舰，令他们能够攻击远至印度洋的目标。本图中反海盗巡逻队的成员在距离索马里海岸120英里（约193千米）处拦截一艘疑似海盗船的母舰

马来西亚和菲律宾海盗

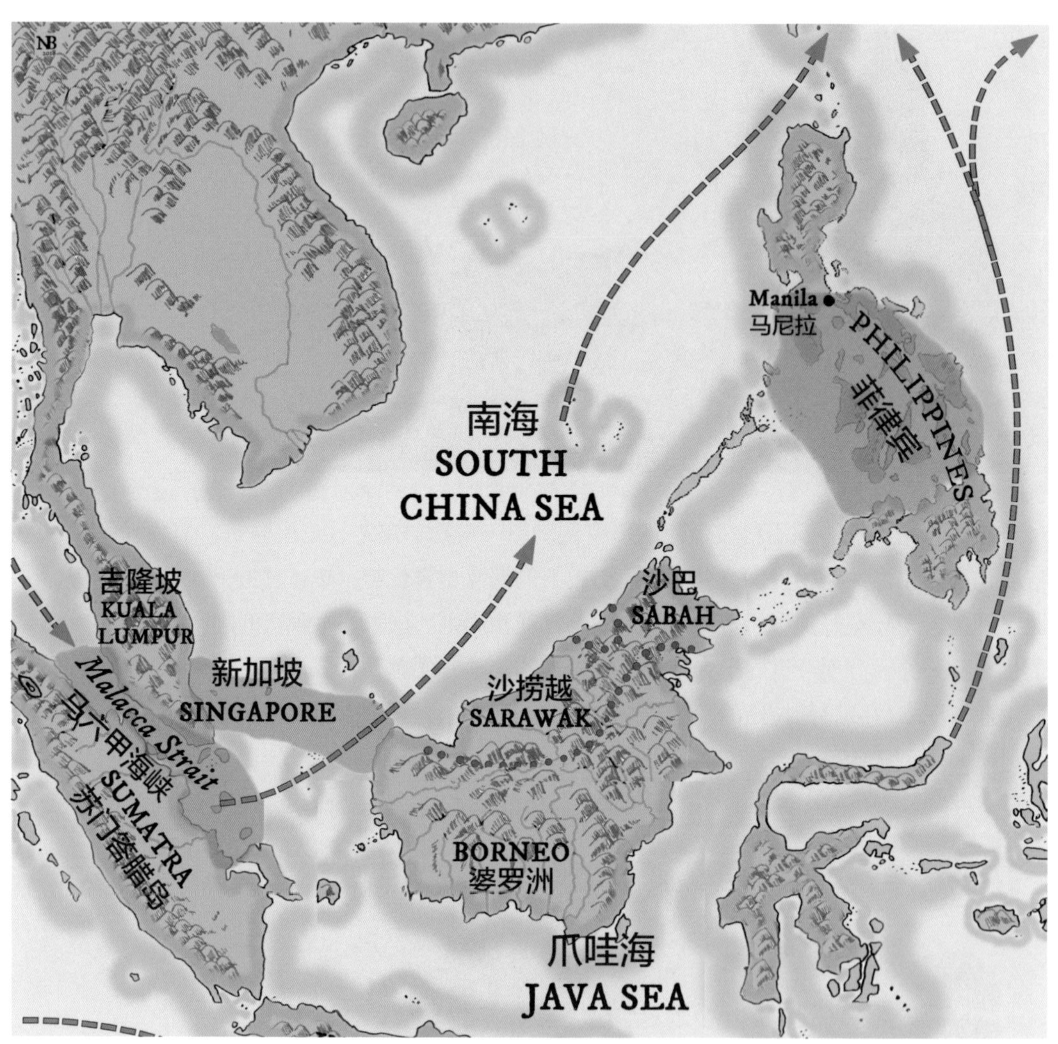

→下页图：图中为年轻但全副武装的海盗，照片由记者在他们位于马来半岛西海岸隐蔽的巢穴中拍摄。自那时起，海军加大巡逻力度，极大降低了附近马六甲海峡的海盗攻击数量

实上，直到最近海盗活动才被视为一种严重国际犯罪形式，需要开展国际行动。与此同时，海盗却在持续猖獗。

1985 年，ICC 开始记录海盗攻击的数量，当年世界各地报告共有 50 起海盗攻击事件。此后海盗攻击事件的总数每年平稳上升，1998 年刚刚超过 200 起，1999 年 300 起，2003 年达到 445 起的峰值。之后由于反海盗行动的干预，海盗攻击次数下降，到 2013 年攻击事件总数降至 264 起。这些只涉及对注册

图 例

••••• 国界线 ◄--- 航运路线 ▓ 海盗"热点"区域

该区域长期为海盗"热点"区域。在 2005 年以前，马六甲海峡海盗肆虐，但一场大型国际反海盗行动清除了大部分海盗威胁。这些海域目前仍有许多反海盗舰队巡逻。中国南海南部的马来西亚群岛的海盗活动大量增加，国际海事局将其认定为高风险区域。自 2000 年来，菲律宾群岛海域的海盗活动显著增加，其中大部分与反叛组织有关，他们将海盗活动和绑架视为募集资金的有效形式。近来，东南亚最繁忙的港口之一马尼拉湾也发生了海盗攻击。

船只的攻击事件，并未记录针对游艇、小渔船或其他等级更低的船只的攻击，这类攻击即使没有几千起，也有几百起。十年前，这类攻击事件有三分之一发生在马六甲海峡。现在这些海域发生的海盗攻击并不多，而印度尼西亚成为世界上新的"热点"区域，2017 年记录了 38 起攻击事件。

然而，并非所有的消息都是坏消息。在过去几年中，海盗攻击事件的数量在下降。ICC 的分支机构国际海事局（IMB）的海盗活动报告中心称，在 2004 年发生了 329 起攻击，但在此后的十年中，攻击事件的数量稳定维持在每年 250 起左右。[1] 从 2016 年起，这一总数一直在下降。该机构将情况的改善归功于攻击合作的强化，尤其是在索马里附近和世界其他海盗"热点"区域开展的国际反海盗巡逻。

近年来世界上公认的最危险的海域是马六甲海峡，虽然该区域为现代

1 IMB Annual Piracy Reports, 2004–17.

战争区，但从该区域通行本就存在风险。这一海峡长 550 英里（约 885 千米），分隔马来半岛和苏门答腊岛。每年有超过 50000 艘船从该海域经过，使其成为世界上最繁忙，同时也是最危险的海上瓶颈之一。大部分这些船只是超级邮轮和散装船，是海上最大型的船只，甚至比最大的远洋客轮还大。世界上每年三分之一的原油供应都从这一海域经过，相当于每天运输 1100 万桶原油。船只在通过这一繁忙的海域时，需要减速行驶，这导致它们容易遭受全副武装的海盗的攻击，海盗们一般乘快艇或充气艇活动。

好消息是，到 2007 年时，这一战略性的狭长海域只发生了 11 起海盗攻击事件。到 2014 年时，这一数字进一步下降，今天基本已经不存在海盗攻击。这大部分都归功于国际航海社会的大规模海军巡逻和情报收集行动，但官方当局无法全部消除海盗活动。当地的海盗似乎在等待时机，等待战舰离开。这样看来他们与“黄金时代”的海盗也无甚区别，海盗们都是避开有海军巡逻的区域，转移到其他地区开展海盗活动，或者从事更加合法的活动，等待形势好转。

这种情况的显著影响就是印度尼西亚邻近海域的海盗攻击事件增加，仅 2015 年一年就发生了 108 起。该区域仍位于世界上海盗“热点”区域榜单榜首。然而，印度尼西亚海军此后开展了反海盗行动，到次年攻击事件数量减少了一半。另一个海盗“热点”区域是孟加拉国的吉大港，该地 2006 年发生了 46 起海盗攻击事件。这个港口被看作世界上最危险的锚地，但由于港口监察情况的改善，目前每年只发生了十几起海盗攻击事件。虽然从事大部分海盗攻击的都是投机取巧的小海盗，武器是刀具和金属管，但发展形势令人忧心。IMB 最新报告中指出的其他“热点”区域有：尼日利亚（33 起）、印度（14 起）、马来西亚（7 起）、委内瑞拉（12 起）和索马里（5 起）。[1]

另一个在海盗“热点”区域榜单排名迅速攀升的危险区域是东索马里。该区域的海盗威胁在 1989 年得到凸显，当时德国制造的游艇“世邦精灵号”（*Seabourn Spirit*）在距离索马里海盗 70 英里（约 113 千米）处的公海遭到海盗攻击。在 11 月 5 日早上 6 点前，两艘从母舰上派出的快艇靠近这艘客轮。快艇用机枪和火箭筒扫射客轮，客轮上一名船员受伤。幸运的是，客轮上训练有素的船员阻止了攻击者登船。索马里现在被视为一个非常危险的区域，仅 2005 年就发生了 19 起大型攻击事件。这一国家处于政治真空状态，缺乏

1 IMB Piracy Report, 2017.

←2004年，国际上组织的反海盗舰队开始在马六甲海峡巡逻，自那时起，类似于这些舰船的小型巡逻艇发挥了作用，令这片繁忙海域变得更加安全

一个强有力的政府，导致海盗容易将其用作基地。

其中一起此类攻击事件发生在2005年6月27日，攻击的对象是肯尼亚的机动货船“塞姆洛号”（MV *Semlow*），当时这艘船正在执行联合国用于救助索马里受害者的粮食计划，运载一船水稻去往索马里。当这艘船靠近哈拉尔代雷（Harardhere）港口时，索马里海盗趁着夜色截获了这艘船，船上的十名船员被劫持了三个月。其中一名被劫持的船员称：“这些海盗比我们在历史书上读到的海盗还要恶劣……这些索马里海盗的准备更好，他们不仅想要我们的货物，还索要赎金。”[1] 这个国家政权的缺乏意味着国际航海社区很难采取任何坚定的应对措施，除了在海岸附近的国际海域巡逻、警告来往的船只及希望索马里有一天能在他们自己的海域巡逻。遗憾的是，许多所谓的政府组织要么自身就是海盗组织，要么代表当地军阀。2006年11月，机动货船“维舍姆号”（*Veesham*）被突袭，一组由十人组成的索马里海盗登船将其截获，之后海盗将这艘船驶入索马里的奥比亚港。在那里，一组忠于伊斯兰法院联盟（Union of Islamic Courts）的一队民兵在一场持久的枪战后，重新截获了这艘船，并将其交还给原来的主人。在索马里这样的地方，通常难以辨认真正谁是“好人”。

1 IMB Piracy Report, 2006.

索马里和孟加拉的海盗

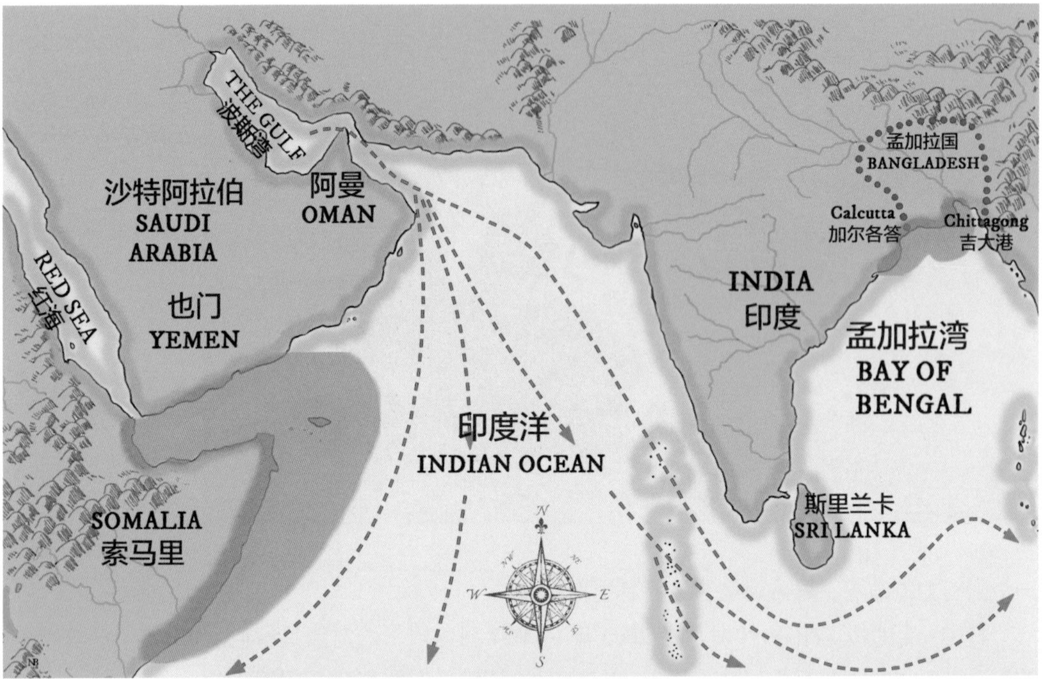
THE GULF
波斯湾
沙特阿拉伯
SAUDI
ARABIA
阿曼
OMAN
RED SEA
红海
也门
YEMEN
孟加拉国
BANGLADESH
Calcutta
加尔各答
Chittagong
吉大港
INDIA
印度
孟加拉湾
BAY OF
BENGAL
印度洋
INDIAN OCEAN
SOMALIA
索马里
斯里兰卡
SRI LANKA
N
S
E
W

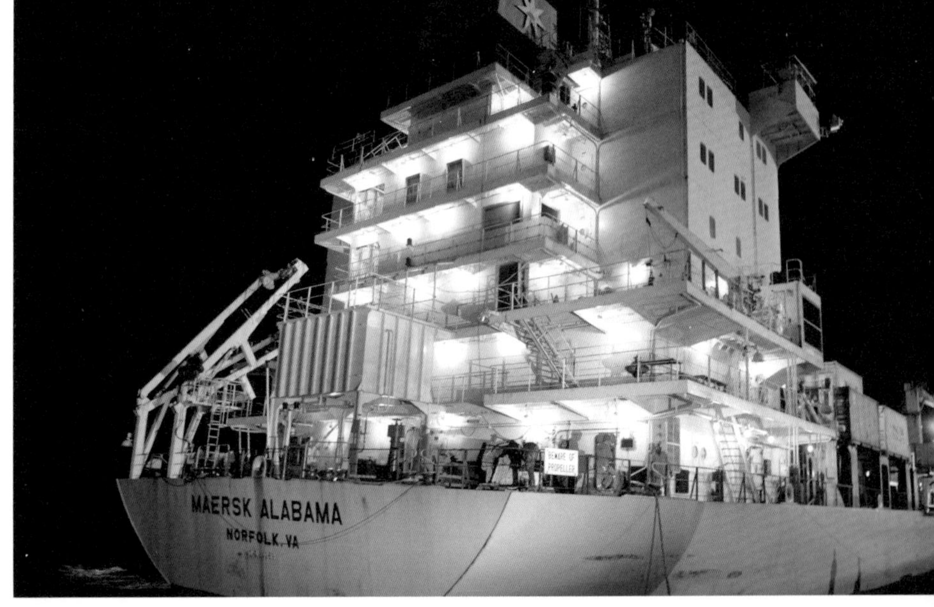

→2009 年 4 月，机动货船马士基阿拉巴马号（MV *Maersk Alabama*）在索马里海岸 240 英里（约 386 千米）处被海盗截获。船员被海盗劫持，用以索要赎金，但后来被美国海军救出，海盗也被捕。这一事件被拍成电影《菲利普船长》（*Captain Phillips*，2013）（ROBERTO SCHMIDT/AFP/Getty Images）

MAERSK ALABAMA
NORFOLK, VA

图 例

······国界线 ◄--- 航运路线 ▒ 海盗“热点”区域

自2002年起，亚丁湾和索马里海岸附近海域被描述为世界上最危险的海域。十多年来，索马里是世界上最主要的海盗“热点”区域，索马里海盗的攻击范围已远至印度洋。然而，自2009年起，国际上加大了对索马里海域的海军巡逻力度，同时卫星监察和商船上的武装分遣队也极大缓解了这一问题。虽然索马里海盗持续对航海造成威胁，但海盗攻击的数量已大大下降。另一个新兴的“热点”区域是孟加拉海岸。那里的海盗对停泊在海岸的船只展开攻击，尤其是在繁忙的吉大港。因此，国际上再次组织对该地的海盗活动开展应对行动，国际海事局正在监控进展情况。

索马里海盗在2009年截获快桅阿拉巴马号不仅引起了世界的注意，同时也催生了汤姆·汉克斯（Tom Hanks）主演的电影《菲利普船长》。这一海盗攻击事件也令国际社会更加关注这一问题，国际上甚至分配了更多的资源来应对海盗威胁。从那时起，战舰开始在索马里海域频繁巡航，商船上配备了带武器的雇佣兵，国际社会也协同努力控制当地军阀的势力。这些因素都对索马里海域的局势产生了重要影响。结果是，到2012年，海盗攻击事件的数量已下降至每年不超过二十起。即使如此，大部分海盗攻击也被反海盗巡逻的快速行动所压制。曾经，这些新闻头条的攻击事件对海上贸易产生巨大威胁，现在已成为过去。当然，海盗攻击仍在别处发生。

策略和恐怖主义

约翰·S.伯内特（John S. Burnett）在他的书《危险海域》（*Dangerous Waters*）中强调了这一问题：

> 海盗活动和恐怖主义之间在传统上的定义并无明显区分。[1] 在世贸中心和五角大楼遭到恐怖袭击后，世界各国政府终于开始注意到早在“9·11”以前，海上就存在一场战争。结论是必然的——这两种罪行之间的差别不大。国际海事局和航海业中的其他机构已将亚丁湾中对美国军舰科尔号（USS *Cole*）的轰炸称为海盗行动。这一事件令我们彻底明白，我们无法再忽视海盗活动，或否认海盗活动与恐怖主义之间的密切联系。否则，我们将付出高昂的代价。

1 Burnett, p.284.

→2010年圣诞节，台湾深海拖网渔船“旭富一号”在索马里附近被海盗截获。海盗将船拖上岸，劫持了这艘船和船员，并索要赎金。后来在支付赎金后，这艘船和船员在2012年被释放。图中，一名索马里海盗在截获这艘船一年后在看守这艘搁浅的船

换句话说，许多海盗攻击可能是“恐怖分子”的“杰作”，这些恐怖分子出于政治或宗教原因，而非单纯的掠夺目的发起攻击。在“9·11”之后，西方世界才开始认识到这一事实，即海盗活动如同劫持或爆炸一样，已成为恐怖分子的一种工具。

在“9·11”事件发生和英美联军入侵伊拉克后，政治环境变得紧张，在这种环境下有时难以分辨海盗活动和恐怖活动的边界。西方媒体越来越多地将“恐怖分子”一词用于海盗，而不论他们的政治或宗教动机。在许多情况下，当IMB对这些高度报道的攻击事件展开调查后，明显可以看出利益而非政治目的才是唯一的动机。其中一个大问题是官方将海盗活动定义为在公海中发生的攻击。许多在港口内，甚至在一个国家的12英里（约19千米）的范围内发生的攻击事件都被视为本地犯罪，而非海盗行动，有时为了煽动国际舆论，甚至被贴上了恐怖袭击的标签。在其他地方，海盗攻击发生的海域遭到邻国的侵扰，所以通常无法确定谁真正控制了这些地方。这有时导致所谓的“好人”也同当地的海盗船员一样，会出于政治或金钱目的而攻击来往船只。例如，在索马里，由于缺乏一个强有力的政府，甚至像当地海岸警卫队等半合法化的组织也会参与攻击。“国家志愿护卫者”（National Volunteer Guard）、“索马里海军陆战队”（the Somali Marines）和“索马里海防部队”（the Somali

Coastal Defence Force）打着合法化的幌子行动，但都被认定为海盗。例如，在 2000 年，机动货船“博内拉号”（MV *Bonella*）在索马里海岸附近被乘着两艘快艇的 26 名海盗攻击。这艘商船的船长后来说：“我告诉他们我们没有钱，但‘索马里海岸警卫队’（the Somali Coastguard）的队长给手枪上膛，并用手枪指着我的头说：‘船长，没有钱的船不能通过。[1] 你是想丢掉性命，还是让我给你的船放行？’”海盗们将船长和船员劫持了五天，与此同时则利用这艘船截获其他过往的船只。当他们发现这艘船航速太慢时，海盗们将船洗劫后离开了。

显然这种“特洛伊木马”的方法（将看似无害的船只用作诱网）是一种流行的策略。2006 年 1 月，美国海军“温斯顿 · S. 丘吉尔号”（USS *Winston S. Churchill*）拦截了一艘印度货船，这艘船几天前曾在索马里海岸附近被截获。据称海盗们将这艘船用作基地，展开其他攻击。在索马里和印度尼西亚海域还发生了类似的海盗攻击事件。[2] 通常，一艘渔船通常会用作基地船，海盗们会乘着充气船从远离海岸的地方发起攻击。

近年来，中国海警参与了一系列打击海盗的行动。自 2010 年起，中国官

←美国特种部队在亚丁湾的一次反海盗巡逻中逮捕索马里海盗。自 2009 年起，国际上加大对该区域的反海盗巡逻力度，极大地控制了海盗对索马里海域产生的影响

1 IMB Piracy Report, 2001.

2 美国海军报告，发布于其官网 (www.navy.mil)，故事编号：NNS060121-01。

方和中国海军在中国海域开展了广泛的反海盗行动，因此 2014 年后并无报告发生的海盗攻击事件。

另一个令人担忧的趋势是现代海盗活动的性质发生了变化。尽管在过去，大部分海盗攻击都是短暂地扣押船只以掠劫船上的物品，但近来这一趋势发生了变化，开始越来越多地绑架和劫持人质，这进一步模糊了海盗活动和恐怖主义的边界。2006 年，有 188 起海盗攻击劫持了船员或乘客充当人质，而 77 起则涉及赤裸裸的绑架。在这些海盗攻击事件中，海盗在索马里海域劫持了近一半的人质，而印度尼西亚则紧随其后。在过去的十年中，大部分海盗攻击都涉及绑架或勒索。保险公司与主要的海上力量和国际组织紧密合作来应对这种形势，但在某些地区这些趋势依然存在，海盗在这些地区可以撤退至一个安全基地，挟持人质直到赎金支付。

在这方面，海盗的行事方式与古代肆虐地中海的西里西亚海盗的行事方式相似，当时西里西亚海盗挟持了尤利乌斯·恺撒，并向他索要赎金。挟持人质通常被视为犯罪行为，而非恐怖主义行动。

绑架则有所不同。2017 年在世界上报告发生的 199 起海盗攻击事件中，有 10 名水手在菲律宾被绑架，而 65 人——主要是石油工人在尼日利亚海岸被绑架。相比之下，当年发生了 91 起人质挟持事件，其中大部分发生在马来西亚或索马里。人质挟持和绑架之间最大的不同之处是前者通常在支付金钱后得到解决，绑架则通常伴随着政治和金钱方面的要求。

其中一个例子是在斯里兰卡注册的邮轮“阿里斯 13 号”（*Aris 13*）。2017 年 3 月 14 日傍晚，亚丁湾的索马里海盗登上了这艘船，船上 8 名船员被挟持，但在船主支付赎金后，这艘船和船员在两天后被释放。两周后，在 3000 英里以外的地方，在马耳他注册的散装货船 *Eleni M* 也被海盗截获。在尼日利亚海岸的邦尼港附近 32 英里（约 51 千米）处，四名海盗乘快艇登船。这次，海盗遗弃了这艘船，但带走了船上的七名船员。一年以后，这些船员仍被比夫拉人的分裂组织羁押。

尼日利亚的形势与世界其他地方的形势有所不同。尼日利亚的几个组织将海盗活动和绑架视为获取资金和政治让步的有用方法。尼日尔三角洲解放运动（the Movement for the Emancipation of the Niger Delta）、比夫拉原住民（the Indigenous Peoples of Biafra）和尼日尔三角洲人民志愿军（Niger Delta People’s Volunteer force）都曾从事海盗攻击和对外国石油工人的绑架。然而，通常当地的政治局势混乱不清，海盗攻击也未声明对某一组织效忠，因此通常并不清楚这些犯罪者的身份。

在某些情况下，受害者甚至包括尼日利亚武装部队的成员，他们在保护外国石油工人的战斗中遭到攻击。似乎扰乱石油生产才是攻击和绑架背后的主要动机，这表明海盗有政治动机，或者他们只是在搞破坏——就像那些在“黄金时代”纯粹为了搞破坏而摧毁船上货物的海盗一样。倘若是这样，那么事实就是他们通常认为石油公司在剥削当地，而将他们自己视为反抗这些公司的力量。

将海盗活动用作政治武器的危险在于，这种方式会越来越多地被恐怖组织、地方游击队甚至宗教极端势力或持极端政治目标的国家所采用。在国际法中，“海上恐怖主义”被定义为旨在影响政府或个人组织的海盗活动。这意味着，就法律上而言，尼日尔三角洲的判决事实上既是恐怖分子，又是海盗，而不论其中涉及的更复杂的经济或外交事件。水手和石油工人等人面临的问题是，尽管常规的海盗攻击就很危险，但这种新形式的海盗活动将令他们付出更高的代价。

↓在尼日尔三角洲活动的海盗将他们自己视为自由斗士，他们的攻击目标包括尼日利亚军队目标和石油公司的设施和船只，他们认为这些公司掠夺了当地自然资源。这些人通常将海盗活动视为政治工具

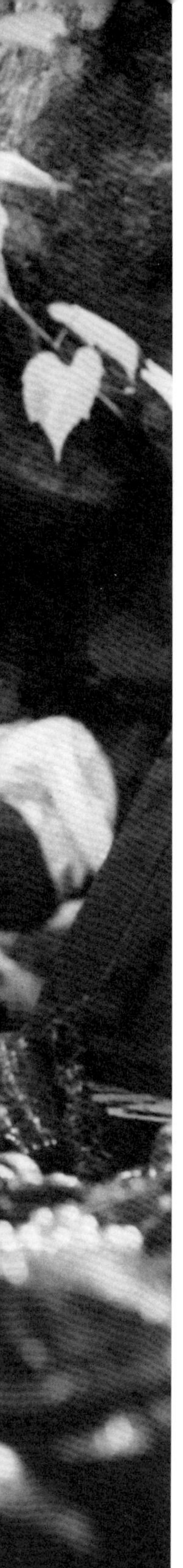

11

第十一章 虚构作品中的海盗

隆·约翰·西尔弗（Long John Silver）是一个源自小说中的知名海盗。在出版于1883年的《金银岛》中，苏格兰作者罗伯特·路易斯·史蒂文斯（Robert Louis Stevenson，1850—1894）创造了这名无法超越的终极海盗，这是大部分人在想到海盗时脑海中会浮现的形象。当然，在《金银岛》出版很久前就已经存在虚构的海盗。在约翰逊船长的海盗传记在18世纪初期的伦敦大获成功之时，一部《成功海盗》的戏剧吸引人们纷纷前往特鲁里街皇家歌剧院（Drury Lane Theatre）观看，这部戏剧以“红海海盗”亨利·埃夫里的掠夺活动为蓝本。这意味着在“黄金时代”的最后一批海盗仍在逃亡之时，对海盗的浪漫化描述就已经开始了。在19世纪初期，浪漫主义小说作家和诗人再次从海盗活动中挖掘戏剧情节和异国情调。例如，拜伦勋爵的诗歌《海盗》（*The Corsair*，1814年）、瓦尔特·司各特爵士（Sir Walter Scott）的小说《海盗》（*The Pirate*，1821年）和朱塞佩·威尔第（Giuseppe Verdi）的歌剧《海盗》（*Il Corsaro*，1848年）都以美化和欢乐的视角描绘海盗世界，里面的海盗是反抗权威的浪漫主义英雄，而不只是一群底层的杀人凶手。[1]

《金银岛》有可能是已出版的最具影响力的童书，这本书首次

←1950年迪士尼推出的电影《金银岛》令扮演隆·约翰·西尔弗的罗伯特·牛顿（Robert Newton，中间）一举成名。牛顿扮演的这一角色说话时带有浓重的多赛特（Dorset）口音，这也是大多数人想象的海盗说话方式（图片由Walt Disney/Getty Images提供）

1　关于文学作品如何影响了我们对海盗活动看法的详细讨论，见 David Cordingly and John Falconer, *Pirates: Fact & Fiction* (London, 1992), pp.10–12, 37, 49, 54。

→上图：现代人对海盗样貌的认知大部分来自美国画家霍华德·派尔（1853—1911）的描绘，还有部分来自弗兰克·施科维纳（Frank Schoonover，1877—1972）为了令海盗有个更好的形象，派尔基于西班牙强盗的形象描绘了他笔下的海盗

↗右上图：19世纪对海盗形象产生重要影响的另一个源头是剧院。基尔伯特（Gilbert）和沙利文（Sullivan）的歌剧《彭赞斯的海盗》（*Pirates of Penzance*）在海盗的帽子上使用了头骨和交叉腿骨的符号，后来开始流行使用。这一版的歌剧描绘的是美国私掠者约翰·保罗·琼斯（John Paul Jones），当然他从未穿过这种奇装异服

出现在一个叫作《海上厨师》（*The Sea Cook*）的连载故事中，儿童杂志《年轻人》（*Young Folks*，1881—1882）也发表过同名小说。书的原标题说明了至少在史蒂文斯的心中，主角是隆·约翰·西尔弗，而不是少年英雄吉姆·霍金斯（Jim Hawkins）。对史蒂文斯而言，他的主人公并不是一个浪漫主义的人物，而是真实的海盗世界中的一个恐怖象征——这个人会令海盗们在行事前三思而后行，而不是赞美公海的自由。在《金银岛》中，史蒂文斯引入了所有现在构成海盗传说基础的元素。是他塑造了肩膀上站着鹦鹉、安装了木制义肢、戴着黑色眼罩的海盗形象、黑券，当然还有海盗歌曲《聚魂棺上的十五个人》（"Fifteen men on a dead man's chest"）。最重要的是，史蒂文斯发明了藏宝的概念，以及用"X"标示藏宝地点的地图。

事实上，真正发明这些概念的可能是史蒂文斯的美国继子劳埃德·奥斯本（Lloyd Osbourne）。一个夏末，史蒂文斯和他的家人在苏格兰高地的布雷玛尔（Braemar）休假，天气正如往常一样多变。一天史蒂文斯遇到了13岁的劳埃德，当时他正在给他画的一座岛的地图上色。奥斯本后来回忆道：

> 史蒂文斯进来时我快画完了，他对我所做的一切都很有兴趣，他靠在我肩膀上，很快就在修饰地图并给地图命名。我永远不会忘记骷髅岛（Skeleton Island）、眺远山（Spyglass Hill）以及三个红叉带来的激动人心的感受！当他在右上角写下"金银岛"三个字时，我激动无比！他似乎对此非

常了解——海盗、藏宝、被流放在岛上的人。“哦，讲个海盗的故事吧。”我被他迷住了，感受到了他对海盗这一话题的热情。

三天后，史蒂文斯就写了前三章，其余的家人帮助他将情节推向高潮。几周后，他将头几章交给《年轻人》的编辑，两年后《金银岛》就印刷出版了。之后的情况都众所周知了。

《金银岛》一直再版，并且一直是最受欢迎的图书之一。基于这本书已经拍摄了50多部影视剧，从最初的默片电影《金银岛》（1920）到最新的法国改编电影《金银岛》（*L'Île aux Trésors*，2007），还有意大利动画电影《金银岛》（*L'isola del tesoro*，2015）。在这些改编版本中，可能最为知名的是迪士尼在1950年拍摄的版本——这也是迪士尼首次尝试拍摄的真人电影。吉姆·霍金斯（Jim Hawkins）由童星鲍比·德利斯（Bobby Driscoll）扮演，来自英国的罗伯特·牛顿（Robert Newton）扮演了经典的隆·约翰·西尔弗，他操着一口浓重的英国西南口音，用低沉的声音说道“啊，吉姆小伙子”，令这部电影更具特色。这些元素立即成为史蒂文斯海盗传说的一部分，并且在过去的六十年中每个经典的海盗扮演者都在模仿牛顿的说话方式。牛顿也因扮演这些粗犷、消瘦的角色而出名。六年后，当他在电影《海盗黑胡子》（*Blackbeard the Pirate*）中扮演主角时，他又重塑了这一形象（还有口音）。此外，演员奥利

↑对很多人来说，罗伯特·路易斯·史蒂文斯的《金银岛》是终极的海盗冒险故事。这本书创造了许多经典的海盗元素，包括藏宝和海盗地图。这两者都是作者的发明

←生于苏格兰的杰出冒险小说家罗伯特·路易斯·史蒂文斯（1850—1894）创作的《金银岛》在很大程度上提升了现代人对海盗故事的热情。起初这一故事于1881年到1882年间在儿童杂志《年轻人》上发表，在1883年首次以书本的形式出版，此后一直再版

↑在迪士尼于1950年推出的电影《金银岛》中，海盗隆·约翰·西尔弗的角色由罗伯特·牛顿扮演。他来自多塞特的多尔切斯特，在扮演这个角色时他使用了当地口音。自此他的说话方式成为标准的“海盗语言”

弗·里德（Oliver Reed）以及谁人乐队（The Who）的具有自我毁灭倾向的鼓手凯斯·穆恩（Keith Moon）都将酗酒的牛顿描述为自己的榜样。

另一部关于海盗的杰出虚构作品是《彼得·潘》（*Peter Pan*）。这部戏剧由另一个苏格兰人 J. M. 巴里（J. M. Barrie，1860—1937）创作，1904 年首次在伦敦上演。巴里起初写的是一部小说《小白鸟》（*The Little White Bird*），后来将其改编为适合在舞台上演出的剧作。一个拒绝长大的男孩的故事很快大获成功，虎克船长（Captain Hook）成了一个人尽皆知的海盗坏蛋。然而他和他的船员更多地被描绘为滑稽人物，而不是真正的海盗，与充斥于《金银岛》中的这些危险的恶棍相距甚远。在舞台剧《彼得·潘》中，海盗的手上装上钩子，帽子上用头骨和交叉的腿骨花纹装饰，以走木板[1]的方式处决犯人。虽然“黄金时代”的典型海盗都不会如此行事，但这些元素已经如同史蒂文斯的海盗元素一般成为整个海盗形象的一部分。

十年后，流行的海盗形象将再次发生变化。虚构作品中新出现的海盗不再是邪恶的杀人凶手或滑稽的小丑，而是真正的英雄——一群年轻、机智、诚实、优雅的英国人。他们为了崇高的事业奋斗，打抱不平，救助受困的名媛淑女。创造这类海盗形象的是拉斐尔·萨巴蒂尼（Rafael Sabatini，1875—

→另一个在很大程度上影响我们对海盗观点的苏格兰人是《彼得·潘》的作者 J.M. 巴里（1860—1937）。《彼得·潘》在 1904 年首次以戏剧的形式上演。巴里发明了海盗令其受害者“走木板”的处罚方式

1 在处决犯人时，蒙着他们的眼睛，强迫他们在伸到舷外的木板上向前走，让他们掉落海里淹死。——译者注

1950)，这名英意混血的作者独自创造了被称为“侠盗”(swashbuckler)体裁的小说。虽然他的书被嘲笑为“一个男孩独自一人”(Boy’s Own)风格的冒险小说，但萨巴蒂尼将他的海盗世界根植于艾斯克默林和约翰逊的作品中，他的主人公完全是自己创造的。他第一部成功的小说是以法国大革命为背景的《美人如玉剑如虹》(*Scaramouche*，1921)，但次年他创作了《铁血船长》(*Captain Blood*)，为此后的侠盗类小说树立了标准。他的其他海盗小说包括《海鹰》(*The Sea Hawk*)、《黑天鹅》(*The Black Swan*)和其他两本关于“铁血船长”的书。

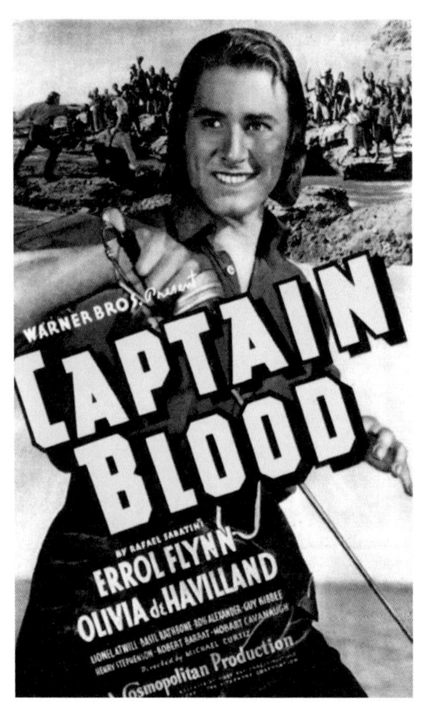

↑ 1922 年，生于意大利的小说家拉斐尔·萨巴蒂尼发表了《铁血船长》，这是一本令人兴奋的冒险小说，主角是一名由绅士变成的海盗。萨巴蒂尼在很大程度上创造了“侠盗”类体裁作品，后来好莱坞在将其作品改编成电影时用了这个词。电影《铁血船长》在 1935 年推出

他的成功正逢其时。《铁血船长》在首部《金银岛》电影推出后出版，好莱坞立即意识到了萨巴蒂尼小说的潜力。《铁血船长》1924 年首次出现在大银幕上，由沃伦·克里根(Warren Kerrigan)扮演主角。虽然这部电影本身平淡无奇，但在它之后又诞生了另外两部——《海鹰》(1924)和更令人印象深刻的《黑海盗》(*The Black Pirate*，1926)，道格拉斯·范朋克(Douglas Fairbanks)在这部电影中扮演了侠盗主人公。他是首个把刀插在船帆上滑向甲板的银幕主人公，他也令囚犯走木板，在一场比剑决斗中杀了一名海盗船长，且曾救助过公主。此后这类电影不断涌现，银幕上的海盗形象也成为好莱坞在未来三代的主要产品。[1]

20 世纪 30 年代与 40 年代出现了大量有声“侠盗”电影，其中许多都基于萨巴蒂尼的小说。其中最为成功的可能是翻拍的《铁血船长》有声电影(1935 年)，原本籍籍无名的埃罗尔·弗林(Errol Flynn)在这部电影中扮演了侠盗主人公。他后来又在《海鹰》(1940)中饰演海盗，这部战时的爱国主义轻喜剧与萨巴蒂尼的原著并无太大关联。另一部当时的海盗经典作品是《黑天鹅》(1942)，在这部电影中泰隆·鲍华(Tyrone Power)扮演了浮夸的亨利·摩根爵士手下的一名虚构海盗，当时的电影大腕——玛琳·奥哈拉(Maureen O’Hara)和安东尼·奎恩(Anthony Quinn)也在其中首次出演了海盗主题的电影。

1 关于对“银幕上电影”的简短记载见 Cordingly and Falconer, pp.68–69, and David Cordingly, *Under the Black Flag: The Romance and the Reality of Life Among the Pirates* (London, 1995), pp.174–176. Jan Rogozinski, *Pirates! An A–Z Encyclopedia* (New York, 1995) 编写了一份海盗电影目录。

→右图：拉斐尔·萨巴蒂尼的“侠盗”小说通过电影为观众所了解。这些由他的小说改编的电影为埃罗尔·弗林的职业发展提供了完美载体，埃罗尔·弗林因在《铁血船长》中扮演主角而一炮走红

→最右图：派尔和施科维纳等艺术家的影响，加上巴里、萨巴蒂尼和史蒂文斯等人的浪漫描写，以及海上侠盗的诱惑都帮助创造了一个美化后的海盗世界。这种视角受到了成人与儿童的欢迎，但依据的更多的是传说，而非事实

虽然这类海盗电影在 20 世纪 50 年代初期仍在创作，但观众的口味在变化，变化的趋势是后来的电影都在拙劣模仿先前的作品。例如，在电影《红海盗》(1952)中，伯特·兰卡斯特（Burt Lancaster）再次扮演了范朋克此前在《黑天鹅》中扮演的角色。兰卡斯特此前为杂技团演员，甚至更加热衷于在绳子上荡秋千和从船帆上往下滑。然而，海盗电影迎来了最后的高潮，罗伯特·牛顿出演了《黑胡子大盗》(*Blackbeard the Pirate*，1952）和《隆·约翰·西尔弗》(*Long John Silver*，1954)，年迈的埃罗尔·弗林和玛琳·奥哈拉出演了最后一部海盗轻喜剧《海宫艳盗》(*Under All Flags*，1952)。这些是最后的侠盗电影，在过去的二十年内每年至少会出现一到两部侠盗片，但从 20 世纪 50 年代末起，这类影片变得很少见。

虽然大部分侠盗电影的主人公是虚构的，但有时他们与“黑胡子”、摩根和基德等真实的海盗存在交集。在大部分情况下，这些历史上的海盗存在的意义只是被海盗主人公打败。他们被描绘成没有深度的恶棍海盗，甚至比虎克船长更加笨拙无能或在本质上比隆·约翰·西尔弗更加邪恶。一个最好的例子是电影《基德船长》(*Captain Kidd*，1945)，在这部电影中，查尔斯·劳顿（Charles Laughton）扮演的这名不幸的私掠者是一个邪恶的阴谋家。相比之下，少有侠盗片以真实的海盗为主人公，其中这样一部电影就是《掠夺者》

（*The Buccaneer*）。在1938年版的《掠夺者》中，让·拉菲特的角色由弗雷德里克·马奇（Frederic March）扮演，在1958年的改编电影中，由尤·伯连纳（Yul Brynner）扮演。甚至在那个时候这名银幕上的海盗都被描绘成一个温和的绅士，现实中的让·拉菲特可能与这两个词永远沾不上边。

在将近半个世纪里，海盗题材并未真正被视为吸引票房的主题。当然罗伯特·肖（Robert Shaw）主演的《侠盗》（*Swashbuckler*，1973）、彼得·库克（Peter Cooke）主演的《黄胡子》（*Yellowbeard*，1983）、沃尔特·马修（Walter Matthau）主演的《海盗》（*Pirates*，1986）、达斯汀·霍夫曼（Dustin Hoffman）主演的《虎克船长》（*Hook*,1991）和吉娜·戴维斯（Gina Davis）主演的《割喉岛》（*Cutthroat Island*，1995）可能是最知名的海盗主题电影。此外还有其他一些电影，包括由罗伯特·路易斯·史蒂文斯的经典之作改编的三个版本的电影。其中一部是《布偶金银岛寻宝记》（*Muppet Treasure Island*，1996），在这部电影中，即使是蒂姆·克里（Tim Curry）也无法完全打破罗伯特·牛顿塑造的隆·约翰·西尔弗的形象。虽然其中一些电影本身可算得上优质电影，但没有任何一部的票房大获成功。

↓尽管J.M.巴里首次在《彼得·潘》（*Peter Pan*，1904）中提出了海盗让他们的受害者走木板的说法，但霍华德·派尔等插画家也在他们的作品中描绘了这一戏剧性的概念，因此今天“走木板”已经成为海盗形象中不可分割的一部分

后面便是约翰·尼德普（Johnny Depp）主演的电影。基于过时的迪士尼票房题材创作电影的做法已经并不常见，而德普还呈现了一个纨绔招摇、口齿不清和行为夸张的海盗船长形象，这给迪士尼公司敲响了警钟。但他们不必担心。《加勒比海盗：黑珍珠号的诅咒》（*Pirates of the Caribbean: The Curse of the Black Pearl*，2003）大获成功，为迪士尼带来一笔不小的收入。续集《加勒比海盗2：聚魂棺》（*Pirates of the Caribbean: Dead Man's Chest*，2006）和《加勒比海盗3：世界的尽头》（*At World's End*，2007）同样成功。《加勒比海盗：惊涛骇浪》（*On Stranger Tides*，2011）和《加勒比海盗5：死无对证》（*Dead Men Tell No Tales*，2017）则并没有如此成功，可能是因为它们已经远离海盗题材的基本元素，更加集中于描绘变形的鬼船和奇幻传说，而非构成原迪士尼此类电影基础的侠盗主题。

→霍华德·派尔的绘画《瓜分宝藏》（"So the Treasure was Divided"）为一则名叫"宝藏镇命运"（The Fate of a Treasure Town）故事的插图。这则故事讲述的是一场掠夺者偷袭事件，首次于1905年在《哈泼斯》（*Harpers Monthly*）杂志上发表。这幅画是派尔的经典画作之一

然而，冒险电视剧《黑帆》（*Black Sails*，2014—2017）表明海盗题材仍然受观众欢迎，并且它们不需要僵尸或魔法来强化故事。事实上，《黑帆》是一部历史剧，以"黄金时代"为历史背景，代表着回归真实的海盗世界。这部电视剧实际上是罗伯特·路易斯·史蒂文斯《金银岛》的前传，该剧巧妙地将隆·约翰·西尔弗和比利·博恩斯（Billy Bones）等小说中的虚构人物与新普罗维登斯岛的海盗世界相结合。伍兹·罗杰斯、爱德华·蒂奇、查尔斯·韦恩、"白棉布"杰克·拉克姆、安妮·伯尼、玛丽·里德和本杰明·霍尼戈尔德都出现在剧中。更精彩的是，他们与真实的历史人物较为接近。虽然情节必然偏离历史，但这部剧仍然是最接近重现"黄金时代"海盗的影视作品。

对约翰·尼德普而言，他被誉为银幕海盗形象的重塑者，他创造了结合埃罗尔·弗林、罗伯特·牛顿等人特点的新一类海盗形象。当记者问他从谁身上获得灵感时，德普表示，基思·理查兹[1]（Keith Richards）是他的角色模型，同时他还从伊基·波普[2]（Iggy Pop）和埃罗尔·弗林身上获得了灵感。德普还补充道，海盗就像"当时的摇滚乐明星"，这很大程度上说明了为何他以摇滚明星为角色蓝本。事实上，他唯一没有提及的人是查尔斯·约翰逊船长。尽管如此，无论是罗伯特·牛顿饰演的隆·约翰·西尔弗，还是约翰尼·德普饰演的杰克·斯帕罗（Jack Sparrow）船长在很大程度上都受到了约翰逊描写的"黑胡子"和巴沙洛缪·罗伯茨等人物的影响。事实上，可以说与"黑胡子"相比，留着凌乱的胡子、三角帽上插着点燃的导火索的杰克·斯帕罗看起来更为平庸。这也是这些海盗人物的魅力所在——真实的海盗世界与海盗小说同样精彩。

1 英国歌手、制片人、作曲家，滚石乐队创始人之一。——译者注
2 美国乐手，被誉为朋克音乐的教父。——译者注

结 论

真正的加勒比海盗

一个海盗历史学家经常会被问到的一个问题是，你是否喜欢“黑胡子”、“白棉布”杰克·拉克姆或“黑男爵”罗伯茨等这些“黄金时代”的海盗。如果你想一想这个问题，就会发现这是一个奇怪的问题。这个问题假定的前提是，因为你试着了解一个人，你便赞同他所做的事。《极道追踪》（*Zodiac Killers*）的作者——来自洛杉矶的罗伯特·格雷史密斯（Robert Graysmith）也经常被问到这一问题。甚至当《冷血》（*In Cold Blood*）在1966年出版时，作者杜鲁门·卡波特（Truman Capote）也被问到同样的问题。海盗与其他犯罪分子的不同之处在于，他们的犯罪年代久远。这在某种方式上令这个问题更不那么私人化，少了一些指责作者为同谋的意味。我的回答十分简单——不，我不认同他们，即使我有机会，我也不希望碰到他们，尤其是在公海上。然而，我确实承认我被他们所吸引，对他们的罪行和生活感到着迷。我希望知道是什么让他们选择了自己的生活，以及他们希望事情如何发展。

有趣的是，当亚历山大·艾斯克默林在1678年出版《美洲掠夺者》，以及查尔斯·约翰逊船长在1724年出版《知名海盗抢劫与谋杀简史》时，他们肯定都被问到了这一问题。这两本书都是在两个重要的海盗时代（掠夺者的时代和“海盗活动的黄金时代”）结束时撰写的。当时仍存在一些曾遭到海盗攻击的水手，他们可能是第一批指责约翰逊对他所写的罪犯进行浪漫化改写的人。事实上，当时掠夺者攻击和海盗事件仍在发生。这种即时性可能是这两本书一出版便大获成功的部分原因。然而，这无法解释为何这两本书当时如此流行，以及为何它们此后一直再版。可能的原因是在17世纪末的阿姆斯特丹或

18 世纪初的伦敦，人们同今天的我们一样对海盗感到着迷。海盗故事受到欢迎的很多原因，我们之前已经提过——其中有抗拒法治社会规限的人、充分享受生活的人、去往异国他乡的人、掠夺他们想要的一切的人……海盗故事中有普通读者梦想的，却永远不会做的一切。通过读海盗的故事，读者在想象中过着海盗的生活，在精神上逃往一个全新的冒险世界。今天也同样如此。我们很容易理解为何儿童对海盗故事这么着迷，以及为何这一主题是青少年小说的常见主题。海盗是反抗权威的角色，他们可以熬夜到很晚，而不会被要求去洗澡。成人对海盗故事感到着迷的原因也如出一辙——个人的自治、远离社会义务的自由、逃离平凡的现代生活的能力，这些都是重要原因。成人和儿童都将海盗视为充满异国情调、浪漫主义和无拘无束之人。

遗憾的是，这一形象大部分都源自海盗小说的刻画而非事实。大部分人都不想承认海盗们只是一群反抗残酷和压迫的劳动体制的水手。对海盗活动的浪漫化描写无视事实，即海盗的生活条件非常艰苦，经常发烧和生病，或者他们的寿命更多的是以月份而不是以年份计算。戴维·科丁利（David Cordingly）、彼得·厄尔（Peter Earle）、贝纳森·利特尔（Benerson Little）、罗伯特·里奇（Robert Ritchie）、简·罗戈任斯基（Jan Rogozinski）、理查德·扎克斯（Richard Zacks）和我本人在内的历史学家都在努力区分事实与虚构，但我们只是在逆潮流而动。尽管我们一直在告诉人们海盗不会令俘虏走木板、埋藏宝藏、画藏宝图或并不经常截获装满“八片币”的西班牙大帆船，但大部分人只是不想知道事实。关于海盗的流行传说深入人心、无法撼动，我们所能期待的最好结果就是，让一部分人知道海盗生活还存在不那么浪漫的一面。

当大部分人想起历史上的海盗，而非虚构的海盗时，他们会想起约翰逊船长描述的人物。这些人物均出自一个短暂的历史时期，即所谓的“海盗活动的黄金时代”。这一时期至少持续了 40 年，即从 1690 年至 1730 年。实际上，这一时期可能要短得多，真正的海盗活动鼎盛时期可能只持续了短暂的十年，从 1714 年到 1724 年。这一时期出现了“黑胡子”、“黑男爵”罗伯茨、查尔斯·韦恩、“白棉布”杰克·拉克姆、安妮·伯尼、玛丽·里德、“绅士海盗”斯蒂德·邦尼特、豪厄尔·戴维斯等人。自从人类首次乘独木舟航行，海盗活动就一直存在，那么为何我们痴迷于生活在 18 世纪初期的那几个人物的故事呢？我想真正的答案是信息量的差异。这些人都是约翰逊船长笔下的人物，他们的活动是后来大部分海盗小说的灵感来源，包括《黑帆》，甚至《加勒比海盗》系列电影。

虽然这本书也主要关注这个重要的时期，但还涉及其他重要时期的海盗，如维多利亚女王时代的“海贼”、掠夺者和 19 世纪中国南海的海盗。在某种程度上这些时期更易于描写，因为读者对这些时期的认识受海盗传说的影响较小。虽然这本书不能真正打破“黄金时代”海盗的流行形象，但可以让读者质疑其中一些传说，并且让他们对真正的加勒比海盗有所了解。如果这本书让你对这些人有更加清晰的认识，让你了解他们如何活动以及他们从事海盗活动的动机，那么这本书就实现了其写作目的。

参考书目

Albury, Paul, *A History of the Bahamas* (London, 1975)

Andrews, Kenneth R., *Elizabethan Privateering during the Spanish War, 1585–1603* (Cambridge, 1964)

Apestegui, Cruz, *Pirates of the Caribbean: Buccaneers, Privateers, Freebooters and Filibusters, 1493–1720* (Barcelona, 2002)

Baer, Joel, *Pirates of the British Isles* (Stroud, 2005)

Bass, George, *A History of Seafaring* (London, 1972)

Boxer, C. R., *Dutch Seaborne Empire, 1600–1800* (London, 1965)

Bradford, Ernle, *The Great Siege, Malta, 1565* (London, 1961)

Burg, B. R., *Sodomy and the Pirate Tradition* (New York, 1983)

Burgess, Glyn, *Medieval Outlaws: Eustace the Monk and Fouke Fitz Waryn* (London, 1997)

Burgess, Robert F. & Clausen, Carl J., *Florida's Golden Galleons: The Search for the 1715 Spanish Treasure Fleet* (Port Salerno, FL, 1982)

Burnett, John S., *Dangerous Waters* (New York, 2002)

Chambers, Anne, *Granuaile: Ireland's Pirate Queen c.1530–1603* (Dublin, 2003)

Clements, Jonathan, *Pirate King: Coxinga and the Fall of the Ming Dynasty* (Stroud, 2004)

Clifford, Barry, *The Pirate Prince: Discovering the Priceless Treasures of the Sunken Ship Whydah* (New York, 1993)

Clifford, Barry, *The Black Ship: The Quest to Recover an English Pirate Ship and its Lost Treasure* (London, 1999)

Cordingly, David, *Under the Black Flag: The Romance and the Reality of Life Among the Pirates* (London, 1995)

Cordingly, David (ed.), *Pirates: Terror on the High Seas* (Atlanta, GA, 1996)

Cordingly, David & Falconer, John, *Pirates: Fact & Fiction* (London, 1992)

Dodson, Leonidas, *Alexander Spotswood: Governor of Colonial Virginia* (Philadelphia, PA, 1932)

Earle, Peter, *The Sack of Panama* (London, 1981)

Earle, Peter, *Sailors: English Merchant Seamen 1650–1775* (London, 1988)

Earle, Peter, *The Pirate Wars* (London, 2003)

Exquemelin, Alexandre O., *Buccaneers of America* (Amsterdam, 1678, reprinted New York, 1969)

Forbes, Rosita, *Sir Henry Morgan: Pirate and Pioneer* (Norwich, 1948)

Gerhard, Peter, *Pirates of New Spain, 1575–1742* (New York, 2003)

le Golip, Louis, *The Memoirs of a Buccaneer* (London, 1954)

Gosse, Philip (ed.), *The History of Piracy* (New York, 1925, reprinted by Rio Grande Press, Glorieta, NM, 1988)

Gosse, Philip, *The Pirate's Who's Who: Giving Particulars of the Lives & Deaths of the Pirates & Buccaneers* (New York, 1925, reprinted by Rio Grande Press, Glorieta, NM, 1988)

Guilmartin, John F., *Gunpowder and Galleys* (London, 1974)

Guilmartin, John F., *Galleons and Galleys*

(London, 2002) Hayward, Arthur L. (ed.), *Lives of the Most Remarkable Criminals* (London, 1735, reprinted by Dodd, Mead & Co., New York, 1927)

Hympendahl, Klaus, *Pirates Aboard!* (New York, 2003)

Johnson, Captain Charles, *A General History of the Robberies & Murders of the Most Notorious Pyrates* (London, 1724, reprinted by Lyons Press, New York, 1998)

Konstam, Angus, *The History of Pirates* (New York, 1999)

Konstam, Angus, *The History of Shipwrecks* (New York, 1999)

Konstam, Angus, *Elizabethan Sea Dogs, 1560–1605* (Oxford, 2000)

Konstam, Angus, *The Armada Campaign, 1588* (Oxford, 2001)

Konstam, Angus, *The Historical Atlas of the Viking World* (New York, 2002)

Konstam, Angus, *Lepanto 1571: The greatest naval battle of the Renaissance* (Oxford, 2003)

Konstam, Angus, *The Pirate Ship, 1660–1730* (Oxford, 2003)

Konstam, Angus, *Spanish Galleon, 1530–1690* (Oxford, 2004)

Konstam, Angus, *Blackbeard: America's Most Notorious Pirate* (Hoboken, NJ, 2006)

Lee, Robert E., *Blackbeard the Pirate: A Re-appraisal of his Life and Times* (Winston-Salem, NC, 1974, reprinted John F. Blair, Winston-Salem, NC, 2002)

Little, Benerson, *The Sea Rover's Practice: Pirate Tactics and Techniques, 1630–1730* (Dulles, VA, 2005)

Little, Benerson, *Pirate Hunting* (Dulles, VA, 2010)

Lloyd, Christopher, *English Corsairs of the Barbary Coast* (London, 1981)

London, Joshua, *Victory in Tripoli* (Hoboken, NJ, 2005)

Lynn, John A., *The Wars of Louis XIV, 1667–1714* (London, 1999)

Marley, David F., *Pirates: Adventurers on the High Seas* (London, 1995)

Mather, Cotton, *The Tryals of Sixteen Persons for Piracy* (Boston, MA, 1726)

Mather, Cotton, *The Vial Poured upon the Sea: A Remarkable Relation of Certain Pirates* (Boston, MA, 1726)

May, W. E., *A History of Marine Navigation* (Henley-on-Thames, 1973)

Moore, John R., *Daniel Defoe, Citizen of the Modern World* (Chicago, 1958)

Nelson, Arthur, *The Tudor Navy: The Ships, Men and Organisation, 1485–1603* (London, 2001)

Ormerod, H. A., *Piracy in the Ancient World: An Essay on Mediterranean History* (Chicago, 1967)

Parry, J. H., *The Spanish Seaborne Empire* (London, 1966)

Pawson, Michael & Buisseret, David, *Port Royal, Jamaica* (Oxford, 1975)

Plutarch, *Lives of Alexander the Great and Julius Caesar* (reprinted London, 1886)

Pope, Dudley, *Harry Morgan's Way* (London, 1977)

Powell, J. R., *Robert Blake, General-at-Sea* (London, 1972)

Preston, Diana & Michael, *A Pirate of Exquisite Mind: The Life of William Dampier* (London, 2004)

Rediker, Marcus, *Between the Devil and the Deep Blue Sea: Merchant Seamen, Pirates and the Anglo-American Maritime World, 1700–1750* (Cambridge, 1987)

Rediker, Marcus, *Villains of all Nations: Atlantic Pirates in the Golden Age* (Boston, MA, 2004)

Reinhardt, David, *Pirates and Piracy* (New York, 1997)

Ritchie, Robert C., *Captain Kidd and the War against the Pirates* (Cambridge, MA, 1986)

Rogozinski, Jan, *Pirates! An A–Z Encyclopedia* (New York, 1995)

Rogozinski, Jan, *Honour Among Thieves* (London, 2000) Sanders, Richard, *If a Pirate I Must Be* (London, 2007)

Stanley, Jo, *Bold in her Breeches: Woman Pirates across the Ages* (London, 1995)

Starkey, David J., van Eyck, E. S. & de Moor, J.A. (eds), *Pirates and Privateers* (Exeter, 1997)

Stevenson, Robert Louis, *Treasure Island* (London, 1883)

Sutton, Paul, *Cromwell's Jamaica Campaign* (Leigh-on-Sea, 1990)

Talty, Stephan, *Empire of Blue Water* (New York, 2007)

Unwin, R., *The Defeat of Sir John Hawkins* (London, 1960)

Wallace, Alfred Russell, *The Malay Archipelago* (London, 1869)

Walton, Timothy R., *The Spanish Treasure Fleets* (Sarasota, FL, 1994)

Woodbury, George, *The Great Days of Piracy in the West Indies* (New York, 1951)

Zacks, Richard, *The Pirate Hunter: The True Story of Captain Kidd* (New York, 2002)